李城外／著

上

武汉出版社
WUHAN PUBLISHING HOUSE

(鄂)新登字 08 号
图书在版编目(CIP)数据
城外的向阳湖.上/李城外著.—武汉:武汉出版社,2010.10
(向阳湖文化丛书)
ISBN 978-7-5430-5293-2
Ⅰ.①城…　Ⅱ.①李…　Ⅲ.①日记-作品集-中国-当代
Ⅳ.①I267.5
中国版本图书馆 CIP 数据核字(2010)第 180347 号

策　　划:彭小华　李城外
著　　者:李城外
责任编辑:李　理
装帧设计:刘福珊
扉页题字:周　明
出　版:武汉出版社
社　址:武汉市江汉区新华下路 103 号　　邮　编:430015
电　话:(027)85606403　85600625
http://www.whcbs.com　　E-mail:wuhanpress@126.com
印　刷:湖北通山金地印务有限公司　　经　销:新华书店
开　本:880mm×1230mm　1/32
印　张:39.75　　字　数:973 千字　　插　页:8
版　次:2010 年 10 月第 1 版　　2010 年 10 月第 1 次印刷
定　价:105.00 元(上、下册)

总序一

抢救向阳湖文化是有意义有价值的工作

宋木文

湖北咸宁将向阳湖文化部“五七”干校视为一种特定的文化现象，加以发掘研究并成书、成史，我十分赞成。这件事不仅对鄂南的经济和文化发展有意义，对我国当代政治史和文化史的研究也有价值，能给今人和后人留下点有分量、可供思考和借鉴的东西。因此，从这两方面来看，我对咸宁市和咸安区重视开发向阳湖文化资源非常赞赏，积极拥护。

1969年我下放向阳湖时，正当不惑之年。一家四口下放干校3年，对自己有意义，对孩子也有意义。我的人生经历，在咸宁这一段应该说是重要的。早在1996年5月李城外就曾登门采访，我当时不太愿意回忆这段往事，一直没有写出有关文章，因为感到怎么写都很难写出有积极意义的东西，是身在向阳湖不认识向阳湖。虽然自己的积极性没有调动起来，但也不能给志向高远的年轻人泼冷水。是李城外感动了我。十多年来，他坚持不懈地专注于此事，埋头苦干，是值得学习、令人敬佩的。向阳湖文化能发展到今天这个程度，能产生今天这样的影响，李城外功不可没，起了第一人的作用。他采访了很多人，发表了很多文章，也约写了很多回忆，有了明显的工作成果。他的执著精神使我逐渐转变了态度。2009年新年伊始,咸宁市和咸安区又在北京举办向阳湖文化人联谊会,我欣然赴会,还有近100名“五七”战士及子女“向阳花”们参加,省文化厅、新闻出版局的领导也到了场,可见向阳湖文化开发由个人行为变成了政府行为,这项活动自有其特殊的重要意义。李城外在继人民文学出版社推出向阳湖文化书系后,又编著了一套“向阳湖文化丛书”,即将出版,我表示衷心祝贺!

我认为,40年前大批干部下放“五七”干校,是不应该发生的,就像“文化大革命”不应该发生一样,因为它本身就是“文革”的产物。但辩证地看,这批人在那里受到了不公正待遇,也受到了锻炼,也会产生积极的东西,就像苦难的历程也可以产生伟大的作品一样。“文革”时期,在一种不正常的背景下,一个国家的文化部不务正业、整个地搬到向阳湖去了,不仅仅是部里的干部和直属单位的文化人,还有他们的家属和子弟都去了。对这个事情怎么看?怎么写?我看是要从不该发生的事件中总结吸取历史教训。因此,不要回避文化部,因文化部有它的特点,它既有党政干部,还有一大批文化人,是一般的干校代表不了的,身份也是别人不能代替的,在干校的作为也是别人代替不了的。这些文化人可以写日记,可以作诗、画画,还可以写文章著书,这种独特的经历和作用也是别人代替不了的。我看了陈白尘先生的女儿陈虹写的去向阳湖寻访父辈足迹的文章,觉得很好,读起来感到亲切,能够引发我回忆这段历史。如原文化部副部长李琦患有高血压,他挑着担子在向阳湖的“452”高地劳动,几乎倒在那里;还有一位副部长徐光霄得了严重的哮喘,他在向阳湖干拉风箱的活,大家于是说“两个风箱一起拉”,可见多么辛酸。可值得称道的是,我们的作家、文艺家在那样的一种情况下,也没有丧失他们的信念,他们以自己的行动深爱自己的国家和人民,这就值得深入挖掘。当时我们被视为接受改造的,但是心里并不服气,怎么文化部的干部就那么不好?我们一样都是党的干部嘛!文化部同志的政治素质并不比其他部的同志差,怎么一到文化部就成了染缸，成了黑的呢？所以那时候心里有气，有时候还爆发出来，顶撞“左派”。这批文化人把亲身经历写出来，能够比较深刻地反映当年的社会现象，使人们不忘这段历史。

我们反思“文革”，不应该忘记向阳湖这一历史现象。因此，抢救向阳湖文化，不要回避文化部，回避“五七”干校。深入研究这种现象，对揭露“文革”更深刻，对后人更有价值。既然发生了，不能不留下历史的资料，不能不留下相关的作品。我们就应发掘它，研究它，从中找到积极的东西，警示后人和今人的东西。所以说，把这篇文章做好又是值得的。咸宁是全国开发干校文化的发源地，卓有成效，填补了当代中国文化史的一段空白。抢救向阳湖文化，会唤醒人们认识历史，吸取历史教训，有它的认识价值，认识社会、认识历史。既认识我们党是正确的，我们党的干部队伍的主流是好的，也认识我们党的错误和干部队伍中各种各样的问题，但不要纠缠过去的陈年老账。要充分挖掘向阳湖文化积极的内涵，它给今人和后人一些有意义的东西，不管是政治层面、历史层面、文化层面，都是值得的，都是需要做的。党的干部在那样艰苦的条件下，得到咸宁人民的支持、理解、爱护和关照，这也是值得歌颂的。因为向阳湖“五七”干校都是文化部系统的干部，后来又分出来新闻出版总署、广电总局、作协、文联、出版单位。建议湖北、咸宁的同志争取这些部门的支持。在需要支持的若干事情上，得到他们的关心是必要的。老同志身体还好的话，也可以帮助做点事，疏通一点关系，在关键时候助一臂之力。如“向阳湖文化名人旧址”正在申报“国保”文物单位，文物专家们义不容辞，都应积极出力，早日促成。我愿意在有生之年，积极支持咸宁做好向阳湖文化开发工作。总之，真诚地希望，随着时间的推移，向阳湖文化取得更大的收获，产生更大的影响！

是为序。

（作者系原新闻出版署署长、中国出版工作者协会名誉主席）

总序二

一座纸上的“干校博物馆”

吕济民

世界是平的。随着新世纪的步伐即将走过第一个十年,一部世界史正重新书写,而列宁的名言“忘记历史就意味着背叛”,我们仍铭刻在心。回望十年“文革”史,我们的民众需要自省,我们的民族需要反思。在这个过程中,许多有识之士不仅积极呼吁,并身体力行地做着开拓性的工作。于是,新的名词“向阳湖文化”随之应运而生。

向阳湖是原文化部“五七”干校所在地,曾下放这里的文化人达六千之多,汇集了中国一流的文化精英。这些“五七”战士在咸宁干校期间,有的沉默,有的沉沦,更多的是承受,也有少数人抗争。他们在患难中每每体会真情,逆境中从未放弃希望,既亲历了命运大跌宕的强烈反差,又目睹了当地老百姓的生活艰辛。这段岁月引发他们痛苦的思索,激发他们不懈地追求,对干校结束以后的人生产生了极大影响。向阳湖的历史,无疑已成为中国当代文化史的一部分,注定也会成为当代政治史和社会史的一部分,其研究价值和抢救意义不言而喻。

时空在变幻,历史在沉思。咸宁市向阳湖文化研究会自2000年端午节成立以来,以挖掘“向阳湖文化”为己任,在全国可谓领风气之先。

这支团队在会长李城外的带领下,抢救、整理了大量书信、日记、回忆录，收集了不少老照片及实物，同时还编辑有关文史资料专辑、创办《向阳湖文化报》、拍摄专辑片、发行纪念封、建立网站、出外讲学，从而使向阳湖名声大噪，引起海内外文化界瞩目。向阳湖这块名不见经传的地方，还被列入湖北省重点文物保护单位，成为鄂南一处新的人文景观。可以说，如果没有他们的努力，向阳湖的历史也许早已烟消云散，“向阳湖文化”至今仍将是一块无人开垦的处女地。

荣获首届中国出版奖的武汉出版社以独特的战略眼光和气魄，本着对历史负责的态度，继 2006 年推出颇具社会影响、获得广泛好评的“潜在写作文丛”之后，又隆重推出全国第一套干校文化丛书——“向阳湖文化丛书”，为特殊时代留痕，为文化名人存照，功莫大焉。本丛书的出版，就如同建了一座纸上“干校博物馆”。它包括《话说向阳湖——京城文化名人访谈录》、《向阳湖纪事——咸宁五七干校回忆录》（上、下）、《向阳湖诗草》、《向阳湖文化研究》、《城外的向阳湖》（上、下）7 本，是向阳湖文化研究成果的首次集中展示，对推动全国“五七”干校研究有着不可替代的作用。我们有理由相信，它的影响，不仅在国内，还会波及海外；它的价值，不仅在当代，更会流芳后世……

（作者系原国家文物局局长、故宫博物院院长、
国际博协亚太地区主席）

目 录

上 册

卷之一

卷之二

卷之一

1994 年

春

19940103

今日从武汉返温泉，顺道去武昌乌龙泉看望老同学李健，相谈甚欢。他的姐夫老潘在温泉工作，我从通山县调到地区不久，曾应邀到潘家小酌。潘十来岁就在地区歌舞团当娃娃文工团员，“文革”中期，下放文化部咸宁向阳湖“五七”干校的著名演员吴雪在他们团帮助导演阳新采茶戏《石头岭》，潘曾亲聆教导。

19940109

上午，去地委组织部文友徐全利处，谈及自己一年前的写作计划，因工作忙而未落实。全利兄是“咸宁杂文一枝笔”，他一针见血地批评我，总是强调等以后才动笔，这样不行，应从现在做起。我深以为愧。

19940119

算了一下去年的书账，竟达 980 元，今年降降温如何？

19940127

上午至汉，购《钱钟书〈谈艺录〉读本》，周振甫、冀勤编著，上海教育出版社 1993 年版。周先生在“前言”中说：“钱氏的两大精神支柱是渊博与睿智……二者缺一，就不是钱钟书了。”周振甫大名鼎鼎，但不知冀勤何许人也。料想能与周先生一起为“文化昆仑”名著作导读，亦非等闲之辈。

19940128

上午返温泉，咸宁市李市长来地委办公室，送我一本新版《咸宁市志》(中国城市出版社 1992 年版)，16 开精装本。粗翻一下“概述”，其中云：“咸宁古为荆州地。汉属江夏郡沙羡县，唐代宗大历三年(768)置永安镇。南唐李璟保大十三年(955)升为永安县。宋真宗景德四年(1007)易名咸宁县。中华人民共和国建立后，咸宁县先后隶属大冶、孝感专区，武汉市及咸宁地区。1984 年1月 15 日，咸宁县改为省辖县级市。”又，据书中“大事记”介绍：“1970 年 3 月，文化部到咸宁向阳湖创建‘五七’干校，一大批著名作家、艺术家和文化界高级领导干部及其家属 6000 余人到该校劳动锻炼，1973 年底，干校停办。1974 年，干校全部人员(含家属)先后返京。”卷二十五“艺文选萃”诗歌部分选录了臧克家《忆向阳》(三首，《收获》、《夜闻雨声・忆江南》、《老黄牛》)和郭小川《花纹歌——江南林区三唱之三》。

《咸宁市志》书影

夜去《咸宁日报》参加特约记者座谈会，因为我是地委书记的秘书，报社指定我为特约记者组组长。到会的大都是地委、行署领导的秘书，今后写稿我应带头。会上有人建议我不必顾及舆论，多写署名文章才会得到大家公认，将来卸任后安排好一点的话，众人才会以为“应该”。

19940205

《羊城晚报》“花地”副刊编辑邹镇寄来奖金 200 元。我的散文《“不破围城非好汉”——访钱钟书先生不遇》去年 4 月 22 日在“花地”头条刊发，获“美的旋律”全国征文大奖赛优秀奖。这是我首次用李城外的笔名发表文章，也算得是“处女作”，够幸运的。我对邹镇这位责任编辑十分感谢，可以说，他是我文学道路上遇见的第一个“伯乐”。

19940314

近日，抽空通读了一遍《咸宁市志》。据我考证，其中“大事记”称，“1970 年 3 月，文化部到咸宁向阳湖创建‘五七’干校……”有误，时间应为 1969 年 3 月，正好相差一年。北京来的先遣队 3 月份到咸宁，9 月 26 日第一批大部队到达向阳湖。

计划近期内浏览一遍各县市志及地名志，多了解一点全区情况，我这咸宁地区的“一秘”，对自己的要求应和办公室的同事不一样。

19940324

上午去地区群艺馆，得赠书 3 本，即《湖北民间文学集成》之咸宁地区“民间故事集”、“歌谣集”、“谚语集”，(中国民间文艺出版社 1990 年版)，“民间故事集”由内兄万立煌作序，其中提及“全国首届机智人物故事学术讨论会”在咸宁市召开。据介绍，当时到会的知名人物有中国社会科学院文学研究所所长、《文学评论》主编许觉民等。

19940330

购《简明不列颠百科全书》第 11 卷(增补本，中国大百科全书出版社 1991 年版)，16 开精装。记起家藏“全书”(1—10)还是 1988 年在县委政研室工作时，一次出差到温泉“咬牙”购得的，当时印象极深，花了 156 元，约合 3 个月工资，实在过分。为此，还惹一向性情温和的妻子致婷生了气，但之后我又鼓动两位同事也各买了一套。据说此书地区书店总共只进了 4 套，通山读者“四分天下占其三”，不失为一段佳话。

又购《中国读书大辞典》(南京大学出版社 1993 年版)，王余光、徐雁主编，大 32 开，状如砖头。初读“名人读书生活”一节，其中“冰心读书”谈及她为一家儿童刊物题词，乃“读书好，好读书，读好书”9 个字，妙语令人回味。

1994 年

夏

19940402

《咸宁日报》“三原色”副刊发表一外地作者江晓散文《在咸宁的难忘日子》，提及“文革”期间作者在地区农机厂锻炼，曾慕名前去向阳湖，寻访文化部“五七”干校名人。

19940411

购《钱钟书研究采辑》(第一辑，三联书店 1992 年版)，陆文虎编。读了《〈围城〉的重印和盗印本》一篇，黄伊撰。又，其中新加坡蔡叔卿《喜见钱钟书夫妇》一文介绍，杨绛先生《干校六记》完稿后，最早交香港《广角镜》发表。我收藏有两种版本，一种是 1981 年的三联版，大约是内地的最早版本；一种是中国社会科学出版社 1992 年版。

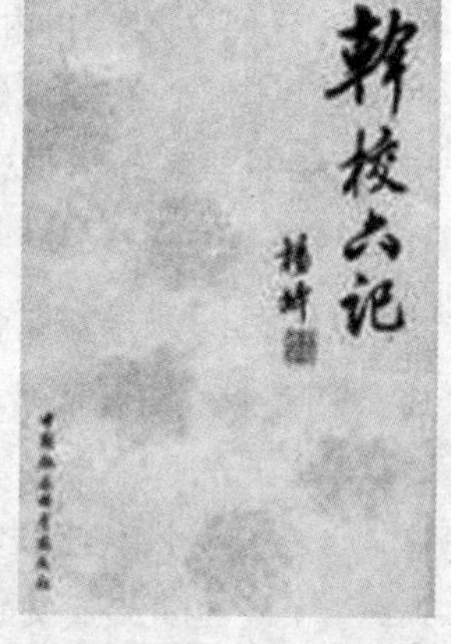

《干校六记》书影

19940418

随地委万维东书记第一次到中南海，拜见中共中央政治局原常委宋平同志，请他为即将召开的咸宁名茶展销会题了词。咸宁过去是“茶叶之乡”，全国闻名，惜乎这个品牌影响越来越小，受到其他茶叶之乡的“威胁”和“挑战”，茶乡是否当之无愧？

今后要想在全国打响，恐怕还得靠文化品牌。

19940419

上门拜访著名作家姚雪垠，请姚老为咸宁茶展会题字一幅。在他家呆了一个多小时，我看了个够，问了个够，写篇访问记不成问题。1970年3月，姚老曾下放武汉市直机关“五七”干校在蒲圻赵李桥，劳动锻炼，可以说与咸宁“有缘”。

19940508

在《湖北日报》发表采写姚雪垠文《京城访姚老》。今日适逢'94中国湖北咸宁名茶展销会开幕，可谓发的“正是时候”，估计比明天省报发的消息稿要长。此文3日已在《咸宁日报》发表，原题为《饮茶鄂南未能忘》，和我以前写的《不破围城非好汉》一样，都是借鉴点化毛主席诗句，也算巧合。

作者访姚雪垠

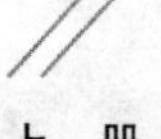

19940514

购《杨绛散文：杂忆与杂写》（三联书店1994年版），作者“自序”中引述了19世纪英国诗人蓝德的几行诗：“我双手烤着/生命之火取暖；/火萎了，/我也准备走了。”

19940531

订1994年下半年报刊，计318元。

19940619

湖北日报社文艺部主任刘庆林从通山九宫山下来，晚上来坐。送我一本他的专著《昨天已经古老》(湖北人民出版社 1993 年版)。他看了我的藏书后,感叹我应选准坐标,到底是从政还是从文?又建议目前以少写文章为宜,每年大报采用两三篇,足矣。

1994 年

秋

19940706

下午地区茶展会总结表彰，我虽未被列入名单，但自以为所作贡献并不亚于一般受奖者。因为宋平、姚雪垠的题词都是我从北京带回的，而且写了访姚老的文章。

19940707

在书摊上购得余秋雨《文明的碎片》（春风文艺出版社 1994 年版），晚上捧读，对其中《流放者的土地》印象深刻，且摘录几句："我，又想来触摸中国历史身上某些让人不太舒服的部位了"；"灾难确实能净化人，而且能净化好多人"；"文明可能产生于野蛮，却绝不喜欢野蛮。我们能熬过苦难，但绝不赞美苦难。我们不怕迫害，但绝不肯定迫害。"如此警句，振聋发聩。不由得忆起 1992 年 11 月中旬，曾随地委领导参加向阳湖奶牛良种场建场 20 周年庆典，那里是否也可称作"流放者的土地"？

《文明的碎片》书影

19940728

邮购的书又到了几本，令人兴奋。

马上浏览其中《启功韵语》(北京师范大学出版社1989年版),其中“卷三”首篇为《戏题王以铸兄咸宁杂诗卷后》,读之满口余香。全诗如下:“东皋记陶潜,西川说杜甫。县令员外郎,官僚兼地主。锄铲纵自持,不过单干户。何如集体人,共耕咸宁土。锻炼复支农,齐耘皆干部。挂笠沐朝阳,披蓑沾暮雨。晨出联臂歌,夜宿对床语。妙句沁心脾,深情源肺腑。不作繁弦音,连章尽五古。绝似食橄榄,回甘历微苦。诗境与人生,大约全如许。卷尾发狂言,用质同心侣。”

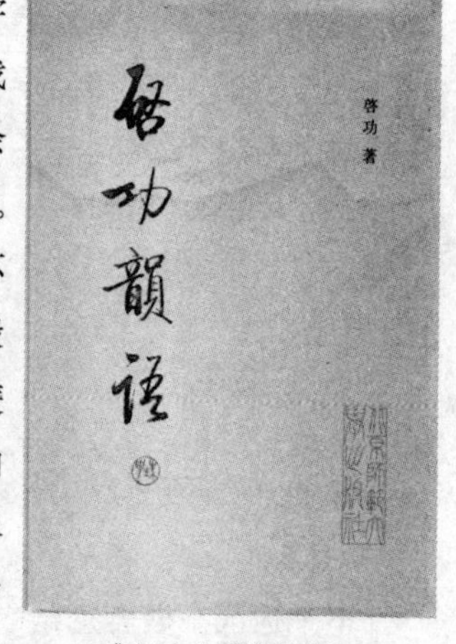

《启功韵语》书影

19940805

中午在汉口武胜路书店购得《杨绛作品集》(1—3,中国社会科学出版社1993年版),第一卷中的《洗澡》和第二卷中《干校六记》、《将饮茶》、《杂忆与杂写》,都出过单行本,我均收藏且拜读过。为便于查阅,重复收藏,恐不为过。何况此次出版,作者对所收作品均作了校订,《干校六记》原是本小册子,得过全国散文奖,“六记”分别为“下放记别”、“凿井记劳”、“学圃记闲”、“‘小趋’记情”、“冒险记幸”、“误传记妄”,书前有钱钟书的“小引”,称“我觉得她漏写一篇,篇名不妨暂定为《运动记愧》。”今日还重温《将饮茶》中《丙午丁未年纪事》(乌云与金边),对“文革”中钱杨夫妇的遭遇又有新的感慨。尤其是后记“隐身衣”有云:“一个人不想攀高就不怕下跌,也不用倾轧排挤,可以保其天真,成其自然,潜心一志完成自己能做的事。”——这种人生态度无疑是值得我效仿的。

19940807

与万书记陪省委副书记回良玉从九宫山来温泉。一路上,由名山上的云中湖想到咸宁城外的向阳湖。窃以为自然之湖天下多多，而富有深厚历史底蕴的人文之湖世间少有。晚餐地委几位副书记和秘书长都来陪省领导小酌。席间，回书记忽然主动下位来敬我一杯酒，大出众人所料。他说了一句："李秘书，你这做实际工作的最辛苦。"

19940927

上午逛北京海淀图书城，购得余秋雨《文化苦旅》(知识出版社1992年版)，据"内容提要"云，这组系列文化散文部分在《收获》杂志以专栏形式连载。《收获》已多年未订，偶尔在图书馆翻翻，过去似乎只读过一篇《风雨天一阁》，现在正好"恶补"一下。秋雨先生乃大手笔，他的美文给我不少启示，我今后如果围绕"历史伤疤"向阳湖作点文章，也会开始自己的"文化苦旅"?

又购《历代藏书家辞典》(陕西人民出版社1991年版)、《青年流放者》(郭小东著，中国工人出版社1994年版)、《中国知青秘闻录》(晓剑著，作家出版社1993年版)。

晚上，上门看望姚雪垠老先生。

1994 年

冬

19941012

上午去武汉展览馆逛全国第六届书市，购《聂绀弩诗全编》，学林出版社 1992 年版。聂公之旧体诗，名句多多，我最欣赏的诗句有：“方今四面多风雨，何止一家损罐瓶。”(《惊闻海燕之变后又赠(周婆)》)。印象最深刻的有：“文章信口雌黄易，思想锥心坦白难”(《挽雪峰》)等。“全编”扉页印有聂公绝笔之作《雪峰十年忌》，其一曰：“月白风清身酒店，山遥路远手仇头。识得这个雪峰后，人不言愁我自愁。”其二为：“干校曾使天地秋，脱离干校鬼神愁。相逢地下章夫子，知尔乾坤第几头？”

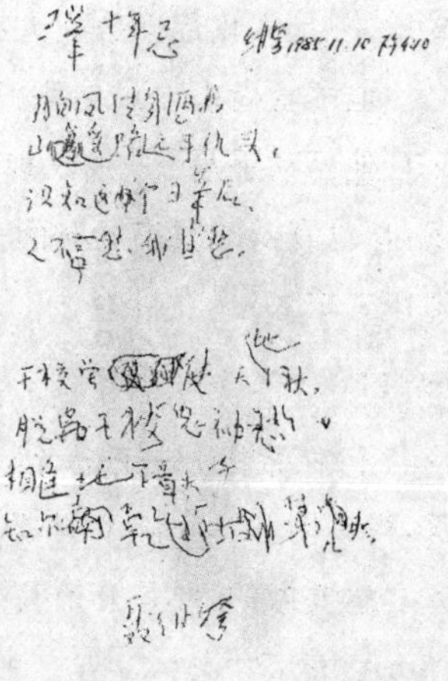

聂绀弩悼雪峰诗手迹

又购线装《槐聚诗存》(三联书店 1994 年版)、《胡绳诗存》(三联书店 1992 年版)、《邓拓诗集》(中国社会科学出版社 1993 年出版)、《汉语大词典》(附录·索引，16 开本精装，汉语大词典出版社 1994 年版)；《历代名人室名别号词典》(山西人民出版社 1993 年版)、《文史资料精选》(1—16，中国文史出版社 1990 年版)；《今日名流》创刊号，省作协主办，方方主编。

19941101

订 1995 年上半年报刊，计 445.98 元。

19941102

上午去地区农业局查了有关向阳湖资料。向阳湖奶牛良种场 1980 年由咸宁县划归地区管理，近年再返咸宁市管理。接着，又访了住在温泉的原奶牛场负责人。下午专程去向阳湖实地考察，我产生了一种文化慨叹——这个“文革”中流放文人的聚集地，而今却没有留下什么遗迹。说通俗一点，是忘记了过去。我问了几个老乡，当时文化部都来了哪些人，无人答得上来，似乎更没有人想圆满回答。我想收集一下当时下放的文化名人名单，现在自然不能如愿，只好长叹一声“唉”了！

19941109

晚上温泉开发区李专来，他得知我关注向阳湖，也谈了自己的一个想法，编一本关于向阳湖的文集，内容有二：一是咸宁人写向阳湖的文章，一是文化部下放文人在向阳湖所写的文章和现在对向阳湖的回忆。他尽管尚未去过向阳湖，但在这点认识上与我的想法不谋而合，而且他已动手写了一篇《神往向阳湖》。相比之下，我计划的东西太多，却没有及时写出。时间一长，时过境迁，感觉也会大不一样的。此为作文之大忌，当自警。

19941112

上午新华社咸宁记者站老柯来坐，我谈了自己对向阳湖的文化感叹，得到附和。我俩策划，联合李专等文友为向阳湖编一部书，而我当务之急要做的，便是开篇写《向阳湖一瞥》，起码在省级以上报刊发表。

19941116

到潜江参加全省农村基层组织建设会议，购《曹禺传》(北京十月文艺出版社 1988 年版)。曹禺先生被称为“中国的莎士比亚”,这本书在潜江购买,自有一种纪念意义。此地给我的唯一印象是曹禺的故乡,一个地方因一个人传名便是地方之幸,一个人因一个地方传名的例子有没有?

19941120

购《秋雨散文》(浙江文艺出版社 1994 年版),书中头三篇为“《文化苦旅》自序”、“《山居笔记》小引”和“《文明的碎片》题叙”,足见该书是个“大拼盘”,但此乃秋雨先生为家乡“交作业、存私房”之选本,似可理解。重读其中《苏东坡突围》一文,作者评曰:“苏东坡成全了黄州,黄州也成全了苏东坡,这实在是一种相辅相成的有趣关系”,值得咀嚼。

19941125

嘉鱼县委程书记送来一本《嘉鱼县志》(湖北科技出版社 1993 年版),16 开本精装。据考,“以县治西北有鱼岳山,又盛产‘嘉鱼’,因取《毛诗·小雅·南有嘉鱼》之义,命为嘉鱼县。”到目前为止,全区各县市志仅差蒲圻一地没配齐了。计划下一步补收各县市文化志。

19941205

上午至江汉路书店,购《臧克家旧体诗稿》,武汉出版社 1992 年版。其中有十来篇忆述咸宁向阳湖生活,大多作于 1974 至 1975 年间,值得珍藏。如扉页印有《老黄牛》一诗手迹:“块块荒田水和泥,深耕细作走东西,老牛亦解韶光贵,不待扬鞭自奋蹄。”

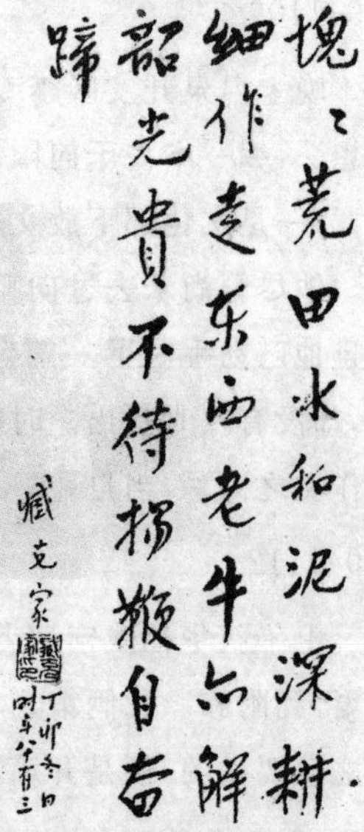

臧克家手迹

又购《中国人名大辞典》(当代人物卷,上海辞书出版社 1992 年版),16 开本精装。全书共收录建国后去世和在任的中央和地方党政高级领导人以及各领域、各部门的著名人物 17970 人。辞典高达百元一部,然价有所值也。

19941206

下午去湖北日报刘庆林老师家中坐,他家的藏书让我也开了眼界。我谈了自己想写向阳湖,他十分赞同,约我将题目定为《向阳湖,一块不应被遗忘的土地》。

19941222

与十堰市市委副秘书长李泽民在汉逛集成旧书店,又购百余元的旧书、旧杂志。出书店后,泽民兄深有感触地说:"到省里来开会的,恐怕只有我俩才干这种蠢事,一泡书店就是两小时。"我暗笑自己积习难改,年初购书"降温"的计划看样子又要"泡汤"了。

今日购得《散宜生诗》(人民文学出版社 1982 年版),胡乔木同志在序中称聂公"用诗记录了他本人以及他相关的一些同志 20 多年来真实的历史,这段历史是痛苦的,也是值得我们认真纪念的。"

19941223

购《辞海》(上、中、下,上海辞书出版社 1989 年版),16 开本精装。查"五一六通知"条目,录以备忘:"1966 年 5 月 16 日中共中央政治局扩大会议通过的《中国共产党中央委员会通知》的简称。由毛泽东主持制定。《通知》宣布撤销《二月提纲》和'文化大革命五人小组'及其办事机构,重新设立文化革命小组,隶属于政治局常委会。《通知》列举了《二月提纲》的所谓十条罪状,逐条批判,号召提出一整套'左'的理论、路线、方针、政策。《通知》要求各级党委立即停止执行《二月提纲》,夺取文化领域中的领导权,号召批判所谓混进党里、政府里、军队里和文化领域等各界里的资产阶级代表人物。《五一六通知》的通过

和执行,标志着‘文化大革命’十年内乱的开始。”——以前查过家藏1979年版《辞海》,不见此条目。大约是1981年十一届六中全会作出了《关于建国以来党的若干历史问题的决议》,才会增加这一内容。

又购《金光大道》(1—4,京华出版社1994年版),此书乃“文革”期间能见到的不多的长篇小说之一,少年时的我读过多遍。重购此书,一是念及旧情,二是收藏历史。浩然写的是走农业合作化之“金光大道”,可惜写的不是“五七”之“金光大道”矣。

19941230

去地区群艺馆游老师处坐,又谈及向阳湖,他年轻时曾和下放咸宁的吴雪有过交往。游讲了自己的感受,说不愿提向阳湖,只是因为那段岁月令人伤心。我正在构思有关向阳湖的散文,既要“直面历史”,又要“正面入手”,不可人云亦云。

卷之二

1995 年

春

19950103

晚上，老柯来谈，他想写一下我，围绕如何买书、读书、用书做文章。我婉言谢绝。还是那句老话，如今这种地委书记秘书身份，不宜也不必靠这来扩大知名度。

19950107

购《外国人名大辞典》(上海辞书出版社 1988 年版)，16 开精装。附录有“世界重要王朝世系表”和“诺贝尔奖获得者一览表”等。

19950112

上午去文联，蔡主席向鄢元平提议，下回地区作协改选，增补我为副主席。我没表示同意，说这得靠作品，不能靠“面子”。我发表的东西太少了，小鄢却说我谦虚，如早有散文在《羊城晚报》发表并获奖。

《九头鸟》1995 春季号发表我以郑小王为笔名开设的专栏“鄂南文林散叶”之七。其中一则笔记为：地直李城外因酷爱钱钟书之《围城》，遂钟情“钱学”，不遗余力收集钱氏著作及研究文章，蔚为大观，忝为私淑弟子矣。尝撰联“城内围城城外看，书生钟书书熟读”，“不破围城非好汉，未学钱著是俗人。”两副对子总共 28 字，倘视作古今文苑最短之

“姊妹篇”,疑无争议。

19950126

在汉购得《中国小百科全书》(1—8,团结出版社 1994 年版),16 开精装。其中卷三“人类历史”第 432 页“五七干校”条目云:“1968 年 5 月 7 日,毛泽东《五七指示》发表两周年时,黑龙江省革命委员会组织大批机关干部下放劳动。他们在庆安县柳河办了一所农场,定名为‘五七干校’,农、林、牧、副、渔全面发展,并自力更生办起了小型工厂企业。10 月 5 日,《人民日报》头版头条刊登了柳河‘五七干校’经验,并发表了毛泽东的指示:‘广大干部下放劳动,这对干部是一种重新学习的极好机会,除老弱病残者外都应这样做。在职干部也应分批下放劳动。’此后,各地纷纷办起各种形式的‘五七干校’,党政机关、高等院校、文教科技战线的大批干部、教师、专家、文艺工作者等知识分子被下放到农村,到干校参加体力劳动,进行所谓的思想改造。这种以歧视知识分子,片面强调体力劳动意义的‘五七干校’,不仅造成人力物力的大量浪费,消耗了大批专家学者的宝贵时光,而且给林彪、江青一伙以可乘之机,在许多单位变成迫害异己、惩治知识分子的一种手段,极大地伤害了广大干部和知识分子。1979 年 2 月,国务院发出停办‘五七干校’的通知,各地‘五七干校’从此陆续撤销。”

人民日报

柳河“五·七”干校
为机关革命化提供了新的经验

1968 年 10 月 5 日《人民日报》

19950129

在鄂州购《老圃遗文辑》(长江文艺出版社 1993 年版)。老圃,杨荫杭先生笔名,该书由其女儿杨绛整理,女婿钱钟书题签,印数仅 3000 册。

19950228

下午去武胜路书店,购《中国人名大辞典》(现任党政军领导人物卷,上海辞书出版社和外文出版社 1989 年联合出版)。过去已购"当代人物卷",日后还当配齐"历史人物卷","三合一",以备查找之需。

19950301

今日拜访省政府法制办王桂华,他从温泉调到省城多年,依然十分勤奋,笔耕不止。桂华兄对我区杂文作家徐全利十分推崇,说他尽管在仕途上至今连个副县级干部都不是,却赢得了未来。又云,当官和从文并不矛盾,历史上文武双全的地方官并不少。

19950309

坐拥书城,忽有宠辱皆忘之感,又有富甲温泉之骄。

19950318

晚上李专来,一起去老柯处,我们三人都对向阳湖兴趣有加,拟各写一篇心中的向阳湖。

19950319

购《中国地名词典》(上海辞书出版社 1994 年版),16 开精装。条目中有"咸宁"而尚无"向阳湖",附录中"全国重点文物保护单位"也只有北伐汀泗桥战役遗址,而不见向阳湖"五七"干校名人旧址,窃以为憾!

1995年

夏

19950402

全国政协副主席、中国社会科学院院长胡绳来我区考察,又给了我一次接触政要和名流的机会。晚上,他首先在我带上的《从鸦片战争到五四运动》(上海人民出版社 1982 年版)和《胡绳诗存》(三联书店 1992 年版)题签,他的秘书孙立峰又介绍起我痴迷钱钟书,胡老认真看完我递给他刊有《"不破围城非好汉"——访钱钟书先生不遇》的报纸,说年轻人有闯劲,到底杨绛让我进了"围城"! 胡老又问我,什么学校毕业的,学的什么专业? 我答电大自学的中文,他马上接上一句:"我也是自修的"。一句话更拉近了我们的距离。闲聊中,我得知胡老"文革"中曾下放石家庄干校,便主动谈起了文化部向阳湖干校的历史,他满面笑容,对我专心宣传文化人表示称赞。之后,胡老一边记下当天的日记,一边应我的请求准备毛笔题字,写下"不破围城非好汉——李城外同志嘱书",一气呵成。我按捺不住内心的兴奋,又请他题了一个"城外书斋"的匾,过足了

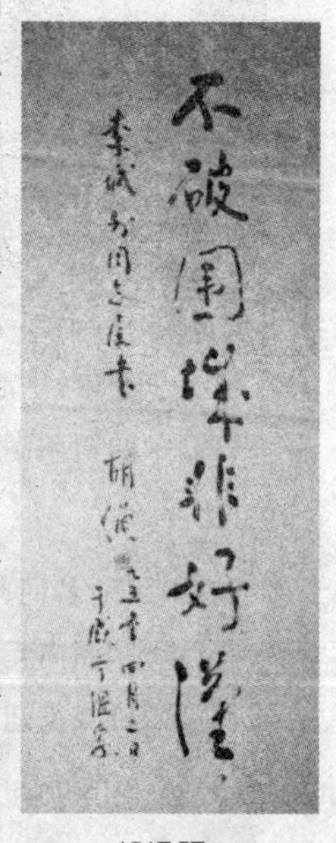

胡绳题
"不破围城非好汉"

作者与胡绳在赤壁周瑜石像前

一把瘾。然后,孙秘书为我和胡老合了影,孙还告诉我,胡老一次为人题两幅字,是破例的。

19950403

今日陪胡老一行至蒲圻。下午去赤壁大战陈列馆,胡老欣然命笔,题诗《咏赤壁》:"貔貅十万下江东,天下何难属曹公。可惜风来无赖甚,九州板荡乱如蓬。"大家鼓掌称好。我则以为此诗两个"下"字并存,似是绝句之大忌,于是向孙秘书指出,建议胡老正式发表时考虑改一下。

19950416

准备写一组《向阳湖文化寻梦》的系列文章,翻了一天书,摘了不少东西,初步定下进京访问萧乾、冰心、臧克家、牛汉等名流。晚上特地去地区畜牧局局长陈大寿家小坐,得到一本《长江文艺》(1989 年第 6 期),内载张光年《江汉日记》之一,有"重返向阳湖"一节,真乃意外收获也。陈彼时曾参与陪同北京客人,他为我提供了张光年先生和夫人黄叶绿于 1988 年 10 月 15 日签名纪念的一张活页。

19950417

《咸宁日报》今日发表鄢元平散文《永远的怀念》,称其父——原咸宁医学院党委书记鄢国范曾下放向阳湖干校,这是当年的地区"五七"干校。听说华中理工学院当年也在向阳湖办过干校,一地三干校,包括京城和省、地三级,可谓全国少有。

19950419

晚上党史办孟绪龙来谈,我向他谈了近日进京准备写"向阳湖系列"文章的计划。

19950420

上午向万书记汇报,进京将采访向阳湖文化名人,写点在全国有影响的东西，以此扩大咸宁的知名度。

19950422

近几日在地直机关和熟人见面，称拜读了我在《咸宁日报》发表的访胡绳文章，一片赞美之声。但我是清醒的，没有飘飘然，关键是要在全国打响宣传向阳湖的文章。

19950425

上午在火车上，与同行的地区文化局办公室主任何国强谈挖掘向阳湖文化资源，他一拍即合，答应今后帮我提供有关线索。我计划此次进京，至少采访3位文化名人。

19950426

下午去北京美术馆后街，访《传记文学》主编、作家涂光群，了解有关向阳湖情况，得到热情指教，长谈达两小时之久。我对向阳湖文化的挖掘有了好的开头，必有好的结果。

19950428

下午，独自前往京城赵堂子胡同臧克家老先生家采访。由于他及夫人、女儿都到过向阳湖，采访十分成功。臧老送了本诗集并题签，还为我题写了“忆向阳”几个字。我已想好，这篇专访的题目为《九十依然忆向阳》。

作者采访臧克家

购《万卷精华藏书记》(1—4，黑龙江人民出版社1992年版)，16开精装。

19950429

上午去木樨地看望姚雪垠先生,他为我题写了一幅字:“加强责任感,打破条件论,下苦功,抓今天。”

19950430

上午又十分顺利地找到中央文史馆馆长萧乾家,采访大获成功。尤其是他的夫人文洁若女士,给我留下极深的印象。提起向阳湖,她简直是喜不自禁,马上向我赠书,并打电话向我联系新的采访人,开列地址等等,让我感动不已。最后,萧老题写了一幅字:“深深地怀念咸宁和向阳湖。”文先生的题字是:“事在人为。”老两口送了我4本书:《未带地图的旅人——萧乾回忆录》(中国文联出版公司1991年版)、《人生采访》(萧乾著,河北教育出版社1994年版)、《我与萧乾》(文洁若著,广西教育出版社1992年版)及译作《尤利西斯》(上,译林出版社1994年版),并一一题签盖印。我初拟这篇专访的题目为《“向阳情结”在京都》。

萧乾与文洁若合影

19950501

上午到朝内大街203号院,采访又一“大家”——原文化部代部长周巍峙,不巧,他和夫人王昆出差在外,只好等机会“二顾碧庐”。

此次北京之行,由于时间关系,“采风”只有3篇可写,臧老、萧乾先生夫妇、涂光群老师,外加访姚老一篇,收获也不小了,下次再来,得加紧干啊!

19950505

我向咸宁日报社黄胜透露，这次北京之行颇有收获，起码有4篇稿子可交“周末版”先发。他大为高兴，马上怂恿负责“周末版”的王金怀专门为此事请我小酌。

《湖北日报》4月30日发表我访胡绳先生的文章，题为《翰墨袭人浸心脾》。

订1995年下半年报刊，553.2元。

19950506

第一个“双休日”。地区文联副主席王卫和上午专门派了车子陪我去向阳湖实地“采风”，并约了社科联的副主席卢克清、咸宁市人大原副主任周运忠和刘新，我们先到了甘棠乡，然后去向阳湖奶牛场——原“五七”干校校部。我在场档案室查了一些资料，又去“四五二高地”转了转，之后到祝家垴访问了几个农户，拍摄了张天翼、臧克家等文化名人旧居及干校学员自己动手盖的房子。

下午又去咸宁市政协原副主席涂昭镜家小坐，他和郭小川有过一段交往。接着又去市政府办刘明恒家，刘告诉我一个重要信息，他和市志办的周鸿雁多年前就筹划起写向阳湖，积累了不少资料，后半途而废。我想自己是会认准了目标一干到底的，他们的资料可以利用，节约时间少走一些弯路。

19950509

开始“向阳湖文化人采风”的写作，初战告捷。第一篇完成老诗翁臧克家访问记，约3000多字。

19950511

晚上党史办游强进来，谈及我写向阳湖文化人，说坚持写下去的话，是完全可以编一本大书的。他又提到红安县“二百个将军同一故乡”，我说咸宁是“六千名文人同一片土地。”

19950513

回温泉又翻了一天的杂志,主要是《随笔》和《人物》,找了找与向阳湖有关人物的文章如冰心、严文井、牛汉、绿原、舒芜、韦君宜、涂光群等等,一口气干上十个小时而不知疲倦,心想只要一门心思干下去,迷进去,终会出成绩的。

19950514

下午去地委宣传部俞部长处,谈了写向阳湖的近远期计划,得到理解和肯定。

今天购周明《那年冬天没有雪》(陕西人民教育出版社 1993 年版),系"又一村"丛书。散文集中,有写冰心和怀念郭小川、李季等人的篇什。如回忆张天翼一文题为《举着生命的火把》,重点写了作者与之在干校同居一室的友情。

19950517

上午在文联与鄢元平长谈,他说我写访钱钟书不遇,开局很好,现在写向阳湖文化人这一"点子",又看得准。小鄢预言,将来如给读者这样的印象:"李城外是专写向阳湖的",便算是成功了。

19950518

云石兄从通山来温泉长谈,对我最近"大写出手"十分赞赏。也说向阳湖只要坚持写下去,自会有轰动全国的那一天。

19950519

草毕写萧乾、文洁若夫妇的专访,先读给致婷听了一遍,她感觉有点散,说我巴不得把所见所闻所感都写进去,这提醒了我。今后写"采风",应在精炼上下工夫。

19950520

在《咸宁日报》周末版开辟"向阳湖文化人采风"专栏,首篇推出访老诗翁臧克家，并配发了我拍摄的臧老近照。

19950521

在《湖北日报》发表访姚雪垠先生文《此情长留九宫山》。

19950524

晚上去新来的地委李副书记那里，谈了自己大写向阳湖的计划，希望得到认同。李副书记比较关心文化事业，第一次知道向阳湖这块“风水宝地”，立即敏感地说，应致力挖掘，尽快成立专班抢救；他还说如有可能，在地委会上通过我的想法，我可卸下书记秘书的担子，专干此事，“用人所长”。

19950527

《咸宁日报》周末版发表“采风”之二——访萧乾、文洁若夫妇，并配发了老伉俪的近照和题词。

19950528

寄北京萧乾、文洁若夫妇几篇以前发表的文章和近期关于向阳湖的专访，附上上次在他们家拍摄的夫妻合照“老伴图”，并放大为16寸，用精美镜框装好，准备下次进京面赠，以表敬仰之情。

今日还将写萧乾和臧克家二老的专访寄给北京周巍峙先生。先打下基础，下次进京一定上门拜访。周老是向阳湖文化人中级别既高名气且大的人物，这将会是一篇重头稿。

19950529

寄北京涂光群先生信，称自己近年开始留意向阳湖这块宝地，计划写一组“向阳湖文化人采风”系列，最后以一篇《向阳湖咏叹调》作结，对这段历史进行深刻反思。

下乡到崇阳县，方知向阳湖的文章已在基层引起反响，县委书记王贤玖主动对我说，连看了几篇，写得不错。县人大主任黎喜来因当年在向阳湖当过军宣队代表,对我的文章更是极感兴趣,主动向我提供了不少线索。晚上我约了报社摄影记者黄胜一起去他家座谈,还意外得到不少当年干校的老照片。据黎说,他在干校还办过郭小川的专案,我马上意识到可据此写一篇文章,届时寄《新文学史料》。回到温泉又和黄胜策划,从下月起在《咸宁日报》辟一专栏,专载向阳湖名人回忆的干校生活的文章,把向阳湖进一步“炒热”。忽然间,我发现自己已于不经意间沉入了向阳湖,难怪致婷前几天喊我“李向阳”。

19950530

晚上专程上行署副秘书长张昌武家,还是了解向阳湖的事。他读了我的“采风”,也说意义深远,并提起自己十多年前就计划收集有关传说故事,遗憾后来条件所限,仅纸上谈兵矣。

19950531

晚上又去李副书记那里谈向阳湖,他依然兴趣有加,并说如果今后出书,可以帮忙联系出版社。我解释道,只要精神上支持就行了。我仅想在地委领导中造舆论,以期早日对向阳湖人文景观的开发引起重视,对我热心于此事加以理解,并热情鼓励就行了。我又感叹,干地委书记秘书工作,时间有限;不干秘书工作,条件有限。目前工作和爱好两者还得兼顾,只好走一步看一步。

19950602

晚上去桂园山庄,找鄂豫皖边区革命史编辑部总编辑刘绍熙聊天,他当年在地委办工作时,和著名诗人郭小川有过交往。刘总喝了几口酒,更加健谈,使我了解了不少关于郭小川的新材料。

19950603

晚上黄胜、何国强来,自然又谈到向阳湖。他们走后,我想写一封信给地委行署领导,建议刻不容缓地开发向阳湖人文景观。但转念一想,又似无必要,直接向万书记汇报争取支持,效果还好些。

19950605

来省城开会,晚上拜访湖北日报文体部刘庆林、陈柏健两位老师。刘对我开发向阳湖文化资源十分赏识,并提示道,下回采访名人,应补充一些结合实际的东西,不仅仅是回忆向阳湖。他还打电话给老朋友万书记,建议我的"顶头上司"支持办这件大好事。

19950606

上门看望省社科联党组书记胡永继,他说我挖掘向阳湖很可贵,并主动给我联系采访他的前任郝孚逸,这将是一篇在汉的向阳湖文化人的专访。

19950607

在汉购《萧乾随笔》(陕西人民出版社 1993 年版)、《大漠荒芜:中国文人的悲歌与苦恋》(程敏编,团结出版社 1994 年版)、《人性的治疗者:沈从文》(吴立昌著,上海文艺出版社 1993 年版)。

19950608

晚上采访郝孚逸先生,这位"湖北学人"十分健谈,我一直到 11 点多才回。他送了我几本理论专著,如《作家的责任》等,我自然也为万书记要了一本,算得是感谢领导支持我晚间独自出来采访。

19950610

下午去地委宣传部原副部长彭珠处,从侧面了解他对郝孚逸印象。他读了我近期发表的几篇专访,很感兴趣。

晚上又去老柯处谈向阳湖,戏称自己"逢人说向阳"。他说打算写一下我开发向阳湖文化,我表示同意。这不比上次写我藏书,我不接受。今后凡是宣传与向阳湖有关,我都乐意。

19950611

又找了几个熟人聊向阳湖,社科联的卢克清是个实在人,认真看了我的文章，认真回答我的问话；湖北日报驻咸记者站张兴旺也表示，他很乐意帮助扩大宣传我正在全身心投入的这项工作。

19950612

北京萧乾、文洁若二老3日来信，萧老云："很欣赏你的几篇写'五七'战士的文章。其实，当时文学、绘画、音乐、出版，各界人都有，而且大都还在世。可惜我一向不大与人往来，你可找作协及文联的人了解。"文先生云："谢谢你的信、文章和照片。萧乾特别赞赏你写杨绛、钱钟书的那篇。据我所知，已故陈白尘先生写过一本关于咸宁干校的书。他的女儿叫陈虹。你如果查到南京师范大学的邮编，写信给陈虹，可能会有回音，她写了不少纪念爸爸的文章。"

上午去文联鄢元平处谈，话题还是围绕向阳湖。我甚至建议文联刊物《九头鸟》改名为《向阳湖》。他决定从下期起，开始连载我的系列专访文章，和《咸宁日报》齐头并进，扩大向阳湖的影响。

19950613

寄湖北日报刘庆林老师信："上次登门拜访，承蒙深夜指点，受益匪浅，至今难忘。看来开发咸宁向阳湖文化资源，大有可为。因此，盼望你今后以特有的职业敏感和超前意识，在'东湖'副刊加大宣传力度，作点倾斜……"

上午去咸宁日报社，向总编王同杰提出在"周末版"开办"向阳情结——文化名人与咸宁"栏目，得到支持。准备第一篇发表萧乾写向阳湖的文章。回来代拟了"编者按"："自周末版5月下旬开办向阳湖文化人采风专栏以来，不仅引起本报读者的较大兴趣，也引起地区领导的热情关注，地委行署领导强调，要抓紧开发向阳湖人文景观，重视对向阳湖文化人的宣传，以进一步扩大咸宁的知名度……借此机会，向当年文化部下放的五七战士们表达深深的思念和敬意。"

19950614

寄北京涂光群先生信:“我下一步的采访对象,初步计划有冰心、楼适夷、张光年、冯牧、周巍峙、陈早春、牛汉、陈羽纶等诸位文化名人。夏季可能来北京再登门拜访。附上萧乾、文洁若二老的来信,他们建议再找作协和文联的同志,我想如果你能先在熟人中造个舆论,或提前告知上述名家的地址、电话,可使我今后少走弯路。拜托了!”

19950615

晚上地委办公室周辉庭来,他递上近日写的一篇《剔亮明灯》,请我修改。这是一篇“鼓吹”我挖掘向阳湖的文章,我建议少提我个人,多提这件事本身。因为上午在地委扩大会议上讨论工作时(地委行署领导,县市委一、二把手都在场),李副书记还特别提到:“万书记的秘书已做了不少工作,引起了一定反响……”万书记和曾专员接着也高度肯定了这项工作,我感到欣慰的是,向阳湖在这么短的时间内就“炒热”了,有组织出面,咸宁市和宣传部门不可能再无动于衷。最后,万书记在会上还提出,要写一篇大文章,开一个座谈会,建一座碑林,出一本书。我想,除建碑林外,办其他几件事非我莫属。

19950616

万书记后日去沪、苏考察,我得空休息,又有时间经营向阳湖这块“自留地”。今日我又向万书记“煽风点火”,称干好这件事,也算得他任期内的一件大事!我现在在他身边当参谋、出点子,是对路的,也是可以奏效的。

19950617

下午在电话里补充采访了郝孚逸先生,又有新的收获。他主要谈的是挖掘向阳湖文化的意义。

19950618

中午从汉返温泉,见《咸宁日报》昨日“周末版”新推出“向阳情结

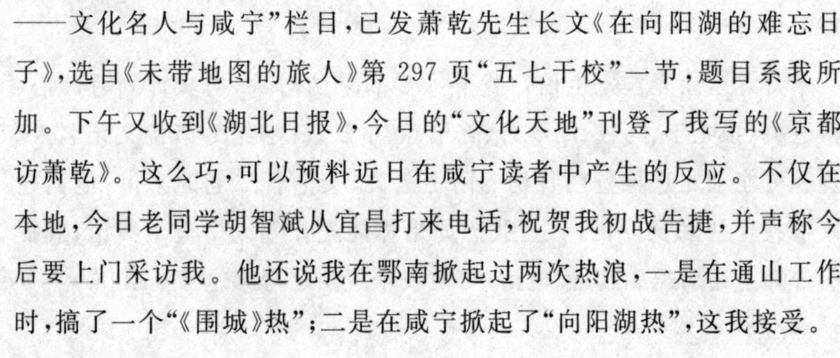

——文化名人与咸宁”栏目，已发萧乾先生长文《在向阳湖的难忘日子》，选自《未带地图的旅人》第 297 页“五七干校”一节，题目系我所加。下午又收到《湖北日报》，今日的“文化天地”刊登了我写的《京都访萧乾》。这么巧，可以预料近日在咸宁读者中产生的反应。不仅在本地，今日老同学胡智斌从宜昌打来电话，祝贺我初战告捷，并声称今后要上门采访我。他还说我在鄂南掀起过两次热浪，一是在通山工作时，搞了一个“《围城》热”；二是在咸宁掀起了“向阳湖热”，这我接受。

19950621

又完成一篇“向阳湖文化人采风”之三，访郝孚逸先生，3000 多字，篇幅还不短，写这种在全国知名度还不算大的文化人，关键要放得下，把他作为一个名家或者一个普通人写，照样顺手。

19950622

北京涂光群先生 14 日来信，寄来我要的干校老照片，并说我写的萧老和臧老的两篇文章不错，争取在京城报刊发出。

19950623

晚上去咸宁日报社校对明日“周末版”头版头条稿《湖北学人说向阳——访理论家郝孚逸》，报社校对老游说，向阳湖的宣传扩大了报纸的读者群，日报应为我发奖金。我说没有必要，完全出于自愿。这是相互的，也感谢报社为我提供了宣传向阳湖的主阵地。明天，日报还配发周辉庭的《剔亮明灯》，这是第一篇关于向阳湖的评论文章。文章最后一段为：“不管怎么说，以多达 6000 多人的文化大军，一下子汇集到了向阳湖这片土地，这本身就是一个奇迹，一个世界文化史上的奇迹！不管对这些人是幸与不幸，对向阳湖却绝对的幸运！作为这片土地的主人，我们没有理由忽视它，更不应该忘记它！愿更多的人来挖掘这座宝库，愿更多的人来剔亮这盏明灯。”本期的“向阳情结”栏发表文洁若先生的《咸宁漫忆》，文末我加了一则小启补白：“周末版特约李城外同志主持本栏目,如有热心提供有关文章、资料、信函、照片者,请与地委政策研究室联系,诚致谢意!”

湖北日报陈柏健老师来信,谈及发表访萧乾文的后续之作,云:“采访文化名人的稿子很难得到,只是希望内容是否立足现在时,不要将时空一味回溯。读者关注的是眼下,新闻报本身亦有这个要求。望再赐佳篇。”

19950625

一天写了几封信,明日寄出。

1、致萧乾、文洁若先生:“捧读惠书,欢喜不已。长辈如此厚爱,晚生干劲倍增……如蒙今后振臂一呼,在有关报刊为向阳湖造点舆论,则咸宁幸甚,城外更是感激不尽!/有可能的话,也请转告诸位‘五七’战士,不管热情接待也好,‘如临大敌’也好,他们都始终是我所尊敬的人。有的人还是必须采访的对象,二老知道,我是以‘不破围城非好汉’为座右铭的。/萧老文中提出希望在咸宁为郭小川同志建立诗碑,我正在尽力积极宣传,力争早日促成此事。地委、行署领导经过我的游说,已在正式场合强调,要在向阳湖建一座碑林……”

2、致臧克家先生:“寄上《九十依然忆向阳》一文,请您过目并提意见。我还想在《咸宁日报》上选登您老关于‘五七’干校的诗,盼望惠赐《忆向阳》诗集……”

3、致南京师范大学陈虹大姐:“寄上几篇作文,请你指正。感谢文洁若先生提供的线索,现特来信求索令尊大人生前所写向阳湖的书及文章,望能得到你的支持!”

19950626

致婷今日又和我戏说起我的笔名城外,云:“无论你是城内或是城外,我都是一座围墙,永远关住你!”我说不如把“围墙”反过来讲,她取个笔名叫“蔷薇”。

19950628

上午请鄢元平来坐,策划在《九头鸟》开办专栏定名为“话说向阳湖——城外专访”,并建议条件成熟时,将《九头鸟》更名为《向阳湖》。

19950629

万书记从上海返汉,今日我赶到东湖宾馆。下午逛集成旧书店,购得有关向阳湖文化人的书三种:《永远的爱心——冰心》(山东画报出版社 1994 年版)、《严文井散文选》(人民文学出版社 1985 年版)和“名人情结丛书”之《萧乾·文洁若》(中国青年出版社 1995 年版)。

19950630

今晚又和万书记大谈了一下向阳湖,并推荐他看了萧乾和文洁若的文章,及我对郝孚逸的专访和周辉庭写的评论。难得万书记有如此充裕的时间集中看有关向阳湖文章,我建议他明天在地市州委书记会议汇报工作时,加上咸宁地区打算开发向阳湖的内容,得到首肯。

中国国家博物馆(原中国历史博物馆和中国革命博物馆，在咸宁五七干校被编为 23 连)

1995 年

秋

19950701

万书记下午在大会发言时，向在座的省委、省政府领导谈了咸宁开发向阳湖文化资源的事。坐在我旁边的十堰市委李副秘书长调侃我，笑道:“书记被秘书牵着鼻子转!”

昨晚做了一个梦，在京采访严文井先生，今日上午和同房住的地委办同事谈起此事，他说我对向阳湖已走火入魔。

19950702

真是有点巧，昨晚做梦又在北京坐出租车，准备去冰心家中采访。遗憾中途醒来，见面不成，看样子下次到京，一定要见见冰心老人!

下午在东湖宾馆 5 号楼，碰见来省里参加会议的市文联蔡主席，我向他说起向阳湖的开发已在省里挂上号，建议他在今日的会上也提一提，造个舆论，扩大影响。关心的人多了，向阳湖就有希望炒得更热。如我对万书记宣传干校文化的价值，只要领导一出面说话，下面不重视也得重视。

今天又逛书店，购《毛泽东与文化界名流》(中国社会科学出版社 1993 年版)，其中有专文谈毛泽东与冯雪峰、臧克家的交往;廖沫沙《瓮中杂俎》(中国社会科学出版社 1994 年版)，据说廖的夫人陈海云曾下放向阳湖。

19950703

寄北京《青年文摘》主编陈安钰信，请他多多关注家乡向阳湖的宣传。

19950707

《湖北日报》陈柏健老师来信，指出我写郝孚逸的专访有些失实之处，为便于今后结集更正，遂逐条指出。我打电话对他的认真负责表示感谢！

19950709

晚上去地委宣传部俞部长家里，谈了开发向阳湖文化资源的进展近况，他依然表示大力支持。俞部长在部务会上也专门提到此事，并说我今后可以考虑找几个助手，或请文联参与。

又去《潜山诗词》负责人黄鹄先生那里，请他今后留心写写关于向阳湖的诗词。黄老告诉我，《湖北日报》发表了我访萧乾先生的文章后，引起了省里一些文人的兴趣，方知咸宁还有如此厚重的文化资源。一打听，方知作者是地委书记的秘书。

19950711

北京涂光群寄来《中国三代作家纪实》(中国文联出版公司 1995 年版)。我当晚过目一遍，好长时间没这么一口气地读一本书了。书中第一辑“作家写真集”，有不少人下放向阳湖，尤其是第二辑“文坛秘闻录”收集长文《中国作协“文革”亲历记》，下半部写了中国作协人员在咸宁“五七”干校的全过程。

19950714

臧老夫人郑曼同志 9 日从北京来信：“您给克家同志寄来的《咸宁日报》及复印件，均已收到，十分感谢！克家同志本拟亲自复函致谢，无奈他月来除房颤、早搏外，又加高血压，高压有时达 210，压差又很大。为防止意外,不日即住院治疗,信也只好由我代复了,请原谅。/他的意见,《忆向阳》因出版早,家已无存书,不能满足您的愿望,请原谅。如需选载,请您从他的旧体诗稿中选用,《忆向阳》诗集中比较好的,都已选入其中了。/顺祝夏安!/克家嘱代候好!”

19950715

晚上去咸宁师专,成果兄陪我走访了几家著书立说的老师。有中文系万献初、周金声,还有副校长张芳彦,几位都主动赠书。我感到遗憾的是,这几位学究身在校园,与外界少有联系,竟然连《咸宁日报》也不关心,最近有关向阳湖文化的专栏,没有一人浏览过。只是说师专当年有文化部文化名人到此小憩。

19950716

《向阳湖一瞥》的初稿拿出后,先请万书记提了修改意见。他看得很认真,提得很具体,大致是要从正面写,少提一些不愉快的往事,尤其是里面的一些措辞要再三斟酌。万书记还说:“你是个作家,随你怎么写;你在我身边工作,写出来的东西就得谨慎一点,要经得住时间的检验。”我对黄胜说,此稿交《咸宁日报》下周末发。万书记如此重视,属咸宁之“御批”件。我更不敢马虎,还是多找几个人提意见,反复修改,直到较为满意为止。

19950718

在阳新县住桃花园宾馆,晚上和地委办同事加班,起草万书记明日在县委书记、县市长会议上的讲话,两人一分工,一气呵成。目前我和同事配合较好,有事好商量,最可贵者,他对向阳湖与我有共鸣,并说:“万书记关心向阳湖,也说明了他对你的厚爱。”

19950720

和党史办孟绪龙谈了《向阳湖一瞥》的稿子,他提了些很好意见,字斟句酌,十分认真。老孟又说,向阳湖的开发可以考虑争取外商投资，建旅游文化区。我说，这都是我今后将写的一篇论文所要提到的。

19950721

晚上去咸宁日报社校对明日发《向阳湖一瞥》的清样稿，还配了一幅干校老照片，视觉效果甚佳。文章在第四版“鄂南游踪”栏隆重推出，近3000字。其中云：“我们这个正宗的‘文化部五七干校’遗址却无游人来凭吊，文化人的遗踪，也少有热心的追寻者。面对这座资源丰富的文化‘金矿’，再不加挖掘的话，说轻一点，是我们不敏感；说重一点，会错过历史的机遇。那样，我们将前愧对古人，后愧对来者！因为它的意义，不单纯局限于文化；它的价值，不仅仅受惠予咸宁。”本期“向阳情结”栏还发了臧克家《忆向阳诗选》10首，整个版面都令我满意。估计这一“炮”又要打响。

19950722

上午专门去报社要了上百份《咸宁日报》周末版，准备日后到处分发送人，以扩大向阳湖的影响。晚上李专来，要去《向阳湖一瞥》，说开发区“温泉杯”征文拟用，我这是到得最晚的一篇稿子，拟发二等奖。特等奖已定给刘醒龙，一等奖两名，分别是省（文联）和武汉市的两位名家。

19950723

《湖北日报》发了个“征文”启事，我把《向阳湖一瞥》压缩在2000字以内，改名《向阳湖走笔》，寄刘庆林主任，并附信一封。

19950724

上午在党史办和孟绪龙、游强进及政研室的马崇伟一起谈向阳湖，他们都“表扬”我对向阳湖情有独钟，一定会做出大影响。游还来了精神，准备近日写一篇评论《“炒”热向阳湖》，我想真是文如其人，他和周辉庭的评论，一个外露，一个含蓄。

下午，咸宁市委副书记张吉俊带领市委政研室、市委宣传部、市文化局的几个人在地区文化局开座谈会，请了我去参加。大意是市委已组建班子，专抓向阳湖文化开发之事，拟于 28 日在向阳湖开个会，进一步统一思想。我对咸宁市委表态且有行动感到高兴，说明几个月的心血没有白费，见了成效。向阳湖前景美好矣！

19950725

湖北日报熊志超老师来温泉采访万书记，我晚上抽空去看他，畅谈了咸宁干校，回来惊呼，自己的确已经是“逢人说向阳”了！

19950727

今日，地委政研室的王勿宁和我私下谈心，说我的人格和才华都是令人佩服的，但他作为朋友，还要送我六个字：“加强政治敏感”。

下午去文联校对《话说向阳湖——城外专访》的稿子，《九头鸟》秋季号开始隆重推出此专栏。鄢元平加了个极富诗意的“编者按”，我十分欣赏：“这是一次对文化的挖掘，这是一次对文化的抢救。向阳湖风景依旧，一代文豪画杰的足迹犹存，但岁月毕竟老去，记忆的河畔唯有小舟自横。远在京城的故人，长忆向阳，重温旧梦，但见那‘渡头余落日，墟里上孤烟’的风景再一次向他们展开！沿着凸凸凹凹的田垄，终于有人开始拾捡起他们昔日的故事，并将他们残破的梦缝制起来，成为历史的一面风旗：这就是李城外，这就是他的《话说向阳湖——城外专访》。这是一项有益的文化采集，这是一项紧迫的文化打捞。我们愿在这面旗子的招展下，高高地挽起长袖，积极参与这项已经迟了二十年的打捞。”毕竟是文友，我和鄢诗人十分投缘，我建议他也写一点关于向阳湖的诗。

19950728

上午咸宁市召开开发向阳湖文化资源研讨会，市委张副书记专门派车来，接我一同去向阳湖奶牛场与会。张主持会议，到会的有行署夏副专员和市“四大家”、地区文化局及有关单位负责人，还有部分在向阳湖工作过的老同志。张请我第一个发言，我简要谈了挖掘向阳湖的缘起、意义和目前已形成气候的条件，还介绍了万书记提出的“五个一”的要求：即写好一组系列文章，编一本文化人写咸宁的书，拍一部专题电视片，开一个文化人座谈会，建一座向阳湖碑林。会上，我向咸宁市提出了几点建议。大家发言踊跃，最后张的总结也十分全面。我回来后，以特约记者的名义，赶紧写了条“消息稿”《咸宁市开发文化“金矿”紧锣密鼓》。明日，《咸宁日报》周末版“报眼”发出，一版下面正好配发游强进的“漫话”《炒热向阳湖》。该文有云：“如今赖城外先生真知灼见，仰向阳湖老人之旧情所寄，由浅入深，推波助澜，‘向阳湖文化现象’之兴起已初见端倪。”我受之有愧，但今日在向阳湖，大家一致公认，我是此事之发起人也。

19950729

晚上去老柯家谈向阳湖宣传的事，他答应在新华社渠道报道，扩大影响，并谈了准备写我的打算。

19950731

向阳湖奶牛场的书记、场长上午来坐，对我宣传向阳湖表示感谢，并邀请我过几天去那里参加一个开业活动。我谈了自己对向阳湖的宣传态度，尽管咸宁市成立了班子，而我毕竟是地区的人，还是按自己的原计划进行，先写好一组系列文章。然后创作一部长篇报告文学，争取在全国打响。

19950802

下午在地办与游强进长谈，我请他看了《咸宁日报》周末将发的“向阳湖文化人采风”之四《梦绕魂萦向阳湖——访〈传记文学〉主编涂光群》，并说此稿一发，“仓库”陈货已空。下一步得抓紧第二组采访计划，先做好材料收集工作，如建卡片等。

19950803

上午又将采写涂光群先生的文章请孟绪龙提意见,他热衷于此,很认真地看,很诚恳地提出需修改的地方,大部分还是正确的,我立即采纳。看来今后要发的稿子,多请两个人看总有好处。一则人家关注向阳湖,二则我要对咸宁的读者负责。何况我计划下半年多发几篇,利用现在的便利,写得快,发得快,影响大,一鼓作气,写个十几二十万字,再尽快出书,早点加入省作协也不是很难的。

19950804

34 岁生日。近两年忙,“自传”的续篇空了一段,反正记日记就是在积累,闲时“自传”还是要补写的。写日记坚持下来的好处,现在日益显现出来了。已经写了近 20 年,还得再坚持写几十年。

购《历史在这里沉思》第五卷(周明主编,北岳文艺出版社 1989 年版),其中收录了陈白尘先生回忆咸宁干校生活的《云梦断忆》,文笔十分精彩。

19950805

《咸宁日报》周末版今日出报,访涂光群先生的稿子,版面安排十分理想。不仅头版头条而且套红,转版也较为整齐,便于复印保存。我写这篇文章拖了 3 个月之久,不仓促,而且较之前 3 篇,写作力度大些,自己也较为满意些。屈指算来,几个月内写向阳湖的稿子已发表近两万字。

19950807

夜去全利兄处坐,建议他动笔写一篇杂文,谈谈关于对向阳湖的看法。他的评价很高,说我的工作有成效,甚至有“史诗”的作用。话虽有点夸大其词,但我还是当作一种鞭策,以加大工作力度。

19950808

寄北京涂光群先生信:“拙文完成,现寄上请您批评,如有不妥之处，望及时提出修改意见，以便今后收书时更正。另附两篇小文，供您宣传向阳湖时参考。”

19950809

省长蒋祝平来咸宁检查指导工作，他的书法不错，人也好说话。万书记嘱我拟几条关于向阳湖的题词，请蒋题写一幅墨宝留下，以利宣传。我迅速草拟了三幅：“铭记历史，弘扬文化——为原文化部咸宁五七干校题”，“让中国文化之光在咸宁闪耀”，“开发向阳湖文化资源，振兴咸宁市旅游经济”。蒋省长按顺序取了第一幅，我准备本周末在《咸宁日报》发一条消息，报道此事。今后要尽量“包干”宣传向阳湖。

19950812

《咸宁日报》周末版“报眼”发了我写的《蒋省长关注向阳湖文化开发》，并配发了题词手迹，这为今后的向阳湖文化碑林提前准备了一件珍品。

19950813

请行署办小青年朱自强帮忙用电脑打了几篇散文，访胡绳、臧克家、萧乾和文洁若夫妇，及《向阳湖走笔》。多打印了几篇，比抄稿省事多了。准备撒一回“传单”，争取在国家级报刊上几篇。

夜重读涂光群《中国三代作家纪实》，很受教益。写向阳湖，要开始大量读书做笔记了。今日寄了封信给涂老师：“今后将及时向您通报开发向阳湖文化的进展情况。/‘向阳情结’栏目在8月下旬拟转发您的《中国作协‘文革’亲历记》(下)，特提前告知，谢谢您的支持！/我8月底9月初可能来京，也可能情况变化来不成，还望您提前提供文联、作协一些值得采访的对象的电话、地址及邮编，以便我及早取得联系，使今后工作的进展更快一些。”

19950814

去地区广电局退休副局长陈振高处小坐，他70年代初在向阳湖奶牛场担任过党委书记,我请他对向阳湖开发出主意。老同志十分乐意为我今后在北京联络提供信息方便。今后向阳湖影响搞大,如写一篇体会文章,当提及此人。

上午在行署政研室徐永春处谈向阳湖,小徐是一介书生,但很有见解,对此十分感兴趣,说向阳湖应列入旅游发展规划。他对我写向阳湖的文章每篇必读,据悉,目前地直机关这种人还不少。

19950816

寄北京谢冰心先生一组关于向阳湖的文章,附信至其女婿、中央民族学院的陈恕教授:"4月底进京,曾和您电话联系拜访冰心老人,虽然婉言谢绝,亦能十分理解。现寄上一组有关文章,烦转呈冰心老人一阅,祝愿她老人家早日恢复健康!陈教授,如果您读了拙文,也许会同意我的看法,一组'向阳湖文化人采风',不见冰心老人的风采,将会留下难以弥补的遗憾!因此还望您他日能提供方便,如能帮助收集一下写咸宁干校生活的文章,或转告她对咸宁干校的忆念,万分感谢!"

19950817

地区文联已计划将《九头鸟》更名为《向阳湖》,准备到北京争取全国统一刊号。鄢元平还在文联上半年的工作总结中,专门提到自己刊物的"拳头栏目"有《话说向阳湖——城外专访》和《鄂南文林散叶》等。由此可见,我从此在咸宁文坛已于不经意间占有了一席之地。

去地委宣传部原副部长彭珠先生家,他在为向阳湖的工作做宣传,说虽有的老同志不理解,他则喻之为"挖煤",煤矿可采掘完毕,文化资源采之不尽,且会流芳百世。

19950818

分别给北京的文化名人萧乾、张光年、严文井、韦君宜、周巍峙、陈羽纶、牛汉、陈早春去信,附上一组有关向阳湖文章的复印稿。下次进京,这些人已看到来信,心里有数,可省不少介绍的时间,何况还有充裕的时间去回忆。

李专通知,《向阳湖一瞥》获"温泉杯"征文大奖赛二等奖,发奖金588元。这是否可视作我开发向阳湖文化资源收获的"第一桶金"?

19950821

又寄给北京楼适夷、冯牧先生信及关于向阳湖的文章,加上前几日寄去的,如有一半人回音的话,便会对我进一步"采风"是个大的推动。

19950823

省文联主席、著名画家周韶华来温泉疗养,我和万书记陪他晚餐。与文化人一起,我的话便多一些,心情更愉快一些。我和周老谈起向阳湖开发,他说自己也曾下放到沙洋"五七"干校,那段生活的体念是难得的经历,对生活、对艺术很有帮助,至今不悔。周老又建议,咸宁要尽快着手建一个向阳湖文化博物馆。

19950825

《英语世界》主编陈羽纶先生21日从北京来信:"承寄一组关于咸宁'五七'干校的大作,至谢,回忆那一段生活,不免感慨系之。"

19950902

《咸宁日报》周末版今日发表武汉作家邓一光散文《咸宁竹海》,文中提及郭小川在流放咸宁时,写下《江南竹区三唱》、《楠竹歌》、《欢乐歌》、《花纹歌》,"让咸宁竹从从容容地走进了中国当代文学史册。"

19950903

《新文学史料》主编牛汉先生23日来信:"来信及所附文章(有关文化部'五七'干校的回忆)很激动地看过。那一段经历,值得好好记述。今天我正巧有事走访郭小川夫人杜惠,她看了你的信,感谢你对诗人小川的系念。郭小川1974年4月间第二次到咸宁,遭到严酷的审查,牵涉到林彪案件之中。不知参与办专案的同志是属于哪个系统的(中央专案、作协,或湖北某单位),我想无论如何你也应该写出来,如适合《新文学史料》,尽力刊出;如与文学界关系不大,或交给小川夫人杜惠,供撰写传记时参考,不知你以为妥否?/我在咸宁改造了近五年半之久(1969.9—1974.12),感受十分痛切。过几年,把手头的事务卸掉,一定集中力量写写向阳湖的苦难经历。以前,我已写了几十首诗,如《华南虎》、《悼念一棵枫树》、《麂子》等。有机会回向阳湖时,一定来拜见当时的老乡们,他们给过我温暖。"

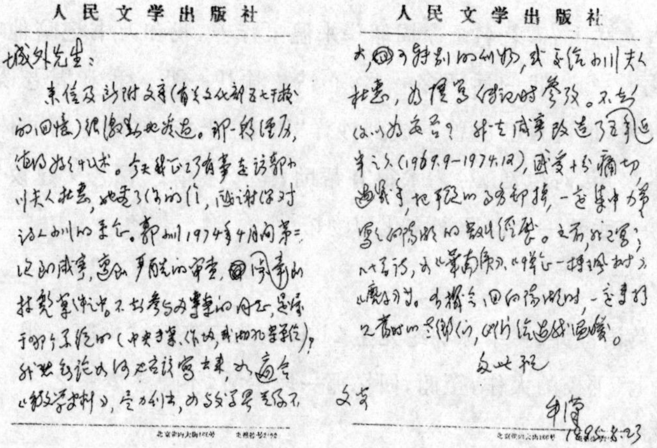

人民文学出版社　　　　人民文学出版社

牛汉致作者信

19950906

白天开会,晚上加班至凌晨2点半,连续这样干了3天,写出周韶华先生的专访《"抱一庐"主一席谈》,近4000字,感觉十分累,也较为满意。致婷"审稿"也竟然一审通过,没提什么意见,不过她说得俏皮,主要是周老谈得好。

19950911

上午在桂园山庄和周老聊天后,他送给我一幅字,我请他录的杜甫诗:“不步今人爱古人,清词丽句必为邻。”而他在事先准备好送我的一幅画《竹梅图》上也题了一首诗:“竹高鸣翡翠,溪深戏雪梅,江山虚有待,何日破城围?”说明周老送我的画是费了心思的。今日的收获可谓大矣。

北京陈安钰兄寄来《青年文摘》第9期,转载了我在《羊城晚报》上发表的《“不破围城非好汉”——访钱钟书先生不遇》,还配了一幅插图。这是我的文章首次在全国性刊物上“露脸”,更可喜的是,《青年文摘》发行量大,达100多万份哩!

19950914

乘机到京,下午才安顿好,我马上单独行动,直奔第一个要采访的对象牛汉先生家。由于事先向他寄过有关向阳湖的文章,并得到回信。我出发前一通电话,马上受到欢迎。路上堵车,到他家正值晚餐时间,他马上招呼夫人吴平为我煮了一大碗饺子下肚,然后十分激动地接受了我的采访。我从容不迫地记录、录音、拍照、提问,进展十分顺利,不觉已是近22点,辞行前,外面下起了大雨,牛汉先生硬是递上一把伞,并嘱咐说,不要还了。这位72岁的老人的书斋名为“汗血斋”,系在向阳湖劳动时取的。我初拟专访的题目为《“向阳湖哺育过我的诗”》。

19950915

上午我又抓紧“采风”,“逮”住了一个“大腕”——《黄河大合唱》的词作者张光年。他老人家八十有二,不仅为我的专著《向阳湖文化人采风》题写了书名,还为向阳湖文化碑林题写了“咸宁向阳湖,常在记忆中”。采访十分成功,临走时,张老还送了我两本书:

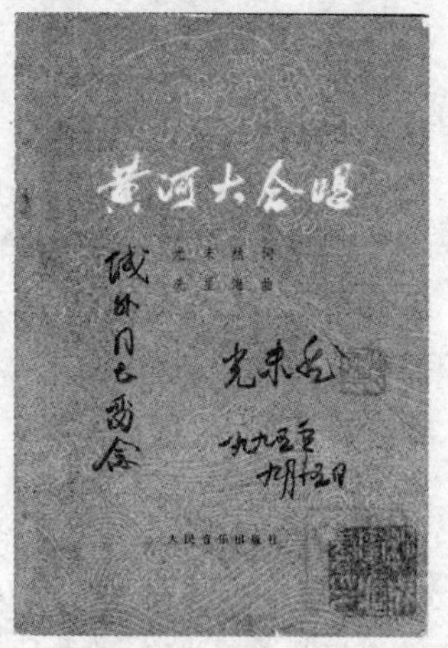

《黄河大合唱》书影

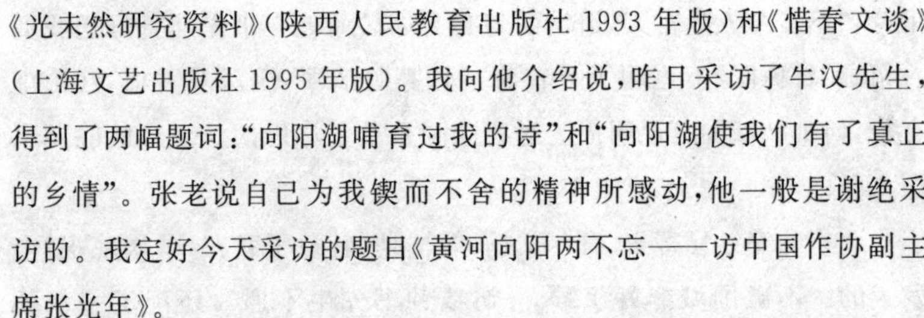

《光未然研究资料》(陕西人民教育出版社 1993 年版)和《惜春文谈》(上海文艺出版社 1995 年版)。我向他介绍说,昨日采访了牛汉先生,得到了两幅题词:“向阳湖哺育过我的诗”和“向阳湖使我们有了真正的乡情”。张老说自己为我锲而不舍的精神所感动,他一般是谢绝采访的。我定好今天采访的题目《黄河向阳两不忘——访中国作协副主席张光年》。

19950916

上午万书记安排我一道去北京芳草地郝孚逸女儿家,找到郝老,请他找李岚清副总理写了个字,帮助地区方向机厂“九五”技改项目的事发个话。据说郝老解放前在复旦和李岚清一同从事过党的地下工作,当过李的“领导”。这大约也算得我搞向阳湖文化研究的机缘,为咸宁经济发展第一次“牵线搭桥”。

万书记见我采访牛汉、张光年二先生成功,特地另外安排人陪他跑项目,叫我再留下来专心搞两天采访。我意识到时间紧迫,于是从中午到晚上马不停蹄,又一气连续采访了 3 个文化人。万书记的开明令人感动,大约我的事业心也感动了他。

中午先到《英语世界》主编陈羽纶家,照例提问,录音、拍照,请他题字。我建议他为我题了“在英语世界的海洋里漫游,在向阳湖文化人的采风中提高”,为咸宁碑林题了“回忆在咸宁向阳湖蚊帐中、油灯下窃读英语文学名著,引发 1981 年创办《英语世界》杂志的情景,令人怀念不已。”我初拟此篇专访的题目是《向阳有人读洋文》。

下午到严文井先生家,他和夫人康志强老师边旁听边插话补充,访谈进行了两小时,给我印象最深的是严老的幽默感和一副智者的神态。他为我题词:“生命是一个过程,完美地度过这一过程”,为向阳湖碑林的题词是:“向阳湖,我的过去了的生命。”严老赠我一本书《苦涩的无花果》(花城出版社 1993 年版),其中有写沈从文、冰心、萧乾三老的专文。到了晚餐时间，夫妇俩热情邀请我一道上街头小吃馆小酌，我感动不已，坚持自己付了账。此篇专访的题目已定好《亦庄亦谐侃向阳——老作家严文井一席谈》。

严文井笑谈往事

严老亲自为我挂通人民文学出版社社长陈早春的电话，介绍我爱读书，喜“采风”。于是我抓紧时间，顾不得天晚，又赶到方庄陈家，从 22 点至零点 30 分，对陈社长进行了十分愉快的访谈。他的题词是：“向阳湖使我懂得了国情、民情和友情”，为我题了一幅“勤为学海舟楫”，还送了我一本《绠短集》(湖南人民出版社 1986 年版)。我定下这篇专访的题目是《向阳花木早逢春》。陈社长亲自陪我下了 7 楼，后送至门外的公路打的才转身，我感谢他，他却道我辛苦了！

19950917

上午重访萧乾、文洁若二老，他俩对我送去的放大照片十分满意，连声答谢。又签名送了我几本书，如《我这两辈子》(人民日报出版社 1995 年版)，还有傅光明、孙伟华编著《萧乾文学生涯 60 年》(鹭江出版社 1995 年版)等。萧老应我之请，再次题词：“向阳湖是文革时期我们的避难所”；文先生又题：“我们和一对子女在向阳湖度过了几年难忘的岁月。”萧老还专门为我题了词：“尽量说真话，坚决不说假话。——愿与城外同志共勉之”。今日见闻可写一篇计划外的专访，特别是文先生还告诉我好消息，《文艺报》前日已发表我访他们夫妇的文章，真让人感到意外的惊喜！

中午去中国社科院找胡绳先生秘书孙立峰聊天，又有所获。他和王蒙、沈昌文等文化名人都有接触,说今后我如有兴趣,可以介绍一访。孙秘书并说,胡绳看了近期《九头鸟》,非常高兴,还问我好哩。

下午赶到周巍峙、王昆夫妇家采访,谈得较为成功。但请周老题词时,费了点周折。由于我的"磨劲",周老作了让步,没有推辞到日后写好再寄,他题写了"身在向阳湖,心系周总理——与咸宁同志回忆往事有感",又为我题了一幅"求实、认真"。王昆老师对我的采访也很配合,并向周老称赞我反应特别敏捷,我初定此篇专访的题目就用周老题词的十个字。

周巍峙与王昆

这次进京采访了7位向阳湖文化名流,个个如愿以偿,既成功地交谈,又都得到了题词,并摄下不少珍贵的照片。晚上回到北纬饭店,万书记对我玩笑道:"小李,你真的成了城外,不管城内的事了!"不过看得出来,他对我的办事效率之高是十分赞赏的。

19950918

下午返温泉。这次进京,我没有逛书店,没有随跑项目的大部队进过餐,一个人孤军奋战搞文化人"采风",满载而归,其乐融融!这一组文章写下来,为明年的编书打下了坚实的基础。年内如有可能再次进京,还可以抓紧一点,访冰心、楼适夷、韦君宜、绿原、周汝昌等诸位文化名人。

19950920

今日收到15日的《文艺报》,我寄出的稿子题目改成了《怀念咸宁和向阳湖——访萧乾、文洁若夫妇》，仅一个月时间，这么快就登出来，始料未及。而且报纸的规格高、影响大，更是我所追求的。与第 9 期《青年文摘》转载我的文章，均算得美事一桩，值得小醉片刻。这毕竟是李城外的文章首次在中国文坛第一大报“亮相”。

19950923

晚上开始整理采访张光年先生的录音，争取下个“周末”发出来。今日《咸宁日报》周末版已发我编的张老日记《重访向阳湖》，几乎占了一个整版。最近市委安排我在党校学习两个月，我感到自己也并不会轻松。因为手头要写的东西太多，7 篇人物专访，还有一篇《关于大力开发向阳湖文化资源的思考》，以及预约的一篇写“郭小川专案”的稿子。

19950925

孝感市文联的胡士华在桂园山庄闭门写作，住了一月有余，是曾专员请来的，因为是作家，也可以相互交流。他对我开发向阳湖文化十分感兴趣，介绍自己现在正在写的是中国退伍军人，我便说我俩一写文一写武，都得做些成绩才是。胡最近写了一篇采访老诗人公木的文章，全国几家大报都发了。他说可以一稿多投。

19950926

陈羽纶先生寄来我要补配的去年《英语世界》第 5 期和今年一季度的杂志，让我感动，这得归功于向阳湖的感情。

19950927

咸宁甘棠派出所韩志来信云：“瞧您正努力发掘着我家乡的向阳湖的文化，给我巨大的启示和鼓舞。向阳湖这个本来神秘的地方，至今经过文化人的战斗洗礼以后，蓬荜生辉。由于历史的尘封，这里又几乎被人忘记，然而向阳湖这块玉石经您的打磨，将逐渐发光；向阳湖这坛老酒经您的启封，将芳香四溢，美丽醉人。我作为一名向阳湖人，自愿加入您的行列,抢救向阳湖文化。/……现在看,您作为外乡人,都执著地开发向阳湖,我作为本地人,更有责任将诗一路写下去,将歌满湖唱起来。/中国有条长江,长江之藤结了个向阳湖,愿向阳之果在您的辛勤培育下,像桂花一样,在全国飘香!”

下午云石兄来地区参加明日“双推双考”的笔试,我笑他“重在参与”,也算有过“考县官”的经历。县委组织部傅红辉、祝文广送通山的考生来,后者谈及我写向阳湖,说我的主要目标应放在仕途升迁上,向阳湖可以待到50岁以后再写。我调侃道:“50岁哪来30岁的激情和感受?再说到那时,只怕向阳湖文化名人大都作古了!”

19950928

完成“向阳湖文化人采风”之五访张光年先生一文,一气写了5000多字,这是我迄今写得最长的一篇专访。下午专门去《咸宁日报》社向王总编和周末版编辑强调,发表时一定要放在头版头条,因为张老属“名流中的名流”,而且大文化人对版面的安排是相当讲究的。他最近在《新民晚报》和《人民日报》发表的文章,都安排在“文艺版”的头条。

19950930

《咸宁日报》周末版早上出版,版式设计很好,马上给张光年先生寄去。估计此稿全国和省级报刊都会用的。上午去孟绪龙那里小坐,他对我近期取得的成绩“表示嘉评”,并拔高不少,以为我光做这一项工作,今后将在中国文坛留下一点什么,并说我这样的领导秘书,亦政亦文,是不多的。

1995 年

冬

19951001

分别向北京的严文井、萧乾、陈早春、牛汉、陈羽纶、周巍峙诸先生寄去“向阳湖文化人采风之五”，并附上上次为他们照的相片。同时给《人民日报》李辉、《人民文学》崔道怡先生寄了报。后者也是下放过向阳湖的“五七”战士，下次将是我采访的对象。“采风”看样子会像“滚雪球”似的，越滚越多，越滚越大。

收北京陈安钰兄寄《毛泽东之路》(1－4，中国青年出版社 1993 年版)。

19951002

省长助理江弘陪同著名歌唱家关牧村到温泉，万书记和曾专员接待。我趁空向江介绍了向阳湖，曾专员也很热心地“烧火”。万书记说舆论已造起来了，但有些游客去向阳湖观光，那里却没有什么东西值得看，咸宁市的工作没跟上。我说舆论先行，我的工作有了效果，并说明了向阳湖价值是客观存在的。曾专员向万书记建议，让我专门从事向阳湖的宣传工作，我马上表示乐意为之，并请领导考虑，给我时间首先收集一批题词，抢救文化资源，为碑林生辉。

与《文艺报》副主编吴泰昌先生通了电话，很巧，他说自己对咸宁很有感情，还写了不少回忆干校的文章。我上次寄给《文艺报》的稿子,便是他签发的。这又是一根“红线”!

19951003

到省里开会,正好晚上去《湖北日报》刘庆林先生那里小坐,并大谈特谈向阳湖。刘对我的工作进展十分赞赏,并鼓励我把计划拉大一点,拉长一点。但目前的当务之急,还是抓紧抓紧再抓紧,因为冰心们都在病榻上了。

又去武汉大学教授陈顺智家,还是聊向阳湖。他没想到我上次在北京抓得那么紧,收获那么大,其妻胡礼鸣感叹道:“没有你李城外进不了的门!”

19951004

忙里偷闲去逛了一番书店,弥补一下上次进京的遗憾。一口气买了200多元的书,有新版钱钟书之《管锥编》(1－5,中华书局1994年版),王蒙评点《红楼梦》(1－3,漓江出版社1994年版),和儿子熟了整天闹着要看的《水浒》连环画等。今后购书除了一些必藏书外,重点恐怕是向阳湖文化人的著作,如今日所购《书边杂写》(辽宁教育出版社1995年版),作者谷林,书前录陈原《无题》一文,提及二人同时下放向阳湖干校3年。

19951005

“向阳湖文化人采风”之五在地区又小有影响,见面问及并称赞的人不少。晚上去游强进那里坐,他心血来潮,又说下周末准备再写第二篇评论。他说我现在是“孤军奋战”,咸宁市行动较慢,我表示我还是默默按自己的计划干出点成绩,不管其他。

19951006

晚上去行署办文友徐君书斋小坐,他好心提醒我,向阳湖之外还是要抓住机遇,考虑自己的升迁问题。因为仕途多风险,有个一官半职,今后干事业方便一些。一旦领导有变动,来不及关心你,那时费心费力的事会多得多。

又编了一期“向阳情结”，将涂光群先生文章改名为《中国作协与咸宁干校》，明日刊出，分 4 期连载。并配了我为作者拍的照片。

19951007

上午分别去了石副专员及彭珠、陈振高二位老同志家谈向阳湖，得到的依然是一片赞扬声和鼓励。我需要琢磨的是，如何把文章写得更好一些，在全国报刊发得更多一些。

中央电视台影视部汪国辉来温泉，晚上陪他吃饭，照例免不了宣传向阳湖，照例引发了听者的兴趣。

晚上和妻儿一起回通山看望家父，我有一个想法，多发文章，给病中的老人以精神上的愉悦，不失为“良药”！

19951008

上午去通山县委办小坐，熟人们见到我，谈起的自然还是向阳湖。我方知城外在家乡已小有影响，而且过誉不少，看样子写向阳湖，出大成果，既是我的决心，也是大势所趋。

前几日在汉开会，碰到省作协党组书记王锦华，亦向他大肆宣传了向阳湖，他今日寄来几本《湖北作家》，我打算以向阳湖的文章作出成绩后加入作协。挂上了钩，“见面礼”是已发的一组文章，马上寄了去，并附上对周韶华先生的专访，请他向有关报刊一荐。

19951009

下午《九头鸟》编辑来催稿，我一次送了 3 篇专访。“话说向阳湖”栏目本期集中发采访张光年、涂光群、郝孚逸 3 位先生的文章，约 13000 字。在地区文学期刊上享受如此礼遇，我明年的干劲只会更足。

19951010

冰心老人之二女婿陈恕教授 5 日来信：“寄上谢先生为咸宁向阳湖的题字，请查收。”她上月亲笔题写的“向阳湖”三个字，清隽秀丽，极富收藏价值,这又给我带来意外的惊喜。马上安排在《咸宁日报》周末版"报眼"发条消息,采访周巍峙、王昆夫妇的专访推至下周末发稿。

19951011

甘棠派出所韩志又来信:"收到您的信,我感到幸运。今后前进的路上又多了您这样一位热心人的指引。/您盼我多写些关于向阳湖和文化人的诗,确实给我指了一条路,于是我实地感受了一下向阳湖……另外,我将准备下乡到干校文化人住过的村组,收集一些名人轶事。此刻,我感觉到,向阳湖有着从未有过的博大。"

19951012

上午抽空从地委党校听课空隙中请假出来,到咸宁师专查阅关于向阳湖文化人的资料,收获甚微。接着,又去市文化局、群艺馆,询问咸宁市开发向阳湖文化的进展情况。7 月 28 日会议后,咸宁市成立了领导小组,但暂时是个虚的,其他没动什么。中餐时,我对市委张副书记催了一下工,下午他便召集文化、公安、粮食等部门负责人,开了一个会,要求迅速收集向阳湖文化人名单,并通知明天上午在市广播局开个小会,讨论拍一部有关专题片事宜,请我参加。

19951013

上午按张副书记的安排,市委办、政府办、宣传部、广播局及群艺馆等单位负责人一起开会座谈,宣传向阳湖文化事宜。我在最后发言时讲了三点:一是要有自豪感,二是要有责任感,三是要有紧迫感,尤其再不能让地区推动市了。

晚上,北京陈安钰兄来小坐,他主编的《青年文摘》发行量已高达 120 万份。我建议适时宣传一下咸宁向阳湖,影响无疑会更大。

19951014

把今日《咸宁日报》发表的谢冰心题写的"向阳湖"送给万书记看,他布置我党校学习结束后,专程和咸宁市的同志一道去趟北京,专门收集向阳湖文化人的题词……这下子更增加了我的紧迫感,起码手头上要写的几篇"采风"要迅速赶出来。早完稿,早主动。

19951015

萧乾先生 11 日又从北京来信:"谢谢来信及照片,照得很好。至少有 5000 名文化人曾栖身向阳湖,足够你挖掘的,那是一段有意义的历史。祝好!"刚好,《中国艺术报》6 日发表了访萧乾、文洁若文《"向阳情结"在京都》。

下午与万书记赶到"131"去,陪邓小平同志胞弟邓垦。邓老在那里为人题字,我请他为我和致婷写了一幅"高山流水",又分别写了"书"字和"向阳湖"3 字。

19951017

中午鄢元平请在党校学习的通城诗人杨弃作客,要我作陪。席间,鄢说我现在"逢人说向阳",已成了"向阳湖专家";杨说李城外今后扬名,无疑会是因为向阳湖。

19951018

寄北京《人物》杂志主编马连儒先生信:"听胡绳同志孙秘书介绍,您曾是咸宁干校的'五七'战士,因此寄上一组我区开发向阳湖文化资源的文章及本人的几篇拙作,盼望得到您的支持和指点。"

19951019

晚上抄写"向阳湖文化人采风"之六《春风曾度向阳湖——访周巍峙王昆夫妇》,6000 字花了 6 小时,从 22 点抄至凌晨 3 点。明日交《咸宁日报》周末发稿约 5000 字,剩下 1000 字谈艺的内容,准备整理一下交《湖北日报》。

19951020

北京陈羽纶先生 16 日来信:"来信收到,照片拍得很好。承访谈,谢谢!/遵嘱随信寄简历一份,供参考。"

万书记去省里参加会议,工作人员有地委办副主任同去,我可去可不去。我选择了后者,并借口党校上课,图个清闲。其实还是为抓紧时间写向阳湖,并落实发稿。晚上去咸宁日报社去校稿,至24点才回家。我有一个体会,在北京,那么多向阳湖文化人看得起我,我的工作更要对得起他们。

19951021

《咸宁日报》今日头版头条发表我的"采风"之六,并配发了周巍峙、王昆的照片及周老的题词。今日"三原色"副刊还发表荆州作者苏舜霖散文《神游咸宁》,称桂花、茶叶、五七干校、温泉,是他对鄂南最深的记忆。将干校和名土特产相提并论,可为一赞。

地区方志办的副主任姜昭国昨天闹了一个笑话,我请他在档案局找一些有关向阳湖的资料,他却剪了一大堆《咸宁日报》送来,全是我发表的文章。原来他不知李城外是我的笔名!不过,他又专程去咸宁市方志办摘抄了一些有关材料,还是很有参考价值的。

19951022

寄萧乾、文洁若先生信:"来信收到,谢谢你们的鼓励,今后的专访将陆续寄上。"

寄周巍峙、王昆夫妇信:"上次冒昧登门打扰,承蒙热情接待,再次表示感谢!因报社催稿,专访送上审阅,恐来回周期过长,所以呈上大半成品,望能谅解年轻人的鲁莽,所幸后半部分谈艺的内容暂未发表,仍劳烦提出修改意见,尽早寄来,以便整理后再发稿。/另请不要批评秘书唐小刚,他在电话中落实了老部长的指示,如有不妥之处,文责由我自负。谢谢,代问周月同志好!"

湖北日报驻咸记者站张兴旺来,谈及向阳湖的事,戏说《咸宁日报》周末版被我"承包"。我解释道,大家尚未一齐行动起来,我只好先一人冲锋陷阵。张又说，今后要宣传这是我的“专利”，地委行署应奖我“点子费”。

19951023

寄北京陈恕先生信：“寄上刚发表的谢先生题字，衷心感谢您的大力支持。祝冰心老人健康百岁！”

夜李专来，带来省委宣传部外宣处办的《今日开发区》杂志第4期，上面“开发文苑”发表了《向阳湖一瞥》。此外，还登了刘醒龙、刘益善和邓一光写咸宁的文章。李专对我说：“你写向阳湖，已成了咸宁的名人。”

19951024

地委政研室的同事见了我都说，党校毕业后回来，马上要提拔。干部呈报表已送到组织部去了。我答那是组织上的事，我一心只想干好宣传向阳湖的事。

19951025

拉出“向阳湖文化采风”之七访陈羽纶先生稿，用的白描手法，题目为《向阳有人读洋文》。我还有个计划，“采风”写了上十篇后，尽快写一篇报告文学，单讲文化人的“向阳情结”。争取早点打响，带动今后工作的深入。

咸宁市张副书记请我本月底随他们一同进京，找文化人题一批字。我请示了一下万书记，还是推至党校结束后较为合适。更何况我手头还有几篇专访未完稿，看来还得抓紧赶任务，争取从这周开始，每个周末发稿一篇。连续推出对陈羽纶、严文井、陈早春三位先生的专访，才有时间歇一下。

19951027

订1996年上半年报刊，847.24元。

19951028

上午和《人民文学》崔道怡先生通了个电话,得知访张老的那篇稿子可以考虑在该刊发表。激动之余,寄去一信,附上新的采风稿和有关复印件,供他参考,并谢谢他的大力支持!

上午去徐全利处小坐,他和我谈了丁玲的"一本书主义",说我写向阳湖完全可以因此成名。他建议我今后的专访,在写法上还可以探索新路子,我计划出专著后,应主动送中央文史馆和中国现代文学馆收藏。

19951029

寄北京严文井先生信:"最近,谢冰心先生为咸宁向阳湖题了字,特呈上一阅。附寄向阳湖文化人采风之六。关于您老的专访,下周发表后再寄。/您老的八十大寿才过了两个星期,请接受一个咸宁青年遥远的祝福!愿您童心不泯,永远年轻!/代问康老师好!"

中饭后午睡,又梦见冰心老人,我去医院看她,而且谈了话。挖掘向阳湖,真可谓"渐入佳境"。《湖北日报》今日刚好登了我报道冰心为向阳湖题字的消息,我还专门给鄂州的二姐打了电话,建议她抽时间把向阳湖的文章翻译一下,寄到《中国日报》去,把影响扩展到海外。

咸宁市张副书记上午又来,要我下月初和他一起去趟北京,我考虑到在党校学习,中旬要考试,不如下旬去,时间充裕些。这是一次好机会,可以多拜访几个文化人,争取满载而归。

19951030

寄北京冰心先生信:"衷心感谢您为咸宁向阳湖题字,《湖北日报》和《咸宁日报》均作了报道,特呈上,请您过目。顺致大安!"

地委党校定于11月4日至16日组织学员外出考察,我这才有时间安排与咸宁市的同志同赴北京,一举两得。晚上马上开始准备工作,摘抄资料,定采访对象,现在又是转钟1点了。

19951031

崇阳县人大黎主任打来电话，对向阳湖宣传成果扩大表示感谢，同时对干校期间军宣队的表现谈了个人看法，我建议他写出来。

19951101

晚上去俞部长家谈向阳湖开发事宜，他上午听了咸宁市张副书记的汇报，支持我一起去趟北京，又说，关键要落实万书记提出的“五个一”，然后再考虑其他。回来后应召集有关部门、有关人开会，讨论一个一个地具体事如何落实。

19951102

晚上又和人民文学的崔道怡先生通了电话，他下星期天出差，我争取在这之前赶到北京采访他，并落实发稿的事。下午到社科联，与卢克清、宋旭余等熟人大谈向阳湖。

19951103

上午在党校听课，明天起学校组织外出考察两星期，分三条路线：一条广东、海南，一条山东，一条江浙。我一人一条线，到首都北京。

19951104

早晨咸宁市张副书记来车接我一同赴京，同行的有市电视台记者郭辉映、张的秘书小卢。此行我是带路人，张说找京城文化人，由我总导演。行前，我赶到咸宁日报，带上一摞今日的周末版，上有访陈羽纶先生长文，照例发的头版头条。

夜住郑州，算得在人生旅途中又“消灭”一个省份，而今后的路上对我而言，恐怕一些城市都无暇光顾，只想到北京挖掘向阳湖文化资源。

19951105

晚上 11 点多才到北京，我建议住航天部第五研究所，所长盛周军是咸宁市人,住这里比住地区驻京办要踏实些。因为毕竟是咸宁市领导出来办事,自然会“高规格”接待。

19951106

下午首先去文化部203大院,走访了周巍峙先生。我初步计划在京10天时间,连续作战,专访向阳湖文化人。除认真负责地完成好带咸宁市的同志拜见文化人的任务外,什么闲事也不管。力争采访二三十人,增加“向阳湖文化人采风”的厚度。

19951107

今日走访了萧乾、吴雪、张光年、涂光群诸先生,收获很大。因为带了电视台的人录像,和我以前单枪匹马采访,规格又不相同,更体会到组织出面重视的效果和个人努力的成绩相得益彰。加之我以前的文章已打下好的基础,建立了几个老关系,约见采访都是一路“绿灯”。

晚上到冰心先生家里,中央民族学院碰巧就在我们住处旁边。很意外,陈恕先生前几天刚收到我发表在《湖北日报》上的冰心题字,这回十分爽快地答应我,明天可去北京医院拜望冰心先生。真是“得来全不费工夫”,这将是此次北京之行的最大收获。

19951108

上午专门去北京医院联系下午拜见冰心先生有关事宜,并准备好敬献的红玫瑰。下午3点,我们一行准时到了高干病房304室,冰心老人不禁连声称谢,还坚持从床上下来,坐上轮椅,接受我们的合影拍照。她还示意陈恕,要我们在看望人员签名册上留下单位和姓名。95岁高龄的老人,我梦见过几次,

作者和冰心在北京医院

今日终于得以见面。“向阳湖文化人采风”之八马上写她。题目已定《一片冰心在向阳——拜望文坛祖母谢冰心》,因她不可能多交谈,我只好改用第二人称写。

从冰心先生病房出来,无意中听说全国文联主席曹禺先生就在楼上405病室,连忙赶去一见。正好文联有同志正为他拍照,我便趁势请他为《向阳情结》一书题写了书名,曹老还在我的笔记本上签名留念。

曹禺在北京医院

好戏连台,喜事接二连三。我又打听到钱钟书先生就在311室,自然立马前去“朝拜”。机会正好,城门大开,“空城”一座。杨绛先生回家去了,城里没有“守军”。钱先生正在床上打针,照看的阿姨听我介绍后,没有阻拦。我走近床前,请求拍照,她开始不同意,说要经钱先生点头方可。于是我马上说服钱先生,介绍自己曾访问钱府,十分幸运地得到首肯(据阿姨说,这是他住院后的第二次,头一次是中央领导看望他)。我赶紧拍了钱先生单人照和特写照,并与之合影,大获全胜。“围城”今日终于破矣!

晚上去崔道怡先生家采访,他听说我今日的收获后,也表示祝贺。崔鼓励我说,挖掘向阳湖文化虽然会吃不少苦,但得到的丰厚回报也是别人难以企及的。他还赠我一本《人民文学》创刊40周年纪念册,并为我赠言:“作为北大人,我引以为自励的是:胡适之的治学态度,李大钊的献身精神。录以与城外同志共勉。”崔先生将我所寄一组文章,单独放在一个夹子里。他找出对张光年先生的专访,称赞我写得不错,但又说,体例与《人民文学》不适,建议我再投别处。我对他的意图表示理解,他又建议我,今后可留意写一篇“向阳湖情结”的文章,我欣

然接受。

19951109

上午与咸宁市的同志一起又去找周巍峙先生，请他写了个条子给文化部办公厅主任钱林祥(原周老之秘书)，帮助联系高占祥副部长，请高为咸宁向阳湖题字。从文化部大院出门时，我碰见高部长，马上上前拦住汇报，并送上一系列关于向阳湖的资料，高满口答应题字，叫改日再联系。

中午去中国社科院找胡绳的秘书孙立峰，请胡老为咸宁向阳湖题字。孙听说我昨日一天见了三位文化大家，戏称简直有点“嫉妒”我。

为了抓住机遇，扩大战果，下午我抽空再去北京医院，先找了曹禺先生，让其秘书小白补盖了昨天题字的印章，又请曹老寄语湖北老乡，录了一段音，回去发条消息不成问题。接着再次拜访钱钟书先生，杨先生仍不在(她上午来医院，下午在家)，我便向阿姨详细询问了一些有关钱先生的近况。这时，进门来查房的医生王大萍小姐，听说我是李城外，很有兴趣地与我聊起了《围城》，原来她刚看了《青年文摘》上转载我的文章。京城得遇知音，可算得精神上的一次“艳遇”?

晚上去《读书》主编沈昌文家采访，他的夫人白曼颐也一同下放向阳湖。访谈中，王蒙先生来了电话找他，我正好插上接过话筒，询问王之父亲是否也下放过向阳湖，得到证实。又是一大“发现”，拜访王蒙自是今后的计划之中了。

19951110

上午去《人物》主编马连儒办公室长谈，他还兼任人民出版社副总编辑，人很热情。马先生表示，尽量采用访张老一稿。他还回忆了自己的干校生活，并留言纪念。

下午来到中国现代文学馆，副馆长周明先生早在等我，他对我的工作十分支持，并赠送《中国作家大辞典》(中国社会出版社 1993 年版)等书,为我写文化人提供方便。他又带我参观了几个展室,令我眼界大开。我谈及开发向阳湖文化资源与他的工作关系密切,他表示同意。说今后我出了书,一定要送文学馆收藏。

晚上拜访《文艺报》副总编辑吴泰昌,吴先生十分健谈,再三挽留。一直"吹"到转钟1点,才让我起身告辞,并送了我一本《吴泰昌散文》(安徽文艺出版社1993年版)给我留念。其中有6篇散文写了干校的人和事,他一一标出记号,便于参阅。吴还答应,将我访周巍峙的文章在《文艺报》上发出。

《青年文摘》老乡陈安钰兄来看我,对向阳湖表示热心,并拿去访陈羽纶先生稿,准备向《中华儿女》推荐。

孙立峰兄知我爱书,叫我带车去社科院,送了我几大捆书。其中有价值的不少。如《全唐诗索引》(中华书局1992年版)和大字本《毛泽东选集》(第五卷,人民出版社1977年版)、《胡绳文集》(中国社会科学出版社1994年版)等,均盖上"胡绳赠书"印章,使我感叹"不亦快哉"!城外进城,如鱼得水矣。

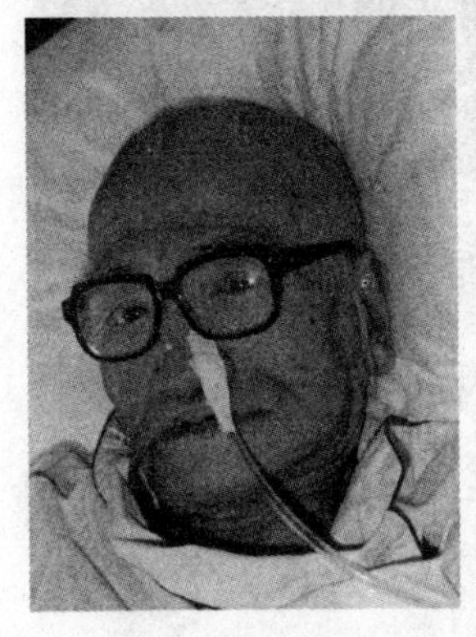

病床上的楼适夷

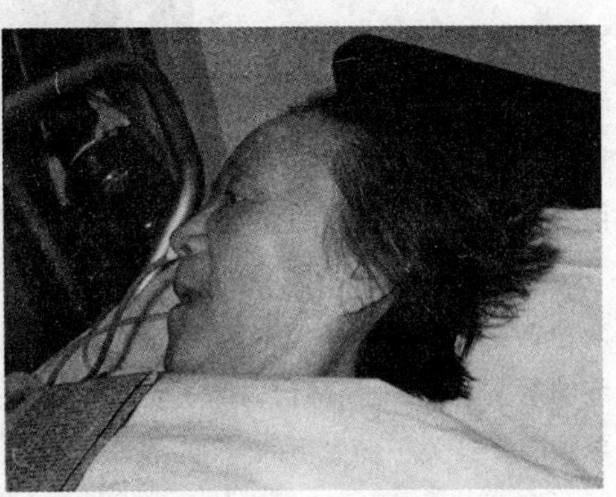

病床上的韦君宜

19951111

上午去北京协和医院,在同一层楼连续看望了三位文坛老人:臧克家、楼适夷、韦君宜。写后两者的专访已不愁照片和作文了。

晚上上门采访鲁迅文学院院长、《诗刊》主编杨子敏，他写了两幅字送我。其一为："你发现了向阳湖的收获季节，向阳湖将赠你一个硕果!"其二为："向阳湖很富饶，生长稻米，生长思想，也生长诗。"杨先生还送了我一本散文诗集《回音壁》(文化艺术出版社 1989 年版)。

熟了今日 9 岁生日，我打电话给家里问候。我虽不在家，也是在为儿子的未来准备丰硕的果实。

19951112

上午，去《中国作家》副主编杨匡满家访谈，他对我准备写关于向阳湖的报告文学十分关注，建议注重积累，不急于动笔，要力争写出史诗性的作品。杨先生送了我几本书，散文集《辉煌时刻》(天津教育出版社 1993 年版)和诗集《我歌唱在十二层楼》(四川文艺出版社 1986 年版)、《天堂之歌》(重庆出版社 1991 年版)。

下午，我又赶到拜访故宫博物院顾问单士元老先生家，单老八十有九，不仅为我题写了书斋匾额"向阳轩"，还题写了"鸿才硕彦——向阳轩主人雅正"。

单士元题"向阳轩"

傍晚时又顺便去三里河南沙沟，有意为写好访钱续编的散文，再次上门拜访杨绛先生。交谈了一阵，我改变了主意，计划单独写一篇关于杨先生的专访。

19951113

上午去文化部图书馆司会杜克司长，因时间关系，来不及细谈，只好今后电话联系，或通过书信补充采访。下午去文化部老干部局，打听如何收集干校人名单，复印了一些有关资料。

晚上去舒芜先生家采访，其女方竹属“五七”路上“向阳花”，曾在咸宁读过书。父女俩都关切地问及向阳湖的现在，舒先生还录下 1973 年作于向阳湖的七律《迟月》相赠。

接着到舒芜家对门，采访许觉民先生，交谈至凌晨。因提前有预约，许已在家准备好题字：“谁云人生多忘事，向阳三年长想中。”并赠书两本，《今天将会过去》（人民文学出版社 1995 年版）和《人面狮身》（中共中央党校出版社 1994 年版）。许先生曾任《文学评论》主编，至此，我十多年一直坚持订阅的几本杂志的主编，几乎都见了面。感谢向阳湖！

19951114

上午访问老诗人绿原，得赠书《我们走向海》（知识出版社 1990 年版）和《离魂草》（花城出版社 1992 年版），后者为散文集，其中《我们的金婚纪念》写了一段妻子罗惠来向阳湖探亲的经历。他又介绍我找了楼下的蒋路和秦顺新二位老同事，蒋先生送了我一本译作《怎么办》。三个小时访问三家，可谓破纪录的顺利，向阳湖文化人在北京“集中连片”，由此可见一斑。

晚上赶去访问郭小川夫人杜惠，查阅了大量郭小川写于“文革”中的书信，并索得几幅珍贵的干校照片，初拟此篇专访的题目为《小川长流向阳湖》。

19951115

上午在文化部老干部活动中心召集了一个座谈会，播放了从咸宁带来的专题录像片。有不少老“五七”战士参加，气氛热烈，场面颇大，为今后写报告文学增添了一道景色。咸宁市张副书记在会上还作了简短讲话，对宣传向阳湖作了动员。

下午又独自走访了文化部原副部长、咸宁干校校长负责人之一杨岩,收集到不少新的信息。得知中共中央办公厅副主任陈福今,中共中央文献研究室副主任李琦、金冲及等部级领导都到过向阳湖。看来,这个"雪球"的确是越滚越大了。

接着,又采访了北京图书馆原副馆长、书法家李长路,老先生已92岁高龄,仍书毛笔和钢笔书法各一幅相赠,并送了他选编的《全宋词选释》(北京出版社1992年版)。我兴奋地告诉李老,我查阅了一下旧报纸,发现1970年5月,他在《咸宁报》上发表过一篇表决心的文章。回温泉后,我马上复印寄来,让他"重温旧梦",这可是一篇6000文化人中唯一在当时地方党报上发表的署名文章。我又请李老送了万书记一幅书法。

晚上采访此次"采风"的最后一家——中国书法家协会副主席刘炳森,也不知不觉谈到凌晨才回。刘先生激动之下,刚见面便朗读起自己的一篇写向阳湖往事散文,几千字竟一气读完。他还用圆珠笔手书一首七律及两副对联相赠,供我写作时选用。

19951116

张副书记的司机、秘书早上先行离京,我和他晚上乘火车返程。上午又抽空去琉璃厂文化街逛逛书店,有了"计划外"的收获。购得工具书三本:《新中国文学词典》(江苏文艺出版社1993年版)、《中国人名大词典》(历史人物卷,上海辞书出版社1991年版)和《中国当代文化名人大辞典》(中国广播电视出版社1992年版)。向阳湖文化人著作5种:《适夷散文选》(人民文学出版社1994年版)、《郭小川代表作》(黄河文艺出版社1986年版)、《书与人与我》(陈原著,三联书店1994年出版)、《光未然诗歌选》(人民文学出版社1990年版)和《牛棚日记》(陈白尘著,三联书店1995年版)。

19951117

回温泉,收到牛汉先生1日的来信,上云:"多次收读来信,还有电话，早该寄上当年在那段苦生涯中写的诗歌，延至今天才奉上，请见谅。不久前，我到山东威海市荣成县一个渔港开会，回来之后，一直没有休息过来，年纪不饶人。在咸宁时我的身体是十分顽健的。/这次寄来的诗文是我在咸宁时写的一部分作品，从数量上说约占三分之二，但比较有影响的几首诗，如《华南虎》、《悼念一棵枫树》、《麂子》等，都在其中了。《华南虎》选入大学文科教材（1984 年，国家教委）。这些诗文，是在王六嘴与'四五二'高地写的，我十分怀念那些给过我诗情的美丽的乡村——我把他们视作故乡（不仅是诗的，也是我的）。常常梦到那些葱郁的枫林与竹林，还有那条潺潺流响的温泉（我的一个诗集就命名为《温泉》，这本诗集获得中国作协第二届诗歌奖），多次抚慰过我伤痛的体疤与心灵。此刻，我已没有悲伤，只有深深的、温暖的感念了。/'小传'奉上。/向咸宁地区的诸位同志（老乡）致以深挚的敬礼。"牛汉先生钢笔书法十分流利，但开头称呼便出现笔误，将"城外"写成了"城北"。

《湖北日报》11 日已发表《向阳湖走笔》。

19951119

地委办这次人事变动不少，两名副主任提了副秘书长，两位科长在"双推双考"中脱颖而出，分别下基层担任常委和副县长，我都表示祝贺。至于自己，只要能为我写向阳湖创造条件，足矣。

19951120

地委政研室有人传我要到地区文化局担任副局长，致婷听了深以为忧。我心中有数，这不可能，万书记起码要征求我本人的意见，我的想法是，在地委办或政研室挂个副职后，或者往上调，或者下派到咸宁市专抓向阳湖文化资源开发。

19951123

下午去文联与鄢元平长谈，我这次到北京为《九头鸟》改名《向阳湖》争取全国统一刊号,义务跑了不少路,万事俱备,只欠东风。只需文联将省里的工作做通,然后一起进京上报了。不料,文联的领导将上次我帮助从地区财政批拨的争取刊号的“路费”,挪用填补了文联建宿舍楼的欠款。干事业如此,令人痛心。

在《九头鸟》冬季号发表“鄂南文林散叶”之十,其中一则笔记:“70年代初,咸宁涂昭镜曾与大诗人郭小川一道抽调写典型材料,其时郭在文化部向阳湖‘五七’干校劳动锻炼。有一回,郭一时笔误,将‘雄赳赳’写成‘雄纠纠’,被涂发现指正,荣幸当了一回‘一字师’”。

19951124

晚餐与徐永春、周辉庭、陈先汉等几个同龄文友小酌,席间他们甚至专以向阳湖为借口,要我干杯,我则来者不拒,还牛气冲冲地说:“只要是向阳湖的酒,我就喝。”

19951125

在今日《咸宁日报》发了曹禺先生题字的消息,我又抄了份寄《湖北日报》,题目为《曹禺寄语湖北并为“向阳情结”题写书名》。还附了一张照片,估计登出来是没问题的。

晚餐万书记陪湖北日报社社长卢吉安,席间宣传部俞部长着力宣传了一下向阳湖和我,我把成绩归功于地委的重视,对省地党报的支持也十分感谢。

19951127

晚上写了封信给北京李长路先生及夫人张扬:“寄上李老70年旧作的复印件,请查收。/今请李老写写自己在向阳湖的经历、难忘的人和事,以及对书法艺术的精辟见解,和为咸宁的题词一并寄来。谢谢!望今后多多联系。/祝身体健康!”

19951128

陈羽纶先生23日从北京来信:“承寄来本月4日出版的《咸宁日

报》两份，其中有《向阳有人读洋文》一文，害得你费了不少精神，至谢。其中关于所谓‘篡改’乃发生在下干校前，以后有机会可再作改正。/你现在写到采风之七，不知你以后计划写到之几，以前的和以后的，不知能寄来我拜读一下否？”

19951130

晚上与成果兄一起去俞部长家小坐，照例大谈向阳湖。俞对此还是很重视的，在有关几次会上都作过强调。我私下想，向阳湖宣传的进展较快，与我在地委领导身边工作、汇报勤不无关系，甚至超过了写作本身。在当今社会，要想办成一件事，还是组织重视的把握大。万书记在几个关键时刻肯定了向阳湖文化的意义，并为我提供了不少便利，实属难能可贵。

去地委程副书记家，送了两份向阳湖文章的复印件。他关切地问我，党校毕业后如何打算？我个人的想法是留在地委办或政研室，附带写向阳湖。程也说，暂时没有必要去文化部门。

19951201

昨日将写冰心先生的专访定稿，花了一点脑子，换了一种写法。作为“采风”之八，发明日《咸宁日报》周末头版头条。本期“向阳情结”栏目还配发冰心文《和郭小川一起到咸宁》，原文题目为《关于男人之九·怀念郭小川》，我顺手作了一下改动，以引起读者兴趣。另，文中“大约是1966年以后吧，作协全体同志被下放到湖北咸宁干校，去劳动改造”，时间应为“1969年”，我已更正过来。换名家文章题目，改大作家的错误，这是少年时不敢想象的，也只是因为我研究干校，才会有这种“机遇”。

19951202

写冰心先生稿又寄给《湖北日报》，顺便和文体部刘庆林、陈柏健二位老师都通了电话，得知写曹禺先生题字的消息，明日《湖北日报》

“文化天地”刊发。心中感到快意,因为这是“捡”的一篇稿子。

19951203

寄北京阎纲先生信:“因近时公务较忙,又要赶稿和收集有关资料,拖到现在才寄信,让你久等了,深表歉意!/想说的话都在文中,不多赘述。另,我所期盼的是,如有兴趣,可否借您评论家的大手笔,为宣传向阳湖助一臂之力。至谢!/今后还将陆续寄上其他向阳湖文化人采风的文章,如采访楼适夷、韦君宜、严文井等人的一批专访,也十分想了解您在向阳湖的经历,难忘的人和事,如已写过有关文章,也请惠寄于我,以便收入《向阳情结》。/下次进京争取上门拜访,也欢迎您重返咸宁做客!”

寄北京周明先生信:“寄上采风之八,您是写冰心的老手,如以为有可取之处,烦向有关报刊推荐。您的回忆文章和题词,望抽空寄来。”

寄北京陈恕先生信:“呈上谢先生的专访稿,请转她老人家一阅,另,她怀念郭小川的文章,有一处笔误(1966 年应为 1969 年),我也更正过来,也请转告。”

寄湖北日报卢吉安先生信:“上次温泉幸会,方知你对咸宁‘五七’干校的历史十分熟悉,特寄上有关资料供您参考,并对贵报加大对向阳湖的宣传力度表示衷心感谢,也盼望您一如既往地关注这座‘文化金矿’。我以为,这不仅是咸宁,也是全省取之不尽的一笔财富。/顺祝吉安!”

19951204

省人大主任关广富来温泉,万书记、曾专员都作陪。闲时,我又和曾专员聊起向阳湖开发一事,曾对此十分支持,我请他今后在有关会上多强调,他考虑要拿出一套方案来。孝感作协主席胡士华也在宾馆,一起谈起向阳湖,他建议我编两本书,完全有必要向省委宣传部汇报，争取上“五个一”工程。

19951205

上午和万书记一起到蒲圻五洪山温泉疗养所，忙里偷闲，美美地洗了一个温泉澡。仍感叹时间太少，如果能专门集中精力，把一组专访突击写出来，该多么好呀！但我又深知，方便工作和集中写作是不可兼而得之的。

19951207

在地委组织部又和徐全利、杨斌等大谈向阳湖，颇有点“如痴如醉”的味道。这不，晚上竟还有人找上门来谈向阳湖。湖北电台的张志宏说，自己身为记者对此不能无动于衷，他准备把我的文章加工一下，在省电台宣传宣传。

19951209

成果兄来约一起回通山为父亲做生日，并看望老人，大姐夫圣坤和成园弟也赶到了。晚上，云石兄过来一起聊天，家庭的话题居然还是聊向阳湖，成园弟建议，多动员大家的力量写，并嘱咐我一定要保护好名人的墨迹。

19951210

寄北京曹禺先生信：“寄上您题字的报道，感谢您对湖北和咸宁的关心，顺祝身健！”

湖北日报陈柏健老师来信：“惠稿刊出（曹禺题字），颇使本期升格。您的稿件多有点分量，如果合用，你是不必另作交代的。这点请放心……”

19951211

臧老夫人郑曼老人6日来信：“克家同志问你及张吉俊同志好！/那天没有向你问清楚，碑林要克家同志写字，写什么内容？今晚他想起来这件事,就写了‘忆向阳’诗二句,不知是否合适?他年高,病中精力不济,‘忆向阳’二字又写错了,但他已无力再写了,就这样寄上,请检收后交有关同志。/他还住在医院里,上周六又犯了病。如病无大反复,想月内出院,回家后,仍遵医嘱,闭门谢客,完全养病,不参加任何活动,也不再担任社会工作与职务,实在是精力够不上了。”并附上臧老的一幅墨宝:“老牛亦解韶光贵,不待扬鞭自奋蹄。——忆向阳旧作二句,乙亥冬日。”

寄北京陈安钰兄有关向阳湖的资料,他准备在《青年文摘》上宣传一下。昨日晚上,他电话告诉我,访陈羽纶先生的文章将安排在明年第3期上发。

19951212

马上给臧老回了信,感谢他的题词。

19951213

上午地委宣传部和咸宁市联合召开向阳湖文化资源开发工作座谈会,我和俞部长、黄运全副部长一起去咸宁市,地直去的还有文化局阮局长,咸宁日报王总编及周末版编辑刘国华,咸宁电视台袁台长,地区文联熊副主席等。咸宁市有张副书记及有关宣传、文化单位的负责人参加。会上,俞部长首先介绍了进展情况,肯定我是开发向阳湖文化的发起人,并已做了卓有成效的工作。然后请我第一个发言,我介绍了开发向阳湖文化的缘起,及今年5月以来的重大收获,并对向阳湖的价值作了“四句话”的形象化概括:“无形的知识产权,没有注册的专利,不用花钱的广告,品位高雅的土特产。”还重申了要加强“三感”,即幸运感、紧迫感、责任感。会上,大家还看了《京都采访纪实》的录像,地直参加会议的同志都发了言,会议开得成功,一直延迟到12点50分才散会。总的要求是:“尽快形成向阳湖文化资源开发的整体态势。”

19951214

加班赶写访左联元老楼适夷先生的专访稿，又试着用了一种新笔法，用第三人称写，至子夜3点半。交明日《咸宁日报》周末版发头版头条，题为《向阳岁月映夕阳》。同日，“向阳情结”配发楼老之《忆干校，怀孟超》，原文标题为《我怀孟超》，我套用了作者为《傅雷家书》写的序《读家书，想傅雷》之语意。

19951216

晚上花了几小时清理在北京为文化人照的照片，分门别类排了一下，今后用起来方便多了。向阳湖文化人的地址，目前也没有系统的册子，看样子还得抽时间整理一下，方便今后寄资料和投稿。

19951217

下午才听说，明日起下乡和到省里开会共需一星期时间，下个周末发表，写韦君宜的文章只好延期。赶紧复印了《向阳情结》拟用的韦君宜稿《回忆小川在干校写诗》，送《咸宁日报》周末版编辑郑福汉，安排在下个周末4版发。

19951218

陪客至崇阳，晚上去县人大黎主任处坐。他对我开发向阳湖文化作了贡献，表示欣佩，并热心再次为我提供了不少资料。如干校的老照片，14连人员名单，油印本《向阳湖诗选》等，还和我重点谈了干校中的韦君宜先生。

19951219

晚上读了韦君宜的《老干部别传》，对她在干校的生活经历似乎有了较多的了解。写好“采风”，专访对象能面对面交谈不用说，没能交谈的只好通过“曲线救国”。

19951220

阎纲先生13日从北京来信：“大函及资料悉，你做了大量有益的工作，可喜可贺！/此段炼狱生活，至今史家没有一个说法，呜呼，悲哉！又及。/三及：刚出版的《今日名流》第 11 期发表我的悼冯牧文，亦提及咸宁干校。”

19951221

到武昌参加全省政协工作会，据说要接连开几个会，如信访会、经济工作会等。虽然轻松，但这个周末和下个周末，《咸宁日报》都不能及时发“向阳湖文化人采风”的稿子，可谓“工作影响了事业”。

19951222

中午在集成古旧书店淘书，又是流连忘返。看样子，我只有呆在向阳湖文化的世界才感到充实，只有在书海里漫游才愉快。

19951223

又趁会议的空隙跑了几家书店，由于同时也为万书记选点书，带车逛书店十分便利。忽然想到，这种条件是大多数普通读书人所不及的，而有条件者，肯这样做的大约又很少。

19951224

和北京陈安钰兄通了电话，得知访陈羽纶先生一文已交《中华儿女》签发。他还计划宣传向阳湖，并摘发我写胡绳先生的专访。结识这位朋友，是为幸事。

19951225

万书记近日进京邀胡启立同志来温泉，约好今日到，他开始不打算通知省里，我建议还是报告一下为好。万书记采纳了这个意见，上午省委书记贾志杰准了假。

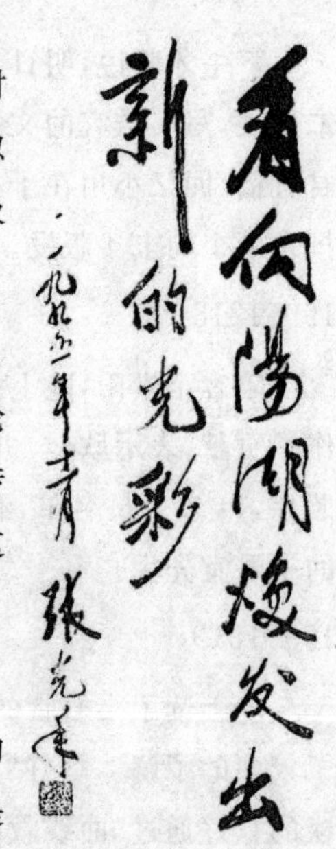

张光年题词

下午返温泉，收到张光年先生 16 日从北京来信："应邀为向阳湖题字，附上请收。谢谢！"

19951226

中午约胡启立同志之秘书孙瑞坤来"城外书斋"小坐，他是唐山大地震的幸存者，后在南开大学历史系毕业，比我小两岁，我们十分谈得来。他谦虚地说，虽然也好舞文弄墨，但和我一比，自愧不如。

和湖北日报刘庆林、陈柏健二位老师通了电话，他们都说，上次我寄给卢吉安社长的信，后批转到他们手里，他们还以为我的意思是，省报对向阳湖的宣传不够。恰恰相反，我的本意是，他们两位对向阳湖的宣传有所倾斜，我让社长也心中有数，免得有人"攀比"。

19951227

和武大陈顺智兄打电话，得知《写作》12 期发表写臧克家先生的专访，又是一好消息。这篇稿子一直还未上省级刊物，终于有了归宿，也可以说"适得其所"，因臧老是《写作》的挂名主编。

上午陪胡启立同志一行至赤壁，我看了赤壁碑林，联想到向阳湖碑林如何建设，这种硬件的东西，非政府出面抓不可。我只能抓好软件的宣传。

19951228

和胡启立同志接触这几天，感觉他是个十分谦虚谨慎的人。他的秘书也是一个心地善良的热心人，我和孙秘书同住一房，知道了一些胡的故事。领导和秘书在一起十分融洽，胡很廉洁，有一种人格的力量。虽然和他一起表面上得不到什么实惠，但和他共过事的人都舍不得离开他。比如他过去曾任中共中央政治局常委，现在虽然降职仍贵为部长。秘书病了，他竟亲自上医院找熟医生为之看病，使人无法不感动。

19951229

这次一起陪胡启立同志还有省政府副秘书长张维先,他读了我的几篇文章,劝我早点卸下秘书的担子,说时间长了,于己不利,于事业更不利。我处在“两难”之中。

下午和万书记一起去温泉看望省人大关主任,他说起自己退居二线后,身边的工作人员素质不如以前。又当万书记的面,称赞我素质高,对文学有研究。可惜万书记从未流露出赞赏之情。前几天胡启立同志的秘书在餐桌上也鼓吹我是作家,众人都表示欣赏,万书记也只是笑笑。我可算为他撑了面子的,连胡绳先生都对我留下深刻印象,但在万书记身边,感觉他总是对我严格有余。

19951231

由于发现并沉入了向阳湖,今年的文章一发而不可收,名气也与日俱增,似乎值得认真小结一下。

卷之三

1996 年

春

19960101

晚上孝感作家胡士华来参观“城外书斋”，他于 1989 年以揭露收购农副产品“打白条”现象引起反响，被载入《中国人物年鉴》。因此对我“炒”向阳湖引起初步反响，亦感兴趣。相约日后在湖北分别以写文人与武人扬名文坛！他手头正在写《中国流水兵》，系曾专员请来，住桂园山庄已几个月了。

19960102

寄北京陈安钰兄信，感谢他对宣传向阳湖的支持，云“这对官场上碌碌无为的我，是一种鞭策。”

19960104

下午又分别去彭珠和陈振高二老同志处坐，他们对向阳湖的影响表示赞叹。彭说干校的历史不记载，对“文革”史会造成“断层”，陈说咸宁市的开发进度慢，积极性高的人便可先行一步。

晚上匆匆拉出“向阳湖文化人采风”之十——写韦君宜的专访，约 2000 字，写起来却十分费力，因为此篇和访冰心、访楼适夷二老一样，均访而未谈，靠的是找间接材料拼接，这 3 篇最难写的完成了，今后的

专访则会更顺手。

19960107

开始收贺年片,亦开始寄贺年片。今日寄出的上十张有北京的年轻朋友,省里文化界的熟人,我最满意的一张是寄给宜昌胡智斌的:“君写大三峡,我游向阳湖。”

19960108

一气寄给北京向阳湖文化人贺年片30余张,其中有冰心、萧乾、臧克家、严文井、周巍峙、吴雪、李琦、陈早春、陈羽纶、牛汉、绿原、阎纲、周明诸先生,但愿有十分之一的回复。

去老柯那里谈,他建议我编向阳湖文化的书,最好是搞丛书:一是《向阳湖文化人采风》;二是《向阳情结——文化名人与咸宁》;三是长篇报告文学;四是编一部文化人专志;五是收集编一本资料集。

19960113

《咸宁日报》今日周末版头版头条发表“新闻幕后追踪”,报道郭小川在干校创作《楠竹歌》和《花纹歌》的前前后后,作者陈大银。这是我区开发向阳湖文化资源以来,党报发表除我署名文章以外的第一篇大块文章。我祝愿陈大银多写,免得老是我一人“孤军奋战”,独放异彩。

19960115

北京许觉民先生6日来信:“前几个月蒙临寒舍,畅谈良久,至今犹存印象。嘱写咸宁之回忆,近写成一纪实体文字,或谓纪实小说一篇,随函寄上,请加指正。如贵刊不合用,仍希退还为感。此上,即颂冬安!”附上《咸宁干校记什》,约25000字。

19960116

父亲李南山于元月10日去世,今日“头七”,我没有时间回县,晚上抓紧“向阳湖文化人采风”第二轮写作。这也是为了告慰父亲的在天之灵，他生前嘱咐最多的便是我这本书早日问世。

19960117

将臧克家和张光年二先生近期寄来的题词写了条消息稿，交《咸宁日报》周末发。这期“向阳情结”刊登陈早春的散文《冯雪峰与我放鸭子》。

作者父亲李南山

19960119

北京杜惠、武汉卢吉安回了贺年片，令我心头一热。又寄北京沈从文夫人张兆和贺年卡。

19960121

成果兄下午从通山来，他回县请了几桌客，酬请熟人朋友在父亲去世后前来吊唁者。我因办公室加班未能回县敬酒，只好今后多写向阳湖回报老父的养育之恩。

19960122

武汉熟人李胜洪来，几年不见，他已卷入生意场中，他劝我早点到县市挂职锻炼，但晚上上门参观“城外书斋”后，方知我“心不在焉”。要说目前，我的心目中只有向阳湖。

《咸宁日报》“温泉”副刊今日发表鄂南诗人刘明恒短诗《向阳湖》，开头称：“历史不打紧地/开了一个玩笑/把一大群文化国粹/推进红色浪潮/荡上了向阳湖畔……”

19960125

晚上友人程良德来，说胡智斌最近在闹离婚，这是我意料之中的事。他在那种糟糕的家庭环境中仍写了那么多文字，使我折服。而我的成绩,可以说是在“温柔之乡”里“泡”出来的。

《中国艺术报》19 日发表了我访姚雪垠文,题为《此情长留九宫山》。

19960126

写严文井先生的访谈达 5000 多字,送到报社建议全文发。又征求了周辉庭、游强进、鄢元平等几位文友的意见,都说写得不错。这篇“采风”拖了几个月才完工,主要是严老谈得精彩,而不是我的文笔如何好,看来其他“采风”的稿子还得抓紧时间拉出来。

19960127

《咸宁日报》周末版出来,发的严文井先生的访谈,将近占了一整版的篇幅。这篇访谈是我最满意的一篇,但愿也能获得读者的认同。

19960128

开始给北京文化人寄报纸(从“采风”之八访冰心至十一访严文井),有李长路、杨匡满、吴泰昌、崔道怡、杨子敏诸先生,均挂号附信。光邮费就花了 26 元。

19960129

接昨日,又给北京刘炳森、沈昌文、许觉民等 10 多位文化名人寄了短信及报纸。这种联络感情的工作,今后当密一点。

致信省作协党组书记王锦华:“今呈上一组向阳湖文化人采风,请多提宝贵意见,并盼望通过你的热情关注,今后省作协对咸宁开发各向阳湖文化资源的工作会有所支持。我以为至少帮助造舆论是责无旁贷的,因为向阳湖和中国作协的关系可谓藕断丝连。省作协可借此与北京建立更多的感情,为湖北多出作品和人才打基础。”

北京绿原先生 21 日来信:“奉上传略一则,墨迹一张,专访材料三件,如有所转载,请寄我一份复印件为感。在北京舍下所拍照片,亦请惠寄若干张。”附言:“年前写就,因病未寄,现检出付邮,顺祝新年快乐!”

19960130

开始写“采风”之十二——访人民文学出版社社长陈早春，颇有难得新突破之苦恼，干脆休息，先后去徐全利、周辉庭处小坐，都说我要开始考虑编书了。

19960131

这几个月忙于写向阳湖，今日忽然间发现，书刊没读，报纸堆积一大堆未看，少有的事。

19960201

晚上万书记陪香港中国经贸报的一位客人，我说起自己做生意是外行，万书记表示赞同，并说我的兴趣是当作家，写点有分量有影响的东西出来，才是发挥了自己的特长。他作为了解和关心我的上司，玩笑道：“向阳湖这个事要抓紧，多写点东西，早日出书。趁我在职，到时可以帮帮你，反正你是在辛辛苦苦宣传咸宁，如果有人不服气，叫他写一写试一试！”

19960202

上午地区作协蓝主席来找我，他下海到广州几年，混得不错，想回咸宁拉点贸易关系，我王顾左右而言他，大肆介绍了一通目前的向阳湖宣传已呈“星火燎原”之势，他毕竟还算个文化人，连声惊叹：“没想到，没想到……”

19960203

省委政研室彭处长介绍香港中国经贸报一位记者来咸宁，我推介得多的仍然是向阳湖，他们今日回武汉时，还专程上“城外书斋”参观，拿去几篇有关文章，说在香港的杂志上可以宣传一下。我虽然没作多大指望，但凡今后来客人，只要有可能，都不妨宣传一下向阳湖，以扩大影响。

19960204

《湖北日报》今日“文化天地”发表了《臧克家、张光年为向阳湖碑林献墨宝》,比较醒目。我这么大力宣传,也是为了促一下咸宁市。据说他们正在拿建碑林的规划,是建在温泉还是建在咸宁,意见还不统一。我建议万书记催一下咸宁市的领导,建在何处无所谓,关键要有行动,要再快一点。

19960206

下午搬回花800元做的四个硕大的铁书架,占了书房一面墙,面貌大为改观。今后读书写作都方便多了。

19960207

下午出差到汉,开会地点正好在大姐的工作单位中科院武汉图书馆前面,于是抽空去逛了一个多小时的图书馆。又借了两本与向阳湖文化人有关的书。

19960208

晚上,今日名流杂志社童志刚兄来电话,告知我访严文井先生的稿子拟刊用,并嘱咐不能再投他处。还欢迎我今后多寄稿。看样子,我去年的稿件,在省里只投《湖北日报》是不够的。杂志的发行量虽不如报纸,但保存价值又是报纸所不及的。

19960209

湖北日报刘庆林老师来温泉,他建议我编的“向阳情结”稿件也可寄给省报发,这样影响会更大一些。

晚上与致婷去影剧院看春节联欢晚会《走向辉煌》,节目还可以。我想的却是,今日大写向阳湖,他日也应“走向辉煌”。

19960210

上午刘庆林老师和他的连襟、省电台记者胡济民来“城外书斋”参观，对我宣传向阳湖的收获表示赞叹。刘谈了今后如何出好书的建议，胡计划把“采风”的稿子拿到省电台连续播放。向阳湖又多一“广告”渠道也。

19960211

北京舒芜先生7日来信：“惠函及照片、大作奉悉，谢谢。/前借去拙作《空白》一册，想已用完，此系自存仅有之本，仍祈挂号见还为荷。/前承惠赠奶粉，质量颇佳，敬谢！/尚复，即颂/春节康吉。”

19960213

北京李长路夫人张扬7日寄来李老为向阳湖碑林的题字一幅：“首次登天更旧宇，未来明月照新州。”并附条幅注释。我马上送给万书记看了，趁机建议他催一下咸宁市，要加快碑林的建设步伐。

19960214

咸宁日报评去年好稿，把“向阳湖文化人采风”评为好专栏，但排在二等奖项，这是由于一等奖与报社人员奖金挂钩，而“采风”的编者刘国华只是个普通的副科级编辑。我对报社领导的这种作法表示遗憾，今日上门直率谈了自己的看法，说假如刘国华是个主编，他负责的“采风”自会列入一等奖。况且是专家办报还是读者办报，很值得研究。实事求是地说，“采风”在读者中的影响，是去年《咸宁日报》任何文章所不及的。

下午地委政研室开会，总结去年的工作，我因开发向阳湖有贡献，发表的文章多，奖励了200元。但因没有为《政策与实践》拉广告，总分还是不算高，这里面有个价值取向问题。

19960215

因为春节放假，《咸宁日报》周末版提前一天出。我近日拉出“向阳湖文化人采风之十二”《向阳花木早逢春——访人民文学出版社社长陈早春》，又请孟绪龙和周辉庭当“第一读者”，都提了几处修改意见。晚上自己去报社校对稿至11点多钟。这篇文章赶在春节前发，还是有特殊意义的。

19960216

省电台胡济民兄来信说:“向阳湖文化人采风春节后编排，将开辟专栏播出，还要专门制作一段开始曲，有的稿件打算配乐广播，有的把被采访者的讲话录音放一段，尽量增加可听性，使播出内容丰富多彩。相信我们密切配合，这个节目是会制作得有声有色的。”

19960217

《咸宁日报》周末版今日头版头条推出访陈早春先生稿，四版“向阳情结”编发牛汉先生《关于向阳湖的札记》，是我从《学诗手记》(三联书店1986年版)中“没有形成诗的札记”部分摘录的。

寄北京陈早春先生信，寄绿原先生贺年卡。

19960221

回温泉，和北京几位文化人通了电话，文洁若先生说自己正在写回忆向阳湖的文章，听我讲陈早春先生写的在干校放鸭子的文章已发，请我马上寄给她。张光年先生感谢我的拜年。严文井先生说我寄去的专访他看了，还比较满意，把他要说的意思都写出来了，并调侃道:“虽然你的年纪轻，我也祝你身体健康!”单士元先生答应，早点把回忆文章和题字寄来。

19960223

刘庆林老师来电话告诉我，17日的《武汉晚报》发了我访韦君宜的文章。题为《“我记得咸宁向阳湖”》，可惜该报在咸宁地区因自办发行，一时看不到，看来稿件多投有多投的好处。我去年只投《湖北日报》一家，结果冷落了好几篇。

晚上和北京几位文化人又通了电话，许觉民先生关切地询问，他的文章几时在《咸宁日报》发出;刘炳森先生答应马上把题字寄来;阎纲先生对我的工作进展十分赞赏，并感谢我年前寄去的明信片；吴泰昌先生说自己十分忙，访周巍峙先生的稿子，因周老还未回复意见，只好再等；沈昌文先生说自己的官太小，题字应该至少为部一级领导。

19960224

周明先生 17 日从北京来信，寄上一幅题词："历史在这里沉思"，此 7 字取自他主编的一套丛书书名，用在向阳湖恰到好处。

19960227

《咸宁日报》今日头版刊发消息《通山首家家庭教育基金会颁奖》，介绍了"李南山教育基金会"鼓励子女读书，并为李家铺小学捐款。父亲生前遗愿得以实现，令子女们欣慰。我由此想到，今后向阳湖文化开发，北京人能否搞个"向阳湖文化基金会"？

19960228

晚上和周明先生通了电话，他说我还真是个干事业的人，并很爽快地同意我发表他的一篇旧文《回忆咸宁干校时的张天翼》。接着，我又挂通牛汉先生的电话。他还是那么客气，言谈中流露出对咸宁的缅怀之情。他关切地问《咸宁日报》的发行量有多大，地区有几张报纸。又说，几千文人集中下放咸宁向阳湖，今后永远没有这种可能了。

19960229

下午带熟了去实验小学报名，他上学期的成绩不十分理想，也怪我一心沉湎于向阳湖，很少花时间辅导他。

19960301

将"采风"之十三赶写了出来，2600 字，题目斟酌再三，定为《书香慰藉向阳人——访原三联书店总编辑、读书主编沈昌文》。

19960302

和《今日名流》童志刚兄通电话，谈"采风"今后的投稿事宜。他说连续发此类稿,难度大一些,看样子,我得考虑向全国报刊遍地开花。

《咸宁日报》“采风”专栏今日发出访沈昌文的文章,“向阳情结”栏目刊载周明回忆张天翼先生的文章,是我从作者《高举生命的火把》一文中选摘的。

19960303

将近几期“采风”分寄北京、武汉及附近亲朋好友,一气发了45封信。

北京陈羽纶先生2月16日来信:“来函及‘向阳湖文化人采风’已收到,内容很好,你们为此付出了辛勤的劳动,对我国的文化事业作出了贡献,谨向您表示衷心的感谢!祝新春快乐,万事如意!”。

收北京王蒙先生2月27日大札:“惠赐明信片收到。您能记得并提及先父的名字,使我十分感动。先父九泉下有知,也当感激您。/祝您新春愉快并取得更大成就!”

19960305

上午彭珠和俞礼彬夫妇来参观“城外书斋”。我丰富的藏书,大大出乎他们意料之外,更加深了对我的了解。老两口连声说:“今日才真正知道向阳湖是如何被挖掘出来的,写向阳湖的李城外原来是个地地道道的‘书虫’”。

19960306

晚上孟绪龙来谈,分析我今后的主攻方向,以为在官本位社会搞文化,还是得“鱼和熊掌”兼而得之。

19960307

湖北日报陈柏健老师来电话告,寄出的访严文井、陈早春、沈昌文的稿子都收到了,建议我都略作压缩,淡化向阳湖的内容,每篇控制在1500字左右,他会一篇接一篇地发。

19960308

晚上和北京单士元先生通话，得知我请他题字，今日已完成，不禁大喜过望；与《人民文学》崔道怡先生通话时，他说这项工作取得如此迅速的进展，主要是我的功劳，并答应配合我写好他的专访。

19960309

下午成果兄和师专教务处副处长张德胜来，张在学校搞“向阳湖中国文化名人研究”，并计划申报国家重点基金项目，说主要是受了我在《咸宁日报》发表文章的启发。我答应配合他今后的工作。

19960310

上午请老柯来坐，谈向阳湖的开发如何进一步深入。他建议我编的两本书要加快进度，又说，他写我的文章已胸有成竹。我说还是缓一点发表好，等我再多出一些成绩，发出来才有分量。

开始“采风”之十四访牛汉先生，一天时间还未拉出初稿，有点“卡壳”。看样子，作文到了某个阶段，须坚持一下，再力求有所突破。

19960311

雷文洁打来电话，说她担任了咸宁市委组织部长，原组织部长升任副书记，原副书记张吉俊调任地区计生委主任。我听了关心的是张调动后，负责分管的向阳湖文化开发工作由谁来抓？于是，专门找了俞部长和咸宁市委夏书记，建议应落实好接手的人。又向万书记说，今后应加大对咸宁市的督办力度，否则，建向阳湖碑林的时间会拖得很长。

19960314

访牛汉先生稿分别请周辉庭和孟绪龙提修改意见，两人都表示大逊于前。老孟尤其说得更直截了当：“没写出牛汉的个性，此文不宜马上发，要对历史负责，要对采写对象负责，对自己负责。”我虚心接受批评,答应先放几天,再大动干戈,这可是一组“采风”写到现在,第一次得“返工”写第二稿的文章。

19960316

寄《武汉晚报》总编魏峰信,感谢他对向阳湖的宣传,并盼其今后与副刊编辑取得联系。

北京文洁若先生 11 日寄来一篇回忆《冯雪峰与我同台讲用》,我读她的手稿是一种享受,拟在周末赶紧发出来。此文系 3 月 5 日草就,《咸宁日报》无疑是首发。

19960317

《诗刊》副主编丁国成 9 日来信:“信与报都收到,谢谢您的信任与约稿!由于近期太忙,无暇为文,待以后写出,另行奉寄。咸宁向阳湖干校,给我留下极深的印象,值得写点东西,您组织撰写编发文章书稿,很有意义。祝您成功!”

19960318

修改好写牛汉先生的稿子,感觉大不一样,回头再看以前发出的稿子,写了 20 来篇人物专访,虽拿得出手,但值得修改的地方亦不少。看来,今后发稿不愁,更应讲求质量。用老孟的话说,在咸宁名气大了,但注意不要砸自己的牌子。

19960319

和北京牛汉、范用、杨岩等老“五七”战士通了电话。下一步加大宣传力度,是要把尚未采访和将要采访的对象提前联系,或寄文章,请他们提意见,或约稿触发他们对向阳湖的感情,今后见面时的访谈就会更为成功。

下午去报社审了周末将发的两篇稿子,一是文洁若的《冯雪峰与我同台讲用》,二是我访牛汉的“采风”。前者占了四版一整版,后者也在一版头条占了 2700 字的篇幅。

19960323

上午与王蒙先生通了电话，问了他家的地址和邮编，并介绍了开发向阳湖文化资源的情况。王蒙关切地问我，上月他寄来的信收到没有，我对此表示感谢！

然后去地区老龄委胡副主任家，他和吴雪先生在干校时交往很深，引起我的浓厚兴趣。更值得羡慕的是，他订了从创刊至今的《新文学史料》，我可以肯定这是全区唯一的一户。

19960324

寄北京王蒙先生信："谢谢您在百忙之中的来信，现呈上一组'向阳湖文化人采风'(其中访沈昌文和牛汉，均提及令尊大人)和'向阳情结——文化名人与咸宁'等，请您指正，并盼望今后能得到您的热情指点。顺祝文安！"

寄文洁若先生信："感谢您对向阳湖的关心与支持。/惠寄的大作，可能有几处笔误：1、侯金镜之死，据严文井先生回忆，他是晚上乘凉时突发脑溢血去世的；2、冯雪峰去世于1976年；3、《雪峰文集》(共四卷1981－1985)，因冯已于1976年去世，故删去"1981－1985"。冒昧指出，还望海涵。/代问萧老好！"

19960326

"向阳湖文化人采风"专栏在1995年度全省地市州报好新闻评选中获一等奖。中午，咸宁日报社请我的客，说是为报社争得了荣誉。下午，我回请表示了感谢。下月上旬，该栏目还要参加"湖北新闻奖"的评选，我估计也会榜上有名。

19960327

《中国文化报》20日副刊头条全文刊发了我的《向阳湖走笔》，这无疑又是一个好消息。在文化部主办的报纸上呼吁宣传文化部咸宁"五七"干校，意义非同一般。此稿亦可谓"适得其所"。

·副　刊·　1996年3月20日·第四版·　中国文化报

向阳湖走笔

□ 李城外

是该做一篇关于向阳湖的文章了。

这里是一片神奇的土地。"文革"中期，文化部创办咸宁"五七干校"，一大批文艺界高级领导干部和著名作家、艺术家及家属6000余人告别首都北京，来到鄂南向阳湖这块弹丸之地，开始了为期三年左右的"劳动锻炼"。浩浩荡荡的文化大军，一下子集中下放在咸宁的一隅，人数之多，密度之高，纵观中国历代都罕有，横看世界文化史也少见。

20余载过去，弹指一挥间。套用一句电视剧《三国演义》主题歌词，"岁月啊，你带不走那一串串熟悉的姓名"，我们永远也不会忘记当年生活在向阳湖畔的文化名人。健在的暂不列举，仅过世的就有著名文学家冯雪峰、沈从文、张天翼，剧作家陈白尘、孟超，文学评论家侯金镜，商务印书馆和中华书局的原总经理兼总编辑陈翰伯、金灿然，故宫博物院原院长吴仲超，还有大诗人郭小川、李季等等。

"山不在高，有仙则名；水不在深，有龙则灵"，从这个意义上讲，向阳湖的价值，不仅在于它土地的富饶，风景的秀丽，更在于有一批文学大师、艺术巨匠曾在这里劳作生息。可以毫不夸张地讲，学习现当代的中国文化史，熟悉了他们，便大约读懂了一半；书写"文革"史，疏忽了"五七干校"这一章，便会出现"缺页"，留下一段空白。在广大读者的心目中，这些文艺名流的影响，比起昔日"刘关张"之纠纠武夫，应该说毫不逊色。他们的名字和向阳湖联系在一起，无疑是咸宁的骄傲。尽管在"大革文化命"的荒唐岁月，知识分子受到残酷迫害，但正义最终还是战胜了邪恶。咸宁留下了哀婉、动人的传说，如泣如诉，历史增添了深刻、沉重的反思，如碑如铭。在他们的记忆里，保留着对咸宁群众深深的谢意；在咸宁群众的心坎上，珍藏着对他们由衷的崇敬。让我们重温一位诗人的心曲吧：

"战士自有战士的性格，不怕污蔑，不怕恫吓；一切无情的打击，只会使人腰杆挺直，青春焕发……"

向阳湖的"四五二高地"见证就在，向阳湖的红旗山别梦留痕。干校的劳动生活异常艰苦，文化人的精神受压抑，才华被磨损，难能可贵的是，他们没有失望，没有消沉，反倒从中领略了大自然的情趣，开阔了视野和胸襟，品味了乡间的民风民俗，体会了农民们的艰辛，加深了同志间的感情，铸造了坚定的理想信念。例如，诗人臧克家，在逆境中捕捉灵感，发现了劳动之乐，人情之美，于田间锤字炼句，诗风为之大变；冰心古稀之年被分配去看菜地，依然心静如水，和文友谈论起她当年为什么要从日本回国，在城外她是如何怀念"母亲"；以《黄河大合唱》蜚声华夏的张光年，放下锄头，还不忘拣起笔头，坚持写下日记，保存了可贵的历史资料；"左联"元老楼适夷饱览人间沧桑，经常安慰患难中的战友，要熬到"解放"的那一天；二战时期活跃在欧洲战场上唯一的中国随军记者萧乾，和夫人文洁若相濡以沫，伉俪深情经受了新的"洗礼"。只要我们稍作回眸，还不能不提及其他怀有"向阳情结"的文人雅士，他们是：老作家严文井、韦君宜，出版家王子野，文物鉴赏家单士元，文学评论家冯牧，诗人牛汉、绿原、陈早春，原文化部副部长周巍峙、司徒慧敏，著名表演艺术家吴雪，《英语世界》主编陈羽纶，以及《人民文学》的老编辑周明、涂光群……

时过境迁，风流人散，尘封的日子已化作一片云烟。干校生活在这些文化人身上打下的印记，却是永远抹不去的。怀念、思念也好，不堪回首也好，咸宁和向阳湖这两个地名注定是今生难忘了。在特殊的年代，文化人特殊的经历产生了特殊的情感，可谓国家不幸诗家幸，文坛不幸咸宁幸。如果我们朝花夕拾，让历史告诉未来，何愁没有更多的有识之士关注向阳湖，宣传向阳湖！

如今，在市场经济条件下，有的假字画、假古董充斥于市，有的假名胜、假名人不绝于耳，而正宗的"文化部咸宁五七干校"遗址却无游客去凭吊；文化人的遗踪，也少有热心的追寻者。从旅游文化的角度上看，作为人文景观的向阳湖，堪称一座资源丰富的"金矿"，再不加紧挖掘的话，说轻一点，是我们不敏感，说重一点，会错过历史的机遇。那样，我们将愧对古人，后愧对来者！因为它的意义，不单纯限于文化；它的价值，不仅仅惠予咸宁。

昨天已经古老，向阳湖不再年轻。我希望有一天，湖北人提到咸宁向阳湖，会如数家珍；外地人说到咸宁向阳湖，会趋之若鹜。鄂南人不管走到哪里，只要介绍自己的家乡，人家会脱口而出："知道，你们湖北咸宁有个向阳湖！"

《中国文化报》发表《向阳湖走笔》

19960328

寄《英语世界》陈羽纶先生信："遵嘱补记一则400字以内的消息稿，请您指正！另附《向阳湖走笔》一篇，供参考。再次感谢您对我们工作的关心与支持！"

北京故宫单士元先生25日来挂号信："城外先生大鉴，承嘱写在向阳湖劳动旧事，但屡写屡辍，至不成文，使我记忆不能忘者，是向阳甘棠桂花飘香，灵芝遍地之境界，信笔写书，以报盛情，伏惟万福。单士元拜上。"附手迹一幅："向阳甘棠，桂香满天，灵芝铺地，如入仙境。每一念及，为之神往。"又作小注云："在湖北咸宁甘棠镇劳动两年，此地有桂花灵芝诱人，久居忘返，别后20余载，尝忆于怀。岁在农历丙子，公历一九九六年，燕都痴叟自记。"

单老之女亦来信一封："我是故宫单士元之女单嘉筠，目前在家父身边做秘书助手及照料其生活起居之事。/我属老三届时代的人，因此对家父在干校时之事，还是有所记忆的。本人也可以说是文化大革命这一民族灾难中死里逃生的人，只不过没有像父亲在身心、事业上遭受迫害那么严重罢了。我记得父亲是3连的连长，在向阳湖因劳动致使他左手指头骨折，至今不能伸直。/现家父近90岁的老人，年事已高，因此在说话、写字等均已有些力不从心，而且需要别人协助在侧。现我在为家父整理文稿即传记的编写工作。您寄来的报纸我也看了，您的家乡是一块风水宝地，30年前，虽说是国家的非正常时期，集国内外著名文化名人在此地，也真是锦上添花，你在大力收集这段历史的珍贵史料，是一件功德无量的大好事。今后，盼能得到您的赐教。"

19960329

北京周巍峙先生23日来挂号信："您写的《春风曾度向阳湖》一稿，为了记清楚情况，我改了一些，又加了不少资料。您是作者，特寄回给您看看。有何意见，请告。/如寄《文艺报》，可说明此稿我已看过。他们登不登，均请告我。专此，祝好！"附有修改稿原件，弥足珍贵，我马上复印了一份，以便珍藏。

19960330

《咸宁日报》周末版"向阳情结"今日发出洁泯先生《咸宁干校记什》，分6期连载。我特地加了编者按，感谢作者惠赐专稿，并盼望更多的向阳湖文化人关注咸宁，宣传咸宁。

19960331

趁休息日，请地委办新来的打字员向国华打印《春风曾度向阳湖》一稿，竟至近8000字。忽然想，我这特殊身份的优越，给工作确实带来不少便利，打印复印都省了不少的精力和财力。虽说这是为咸宁的未来办好事，毕竟有点"近水楼台"。

和北京牛汉先生通电话，他对最近寄出的写他的专访很满意，又和吴泰昌先生联系了刊登访周巍峙王昆夫妇一稿的事。这电话费也是取之于"公"，用之于"公"的。

1996 年

夏

19960401

寄北京王蒙先生信:“再寄上几篇作文,请您多提意见。我手头还在写的向阳湖文化人有单士元、刘炳森、吴雪等。”

寄今日名流童志刚兄信:“手头正在写一组‘向阳湖文化人采风’,将陆续寄来,用与不用,望能回音。”

下午,与北京鲁迅研究专家王士菁先生通电话,他对向阳湖的岁月十分怀念,自然又成了我“采风”的下一个目标。

19960402

寄北京王士菁、宋木文、李琦、金冲及、米景扬、薛德震、傅璇琮、李侃、孙绳武、刘岚山、陈福今、周绍良、范用、刘杲、胡德培等先生信,均附上《咸宁日报》周末版,请提意见,并盼望他们为咸宁题字,或写回忆咸宁干校的文章。这些人亦是我下一步“采风”的重点对象。

中华儿女编辑曾平来信:“转来《不懈追求的人生——访英语世界主编陈羽纶》,读后感到这篇文章的选材不错,但是文章的形式应用纪实文学的手法来写,这也是我刊的风格。如有可能,请你再改动一下,增加一些细节,使文章更可读。”

人民文学崔道怡先生 3 月 24 日来信:“知你对我的情况感兴趣,兹将手边现有涉及我的参考资料,复印奉上,请收阅。/王蒙为我所写之序是 14 年前了；李国文的文章发表在 1985 年，而今我已在《人民文学》从事编辑工作 40 年。”

19960404

随万书记到省里开会(省委领导班子届中考察)，夜去湖北饭店省委副秘书长周年丰临时住处，他对我挖掘向阳湖文化大加褒奖，并说还要向湖北日报等单位打招呼，加大宣传力度。

19960405

《历史在这里沉思》书影

下午抽空去集成书店淘旧书，满载而归。这是我到汉光临最多的书店之一，今日竟淘得正欲配齐的《新文学史料》26 本，而且每本只花 3 元 5 角。其他意外收获还有不少，共花了 200 多元。所购向阳湖文化人编著的书就有：《历史在这里沉思》(周明主编)，一、二卷系华夏出版社 1986 年版，四、五、六卷系北岳文艺出版社 1989 年版；《洁泯文学评论选》(湖南人民出版社 1983 年版)，侯金镜之《鼓噪集》(新文艺出版社 1958 年版)。另有吴长华著《冯雪峰评传》(上海书店 1995 年版)。时下书价暴涨，今后只好多多“到此一游”。

19960406

打电话给北京严文井先生，老人正休息，不便打扰。他的夫人康老师便和我聊了十来分钟，她热情地说：“湖北有出作家的土壤，你把向阳湖文化挖掘出来便是成就。”她还对当今社会一些不良现象表示困惑：“有的人得到那么多，还要多吃多占，不惜损人利己，真让我想不通。我们当初什么也没有，仅一个身子一张嘴而已。要思考国富和民强的关系，国家不好，个人也没有什么前途。绝大多数人是追求和平安定的,在市场经济条件下要经受住考验。年轻人要多读书,多学中国历史,你研究‘文革’史,仅研究干校这一段,还远远不够。”

19960407

晚上去看望老领导、原通山县委书记刘绍熙,照例少不了大吹向阳湖。竟一人滔滔不绝地讲了一小时。刘书记很感欣慰。过去手下的兵,毕竟干出了一番事业!

购《舒芜文学评论选》(安徽教育出版社 1994 年版)。

19960409

湖北人民广播电台“荆楚风流”栏目上周日下午 3 点 40 开播我的“向阳湖文化人采风”专题,初步计划为期 1 年。开篇为《访老诗翁臧克家》,预告今日播访萧乾一篇,我准备了录音收听,不料临时节目因故改期,往后推迟。我自己倒没什么,只是已通知了其他人收听,有点难为情。二姐和成园弟在鄂州都等着收听,马上来电话询问哩!是为向阳湖热一插曲也。

19960410

完成“采风”之十五《向阳诗文今犹存——访老书法家李长路》的初稿,上午去征求周辉庭的意见,他建议将“今犹存”改为“墨犹新”。我马上采纳了。

19960411

下午华中理工大学出版社余先生打电话来询问向阳湖文章出书的事,他从湖北电台和有关报纸上得知,我在干这项事业,便立即与我联系出书事宜。我知道现在的大学生和研究生都十分敏感,有的在干文化经纪人,找可能有销路的书出版赚几个钱。我没有答应今后与之合作,何况我的目标是名牌出版社。话说回来,认识一下也无妨,可以摸摸出书的行情。

19960412

上午去彭珠先生处坐，请他适时为向阳湖鼓与呼。他的身份和我不一样，我现在只能多写专访，参与评论之类的事，有自吹自擂之嫌。

19960413

全国人大副委员长倪志福来咸视察，我和他的随员金秘书闲聊，金是官场中人，对文化的话题似乎兴趣不大，也从未听说过向阳湖文化。但他很好打交道，初次见面，就和我推心置腹，评价他的上司之所以在政界呆的时间长，关键靠两点，一是没有野心，二是不跟人。

人民日报李辉、英语世界陈羽纶、今日名流童志刚三位先生分别来信，其一云："来信早已收到，因忙乱，迟复为歉。/所从事的收集整理有关向阳湖文化人史料的工作，很有价值，首先是收集，然后以今天的目光来审视历史，想必会做出一本好书来。我在《收获》第3期上发有长文，写'五七'干校，如方便你到时可找到看一看，并予以指教。"其二云："收到来信及附件，很高兴，看来你在开发向阳湖文化方面做了很大的贡献。你这篇文章写得很有文采，语言流畅，内容充实，思想性、艺术性俱佳，可喜可贺。"其三云："稿子都收到了，先生稿件内容、文采都不错，这是认定了的。但因为集中围绕向阳湖来写，我刊发多了并不合适，如有意有时间，可以就这些内容改写一下，牛汉、陈早春等都是可发的名流。沈从文先生更是值得宣传的，刚刚收到北京的一篇稿子，写得较全面，已在修改，如不行的话，还得找你。"

19960414

出差到通城开会，手头正在写的、计划本周末发的"采风"稿又得推迟。这篇二访萧乾、文洁若夫妇的文章，题目定为《向阳幸存"避难所"》。随着向阳湖在全区的影响渐大，我的紧迫感和压力也在与日俱增，只有努力取得更多的成绩，才能赢得党委、政府进一步重视。

19960416

北京周明先生10日来信:“照片、报纸均已收到。谢谢!合影中的人名我一一标出,请收。/顺寄我刚写的一篇短文,咸宁报可否用用?标题其实改为‘下棋’更贴切。”

19960418

单士元先生之女嘉筠大姐8日来信:“能结识您这样人名气的作家、记者,深感荣幸……”如此溢美,令我惶惑。将来可就此写篇小文自嘲一下。

19960419

北京胡德培先生16日来信:“今天第二次收到你寄来的关于‘文化名人与咸宁’的资料,非常感谢!/这些资料很珍贵,很有意义。我已阅读一部分,并将继续研读。其中很多人:严文井、韦君宜、牛汉、洁泯、涂光群、张光年、冯牧、侯金镜、郭小川、冰心、臧克家等,都很熟。/真是群星灿烂!/那段历史值得思索。/我也想写点东西。只是正忙,准备稍晚一点先写一两篇给你,好吗?”

19960420

下午到嘉鱼县,提前和县委书记程传忠大谈向阳湖,因为他即将赴任地委委员兼咸宁市委书记。程对向阳湖的认识很高,还提出了一些有远见的设想,正合我意。

《咸宁日报》周末版今日头条发表陈大银文《诗人郭小川写〈杨家大传〉》,今后可作为文史资料备查。

19960421

今古传奇编辑胡沙岸来信:“上次作客咸宁,深谢款待。兄为人风范,书生意气,亦甚是佩服。/我观向阳湖系列,文笔隽永、洗练,蕴味深长,如书卷气中展示空灵才气,堪称佳作。兄如有兴趣,不妨以更自然通俗之笔，为我刊撰一长文，详细披露当时重大情景，不知以为如何？如同意，即候大作了。”

19960422

上午万书记“出其不意”，指示我做好准备去北京一趟，带电视台一名记者去，任务是看望向阳湖文化人，拍电视、索题字，写文化人小传，征求对咸宁开发文化资源的意见。我自然喜出望外。但压力亦大，晚上突击清理了有关资料，分成60份，赴京便“手中有粮，心中不慌”了。我在报上发表的文章，就是介绍信和通行证。

19960423

北京刘岚山先生18日来信：“4月1日来信及资料、4月13日‘咸宁日报’均收到，十分感谢！向阳湖文化人采风及向阳情结——文化名人与咸宁这两个专栏的文章，我都拜读了，非常精彩，非常感激！/无论是‘采风’还是‘情结’，都是中国历史上不能忽略的一章，它必将发扬光大，这是可以肯定的。您在‘向阳湖文化人采风’之五——《黄河向阳两不忘》文中说：‘向阳湖原名关阳湖，筹办干校时，为表示人心向党，才改成今名。’我不知道您调查过没有？我曾经问过当地老乡，他们都说叫斧头湖，大概是从高处看地形有点像斧头吧？因此，我就把它还原了。/寄上《斧头湖之冬》一文，是从《人生走笔》中复印的，我还有几首诗是写斧头湖的，有的已编成书，有的只发表过，如果需要，请示知。我当复印寄上。/另邮寄上《人生走笔》一册，请指教。诗选集《乡村与城市》已无书。”

19960424

进京联系向阳湖文化人的事，初步计划住个20天。我深感此行责任重大，因为要找的人很多，时间得抓得十分紧，一天跑3家的话，还得周密安排线路，事先联系，争取多弄点题字，多拍点照片，多采写有分量的人……

订1996年下半年报刊,725.62元。

19960425

上午又得到好消息,万书记临时有事,文化局的人请他一道跑趟北京,我们此次便正好同行。地区电视台派出的记者小赵是通山老乡,人熟得很。于是,我赶紧做好一切准备工作,心中踏实了许多。可以预料,此次进京,收获一定会大大不同于以前。

19960426

上午到了北京,住中国职工之家,万书记忙他的事,我下午便开始联系向阳湖文化人。人托人,找电话,问地址,竟十分顺利地摸清了几个要找的关键人的情况。如此顺藤摸瓜,不愁几十人难找!

19960427

上午与万书记一起去全国文联党组书记高占祥家,请他为向阳湖文化碑林题个字。高对自己要求甚严,不愿马上挥毫,答应日后寄来。我因有万书记在场,才没有执意请高现场写好让我们带走。

机会难得,我又请万书记一起去看望萧乾、文洁若夫妇。萧老今日碰巧生病,但因我已是常客,还是破例一见。我的意思主要是想让电视台拍几个镜头,好造地委领导重视的舆论。萧老当万书记的面表扬了我几句,并为我们一行都赠了书。

接着又上门拜访老作家姚雪垠,姚老还是牵挂着通山与石门到底哪里是李自成殉难地的"官司",激动地谈了一通,我都录了音,完全可以写篇文章宣传了。

下午陈安钰兄来,赠《中国文化名人录》(中国青年出版社1993年版),精装16开。此书送得及时,可作案头书之一也。

19960428

下午我又一人去了趟萧乾先生家,请他为我区拟建的"向阳湖文化艺术馆"赠几本书。萧老找出《萧乾散文选集》(百花文艺出版社

1995 年版)、《萧乾散文精编》(浙江文艺出版社 1995 年版)及译作《尤利西斯》中册,一一题签。我还计划此行每走访一家,都请老"五七"战士在签名本上题点字(宣纸题字之外),留作纪念,也算种点"自留地"。萧老今天第一个题了"向阳湖采风"。

19960429

万书记一行下午返程,我和咸宁电视台的小赵开始准备自觉吃苦,争取早日完成任务回温泉。因下月 17 日胡绳先生重访咸宁,我还得赶回去陪同!

中午在驻京办碰见从咸宁来的地区经委柯主任,他告诉我,前日在飞机上读了我在《武汉晚报》头版头条发表的《一片冰心在向阳——拜望文坛祖母谢冰心》,自然免不了说几句称赞的话,我一笑而已。

19960430

采访第一天,定在人民文学出版社的老宿舍楼——东中街 42 号,这里集中了几十位下放咸宁干校的文化人,我和小赵只好选择走访几家。

1. 江秉祥:原副总编辑、民进中央常委、宣传部长。这位瘦个子的老编辑反复申明自己不是名人,普通得不能再普通。我欣喜地发现,他是《围城》的责任编辑,便请他大谈了一通钱钟书先生及重印《围城》的经过,采访结束时,他还送了我一本《围城》,并签名。又应邀在我带来的签名册上留下一行字:"愿咸宁建设得更好更美。"

2. 卢永福:他是个性格十分开朗的人,见面之前,他已从《中国文化报》上读到我的《向阳湖走笔》,因此一见如故。其夫人俞虹对我说,只有咸宁还记得当年的"五七"战士,并组织宣传,可惜她当年呆过的干校团泊洼已被人遗忘了。卢先生写下:"咸宁好,值得怀念。"并赠我一套译作《普希金抒情诗选》,他们夫妇留我们中餐吃了饺子。俞虹还告诉我,可访访中国电影公司原总经理胡健。

3. 林辰：80 多岁的老学者，书房里到处堆放着研究鲁迅的书，他热情签名送了我两本：《鲁迅述林》（人民文学出版社 1986 年版）和《鲁迅事迹考》（人民文学出版社 1981 年版），由于身体欠佳，没有长谈，他写下的留言是："向阳一年，永在念中。"

4. 王笠耘、袁榴庄：夫妇一唱一和回忆向阳，写下："难忘向阳湖的桂花，向阳湖的桥，向阳湖的水。"凑巧得很，王的赠书也是《心花飘向远方》（内蒙古人民出版社 1987 年版）。他俩还告诉我，儿子在北大读书期间到南方游览时，曾专程重返过向阳湖，寻找少年的梦。

5. 刘岚山：他下午外出"遛弯"，等了片刻才回。夫人夏虹是人民出版社的离休干部，一家人都在咸宁干校待过，他翻出一本离退休人员通讯录，借我回来复印，里面值得联系的出版界名人不下 10 个。他写下的留言是："难忘的斧头湖"。他还送了我一本《人生走笔》（安徽文艺出版社 1992 年版），其中有"人生片段"，第 7 篇《斧头湖之冬》便是写的咸宁干校生活。

19960501

上午走访沈从文夫人张兆和，张老已 86 岁高龄，却没有明显老态，家中正在装修房，搬家待整理，使我无缘得见沈先生生前书房风貌。张老送我一本《从文家书——从文兆和书信选》（上海远东出版社 1996 年版），并从文稿中挑选了两份打印好的沈从文在咸宁双溪写给她的信，供我写文章时作参考。老太太最后在签名本上留下了一段话："咸宁地区风景美丽宜人，本地人民亲切诚朴，从文在那里受锻炼，且能安心工作，是一段令人难忘的有意义生活。"

中午来到团结湖老学者顾学颉先生家，事先电话联系时，其夫人怕影响他的身体，不愿接受来访，我如约上门后，顾老却已准备好为碑林写的一幅字，系抄录干校时的一首杂咏："望门无处投张俭，春保何人识杜根？漫野枭鸣声格格，独携黄犬守瓜园。"（《望门》）这幅书法很值得玩味。顾老还赠送了一本自印的《坎斋诗词录》,其中"楚砧集"收录了不少咸宁干校旧作。谈话中,看得出来,顾老对毛主席的意见很大,而十分感激的人是胡耀邦。告辞时,他嘱咐我为他照的照片日后寄他几张。

接着到邻近不远的荣宝斋副总经理米景扬家,米先生的岳父是著名画家陈少梅,岳母冯忠莲系中央文史馆馆员,也曾下放向阳湖。米家陈设十分考究,阳台前面便是风景宜人的团结湖公园。我请他在签名册上写下"身在团结湖,心系向阳湖"留念,他又在宣纸上题了"难忘咸宁"四个字。最后,我又索要一本《米景扬花鸟画展》(香港华萃有限公司 1989 年版),画册由范曾作序,我正好请他帮忙联系范曾在京的地址。米先生还告诉我,应访访荣宝斋原总经理侯恺。

再上门采访刘辽逸先生,老翻译家满头白发,正一人在家研究围棋。他送我一套译作《战争与和平》(1—4),并在签名本上留言:"向阳湖是好地方,我时常怀念它。"还在宣纸上写下一幅题字:"向阳湖,我怀念你。"

19960502

上午至红霞公寓拜望中共中央文献研究室李琦,李老上班开会未回,夫人王泓热情接待我们,又打电话通知老伴回来。见面后李老不愿多谈往事,并且拒绝录像、题字,他当过周总理的秘书,又是部级高官,由于所处身份显贵,言行举止不失大家风范。他说我寄去的文章都读了,写得不错。但不宜过多宣传"五七"干校,以免影响太大了,将来不好收拾。我对此说"仅供参考",照样不误采访、拍照、录音,竟然成功。但李老明确提出,不要写关于他的专访,我这才勉强遵命。不过老人还是谈了自己人生经历中的一些"内幕",并为我写下一幅题字:"学习历史,总结经验,振奋精神,为建设新中国而奋斗。"由此可见,李老对回忆干校生活没有热情,可以理解,对年轻人还是十分爱护和关心的。他还送了我一本《周恩来与电影》(中央文献出版社 1995 年版),并为我提供了金冲及先生的电话。

中午访王士菁,他老先生十分客气,谈了近两个小时,王老送了我一本《鲁迅传》(中国青年出版社 1981 年版),写了一行字:“向阳湖,值得怀念的地方。”另有一个细节值得记载,事先电话联系时,王老竟主动诚恳地提出要到宾馆来看望我们,十分难得。访谈中,我对王老的为人厚道正派,更是有了深刻的了解。

下午访故宫研究员徐邦达老先生,这是位堪称国宝级的文物鉴定大家,大约由于在咸宁吃过不少苦头,徐老不愿回忆往事。我只好转移话题,环顾左右而言他,访谈虽然匆匆结束,但他 80 多岁的老人仍在书桌上校对书稿的情形,已深深刻印在我的脑海中。

接着到隔壁宿舍楼刘炳森先生家采访,这位大书法家竟然用纯正的普通话一口气读完他的散文《云梦泽中之梦》,并转交我送《咸宁日报》发表。不过,他临时决定删去文中与范曾交往的内容,说实在不愿意这么做,也只好这么做,因为范曾现在的一些表现太令他伤心了。刘先生是个爽快人,应请为我题写了一幅“向阳书屋”,我又请他为碑林题了匾,全称定为“中国向阳湖文化碑林”。他的“刘体隶书”的确让人赏心悦目。最后再请他送幅字给万书记时,没得到同意,他说自己从不为未见面的人题字,今后见了面再说。又解释道:“你不一样,咱们是老朋友了!”又建议,故宫的陈乔和杨伯达二人都值得一访。

晚上去杨伯达先生家,得到热情接待。因明天要出差,他来不及题词,只是在我的签名册上留了名,和徐邦达先生一样。出门已过 10 点,访问楼下的陈乔先生只好改在明日。

19960503

上午去陈乔先生家,他还是位书法家,题字十分爽快,摘录了 1972 年在干校写的七律诗中的两句:“风雨棚中除‘四气’,向阳湖畔过‘三关’”，其书法颇有郑板桥之风。

中午拜访刚乔迁新居的胡继高先生，老专家认真地为碑林写了一幅：“向阳湖大有发展前途。”

下午拜访中国书法家协会副主席佟韦，得赠书几本：《歌泣集》（香港现代出版社 1993 年版）、《书坛纪事》（中国文联出版公司 1994 年版）、《佟韦诗稿》（辽东文学出版社 1994 年版）和《忧乐集》（辽东文学出版社 1995 年版）。又获赠字几幅，他为碑林抄录了自己的一首干校诗，为万书记写了一幅“正派务实”；为我写了对联“城里围城城外看，书生钟书书熟读”。佟先生夫人何锐也下放过向阳湖，如今偏瘫躺在床上却仍关心咸宁，问了一些话。佟先生最后又在签名册上送了我两句话：“向阳光景好，华年谱华章”。

晚上采访曲六乙先生，他原来也是人民文学出版社 14 连的，夫人梅影是人民出版社 13 连的，夫妇俩住文化部 203 宿舍大院，此地到过向阳湖的人极多，他建议我找找王益和谢冰岩二老。我请他联系本行谈戏剧，胜过谈干校的时间。他最后写下一句：“向阳湖为我的性格增添了几分韧性。”并送了我一本《傩戏——少数民族戏剧及其他》（中国戏剧出版社 1990 年版），曲先生满头银发十分耀眼，满面红光显得精神。他恰好也是明日出差，我来得正是时候。

19960504

和小赵一起到安贞里二区集中采访了 5 位文化人，轮流进出，一天时间效率极高，和东中街一样。

1. 傅振伦：老先生今年 91 岁，精神尚好，再婚夫人梁德英 67 岁，也下放过向阳湖，她热情借我一些干校老照片拿回翻拍。傅老主动送我一本厚似砖头的《傅振伦文录类选》（学苑出版社 1994 年版）并题字留念：“咸宁五七干校劳动了 3 年，使我更加身心都得到了、加强了”。语句似有不顺畅之感，但为咸宁碑林的题词却颇具文采：“咸宁人文荟萃之地,今已蔚为新文艺之乡。”老人趁我们与其夫人谈话的空隙,进书房写日记,我去请他出来时,但见摊开的日记本上写有:“5 月 4 日,星期六,咸宁地委政策研究室李城外来访我夫妇。”傅家客厅一副对联引人注目,为甲骨文:“周游列国东方子,博通古今大学人。”

2. 罗哲文:香港《文汇报》1994 年 2 月 7 日曾为他发过专版,称之为“中国古建筑保护大师”、“走遍长城第一人”。罗老送了我一本小册子《长城》,为咸宁碑林题字为:“人才荟萃咸宁县,文采风流向阳湖。”又在我的签名册上写下:“咸宁干校增壮志,峥嵘岁月向阳湖。”他是位非常热心的专家,又带我们走了附近几家。其子罗扬系高占祥秘书。

3. 谢辰生:50 年代初曾任郑振铎之学术秘书,其兄谢国桢系著名学者,藏书家。谢先生是位个性十分鲜明的人物,访谈中他慷慨激昂,疾恶如仇。且看他为我题的两幅字:“坚持向阳精神,向一切腐朽现象作斗争。”“新松恨不高千尺,恶竹应须斩万竿。”为咸宁的题词是:“向阳精神,永志难忘。”值得一提的是,他的妻子是在向阳湖病故的。谢先生还赠我一本由他作序的《回忆王冶秋》(文物出版社 1995 年版),其中不少文章是向阳湖文化人写的,如李琦、金冲及、罗哲文、吕济民、黄景略、胡继高、刘炳森、耿宝昌、高和、沈庆林、王宏钧、史树青等。

4. 王宏钧:其夫人苑育新系商务印书馆编辑,同是向阳湖“五七”战士,王先生赠了一首旧作,是 1972 年春节写于干校的《如梦令》:“夜过洪湖赤壁,匆匆又泊嘉鱼,晓色染江天,不断层林春雨。春雨,春雨,洒遍河山几许?”题了一幅字:“向阳岁月未能忘,风雨跋涉叶正黄。”借鉴了一下毛主席诗。

5. 吕济民:他曾任国家文物局局长、故宫博物院代院长,是一位温文尔雅的文物专家。他赠了我有关博物馆及文物工作二本书,并在签名册上留言:“密切联系群众,增加劳动观念,是向阳湖给我的教益。”吕先生答应为碑林题词,日后写好再寄给我。

19960505

上午与小赵一起去采访老出版家范用，他和夫人丁仙保都下放过向阳湖，双双读过我寄的文章。范先生在签名册上留言："难忘干校，难忘咸宁。"他又领我参观了他的藏书，欣赏了叶浅予先生送他的画和他与一些文化名人的合影。不一一详述。

中午去阎纲先生家，他早已准备好一幅题字"向阳不堪，古泽沛然"，等我光临。见面后，他又送我一幅"文采斐然"的墨迹及著作3本：《阎纲短评集》（华艺出版社1990年版）、《神·鬼·人》（陕西人民教育出版社1992年版）、《文学八年》（花山文艺出版社1987年版）等，还在签名册上留字："难得清醒——城外先生一笑。"阎先生十分谦恭，非要送我们至楼下才转身。

下午去陈早春先生家，他碰巧出差未回，夫人孙佩华热情接待，并称上回关于陈早春的专访写得好，他们夫妇都满意。

晚上去英语世界编辑部，再访陈羽纶先生，请他题了一幅字："我是从向阳湖走向英语世界的。"并以他的"忘年宅"（斋名）匾额为背景合了影。

19960506

上午去商务印书馆采访了陈原、林尔蔚、胡企林、杨德炎等新老领导。4人在签名册的留言分别是："咸宁向阳湖是干部成长的好地方"、"我怀念向阳湖"、"我怀念在咸宁向阳湖的生活，以后有机会，我还想到那里去看一看"、"咸宁向阳湖永远留在我的记忆中"。陈、林、杨三位总经理的办公室相邻，我对他们既集中座谈又分头问答。杨总赠《商务印书馆大事记》（商务印书馆1987年版），并安排办公室肖湛国带我和小赵中餐，肖的父亲在荣宝斋工作，亦是"向阳湖人"。

下午访中华书局原总编辑傅璇琮先生，他赠字留念："向阳湖水心连心，天涯海角永不忘。"傅先生的办公室杂乱得很，他说《文史知识》

主编李侃先生生病住院,此次不宜造访。

晚上去严文井先生家,主要是想让小赵补拍一些录像,不料严先生对我大谈了如何振兴楚文化,并把这几个字题写在留言册上,足够我仔细品味的。

接着去作家闻山处,得赠写有干校诗的一幅字,他还在签名册上留言:"云梦泽在人民手中必将建设得如云如梦一样的美好。"闻先生和周汝昌先生住同楼同一门栋,一个顶天一个立地。他帮我打听了周老确实下放过向阳湖,我请他带去一套材料明天送去,以便约时间登门拜访。我还得到一本赠书:《闻山百诗书画展作品选》(广东人民出版社 1993 年版),其中倒有不少在向阳湖写的诗。

19960507

上午一人来文化部 203 宿舍,先访原文化部副部长仲秋元,未遇。再去老出版家王益家,相与座谈,并留中餐。他还帮我联系了常萍和郑士德两位我计划找的"五七"战士,并送了我一本《王益出版发行文集》(中国古籍出版社 1993 年版)等书。王老的留言是:"我在咸宁学到不少东西。"

中午访三联书店总经理倪子明,他一人在家。在签名册上留言:"向阳湖的那段生活,在我的经历中是难忘的一页,因为增加了各种人生相的了解——城外同志是《读书》老读者,相谈欢甚,以此数语,以志念。"

下午拜会老书法家谢冰岩,他已 87 岁高龄,精神甚好,说话爱打哈哈,但思路敏捷,马上题写了一语双关的八个字:"彼时多苦,今日咸宁",并让我挑选了几幅已写好的书法。

夜访京城大"玩家"王世襄先生,他因我来得匆忙,没有长谈,只是送了我一本《竹刻》,其夫人袁荃猷先生嘴巴十分厉害,咄咄逼人。但两老仍给我不少教益。王先生送了我一幅书法,录的是 23 年前的旧作:“春搴兰草秋芝草,朝啖团鱼暮鳜鱼。日日逍遥无一事,咸宁虽好却愁予。”

19960508

上午与小赵到方庄,采访人民出版社社长薛德震和夫人杨瑾(文物出版社社长)。10天前,薛在中央电视台“东方之子”亮过相。夫妻出版家送了我《人民出版社大事记》、《文物出版社三十年》,并在签名册上留言:“怀念咸宁,怀念向阳湖。”采访时因不小心,我的照相机掉在地上摔坏了,薛社长立即将自家的借出,任我用几天,并连声说:“没关系的。”

中午到荣宝斋原总经理侯恺家,他和夫人白燕都十分轻松地回忆干校生活,访谈时其子侯小平介入,聊起范曾未成名时的一些往事。侯老写下留言:“怀念咸宁向阳湖”,并送我一个干校人制作的竹刻笔筒。

下午访中国佛教学会副会长、老学者周绍良。周老满头银发,有点口吃,但还是大谈了向阳湖里好读书。他赠字留念:“不胜依依留旧情,咸宁风景忆分明。”还送我一本《百喻经今译》(中华书局1993年版)。周老拿出一册精制的名人题词录给我翻阅,对我搞签名册不无启发。

夜访中影公司原总经理胡健,他家装潢典雅豪华。胡先生答应在本系统组织宣传咸宁开发向阳湖文化的工作,他的留言是:“感谢咸宁人民给我们的关心和爱护。”

19960509

上午独自去羲和雅居访问范曾先生,荣宝斋米总开始准备带我同去,后又告诉我一人去为宜。范曾和夫人楠莉都下放过向阳湖,他住在宾馆,住房杂乱无章,见面因有米先生事先的介绍,他马上题了一幅字:“我亦湖上人,曾知禾黍艰。”我又请他为万书记题了“淡泊”两字,并请他在签名册上写下留言:“我有多思寄远湖——城外方家/丙子范曾”。因此时电话干扰太多,我只拍了照片,未及与之合影。这是一次不成功的采访,但收获仍是可观的。

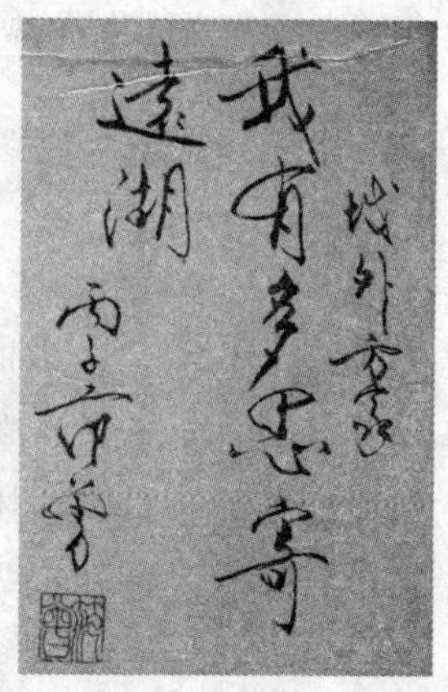

范曾题词

下午访人民美术出版社社长陈云鹤,他在办公室里即兴挥毫,写下题字:“心怀咸宁地,心系向阳湖”,并在签名册上留言:“荆楚胜景向阳湖”。陈社长十分客气,也很随和,送了我一本《人民美术出版社四十年》。其兄陈允豪也曾下放向阳湖,这是我所知的第二对兄弟下放同一干校,另一对是陈羽纶、陈羽釜兄弟。

接着到《当代》副主编胡德培家,他家陈设之简陋,令我感慨。胡先生已写好“诗文源流长,向阳永不忘”相赠,并在签名册上写了一句“向阳湖永远在我的心中”。我们一同谈了如何写好全景式反映咸宁“五七”干校的报告文学,他给了我不少提示。

夜访著名学者程代熙,得知我尚未晚餐,便热情招呼家人让我先填满肚子再说。他和我谈得很投机,对我鼓励有加,没想到又是一位人民文学出版社的“五七”战士,尽管他现在是《文艺理论与批评》的主编。程先生送了我一本《海棠集》(重庆出版社 1986 年版),并写了一句留言:“永远值得怀念的向阳湖。”

范曾接受采访

19960510

上午与小赵来新闻出版署原副署长刘杲家,他家的客厅挂有曹禺墨迹:“真知灼见出版有方,祖国文化万丈光芒。”访谈十分愉快,但当我请他为碑林题字,他谦虚地说:“不合适。”只是在签名册上写下“向阳湖,一段难忘的历史”。

中午访老出版家王仿子先生,他曾在咸宁干校总部任会计师,其子王效宓也在向阳湖读过书,现在人美社工作。儿子帮助找来一个竹刻笔筒赠我留念,父亲写下了“向阳湖这段生活令人难忘”。王老的客厅挂有黄永玉先生书写的对联:“休对故人思故园,且将新火试新茶。”笔画纵横驰骋,给人痛快淋漓之感,令我过目难忘。

下午如约拜会著名学者金冲及,因电话联系时疏忽,把他家住的“万寿路”写在办公的地方“前毛家湾”前,把家庭住址当成了办公地址,结果弯路耽误了1小时。见面后时间已经不多,金主任还是十分客气地谈了十来分钟,然后才匆匆赶去会见约见的客人韩素音。在自己宽大的办公室,他写下“建设新咸宁”的留言,又送我一本《辛亥革命的前前后后》(中国文史出版社1991年版),并对我寄去的文章给予较高评价。

我和小赵接着上门拜访翻译家孙绳武,访谈结束后,留下晚餐。孙先生写下:“那是生活中永远难忘的一页,拓展了对社会与人生的认识,为以后20年的生活增添了勇气。”并送我一本翻译小说《人》。他的后代均属聋哑人,讲话亦需翻译,令人慨叹。

19960511

上午与小赵拜访新闻出版署原署长宋木文,他家住朝阳区一栋部长楼,进院上楼开电梯门,先后竟有三道岗。宋夫人汪应模,我去年11月在文化部的203宿舍见过面,对我十分热情,她又帮我联系了李季的夫人李小为,我向宋署长汇报了咸宁拟办《向阳湖》杂志的计划,他答应到时帮忙,并留字“难忘向阳湖”。

下午访文物鉴赏家史树青先生,他的夫人夏枚云是民族学院艺术系副教授,插话太多,颇有点喧宾夺主。史老抄写了在干校的诗词相赠:“湖光掩映莱苔紫,山色新添麦垄青”、“低流萤火趁人行,仿佛是江南浦。”

顺便到史先生家附近的冰心先生家去补拍一点镜头,陈恕教授十分配合,我说不再去医院,以免影响冰心先生休息,只是表示谢意和敬意。陈恕送我一本《尤利西斯解读》,算是和萧乾文洁若夫妇送的《尤利西斯》配了套。

再去北外宿舍访郑效洵老人,郑老已九十高龄,谈了干校 14 连家属连在乌龙泉的情况,十分珍贵,为我今后写报告文学提供了不少好素材。郑老写下的留言是:“咸宁,我曾经生活过多年,我永远忘不了它的风光和人民。”

19960512

上午独自去北图宿舍访问版本学家冀淑英女士,她写下“向阳湖的峥嵘岁月,永志难忘”的留言。冀先生和我已采访过的李长路老人住同一栋楼,我在北京遇到这种事太多。我又上楼找另一位“五七”战士戚志芬,未遇。后转至熊道光先生家座谈了 1 小时,这虽然属一家“计划外”走访的,但下放向阳湖的“非名人”谈的东西,有时比名人更丰富。熊道光和夫人留我中餐,并答应今后寄些老照片来。

下午访女作家丁宁,她送我一本《丁宁散文选》(华艺出版社 1993 年版),书中有回忆郭小川和李季在干校的专文。丁老满头银发,让我联想到影星田华,其丈夫江波是位军人书法家,答应今后赠一幅字寄给我。丁老的留言是:“向阳生劲草,湖畔育真情。”

接着来到新华书店总店原副总经理、现《中国图书商报》总编辑郑士德家。他首先送我一本《新华书店总店史》(人民出版社 1996 年版),又找出一本保存了 20 多年的《向阳湖诗选》送给我,并借我 100 多幅在干校时办展览用过的老照片,一一作了解释。晚饭后,我同他一起去隔壁梁天俊家，他是《向阳湖诗选》油印本的刻字者，谈了出书经过。这是新华书店史上遗漏的一笔，我将在今后的文章中详细道来。梁先生是向阳湖文化人中唯一写“佣书”的，这一点和郑先生提供的照片一样，都弥足珍贵。此次采访可谓收获丰硕矣。郑先生的留言是“向阳湖畔美如画，魂牵梦绕苦中甘”；梁先生的留言是“咸宁是我的第二故乡”。

19960513

上午和小赵来到中国革命博物馆，访原副馆长沈庆林，他身体不大好，没有多谈，写下留言：“向阳湖给人以一种特殊的留念。”据他的同事说，沈在干校当过连长。访谈中，《中国博物馆》杂志主编苏东海进来，插了不少昔日向阳湖的笑话，他说找个时间集中馆里几个人谈，效果会更好些。苏先生写下的留言也是“难忘向阳湖”，竟和宋木文署长写的如出一辙。

中午去中国历史博物馆访副馆长杜耀西，得赠书《中国历史博物馆八十年》，他写下留言：“难以忘却的向阳湖生活。”访谈中，有几个同事找他谈工作，无一不是下放向阳湖干校的“五七”战士，个个都对我表现出少有的热情。

下午访问红学大师周汝昌，他谈红楼梦比谈向阳湖还多，我见他写过“红楼非梦”的一幅字，便请他加上一句“向阳非湖”，留在签名册上。谈了两个小时，分别时，我建议他为碑林寄题词，写一幅送我。把“向阳非湖”改为“向阳无湖”，与前一句构成一妙对。这次采访很成功，写专访一定会很顺手。周老还送了我一本《恭王府与红楼梦》(北京燕山出版社 1992 年版)。

19960514

上午去中国大百科全书出版社原社长常萍家，他是原干校负责人之一，谈了不少珍贵往事，如初创干校时建电站的经过等，并写下留言:“向阳情难忘,电站放光明。”中餐后,他又提供了不少可以找的线索,如 26 连挖煤的“五七”战士。

下午访李季夫人李小为,她再三申明,自己与沈从文夫人、萧乾夫人不可同日而语。她重点谈了对干校中的李季应如何评价,说他担任 5 连连长,是个比较难以扮演的角色。李大妈写下留言“难忘向阳湖畔的日夜”。我请她帮忙联系一下楼下的中国作协原秘书长张僖,张身体不适,我便打消了造访念头。

4 点多来到朝内北小街 46 号王蒙先生家,他出门未回,昨夜从香港回京,今日忙办机票之类手续,明日又将赴英访问两月。王蒙之子王山长得酷似其父,带我进了客厅。王蒙夫人崔瑞芳走出来,自我介绍,很是热情。说收到我寄去的贺年片和文章后,还以为我是个上了年纪的人哩!崔说王蒙之父在咸宁,她和王蒙没有尽孝,至今内心十分不安。王锦第老先生在咸宁医院还动过白内障手术……说话间,王蒙先生回了家,见面解释道,赶巧没有时间座谈、题字。他主动送我两本书:《活动变人形》(人民文学出版社 1987 年版)和《失态的季节》。我拍照之后合影,都很顺利,又请他在签名册上留言,他马上写道:“我没有去过向阳湖,希望今后有机会一游,不忘过去的岁月,争取一个更好的未来。”这次一面之缘十分匆促,但为今后的再访埋下了“伏笔”。

王蒙风采

下午还有时间,临时决定再去南沙沟看望杨绛先生,知道她不让记录、不让合影的习惯。我便把录音机藏在口袋里和她谈了 10 多分钟，主要是汇报向阳湖文化资源开发进展，并留下一套有关资料。钱先生尚在医院，老太太感觉很累，我便不忍心过度打扰，留着遗憾告辞了。

因为顺道，我又在南沙沟去拜见北图馆长任继愈，老学者前几日在与我未曾谋面的情况下，只接了一个电话，并十分认真地帮助查询，提供了北图几个在咸宁下放的名家，仅此一点，令我感动和感激。机会实在难得，任老又何尝不是值得一写的对象？于是我没话找话，扯上了向阳湖的话题。气氛渐渐活跃起来，最后他在签名册上留言："我没有到过湖北咸宁，我到过河南息县的干校，希望我们走出文化不受重视的误区，促进社会主义文明建设，发展教育，特别是关心培养我们的青少年，他们成长了，健康向上，我们这个民族就有希望。"任老还送我一本《汉唐佛教思想论集》（人民出版社 1994 年版），并主动送地区图书馆一本《任继愈学术论著自选集》，请我代转。

19960515

上午和小赵去国家文物局访副局长彭卿云，他兼任《中国文物报》主编。彭先生的留言是："向阳湖的风雨，向阳湖的耕耘，历历在目，记忆犹新。"

下午去朝内大街 166 号人民出版社《人物》杂志社，看望主编马连儒。第 3 期杂志正好校样出来，我访张光年先生的文章已发。马先生留下一行字："向阳湖让我永远难忘，只因当年我还年轻。"他在办公室门前贴出告示，对自己校对近期刊物把关不严表示自责，给我留下深刻印象。

接着去人民文学出版社，找到陈早春社长，他又补充了许多向阳湖干校的故事，我谈了自己出"采风"和"情结"结集，请他支持的想法。陈社长满口答应，说负责支持书号。因为"采风"中有 20 多人是人民文学出版社的。

下午去故宫访问副院长杨新,因走错后门耽误了时间,见面已是下班时刻,只得约好晚上再去,这样反倒又增加了“采风”时间。杨先生不仅给我们看了他在向阳湖画的画,还讲述了许多生动的故事。他在签名册上留言“同是向阳湖里人”,虽言犹未尽,但我仍可以体会。访谈至12点方结束,这是此次进京采访的最后一家。粗略一算,竟达近70人,加上以往采访的可作“百人传”了。可不,今天下午在故宫问路,看门的郑老头也下放过向阳湖,下回有时间,还可以采访这类普通“五七”战士。

忙里偷闲,今日还去书店买了几本工具书,都是为写向阳湖文化人作参考的。如:《中国当代名人录》(上海人民出版社1991年版,中外名人研究中心编),《中国当代书法家辞典》和《中国当代国画家辞典》(均为浙江人民出版社1992年第2版),《中国知青事典》(四川人民出版社1995年版)。此4本大部头参考书均为16开精装本。

19960516

晚上乘火车返咸。此次进京采访,获赠书、题字、照片、录像、笔记应有尽有,写一年的东西都不愁了。昨日杨新说:“写反映咸宁干校的大作品,非你莫属。”信哉斯言!

19960517

回家共收到北京文化人书信多封。

1.傅璇琮先生4月20日来信:“承寄咸宁‘五七’干校报道材料,极为感谢。这引起我不少难忘的回忆。我是69年9月下旬(中秋节)去咸宁的,73年4月才离开。向阳湖不知现在是什么样了,实在使人怀念。我们有不少人建议在咸宁向阳湖开辟一现代文化特区,这是有时代意义的。建议你们选择一个适当的时间,邀请曾在向阳湖生活过的文化人到咸宁开一次会,如认为可行,我可以出微力相助。题词及著文当待时日寄上。欢迎继续寄下有关材料。”

2.范用先生4月20日来信："寄上原在人民出版社工作的一位编辑同志写的《炼人学校》，请于复印后原件寄还。这十四张干校留影，如有用，亦翻拍，原件请仍用挂号寄回。"

3.陈羽纶先生4月22日来信："来信收到，我刊为英文学习杂志，此则消息如在我刊发表，必须与我刊或与英文方面有关才行，兹在来件中加些字，是否妥当，请酌。"

4.刘岚山先生6日来信："承蒙来访，招待欠缺，十分不安。又匆匆离去，更是对不住！/我是有一张多人合照，是我们离开干校时照的，很小；我在干校还照过几张很小的照片，有挑粪浇菜的，有在菜地间苗的，但都不知道放在哪儿了，找了好几天也没有找到，只好放下来，等以后找到时再寄给您吧。/送您一张近照，是1994年7月在青岛照的，可能无用，送给您吧。/您将我老伴的通讯录拿去了，用毕请即寄还，谢谢！"

5.佟韦先生7日来信："尊嘱将我的一点资料寄上，请查收！/咸宁资料很好，今后如有，仍请赐寄为感。"

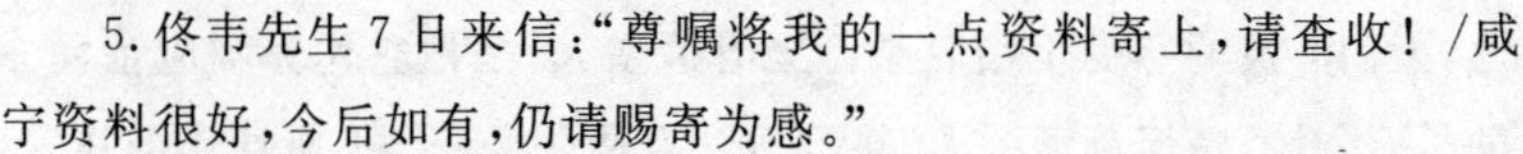

6.傅振伦先生7日来信："京都快聚，想已返咸矣。/故宫研究员朱家溍同志，故宫研究员，名票友。下次来时，可亦访之。"

7.蒋路先生9日来信："关于干校生活的文章，贵报已发表不少，我再凑上一篇，已不会有什么新意，希惠予豁免，务请见谅。专此布达，并颂/近安。"

8.吴雪先生夫人李婉芬寄来吴老题字及简历，并复印《路漫漫其修远兮，吾将上下而求索——吴雪传》，附短简云："材料迟迟寄来，真对不起。"

9.丁宁先生13日来信："那日你从我家走后，我看了你的访谈文章，写得很好，你很有表达能力。/被访者，多是谈在干校的苦难，当然都是真情实感，我和他们的境遇、感受并无二致。那时，我已患肾炎，腿脚浮肿，但仍然咬牙坚持劳动。谈及'四人帮'的迫害，那是罄竹难书,当是尽人皆知的。我家的命运就很悲惨,老伴江波被贬到山东惠民地区一个最差的地方(我送你书中那篇《滨州书情》,就是记述去那里的情景),大女儿宛柳去陕北插队,小女才 10 岁,曾一个人独自在家里生活……但对你的来访,看做是向阳湖的主人,似不应过多地陈述那些人所共知的苦难,而应更多地谈些在那个特殊环境、从劳动人们身上、从劳动实践的本身所汲取的力量——那时候和以后所感受的一些美好的东西,那也是真情实感,正如臧克家老人《忆向阳》的诗情。劳动,特别是被驱使的那种沉重的劳动,能说不苦?谁也难以承受,但却被一种坚韧的意志力承受下来了。我认为那正是人们发自内心深处对'四人帮'迫害的蔑视,一种精神上的强大力量,战胜了一切。惟其如此,绝大多数知识分子(包括许多年老的名家)才挺了过来,身心也着实得到了锻炼。否则,也只有一种命运,美丽的向阳湖,变为悲惨的坟墓。/'五七'干校,知青插队,都是那个时代的一种复杂现象,因之,人们心灵的感受也很复杂。当时许多人,是把它作为响应毛泽东的号召,甘心情愿赴汤蹈火,甚至不以为是去吃苦。你所谈访的作家,据我所知,也多是这种心态。/至于我为何离开干校,那天也只是对你谈了一面。另一面的主要原因,是当时干校领导正酝酿召开批判大会,批判《黄河大合唱》的词及词作者的'反动思想',我们排指定我代表全排作批判发言,我拒绝这种违心的批判,被领导批评为对抗改造。还有一件事,就是搞'五一六'的逼供信,我极反感(周明、吴泰昌均受到迫害,我曾提醒他们实事求是),在一种恶劣的心境下,便借助随爱人一起下放的时机,毅然离开了干校,记得我是第一个把所有的关系(连户口)一起带走的。/我之所以作这点补充,是请向阳湖的人们,全面地了解他们曾经支持和同情过的那一批'五七'战士的'干校情结'。/咸宁地委为开发向阳湖的文化资源,带动经济的发展,特开展一系列活动,是极有意义的事,我会积极地支持你们。以后可常联系。/江波同志给你写了一幅字,可留作纪念。他说不曾在咸宁干校呆过，是否不必为碑林写了。/城外同志，你是个极热情的青年，将会写出更多更好的作品来。愿你再来。”

翻阅了近期报刊，5月12日《湖北日报》和第5期《今日名流》分别发表《初夏忆访陈早春》和《严文井：亦庄亦谐侃向阳》。《咸宁日报》4月27日“三原色”发表饶太清文《赵辛初在向阳湖》。

19960518

胡绳老昨日到咸，参观了陆水湖和赤壁古战场。今日到温泉，我本来在家休息，晚餐时分，万书记打电话将我召去，说胡老问起我。于是，马上赶到桂园山庄作陪。胡老此行的随行人员有：中央党史研究室原副主任郑惠，胡老的夫人、儿媳妇及孙秘书、警卫等。

19960519

上午与万书记和胡老上九宫山，我提醒自己留个心，此行可以写点什么。

19960520

上午下山参观闯王陵时，胡老谈了不少好观点，我的文章也心中有数了，初定题目为《今日乡情堪告慰——记胡绳九宫山之行》。

19960521

上午陪胡老至“131”参观，下午他休息，约我在“竹乡别墅”谈向阳湖文化近两小时之久。这种特殊礼遇，令孙秘书都感到难得。胡老看了我写的“采风”，认为不错。但身份的原因，他不愿为碑林题字，并担心干校的事会引起争论，以为咸宁开发向阳湖文化资源，范围不宜搞得太大，应局限在向阳湖文化人圈内。幽默的胡老还说：“你是城外，我是郊外，咱俩要划清界限！”说着，他哈哈笑起来。

19960522

下午又找胡老聊天，他为我题了一幅字“慎思笃行”，并在我递上的《中国共产党的70年》(胡绳主编)上题签:“遵李城外之命为题。”这种高档玩笑,独我才能享受得到吧?

19960523

中午郑惠先生和胡老的警卫一起来“城外书斋”参观,郑先生对我所做的工作,评价甚高,主动要求今后多多联系。此外,孙秘书也特地向万书记强调了宣传向阳湖文化的意义。

19960524

送走了胡老一行,才得空修改二访萧乾文洁若夫妇的“采风”,明日见报,依然是周末版头版头条。并计划从这期起,今后发在《咸宁日报》上的采风稿不再编号。

19960525

中餐湖北日报驻咸记者站张兴旺请我小酌,地区几位新闻界朋友作陪,大家祝贺我的“采风”获地市州报“好新闻”一等奖和“湖北新闻奖”二等奖,而我的目标已盯在今明年。

北京程代熙先生19日来信:“我不是书法家,有时也写点字,不过自娱自乐而已。今奉上两幅,一幅是遵嘱写给您的,另一幅是供你收集的。/等我身体情况稍好,我当写点在向阳湖生活的文字。/您现在从事的事业是很有意义的,我祝您成功!”

19960526

北京王世襄先生22日来信:“手书咸宁诗已挂号寄上,想已收到。承赠绿茶,甚佳。远胜当年在汀泗茶场所买者,不知能否代购几斤?”他强调一定要付款。

19960529

上午新华社湖北分社万武义先生来“城外书斋”,参观我的“向阳湖采风”成果,十分羡慕,说这比仕途上的长进强上多少倍。他来温泉看望在此疗养的新华社原社长曾涛，曾老对向阳湖文化资源也表示有兴趣。湖北分社的李永长、谢邦民先生亦如是，并找我要了有关的报纸资料。我打算通过新华社这条渠道宣传向阳湖，影响自会更大。

晚上向新上任的李专员汇报了我北京之行的收获。他对向阳湖的关注不亚于前任。只要书记、专员重视，这件事成功指日可待。

19960531

北京图书馆冀淑英先生19日来信云："日前承远道枉顾，并赠大作及有关咸宁'五七'干校资料多篇，无任感荷。拜读之下，干校旧事犹历历在目，不禁感慨系之。遵嘱寄上《北图馆刊》(1995、1—2期)一册，请查收。"

19960602

填写了一上午的信封，并将近期登有"采风"的报纸配齐，一次性寄给北京154位文化人，除去年采访的近30人，近期采访的近70人，还加上下次计划采访的50余人。这样今后工作将主动多了。将来写报告文学，采访对象非全面铺开不可。只是干这项工作，我一人除写作外，连具体事都事必躬亲，得花费不少时间和精力，今后适时可考虑找几个帮手。

中午万书记赶到通山，陪从九宫山下来的省长助理江泓。返温泉途中，万书记特地安排我向江详细汇报了开发向阳湖文化资源的经过，引起他的极大兴趣，表示不久将专程去趟向阳湖。

19960603

北京吕济民先生寄来两幅题字："向阳湖畔紫禁城，人间才艺喜相逢"和"扬文求知，丹青不渝——城外同志正之"。

晚餐报社王总编请我的客，感谢我的专栏连续获得省里的新闻奖，为报社争得了荣誉，我说我和报社的支持是相互的。席间，我得意地向诸位朋友透露，在今日的地委会上，拟决定地改市后将设一向阳

湖区。

19960607

范用先生5月30日北京来信:“谢谢您寄给我回忆干校的文章,已介绍给几位‘同学’看了,他们都很感兴趣,倘能补齐,最好。”

19960608

晚上和万书记陪《中国体育》主编万伯翱,李专员介绍咸宁情况时,专门提到向阳湖这块宝地,于是我给万一份有关资料,他送给万书记一本《万里文集》,并写上了“雅正,代赠”等字样。

《咸宁日报》今日头版头条发表我记述胡绳九宫山之行的文章,题为《“今日乡情堪告慰”》。

19960609

寄北京刘炳森先生信:“寄上《咸宁日报》已发表的大作,请过目。由于宣传上的考虑,我在尊重原意的前提下,将文题《云梦泽中之梦》改为《向阳湖梦忆》,望能得到您的理解和谅解! /再次感谢阁下对我们工作的支持! 热忱欢迎再到向阳湖一游。”

北京李小为同志4日来信:“感谢您来看望我,从我们的聊天中得知,您是一位年轻有为的同志,给我的印象也很好。/小李,那天我向您谈及李季同志在咸宁干校的情况,因未及思考,想对您没多大帮助,恳请勿以文字的形式发表,请谅!”

19960610

北京陈原先生7日来信:“久想去咸宁,却迟迟未能成行。报纸极有趣,仍盼寄赠。若决定行期(由我儿子随行),当电告。”

19960611

北京薛德震先生来鄂参加人民出版社第5届全国年会,昨日打来电话,要来向阳湖看一看。我及时向万书记作了汇报,今日上午去武昌接客。薛社长带来了总编办主任杨寿松及编辑方明、刘丽华等。下午,万书记亲自陪同到向阳湖、汀泗桥参观。晚上我邀薛、杨等来"城外书斋""观光"。两人对我的工作鼓励有加,杨主任很认真地对我说:"你现在的位置和作用都很重要,要十分注意身体,不要因写东西太累,把自己拖垮了。"我谈了自己写完百篇专访后再着手写报告文学的计划,薛社长表示今后将予以支持。

薛德震一行重访汀泗桥凤凰山

19960612

万书记安排我和宣传部俞部长陪同薛社长一行上九宫山游览,客人们玩得十分开心,一路上,薛、杨又给我讲了不少干校往事,丰富了我的积累。

北京胡德培先生 5 日来信:"收到你二访萧乾夫妇的文章,谢谢!/先抄出随笔《仰望天空》寄上,待有时间,另写一点回忆干校的文字。"

19960613

上午送薛社长一行至武汉,省委组织部黄秘书长等接待。薛社长这次来咸宁,带来两幅题字,一幅是以他和夫人杨瑾的名义合写:"鄂南重镇,人杰地灵,向阳湖水,曾润我心。"另一幅写的是:"汀泗桥边,向阳湖畔，播撒美好的青春，留下难忘的记忆。”杨主任也写了一首诗：“向阳湖畔二千天，采石烧灰又种田。而今旧地重游历，改革花开分外妍。”

19960614

晚上去咸宁日报社校对稿，发周末版报眼，消息题为《廿年长忆咸宁，千里来寻故地——人民出版社社长薛德震重返向阳湖》，并配发了照片。此稿日后寄往北京的“五七”战士们，影响当不亚于以前寄去的“采风”，咸宁电视台还播出了新闻稿和对薛社长的专访。

《咸宁日报》周末版“向阳情结”今日发表刘岚山之《向阳湖之冬》。

19960615

湖北电视台记者郭耀华要到向阳湖拍个专题片，咸宁电视台袁台长邀我一同去，我自然又是“义不容辞”。下午还顺便到咸宁市采访了人大老同志周运忠。现在看来，省里的报纸、电台、电视台都在宣传向阳湖了。

19960616

下午田科长来，告知地委宣传部和人事局表彰我为“全区新闻宣传突出贡献奖”获得者，上星期在全区宣传工作会上，地委刘副书记和俞部长在大会上专门表扬我，强调了敬业的精神，说我业余做出的成绩为在座从事专业的所不及。

《湖北日报》今日亦发表《“今日乡情堪告慰”》一文。

寄人民日报李辉信：“大札两月前已阅，今日从书摊购得《收获》第3期，拜读了《旧梦重温时——关于五七干校的随感》，感谢你有几处灵活运用了咸宁五七干校的材料，使向阳湖倍添光彩，但文中似有值得商榷之处，特指出，请教一二。1. 您提及收到咸宁地区一位文化工作者的来信，而本人是在地委从事党务工作，张冠李戴，疑有‘想当然’之嫌；/2. 您说‘我不知道是否已经有当年五七战士为咸宁向阳湖碑林题词’，恐属明知故问，与实事不符。因为我寄给您的材料中，已有不少题词，如萧乾、张光年、陈羽纶等，到目前为止更达几十幅之多，您不选择其中代表性题词例举，独将当地有关部门草拟的一般性口号大肆渲染，令人费解。窃以为，既有损先生‘随感’的真实性，又歪曲了我区开发向阳湖文化资源工作的宣传效果。/先生是大手笔，文章每每被转载选载，传播甚广，故谋篇或选材当更加谨慎为好。否则读者难以接受，对自己的声誉也会有所影响。我想至少我采访过的许多文化人，是不会同意你的这种取舍的。/以上意见，不吐不快，若有冒犯，尚希谅解！”

19960617

中国革命博物馆沈庆林先生10日来信：“寄上五七干校题字一件和照片两张，诗是勉强凑的，顺口溜而已，可任意处理。”其诗云：“咸宁干校向阳湖，荆楚明珠世上殊。朝暮曦光西畴去，暮随霞落踏归途。波涛万顷凭鱼跃，千里飘香是稻馀。赤壁残楫今已逝，喜看来者绘新图。”

19960618

收北京陈原先生寄赠《在密密的词林里》。

19960619

北京杨静远先生11日来信：“‘向阳湖情结’系列文章收到了，谢谢！拜读之下勾起无限情思，20多年前那段难忘的往事又重现眼前。您说得不错，那是一段情结，又苦又甜剪不断理还乱的情结。正是这摆不脱的情结，驱使我写了《炼人学校》，承您表示有兴趣，寄上一册，请指正。/我一向认为，历史不应忘记，作为‘文革’大景观一个景点的‘五七’干校，典型地集中反映了文化人在那十年的遭遇，是一笔珍贵遗产，应妥加保存，留作后世之鉴。在巴金老人倡议的文革博物馆未能实现之际，化整为零地办一些小型的纪念馆，是很有意义也切实可行的。咸宁地委重视开发历史文化资源,有气魄,令人钦佩。祝文安!”

北京范用先生13日来信:“有位朋友想看《炼人学校》,敬烦挂号寄回,其他《我爱穆原》香港版,亦请一并寄来。照片如已翻拍,不需再用,也请寄还。/李辉在《收获》有一文,盛赞咸宁挖掘收集‘五七’干校史料一事。”

19960620

行署余副专员明天要去向阳湖了解文化资源开发情况,并为碑林选址。因我已忝为“专家”,非请去不可,晚上便清了一部分资料给她。多一个领导重视,向阳湖开发的进展会更快些,何况她是分管旅游的。

19960621

去了向阳湖,回来便赶写了一篇消息稿《向阳湖文化碑林开始选址工作》,明日见报。今日在向阳湖座谈时,陪同的咸宁市委副书记、市人大刘主任,认识上有差距,开口闭口谈钱,且对这项工作的意义表示怀疑。我毫不客气地驳斥了他几句,余副专员等对我的态度表示赞同。

19960622

省长助理江泓今日上午去向阳湖参观,他已读过我的一组文章,对向阳湖的热情进一步高涨。在干校旧址,当地的人说我是“基辛格”,为向阳湖奔走呼号,把省政府领导都吸引来了。江泓在座谈时,谈了建立“向阳湖旅游文化村”的设想,其间又建议万书记和李专员让我担任专班的负责人,说是最合适的人选。

原中共中央书记处书记、中央宣传部部长邓力群夫人罗立韵15日来信:“向阳湖文化人采风和向阳情结均已收到,谢谢!你做了一件很有意义的工作。/我的字写得不好,又不会写文章,题字和撰稿全免了。”

19960623

晚上去咸宁日报社看稿，黄胜写了一条昨天江泓考察向阳湖的消息，引题为“江泓考察向阳湖时强调”，题目是《高品位开发向阳湖文化资源》，我改为《开发向阳湖文化资源大有可为》。

19960624

再去孟绪龙家谈向阳湖，他为宣传向阳湖推波助澜，亦尽朋友之谊，正在酝酿写一篇长文谈向阳湖开发。我透露，如果地区真的成立这方面的专班，我一定会极力推荐他参加。

北京许觉民先生 19 日来信：“寄来的一些贵报都已收到，谢谢！我的拙作《咸宁干校记什》最近不见续登了，估计有了困难，可见要说真话是很难的。不必使您有什么为难，不登无所谓，至此结束也便了。我不安的是，您是否受到了批评？如方便，盼将底稿退还我，我手头已不全。香港的报纸急需刊用，我可寄给他们。”我马上向许先生通了话，他误解了，我因那段时间出差，手头缺报纸，登了他文章的后几期没有及时寄出，将速补上。

北京杨静远先生 19 日来信，寄来几张照片供我选用，并说薛社长想组团再次重游向阳湖，她非常向往参加，但恐难以实现。

19960625

北京王世襄先生 20 日来信：“寄上手书和《知味集》一册，其中有两篇拙作，都谈到咸宁生活，如愿发表，本人同意。/我在咸宁写的诗有几十首，今后可陆续寄给你们。”

北京王景芬先生寄来一幅书法：“往昔执锄思京都，今朝抚鬓忆咸宁。风雨兼程千里路，亦苦亦乐向阳湖。”

19960626

省文联新上任的党组书记潘涛首次来咸，我少不了又向他宣传向阳湖，他表示赞许。我的作法是，凡省里和京城来领导，只要有万书记陪餐,我必送一份有关向阳湖的综合材料给客人。

下午宝塔镇几位镇干部主动来地区找我“汇报”工作,说是见报载向阳湖文化碑林拟建在王六嘴,于是前来“自荐”,以为建在宝塔更合适,因为他们镇正在规划做一座文化公园。我看了他们带来的图纸和可行性报告,解释说最终建在何处,还得由书记专员拍板。今日的事使我感觉到,向阳湖的宣传作用已日渐明显。

北京梁天俊先生20日来信:“6月中旬以来,先后收到两封信,寄来3张《咸宁日报》,刊载回忆文章,亲切感人,今后可出一本回忆录。看看文化大革命中‘五七’干校现形记,那么多的专家学者被打入集中营,损失太大了,令人痛心呀!”

下午地委行署联席会讨论今年财政预算,向阳湖文化艺术馆及碑林正式安排了10万元,这是十分难得的,说明地委、行署在向阳湖文化资源开发问题上的真抓实干。

19960629

人民日报驻湖北记者站站长龚达发专程来咸,准备写一篇关于向阳湖的通讯,我向他提供了一组文章,并陪他一同前去实地采访。中餐时,他向万书记建议,让我挂名秘书,专职写向阳湖,这样进展更快一些,成绩更大一些。龚站长还向我谈及人民日报文艺部的李辉,说此人神通广大,首都“腕级”文艺名流,李都有较深交往。

《武汉晚报》今日发表《向阳岁月映夕阳——访左联元老楼适夷》。

19960630

北京顾学颉先生25日来信:“大札及惠赠茶叶均收到,至为感谢!开始本拟汇上茶款,后见大札词语诚恳,的确恐拂高谊,有‘看不起老乡’之嫌,彳亍再三,只好‘恭敬不如从命’,写文、书法,俟精神稍佳时,定当遵嘱寄奉请正。干校3年劳动,与本地老乡多有往还,感情不浅。就个人而言,当时体力大增,每餐一大洋瓷碗饭,一大碗菜(后期伙食很好)。返京后,邻居都说变成一个壮汉了!所以,不久退休以后,还能在备战之余的小屋里,伏在较宽大的椅子上,为中华书局校点《白居易集》出版。每晨还能到数里外的公园锻炼,打拳,耍剑,颇有点年轻人气象(那几年还写了许多篇研究性的文章发表)。可惜迁居郊外,环境较好,反而不大如前了。岁月不饶人,无可奈何?/挖掘向阳湖文化资源工作大有可为,是一项建设性的工作,干校设在咸宁,可以说因祸得福,也是湖北的一份特殊收获。干校那么多的文艺界高阶层人物,相聚于一时一地,是一个非常难得的机遇。文艺领域里方方面面,他们都有着不同程度的贡献和影响,把他们的事迹、作品介绍出来,我非常赞成,你们花些力气、本钱,把它搞出来。”

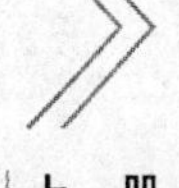

人民出版社(在咸宁五七干校编为 13 连)

1996 年

秋

19960701

北京张惠卿 6 月 24 日来信:“很感谢您寄来的有关文化部‘五七’干校的材料。您的访问记和一些老同志的回忆文章都写得很好,我们这些当年曾在咸宁干校呆过的同志,是永远忘不了那一段风雨如晦的岁月的。/你们决定开发这一批具有特殊历史意义的向阳湖文化资源,实在太好了。现在回头来看,当时全国,特别是中直机关和国家机关办的‘五七’干校,最具特色的也莫过于咸宁的文化部‘五七’干校了。正如你们所说的,在当时‘特定的历史条件下,浩浩荡荡的文化大军,一下子汇集咸宁的一隅,人数之多,密度之高,总览古今中外文化史都是罕见的’。/前不久,我社社长兼总编辑薛德震同志趁去武汉开会之便,曾去访问了咸宁,并旧地重游,承你们热情接待。他回来后和我们谈起,很有感慨,并对你们积极开发当时文化部‘五七’干校这一‘文化金矿’表示十分钦佩,我们也一定尽力支持你们开展这项工作,现正发动大家收集有关资料。/全国政协文史资料委员会从今年起把征集建国后的文史资料作为重点工作来抓,拟定了一批选题,其中有关‘文革’期间的‘五七’干校,也重点选了文化部‘五七’干校,他们的题目是:……/这也从另一个角度说明你们现在从事的这项工作确实具有重要意义。你们也可为全国的文史资料征集工作作出贡献。文

化部的咸宁干校至今已过去了二十多年,当年的很多老人已经作古,一批中年同志也都进入老年。所以这项工作还有抢救的作用和意义,需要加紧进行。/我最近因连续拔牙,生活上有所不便,故没有及时复信,请原谅。寄去一篇回忆文章,看看是否合用?”张先生的手稿题为《记王子野两次死里逃生》,我拟改为《咸宁汀泗拾零》。

上午去彭珠先生家坐,其夫人俞老师对我说,有次她白天做梦,向阳湖来了投资开发商。闻之不由得不感动。

19960702

万书记今日和我谈起向阳湖的事,他说应请名人来写名篇,像范仲淹写《岳阳楼记》,苏东坡写前后《赤壁赋》一般的影响,以便让向阳湖千古流传。这个想法实在太好了,有待文人墨客,包括将来的我竭诚努力。

北京胡德培先生6月26日来信:“上回寄了《仰望天空》的短文,乘着情绪,又写了一篇关于诗人郭小川的《一颗年轻的心》送上,请指正!”

19960703

到蒲圻市陪客,车上万书记说起向阳湖,又调侃我:“你城内的人只管城外的事,为我写汇报时,总是我说什么,你记什么,没有新观点。而向阳湖的文章都写得不错,有的甚至还十分精彩。”我有点哭笑不得,仔细体会这段话,大概褒贬兼而有之吧。

19960705

张惠卿先生上次来信漏了一段,今日收到他的补篇:“全国政协文史资料委员会拟定的《建国后文史资料增编选题大纲》之十六——‘五七’干校著名知识分子和高级干部在‘五七’干校的经历,以及文化部等部委和省级‘五七’干校始末。”

19960708

采风稿《翰墨饱蘸向阳情——访中国书法家协会副主席刘炳森》草毕。仍交孟绪龙、周辉庭提点意见，这已形成习惯，好处不少。他日成书，不可忘记此二君子也。

陈羽纶先生6月28日以《英语世界》编辑部名义来信云："来信及简讯修改稿收到，已译成英文，将安排今年11期发表。"

张惠卿先生又来信，对所寄回忆文章的一处笔误指出并更正。一月中连来三信，其认真负责的态度，大可学习。

19960709

北京周汝昌先生寄来一幅字："红楼非梦，向阳无湖"，是应我之请题写的。不料却寄给了咸宁日报编辑部，幸亏人熟，今日转给了我。名人之疏忽，可见一斑。

北京佟韦先生4日来信："遵嘱将照片寄上，请查收！不用者和使用者，皆盼用后退还为感……"

19960710

下午到嘉鱼县检查防汛，万书记在车上闲谈时说："向阳湖开发一事，要抓紧时间写专访，并争取早日拿出报告文学。"我趁势谈了自己"时间的苦恼"，并玩笑道："不知领导平时老说我'城外不管城内的事'，是表扬还是批评？其实向阳湖文化的开发工作，是全区的大事之一。"万书记同意此说，又叫我做好下半年再专程去北京呆个一二十天的准备，多采访一些人，把电视专题片拍好，把报告文学写丰富，争取在全国打响。我听了十分感动，万书记又说："你爱人考上了研究生，你把向阳湖的文章做好，将来还有可能调省或进京，比在咸宁当个县长强多了。"

新华社北京今日消息，《"文化大革命"简史》已由中央党史出版社出版。

19960711

孟绪龙写了一篇万余字的关于向阳湖开发的文章，题为《中国向阳湖文化村及其企业集团策划》，今日兴冲冲送来，请我提意见。他的学识、水平和花的工夫着实让我佩服，有些思路是超前的，比我这个所谓的“向阳湖专家”还考虑得周到，他日向阳湖事业大兴，可向有关领导一荐此君。

19960712

访刘炳森一文几易其稿，今日才正式定稿，交《咸宁日报》周末版明日发表。这是一篇写重点人的“重头稿”，我提前一星期写好，酝酿了一星期。大概会引起新的反响吧！

19960714

晚上又赶写了一篇“采风”，访傅振伦先生，一气呵成。这属于一篇提前“出笼”的稿子，与上篇仅一天之隔，今后“采风”的稿子都这样，赶时间写好待发的话，将会主动得多。多一些修改时间，稿子的质量也会有所保证。

19960715

上午参加《咸宁日报》创刊30周年座谈会，他们的展览把“向阳湖文化人采风”作为成果之一，作了重点宣传，对我这个“业余记者”是个鼓励。

湖北人民广播电台的胡济民兄将录好音的10多篇“采风”的磁带，送到办公室，我收听后，感到“耳目一新”。他接着向我催稿，因为此栏目反响好，不愁继续播下去。

19960716

昨日万书记到嘉鱼来防汛，今日赶来拍电视的袁台长告诉我，余副专员日前已在温泉召开了向阳湖文化开发座谈会，在电视台播了录像，参加的人是完全按我提供的名单邀请的，如孟绪龙、周辉庭、游强进、王勿宁、王民等，可惜我没能到场，如果参会，不仅会向大家传播有关新信息，至少可为会议发一则消息。不过这样也好，说明“城外”的人都在行动了。

19960718

北京许觉民先生寄来两幅墨迹，一幅写的陶渊明“精卫”诗，一幅录屈原《离骚》名句，两幅字均有欣赏价值，亦具收藏意义。

19960720

万书记近日和我玩笑时，除了说“城外的人不管城内的事”以外，又增加了一句“拿出写向阳湖的劲头来”，我听了颇有点沾沾自喜。

19960721

上午在政研室与王勿宁、王民谈向阳湖文化资源开发。我曾向佘副专员推荐二位对此有见解，他俩才应邀参加上次的座谈会。我现在深深感到，做好此项事业，光一人能力有限，有赖“众人拾柴”。

19960723

人民出版社社长薛德震寄来一副手书对联：“咸宁无城，城内城外入画境；通山有山，山上山下出人才。”

19960727

《咸宁日报》周末版“向阳情结”栏，今日编发张惠卿先生稿《咸宁汀泗拾零——记王子野两次死里逃生》。

19960729

北京王春瑜先生看了我寄去的《咸宁日报》，认为我记胡绳九宫山之行的文章很重要，当即复印推荐给《中国社会科学院院报》，即将刊出。他又寄给《光明日报》副总编陶铠，文章已于7月18日2版见报。这是我第一次在该报发稿，也算是城外在向阳湖外的一点收获。

19960730

下午和万书记一起去“131”,陪省人大关广富、徐晓春两位省领导。徐是咸宁的老书记,他向大家介绍我能写散文,引起关主任的兴趣。徐便向万书记建议,应用我所长,戴一顶“帽子”,专门承担向阳湖文化的开发宣传工作,此言正中下怀。

19960731

又到省里开会,住湖北饭店。晚上去十堰市委副秘书长李泽民处坐,请他帮助收集一点有关文化部干校丹江分校的资料。李兄满口答应,这是一位咸宁城外的“知音”。

19960801

地区司法局邢局长、贾副局长找到湖北饭店,向万书记汇报建咸宁劳教所的事,说已定下取消先前选址向阳湖的计划,我听了感到十分欣慰,不再为之焦虑。司法局的人并不知道,在此事上我是坚定的反对派,私下不知向万书记上了多少“药”,极力阻止此事。

19960802

地委办打来电话,说向阳湖大堤告急,我连忙打电话给咸宁报社周末版刘国华,请他将原定明日发稿的访傅振伦文《向阳流水到丹江》再次推迟发表,以免“不合时宜”。本周只发“向阳情结”稿。我同样改了题目《向阳忆,最忆是松花》,文章选自《吴泰昌散文》。

19960803

北京范用先生25日来信:“人民出版社薛德震同志到咸宁,回到汀泗凤凰山和向阳湖,我看到了录像,我难过的是,老乡住的房子(干校旧屋),怎么如此破落,农村还没有进入小康!/许觉民文已收到了,以后的请续寄为盼。”

购《王蒙:放逐新疆十六年》(方蕤著,东方出版社1995年版)、《失约的家宴》(吴泰昌著,中国华侨版社 1994 年版)、《青春方程式——50 个北京女知青的自述》(北京大学出版社 1995 年版)。

19960805

《咸宁日报》今日头版头条载发消息《激战向阳湖——咸宁市向阳湖大堤抢险掠影》,配发了 4 幅大照片。另有记者采写的"抢险记"《试与风浪比高低》,介绍了 8 月 1 日下午,受 8 号台风影响,4.8 万亩向阳湖围垸告急,2 万抗洪大军齐心协力抢险。我由此联想到在北京采访时听到的当年干校向阳湖抗洪抢险故事。

与文艺报吴泰昌先生通电话,他说访周巍峙先生一文近期刊发。但文章太长,其实是向他出了个难题,因为访周的文章以前已登过,但此篇已经周老审阅同意,不登不妥。

19960806

北京顾学颉先生 1 日来信:"前时送您一函,想早已收到。/为了不拂盛意,在每天多次服药之后,精神稍好时,提笔写下几行干校回忆的文章。拖拖拉拉,历时数周,今天才完。誊好一看,才觉得冗长,可能不适用于贵报。如果采取分期连载的办法,当然也可以。年老,精神不济,无法详细考虑周到,只好以此塞责,请审阅。如不适用,也不要紧,退还给我,另想办法,千万别为难。书法,待天凉后再写寄。"

19960807

晚上又到对面楼刘三多老师家谈向阳湖,他劝我一是要抓紧时间,早日搞出更大影响;二是安心本职工作,这种时候不可作专业作家的非分之想,那样会得不偿失。这大约是他的经验之谈。

19960808

下午下乡,车上又和万书记汇报向阳湖的计划,他催我早点写报告文学,我说没有时间何从谈起。计划倒是有的,建议他今后把写讲话报告之类的任务不分配给我,让我腾出更多时间为咸宁的文化事业作大贡献。万书记听后不语,似乎默许。

19960809

下午与孟绪龙、王勿宁谈向阳湖开发前景。我有一个办“向阳湖文化沙龙”的设想,把全区热心向阳湖文化研究的人组织起来,不定期地开展活动,相互碰撞思想火花,将会推进这项工作走向深入。

19960811

《咸宁日报》昨日“采风”发了访傅振伦先生文,“向阳情结”发了王世襄先生《向阳湖观渔小记》,我边读边陶醉一番。今日加班加点一气写了150多封信,附上近两月的周末版报纸,一次性寄给北京诸位文化人,整个的感觉是如释重负,到邮局装了整整一大提包,以每封信附带装6份报计算,近千份报!

19960812

致婷今天生日,35岁的女性还考上研究生,让我“矮了半截”。但我心甘情愿地仰慕她,有这样高品位的妻子,城外感到自豪,或曰“虚荣”。

19960813

北京聂崇正先生9日来信:“近从友人处见到两期贵报,尤其是第4版的‘向阳情结’栏,读后颇为感慨。我亦曾在咸宁干校‘与天斗、与地斗、与人斗’3年。‘三斗’之余,闲来无聊,拿钢笔画了一些干校生活的速写。现原大复印9张寄上,看看可否一用?/我现在为故宫博物院研究员,从事古代美术史的研究工作。/‘向阳情结’栏的其他各期,如有多余,能否寄些来?”

19960814

商务印书馆胡企林先生寄来一幅题字:“梦游云梦”。

托咸宁军分区政委王群打听到咸宁干校军宣队原政委李晓祥的

在汉电话，和李取得了联系，深入开发向阳湖文化一定要和他作一次深谈。李政委在电话中说，他已读过有关报上我写的关于向阳湖的文章，欢迎我上门交流。

19960815

地委今天讨论干部任免，我或许在提拔任职名单之中。不管如何安排，走“城内”的仕途顺其自然，走“城外”的文路快马加鞭！

清理了一下录音磁带，去年采访的文化人还有录音未整理出来，今年采访的更不用说，没有时间整理，我今后的压力之大，如鱼饮水冷暖自知。

8 月 9 日《文艺报》4 版头条刊发了我写周巍峙、王昆的专访，题目改为《忘不了周总理的教诲》，还配发了一幅照片，这是我在该报第二次发稿，相信今后还有机会。遗憾的是由于篇幅限制，此文压缩太多。

收《青年文摘》第 8 期，已发表《胡绳赋诗评闯王》。

19960816

文化局阮局长晚上也去万书记家当说客，说地区司法局拟在向阳湖建劳改所，千万使不得。阮虽然在市直机关属“有争议的人”，但在对这件事的态度上，使我产生了一点好感。

19960817

“向阳情结”栏目今日编发顾学颉先生回忆文章，原题是《向阳湖点滴》，我改成《闲坐说咸宁》，分 3 期连载。

199960818

下午与万书记、李专员、俞部长一起去贺胜桥，接省委宣传部王重农部长。车上我又趁势进言，司法局建劳教所不宜设在向阳湖，否则会留下笑柄。过去是惩罚文人之地，现在建改造罪人之所，今后向阳湖如何搞大开发？

19960821

上午王重农一行去向阳湖,检查前段时间抢险的围堤,万书记、刘副书记、俞部长在我的“唆使”下,又汇报向阳湖文化开发的事,引起了王部长浓厚的兴趣,叫我清理了一套有关文章让他带回省里去。下午省委工作组总结时,王部长就大谈了加大外宣力度,进一步扩大咸宁知名度的话题。

19960823

几易其稿,又拉出一篇专访《袈裟难易闯王旗——姚雪垠谈李自成归宿》,这种为家乡事业做宣传的事,虽然占了写向阳湖的时间,但自有它另外的价值。

今日收到香港《中国经贸报》,上载我去年写的《此情长留九宫山——姚老畅谈李自成》,颇出乎意料。我原本是想借助它宣传一下向阳湖的,万书记笑我的观点不对:“作为通山人,只迷恋向阳湖怎么行?”

19960825

中午在嘉鱼宾馆和县委书记程传忠同房午休,他已接到任地委委员兼咸宁市委书记的通知,我正好抓紧向他宣传向阳湖文化开发一事,他建议我调到咸宁市工作,专抓此项工程。我笑道,地委可能将发我另一顶“帽子”。

19960826

北京梁天俊先生20日来信:“收到三张报纸及照片一张,你的摄影技艺颇受好评。希望下次把底片寄来,以便加洗。”附题词:“咸宁鱼米桂花,风景这边独好”,并赠我一幅字:“多思”。

北京陈乔先生21日来信:“书写了80周岁忆怀诗寄上,供您撰写采风文章时参考。您的文章颇佳,我很欣赏。/嘱写回忆文章,老迈难以动笔,请谅!/原故宫院长吴仲超同志曾遭受过干校的磨难,他是博物馆文物界的专家,又是颇有社会声誉的领导同志,建议你能采访有关他的事迹。他虽已逝世,故宫了解他的人还不少,重点采访一下,一定有所收获。/专此,祝撰安!”

北京侯恺先生21日来信:“寄来的《咸宁日报》及照片均收到,谢谢!写了幅字寄上,以示对向阳湖的怀念!顺祝夏安!”书法的内容为:“汗水曾洒向阳湖——怀念向阳湖风光。”

上午地委组织部打电话找我谈话,我下午才从阳新赶回。晚上去找了王部长,他说上午党群口新提拔的干部都谈了,地委这次决定我任地委办公室副主任。我这些年当书记秘书,大家反映不错,谦虚谨慎,吃苦耐劳。尤其是搞向阳湖开发影响颇大,希望今后更加努力,不骄不躁,注意处理好上下左右关系,使秘书形象无愧于领导身边的人,这包括思想上、作风上、业务上等等。我表示感谢组织的关心和培养,是会尽力不负领导厚望的。

19960828

北京王春瑜先生今日到通山,途经温泉,中餐我陪他时,王教授也表示对向阳湖文化感兴趣,但说上面现在对“文革”持沉默态度,今年是“风头”,不过过了“文革”30年,还会有“热”的时候。

19960829

北京陈羽纶先生22日来信:“因WE100期及制作光盘等等,很忙,写文章的事只好等11月份以后再说。”

北京范用先生23日来信:“回忆文章一定要写,但请允许我慢慢写。好在您不缺少稿子,您可写的也不少,报刊已发表的几篇已拜读,写得很好。”

北京王士菁先生24日来信:“来信和报纸都收到了。你的热情和工作取得的实际成绩,都令我敬佩!咸宁地区的人民,在我们在干校时给予我们的教育和帮助,至今我都不能忘记,今后也不会忘记的。

这是值得永久纪念的。我也想写点东西，但几次执笔，几次都停下来了。没有能够如你的期望，实在非常抱歉！我的书法更是不佳，连笔都拿不稳，更说不上什么书法艺术了，题字题词更谈不上了。蒙你几催促，信内附上，算是献丑吧。如你扔进字纸篓，那就非常感谢了！”

19960831

晚上去孟绪龙处谈，他建议我亦政亦文，前景还是往省城或京城调的好，这些意见还是很令我受启发的。我自己大致设计了一下，恐怕今后要注意处理好几个关系，一是主动与被动的关系，在地委办任了职，工作要主动，当秘书要搞好服务；二是主角与配角的关系，在地办上面有几位秘书长，我虽为地委秘书中的NO1，也要时刻要摆正自己的位置；三是主业与副业的关系，本职工作是主业，向阳湖是副业。前者常抓不懈，后者细水长流。

人民出版社杨寿松先生26日来信：“遵嘱从社里的档案中寻找了一份1969年人民出版社职工下五七干校的人员名单，现复印寄上，供参考。这份194人的名单中，到本月止，已有36人去世。”

《诗刊》社丁国成先生26日来信：“所寄报纸都收到，谢谢您的一片盛情和美意！我虽不是名人，也有许多事可以一写。”

寄北京顾学颉先生信：“遵照您的意思，大作迅速分期连载完毕，由于宣传上的考虑，将题日做了改动，不知满意否？再次感谢您对向阳湖文化开发工作的支持，并盼今后再寄一些干校诗来，供我珍赏。”

寄省军区休干所李晓祥政委信：“寄上一组有关咸宁向阳湖干校的资料，请指正！并盼今后多多联系，对我们的工作给予大力支持！”

19960901

上午地区作协蓝主席来谈作协开展活动事宜，他说近几年鄂南文坛不如从前红火，需要有人振臂一呼，我表示理解。照例免不了只谈向阳湖开发，蓝了解到我已取得的成果，脸上露出吃惊的表情。

19960902

“采风”计划写下一篇《国宝光耀向阳湖——访故宫博物院顾问单士元》。当了地委办副主任，担子相对重了点，但副业不能丢，起码一个月要完成两篇专访，初步计划到年底还要发稿8篇。

19960903

今日到汉，送致婷去同济医科大学研究生处报到。今后的3年，她在“城内”，我在“城外”。

19960904

北京冀淑英先生8月29日来信：“承惠寄《咸宁日报》两期，并照片两幅，敬领，深感盛意。近日忙于另一书稿，记忆文字未能撰写，歉歉。即颂撰安！”

沈从文夫人张兆和从北京寄来一小箱书籍，令人感动。包括12卷精装本《沈从文文集》(1－12，花城出版社、三联书店香港分店1984年联合出版)，还有几本沈从文先生著作单行本，老太太如此慷慨大方，写她的专访时，应大书一笔。

19960905

北京陈安钰兄来电话，告诉今年第9期的《中华儿女》和《追求》，分别发表了我写陈羽纶先生和牛汉先生的专访。同时，我又收到《湖北日报》韩雨兄的来信，催促我压缩一下访张光年先生的文章速寄去。我这才意识到，近些时忙于写文章，忘了多投稿。看来，今后专访交《咸宁日报》发表后，得马上投寄其他报刊，以扩大影响。

19960906

上午将访张光年先生一文压缩至1400字，寄《湖北日报》，手头还有访陈羽纶、周巍峙、严文井三先生的文章，也要抓紧时间压缩，争取在省报用一下。

19960907

北京吴泰昌先生寄来《文艺报》样报,并附题字一幅:“难忘的向阳湖岁月,深深的人生记忆”。

“向阳情结”今日编发何锐文《向阳湖故人三记》,写的侯金镜、孟超、司徒慧敏3位名家,文章选自《歌泣集》。

19960908

下午到通城开会,晚上到地区计委主任李德贤房间坐,谈及向阳湖开发,得到共鸣。李主任说,可以考虑为向阳湖立项,他帮助积极向上争取,看来我今后在地区的宣传还要加大力度,对北京的文化人联系还要扩大范围。坚持数年,必有所获。

19960909

北京常萍先生2日来信:“自你走后,我即找一些了解情况的同志,核实有关情况……你看完如有不详或不清楚处,可来信或电话询问,我一定努力帮忙。”

北京范用先生3日来信,催寄还借我用的老照片,说:“我这个人有个毛病,借出去的或别的东西,未归来时我就老惦记。大概过去失去的太多,害怕了。”

19960910

下乡途中,我又在车上不失时机向万书记汇报向阳湖的宣传进展情况。万书记很满意,催我早点去汉,到省军区找李晓祥政委,多了解一些当年事,然后再去一趟北京。

19960911

寄北京张兆和先生信:“惠寄的《沈从文文集》收到,十分感谢您对咸宁和向阳湖的感情,尤其是文集第10卷中沈老在双溪写下的诗作,极富价值,将在今后的‘采风’(访张兆和)中引用,并在‘向阳情结’中发表。为了达到更好的宣传效果，还盼惠寄沈先生的照片或手迹为感！”

原文化部政治部主任魏泽南6日来信：“遵照你8月9日的来信，我写了3张题字条幅，其中有纪念红军长征胜利60周年的两幅：一是‘不到长城非好汉’，一是‘无限风光在险峰’；还有一幅献给向阳湖文化园地的‘一片冰心在玉壶’。今一并挂号邮寄去，请收。/我还准备再写一幅题字：‘向阳湖上唱京曲，放歌三年永不忘’，并以此题为中心内容写一篇回忆文章《向阳湖畔的故事》。内容是写我在向阳湖畔3年参加劳动锻炼和政治斗争中所经历的各种故事。待以后写成陆续寄去。/我今在家休养，虽耄耋之年，仍以读书学习和练习书画为业。今后如你们想要写些纪念文章或写意花鸟画作品，请随时告知，我可以选送一些献于向阳湖文化园地。是否需要？请告。/望常通信联系。”

上午去文化局看了阮局长带回的韶山碑林纪念册，大开眼界。看来向阳湖碑林的收集题词工作，还要进一步加大力度，多找一些大家。

19960912

地区计委李主任上星期在通城听我介绍向阳湖，言及应向上争取项目，回来开会，立即在向省计委呈报的项目中列了一条“向阳湖人文景观旅游中心开发”。晚上我去计委与他聊天，对他这种雷厉风行的作风深表敬意！

19960913

“采风”第19篇访单士元先生已定稿，交《咸宁日报》周末版明日发。今日照例请孟绪龙和周辉庭提修改意见，都认为可以。只是建议原题目《“国宝”蒙尘栖向阳》要改，我反复拟了好几个，最后定为《“国宝”光耀向阳湖》。

19960915

13 日的《长江日报》周末和《湖北经济报》分别发了我写的关于姚雪垠谈李自成之死的访谈,《湖北日报》今日发了访张光年先生文,加上《咸宁日报》发的访单士元先生文,连续 3 天发稿的日子不多,再加上第 9 期《中华儿女》和《追求》,分别发了访陈羽纶先生、访牛汉先生文,本月可谓"金秋收获季节"。

19960916

出差到江西九江,抽空逛书店,喜获《文化大革命简史》(中共党史出版社 1996 年版),金兴明、席宣著。

19960917

下午去地委小会议室办公,趁给万书记看我近期发表的几篇文章的工夫,汇报了自己的一些想法,跟他当了多年秘书,从感情上是舍不得离开他的,尤其是这两年,多亏他的关心,向阳湖宣传的进展快,自己政治上的进步也不慢,我个人的意思是继续在这个岗位上干一段时间,有利于做出新的成绩。我以为自己干好这项工作,比干其他工作对咸宁的贡献更大。谈到投机处,我还对万书记说了句不谦虚的话,自己在秘书这个岗位上,还是为他这当领导的撑了面子的。

致婷 14 日从汉寄来一封没有封口的信(封时不小心,胶水已干),我戏称为"公开的情书":"同济虽美,自然美不过你的向阳湖,向阳湖的风景已让你占尽。/你的这份专注,这份热情,这份自信,播种到那里,那里就会硕果累累。你充分相信自己,更要懂得须倍加珍惜自己,熬夜别太晚了,累得趴下了,苦的是你自己。还是细水长流的好。/熟了还需你言传身教,多一份耐心,多一份交流……"

19960918

今日地委开会,万书记安排我和军分区王群政委一道到省军区马房山干休所,采访李晓祥同志。王政委带我上门后,马上告辞。我与李政委从下午3点谈至6点半，收获可谓大矣，全面了解了文化部“五七”干校的概况。李政委已年近七旬，对我的采访早有准备，已列好提纲在家等候，他还送我一本写得满满的当年的笔记和一本干校老照片影集。谈往事时，老人竟情到深处痛哭3次，说对不起干校的文化人，让他们多吃苦了。这也是我“采风”过程中首次见到的最感动人的情形。今后整理好录音，当专门写一篇关于李政委的专访。日后有空还可再次上门，请他补述。

干校军代表李晓祥忆往

19960919

此次武汉之行有大收获，使我按捺不住心中的喜悦。回来就选播了几段我采访李政委的录音给万书记听，并由衷“吹捧”他布置我去武汉采访李政委不失为“英明决策”，为下一步再去北京“采风”提供了极大的便利。

19960920

地委工作会议在通城县召开，对领导们来说是工作会，对我而言是“神仙会”，抽空便和到会的新华社、省报、省电台的记者朋友们神聊，他们都认为我挖掘向阳湖文化资源的工作成效明显，令人称羡，并说在“秘书族”中，我的选择和作法，也许在全国少有。

19960921

省作协创联部主任郑远志到通城采访地委、行署领导，我顺便又向他宣传向阳湖，三言两语便投机，他竟主动邀请我加入省作协，并立即发了一张申请入会登记表。

19960923

北京顾学颉先生7日来信：“8月31日大札及《咸宁日报》，均收到,谢谢!题目改换几字也很好,并不一定要原题,不必介意。‘向阳湖文化’,大有文章可做,望坚持并发展下去,对拓展咸宁地区的文化教育,当有帮助。/夏秋换季,气候变化大,我近来屡屡犯病,殊难乐观。/我的文中有两三处误排的错字,另有几篇短文中,也发现了更多的错字。目前,许多大刊物、报纸,经常出现错别字,好像已经见怪不怪了。甚至有的诗词刊物上,也有不少错字,弄得平仄不对,韵脚失误,读起来莫名其妙。这种现象,应该引起主办人的高度重视,设法补救。培养编、校人员,提高他们的业务水平,至关重要。办好一个报刊,不是很容易的事!又及。”

北京范用先生 14 日来信:“我急于收回干校的那一批老照片……”

19960924

中国社科院历史研究所王戎笙研究员一行 6 人,奉李铁映同志之命前来湖北考察李自成归宿地,先到了湖南石门,后到通山。今日从通山至 131 参观,万书记安排我赶去作陪。我正好介绍了自己写胡绳和姚雪垠的文章,当然附带也少不了宣传向阳湖。看来文章宜多写,向阳湖之外,九宫山今后还得写。

19960926

今日正好是文化部大批文化人下放咸宁向阳湖的纪念日,我向《咸宁日报》推荐发表了《当代》常务副主编胡德培的《仰望天空——五七战士遐想》。

晚上国庆文艺晚会,地区文化局邀请了中央歌舞团刘培萃演唱。刘已年近 60,歌喉动听,但对我而言,更为难得的是,她开场白提及中央文化部文革中有干部下放咸宁,曾受恩于咸宁人民……我旁边就有人马上议论:“她讲的向阳湖……”,我听了暗自得意,这说明向阳湖在鄂南已深入人心。

19960929

湖北人民广播电台记者站张志宏中午请客，有新华社分社、《湖北日报》记者站、《咸宁日报》、地委宣传部新闻科的诸位朋友，独我属“城外”之人，但席间小张对我时有赞美之辞，说我在咸宁扛起了两面旗子：一是向阳湖的宣传，二是李自成归宿的官司裁判。前者受之有愧，后者仍须继续努力。

19960930

北京闻山先生 23 日来信：“信及报纸均收到。读着这些文字总引起了不少感想，可写者甚多。我想要写那段生活，就要总结一些历史教训，不仅是写些生活回忆，也不仅是一篇两篇说得完的。望你们的事业大有进展！”

《今古传奇》胡沙岸兄来信：“出长差回来，见匆草的拙文，与兄之大作一起载于 9 月 15 日《湖北日报》，十分高兴。/兄居署院，笔写春秋，文心雕龙，成绩斐然，蔚为大观，可喜可贺。弟处文学迷津，前途遥远，惟素愿难改，祈与兄一道前行。”

1996 年

19961001

人民出版社编审杨寿松先生寄来一幅书法,乃嵌字联:“城市岂能无手笔,外乡虽远有知音。”

19961003

寄北京范用先生信:“上月 24 日挂号所寄照片,想已收到。因忙乱,竟还未及仔细清点,尚余几张留在咸宁日报(还有一张在报纸‘向阳情结’栏,作配图待发),特补充说明。免得您挂欠和误解,请先生放心,届时一定如数奉还。本人虽不才,但一向崇尚诚实为人,力争做一个守信用的模范。更何况面对的是姓范名用的先生!/先生三番五次催促,弄得我觉得有失应有礼貌,心中十分不安,如有得罪之处,还望海涵。借此机会,亦不瞒先生,略诉一点苦衷:炒热向阳湖这台戏,是属我一人在‘操纵’和‘主演’,除上次电视台奉命同行,拍了一些镜头外,具体工作基本上是我在利用业余时间埋头苦干,包括采风、写稿、组稿、编发,乃至向你们邮寄报纸,可以说一个人在干需要一个班子干的事。只是由于热爱,我甘愿自讨苦吃,亦乐在其中。好在有地委、行署领导支持,前景还是十分可观的。在目前尚无健全的专门机构的情况下,我除了应付繁杂的日常事务,如开会、下乡、陪客、接待来信来访等外,还要主动和北京众多的文化人联系(当时干校 26 个连队,各连的人都有联系,主要是5连、13连、14连等),有时一天得写180多封信,同时附发报纸,叠起来有1米多高,10多公斤重。每次提一大提包进邮局发信,往往让营业员咋舌。近两月在《咸宁日报》发表有关向阳湖的文章又有五六篇,因没有整块时间填写信封分发,竟推至今日还未及时寄出!先生批评我忙得连写封短信的时间也没有,我一方面虚心接受,另一方面亦属实情,望能稍有体恤。/刚刚收到您的第4封'鸡毛信',因此连夜复函,作一次'检讨',盼今后经常得到先生的教诲!"

19961004

上午老书记刘绍熙从武汉来电话,商议成立省李自成学会一事,并盛赞我宣传向阳湖文化取得成果,热情地说:"大大超过了我当初任地办主任时的水平。"

又去地区烟厂田健兄处,他谈及上次来我家后,设计了"向阳塔"香烟图案,并附文字说明:"文革中大批文化名流在咸宁度过一段非常时期。"遗憾的是,讨论时众口难调,或者说是领导者思想上尚有差距,终被否决。一叹。

中午咸宁市一青年贸然登门拜访,带来一本《向阳湖》杂志,看来咸宁市作协和群艺馆已捷足先登,打出了向阳湖的招牌,我既为地区文联的迟钝和工作拖拉而惋惜,又为咸宁市的先斩后奏而哑口无言。他们自作主张在显著位置发表了我的《向阳湖一瞥》,我还能说什么呢?来人叫周益民,系咸宁师专中文系毕业,本期刊物执行编辑。

下午地委政研室开我的欢送会,并加餐。鲁安才主任主持,副主任王远龙、周福清及科长们参加座谈,大家对我的为人和工作,尤其是向阳湖文化开发都给予了过高评价。我作了表态发言:一是对领导和同志们的关心和帮助表示谢意。二是对政研室表示歉意。我自1990年8月调入这里,只挂了名,没做什么贡献。三是从政研室调出后,要有集体荣誉感,为“娘家人”争光。

19961005

复《今古传奇》胡沙岸兄信:“向阳湖里逍遥游之余,时有文友鞭策,亦是幸事,让我们互通有无,亨通文运,共为鄂南添光彩。”

19961006

蒲圻市委书记樊仁富带北京熟人翁先生到温泉,万书记陪晚餐。我介绍向阳湖时,翁竟然从未听说过,但马上表示值得宣传,答应回京后,和中国作协书记处书记张锲联系,力促中国作协到向阳湖搞文化开发。我立即清了一套资料给他,将来出书的事,早完成则早方便,每来一个客人清一套杂乱的资料赠送,也不方便。但据乐观的预测,出书最快也得到1997年底。

19961007

《湖北日报》昨日发表我缩写的《文井先生谈艺录》,编辑作的几处小改动,令我叹服。今日我又拉出一篇新的“采风”稿,访沈从文夫人张兆和,题为《双溪向阳永流芳》。

《咸宁日报》“温泉副刊”今日发表易夫日文《温泉城内读“城外”》,对我的赞美之辞不少,作者系邱春林,算得鄂南文坛“名家”之一。

19961008

下午向万书记推荐孟绪龙写的论文《中国向阳湖文化村及其企业集团策划》,万书记读了大加赞赏,并主动提出把此人调到地委办来。晚上老孟闻讯,颇有“柳暗花明”之慨。

咸宁南山派出所韩志今夜来访,谈到上次找我打听到王世襄先生的地址后,马上去信联系,得到长长的回信。我读后很受感动,打算今后写王老的专访时,插入这段动人的故事。

19961010

晚上与万书记陪武汉书法家王世杰,烟厂陈厂长也赶到。席间,我建议烟厂应推出“向阳湖牌香烟”,得到大家赞许。

19961013

带着小车到几家书店选购书刊,逛了新旧书店,又过了一把瘾。有关向阳湖的参考书也找了几本,如《沈从文——无从驯服的斑马》(中国青年出版社 1996 年版)等,每次到汉开会,这种便利是最开心的事。今日又配齐 1980 年的 4 本《新文学史料》。如果是个人出差,恐无此良缘也。

19961014

上午逛江汉路图书城和武胜路书店,购得《当代名流访谈录》(胡国华著,新华出版社 1992 年版)和《文革中的我》(于光远著,上海远东出版社 1995 年版)及《中国社团党派辞典》(陕西人民出版社 1992 年版)。

19961015

北京顾学颉先生 4 日来信:“前阅修建向阳文学艺术馆报告,我已很感兴趣。不知整个工程已经开始否?我很欣赏陈老总的话,他说,慈禧太后做了许多坏事,但挪用海军军费(造船费)盖了一所颐和园,给后人留下一个游览胜地,还是有‘功’的。这里,我是赞成他后面的话,我们今天如有能力,有可能,多做些有益于后代的事,是极为应该的。文艺馆的建设,应该是属于这类性质的事。比起仅仅盖什么楼台亭阁、仅供游览,要强得多。我没什么能力为该馆添砖添瓦,甚为惭愧;顶多,也只能‘秀才人情纸一张’而已,可哂也!如有什么需要我做的事,请来信告知,当尽力为之,以为吃了咸宁 3 年粮的回报。/您的书法颇可观;但前人说的:草书离了格,神仙认不得。怀素的狂草极难认,但仔细看,还是有规律可寻的。您的来信中,有些字,左猜右想,也不知是什么字,致意义不明。尤其公文、书稿中,不可太草,以致误事。顺便一提,不知当否?”

19961016

上午去报社聊天,总编和编辑们谈到,《咸宁日报》明年扩版,让我献计献策。我建议周末版增加“向阳湖沙龙”栏目,专发鄂南人有关向阳湖的评论。

19961017

省作协谢克强、刘益善、王维州、赵国泰等几位作家在咸宁参加一个笔会,市委书记程传忠向几位推介向阳湖文化,晚餐还特邀我去作陪。今后省里又多了几个熟文人,他们答应宣传向阳湖,帮助招商引资。

省炎黄文化研究会所属李自成研究会明日在131宾馆召开成立大会,万书记说我是地区方面唱主角的人,特批我晚上赶去联络有关专家。晚上我和湖北大学中文系张国光教授长谈,他把我写胡绳和姚雪垠评李自成归宿的文章收入一本论文集中,还说要请我担任研究会理事。

19961019

《咸宁日报》周末版今日发出“采风”稿访沈从文夫人张兆和。下午我参加地直机关副县级干部大会,碰见统计局副局长魏自豫,方知他老家在双溪,“文革”中曾和沈从文先生当过邻居,多次接触。我有点遗憾访张老的文章发早了点,否则可以充实一点内容。

武汉晚报周刊部编辑王子建来信说,读到《咸宁日报》我的一系列专访,请我也为他们投稿,此乃喜事。湖北日报、长江日报和武汉晚报3家都有约稿,看样子,今后向阳湖在省里的名声还会越来越响。

19961020

复《武汉晚报》王子建信:“承蒙约稿,十分感谢。今后如对向阳湖文化人采风感兴趣,稿件会源源不断地供应。”

19961022

万书记提议将孟绪龙长文推荐《咸宁日报》发表，正合我意。我同时又将老孟文代呈李专员，也得到欣赏。上午我赶到报社向王总编通报领导意图，建议“周末版”一次性推出。晚上又加了编者按，并和老孟策划，此文的推出自会“一石激起千层浪”，对此我深信不疑。

19961023

晚上老孟来，又谈及周末发稿，我说不成问题，同时还会发我写的通稿《“向阳湖情结”牵动了京城文化名人的心》。老孟笑说自己仿佛属于“隐士”，此时似真有了被请“出山”之感。我说一则出于和他的交情，一则出于对向阳湖的感情。隆重推出他的文章，抵得上我在外面做许多广告。老孟自信地说，只要书记专员工作上的需要，对咸宁经济社会发展有利，出个题目，他便可以做好文章。

19961024

老孟又将长文作了修改，晚上我们一起推敲了“编者按”和“附记”。关于署名，他提出两点：一是用真名孟绪龙，一是用个笔名。我则建议用真名更好一些，如他个人要扩大知名度，谈恋爱可作介绍信，更重要的是，舒吸一下多年压抑而今澄明的新鲜空气。老孟听了，感激地说：“你为朋友真是想得周到，所为者何？”答案自然是现成的，为向阳湖。

咸寧日報

XIANNING RIBAO ZHOU·MO

国内统一刊号：CN42—0039 第5020期 代号37—25

1996年10月26日 星期六 农历丙子年九月十五

周末

我区重视精神文明建设 开发文化资源初见成效

“向阳湖情结”牵动了京城文化名流的心

《咸宁日报》消息稿

19961025

下午和晚上去咸宁日报社校对明

天周末稿，孟绪龙长文发了二三连版，通栏标题《中国向阳湖文化村及其企业集团策划》，我的综合稿《“向阳湖情结”牵动了京城文化名流的心》发头版头条。两者可谓前后呼应，此期报纸一定会引起社会轰动。因为二三连版发一普通作者文章是《咸宁日报》创刊以来“史无前例”，无异于一枚“重型炮弹”。我想到的是，它所带来的社会影响和今后宣传向阳湖带来的便利。

19961026

晚上请老孟来帮忙分发《咸宁日报》，将今日周末版和以往积累的有关向阳湖的报纸，分类分发给京汉文化人，我竟一口气写了 200 多封信，忙了一整夜。老孟目睹此情此景，可谓百感交集。

19961027

中午才将信分好，装了整整 2 麻袋(每封信里装有 9 份报纸及一短简)，和老孟分别扛到邮局。

晚上胡智斌从宜昌打来电话长谈，谈及自己已办好离婚手续，下一步准备调个单位，并征求我的意见，有无必要下海到广州。我倾向他留在宜昌，因为已在那里小有名气，站稳脚跟不容易，何况用战略眼光来看，宜昌下世纪的前景可观，与其在一个大城市小打小闹，不如在一个中等城市游刃有余。我在咸宁开发向阳湖文化，亦可作如是观。

19961028

《咸宁日报》周末版今日就有了反响，我接了多个电话，不知者询问孟绪龙何许人也？说他的文章如此破格发表，开始还以为是《人民日报》社论。例如报社李西林社长就听到议论，说《咸宁日报》办成了向阳湖报，并说去年有位企业家在《咸宁日报》上发表答记者问，也是发了二三连版，交了 11000 元。我解释说，不可同日而语，人家议论是一回事，你身为社长，态度鲜明又是一回事，要看到向阳湖带来的影响和效益是无价的，不干事的人总是对干事的人评头论足的。老孟也接到一些熟识人的电话并听到一些舆论。更有嫉妒者评价，说老孟是在做文章游戏。我听了一笑置之，坚信它会为向阳湖未来的项目开发产生积极影响。老孟又策划，今后适时我俩可以搞一次“向阳湖谈话录”，我举双手赞成。

上午去1号桥派出所改了名字，户口簿上“李成军”更名为“李城外”，计划从现在开始，在工作单位正式使用，对外亮相。一个地方靠知名度出效益，一个人靠知名度出成果。

去邮局订了1997年上半年报刊共18份，支出911.3元。一年下来，加上购书款，恐会达3000元。看样子明年的稿费要达这个目标，方算得“以文补文”。

19961030

上午去文联与赵副主席和王枚、黄嘉宾3人谈向阳湖开发的事，对文联原主席去年将我为之争取到的跑《向阳湖》刊号的6000元填补了建房欠款，仍不免愤愤然，云这给文联带来的遗憾，不仅是暂时的，或许错过了“历史的机遇”。

晚上和群艺馆游老师一道去195医院理疗科主任司有植处小坐。“文革”期间，司和下放到向阳湖的赵辛初打过交道，并送我一份赵在195医院71病房住院时写的《浪淘沙·庆祝党的诞辰50周年》的手稿复印件，还领我参观了他收藏的“文革”时期大量书报刊及资料，令我大开眼界，触发了我将来完成“向阳湖文化人采风”后，再作一次“鄂南文化人采风”的念头。

10月24日，《光明日报》发表了我写的一则小消息《李自成研究会在鄂成立》。

19961101

下午去正大摄影部，请胡保国帮助找有关向阳湖的照片，他十分配合，并说我干的事业是全区的大事，全区的人都会受益。因此，他作为咸宁人,应义不容辞为之出点力。我听了这朴素的话,顿时心生感动,如果有更多的咸宁人有这种觉悟就好了,听说地委有位副秘书长看了孟绪龙的文章后,心里太不平衡。这件事让我把此人看低了,我认为,越是普通读者,越会由衷接受老孟发表长文这一事实的。人家看的是文章好不好,对咸宁有利的文章,本来就应该大胆地发。我们关键是要趁热打铁,如果再以万书记的名义写篇此类文章,自然效果更佳,要想让向阳湖化为政府行为,非领导出面号召不可。

咸宁市作协向阳湖杂志社编辑周益民写来一封长信,其中云:“我私下想过好多次,如果没有您这位专家的支持,要想《向阳湖》继续办下去,是很难很难的。”这话算是说到了点子上。

19961102

万书记上午亲自向开发区请来的一位儒商宣传向阳湖建碑林之事,此后开发区胡主任找我联系。我不由得“表扬”了万书记一句:“您把向阳湖也是时刻挂在心中啊!”

19961103

晚上将一年来所摄“向阳湖文化人采风”的照片,分门别类,以便今后查找。忙到转钟1点,一点也不觉得累,乐在其中也。

19961104

今日和万书记下乡,顺便去了甘棠乡军山村和宝塔镇,又了解了一些文化部“五七”干校的旧事,如在军山村找老乡座谈,得知人民美术出版社曾在那里住了半年多,有一位叫叶惠元的画家,最近还从北京前来重访。我马上和他挂通了电话,又增加了一位新联系户。在宝塔镇看了笔峰塔,门匾“自达蟾宫”和塔内一匾“文光射斗”令我过目不忘,它似乎可以和文化部的下放文人联系起来,他们当年有人来此“观光”时,不知曾作何感想?

北京郑惠先生寄来一本《文化大革命简史》,称对我写向阳湖的文字也许不无助益。信上说，看了我记胡绳九宫山之行的文章，很感快慰。郑老正在筹办一个大型文史双月刊《百年潮》，欢迎我投稿。

致婷从同济来信，大谈了向阳湖文化，不愧为“红颜知己”。信中说：“……在你的向阳湖文化人采风系列没有推出来之前，有谁相信你一介书生，能叩开一个个中国文坛巨星们的大门？有谁相信你把向阳湖文化炒得如此有神有形，有声有色？别人也许不信，但你相信。当你把目光投注到向阳湖时，你看到那里沉淀着一种文化，你认为自己就是这种文化的挖掘者，你相信自己能行，所以你自信，所以才能如此游刃有余，所以才有如今的‘城外效应’。/在向阳湖文化开发上升到一个更高的层次，进入到一个更广的领域时，如果你认为自己能使她变得更立体化、多元化，那你也许就能。/看到这里，你也许觉得满纸哲学味，太认真，太严肃，太不像一封情意绵绵的两地书，看得太累。/在向阳湖之外的天地，如果你认为自己行，那么你就行。/……一个良好的自我意象，也许能为你带来一种良好的全新的心态；一个良好的自我意象，也许能引导人走出峡谷，走向一个更为广阔的世界。/周末论坛，就此打住。”

19961105

复致婷信：“下午刚从向阳湖回来就收到来信，才寻访文化人足迹，又聆听‘导师’教诲，心情之好，可想而知。这不光是幽默，来信中的‘自我意象’说，深印在我的脑海里。并会付诸今后的实践中。”

19961106

下午与万书记在小会议室面对面办公，他借故说起，适时让我“下岗”到地委办工作，我表示接受。万书记说，这些年跟他时间最长，当秘书老是被动服务，到办公室当领导，则对自己也是个锻炼。今后他还会一如既往地关心我，尤其是向阳湖文化开发，我是创始人，搞到这个程度不容易。又说我当秘书期间，他本着用人不疑、疑人不用的原则,没有听信个别人的谗言,对我是信任的、放心的。但我的不足之处也应指出:一是文人做武事,有时办事比较粗;二是和周围的人交往不够,有些孤傲。今后需“补课”。

19961107

省少儿出版社徐鲁兄1日来信云:“这些年读了不少你写向阳湖文化名流的访谈文章,这是你的专有领域,可供开发的矿藏是丰富的,希望你把目光更放开一些,可做成大文章的。”

晚上去孟绪龙家深谈,他说,虽然向阳湖的影响日益扩大,但我们永远不可安于现状,要一鼓作气,时时刻刻再接再厉,再创辉煌。

19961108

上午抽空整理去年11月份访问郭小川夫人杜惠的录音,说来惭愧,时隔1年才动笔写这篇专访。可我打电话给杜妈妈致歉时,她反倒夸我是“高产作家”,嘱咐我多保重哩!

19961109

北京傅振伦先生3日来信:“《咸宁日报》办得很好,尤其是向阳湖文化一栏为曾在咸宁干校锻炼者所欢迎。/曾在文学出版社工作的红学专家周汝昌也去过咸宁干校,便中您可访之,如何?/您访问我的记录,友人喜此篇既朴实,又流畅,曾借去未还,贵处如尚有余份,可否补寄一份为荷!”

19961110

昨日《湖北日报》发了我一篇《这里有一座“金矿”——文化名人与咸宁》,今日又登了《为国人架设通向世界的桥梁——访“英语世界”主编陈羽纶》。在省报上连续两日发稿,既是我宣传向阳湖,又是编辑老师在宣传我。

19961111

熟了10岁生日。晚上,也是今日生日、也是属虎、正好大熟了两轮的黄胜设宴，把我们父子请去小酌。儿子在酒席上表现得很机敏，我见报社王总编在座，便叫熟了前去敬酒，他无师自通，边举起酒杯边振振有词地说："请您以后多登我爸爸写向阳湖的文章！"

19961112

人民出版社吴道弘先生4日来信："出外探亲半年，上月返回北京。始见大函及赠报，未及回复，又及手书，殊以为感。遵嘱写了几句诗，寄上请阅。简历一并附上。"题诗云："向阳汀泗相邻，采石烧灰三年，鄂南劳动岁月，难忘殷殷乡情。"附小注："干校13连，在咸宁汀泗桥凤凰山下，采石烧窑3年，供应全干校基建用料，常忆这段炼事炼人日子，匆匆已27年矣！"

19961113

上午约老龄委胡副主任来小会议室谈了2小时，主要了解当年他和吴雪先生交往的情况，收获不小。一篇专访的素材已经"饱和"。我进京访吴老时，他因身体原因没能多谈，只好从侧面了解了。

晚上在蒲圻五洪山向万书记汇报向阳湖开发事，以为舆论界反应很好，关键要促咸宁市加快硬件建设步伐，并建议月底进京采访时，邀上孟绪龙同行，他可以帮助当参谋，并进行游说，这样做是要有点战略眼光的，也是为了今后加强向阳湖的整体开发工作。万书记表示同意。

19961114

到咸宁市向程书记谈向阳湖文化开发，他夸我为咸宁立了功，但此事真正纳入市委工作议事日程还有一个过程，并建议我适时下来担任咸宁市委副书记，地委办这边的职务可以不免。

一日连续收到北京飞鸿3件。

1. 仲秋元先生5日来信："寄来的报纸及其他材料都已收到，回忆向阳湖的文章曾数度提笔，终因身体不适及其他事干扰，未能落笔，歉甚。目前因尚有重要文稿待审待写，向阳湖回忆稿，只能再推迟一些时间。我计划年底前争取写成。来函要简历，已草就附正。”

2.姜维朴先生6日来信：“多次收到寄来的《咸宁日报》，看到向阳湖的新貌，令人鼓舞。您多次寄《咸宁日报》给我，报上新载向阳湖文化人栏目办得很有特色，我每篇必读。因为我在咸宁时间不多，加之现在还有些忙乱，未能写稿给贵报，请谅！遵嘱寄上简历一份。”

3.杨静远先生10日来信：“惠寄的两批《咸宁日报》周末版都已收到，非常感谢！文章都拜读了，真是说不尽的向阳，读不够的向阳！其他文章品位也很高，说实在的，比北京日报、晚报耐读得多，一张地方报纸办出这样的水平，令人佩服，这和你以及其他编辑的才干是分不开的。向你们致敬！但每次承你免费赠阅，我心下深感不好意思，想和你商量一下，如明年继续赠阅，可不可以改为订阅？如何通过邮局订阅，或直接将款汇上，望告知。/我那本拙作《炼人学校》，现在已有人愿意在大陆重印，就是《人民日报》文艺部的李辉先生。他有意收他主编的一套‘沧桑文丛’，就我所知，其中还包括韦君宜先生的一本回忆录。不过他要求我增加一点篇幅，主要是加一章写我母亲袁昌英。这工作需待明年春节后才能动手，所以如顺利印出，恐怕也要等到后年了。如果真能印出，我想对宣传向阳湖文化也能做一点小小贡献吧。”

19961115

夜孟绪龙来长谈，一起策划月底进京事宜。老孟说自己的文章在《咸宁日报》发表后，高兴几天后感到压力更大，“牛”已经吹出来了，宏伟蓝图纵然一时难以实现，逐步接近也好。我建议他今后更进一步多多思考这方面的问题，和我一起为向阳湖文化的辉煌殚精竭虑。

19961116

《咸宁日报》周末版今日“向阳情结”栏发了胡德培先生回忆郭小

川的文章，遗憾的是，由于校对疏忽，出现了一些不该有的错误。这是编辑的责任心问题，如果我是总编，是会严肃批评人的。暂时还只好"一声叹息"吧！

19961117

中国现代文学馆周明先生 10 日来信："报纸陆续收到，这件事由于您这样一个热心的年轻人呼吁、呐喊、组织，正在走上轨道，前途肯定会好！（附寄简历）"。

北京陈羽纶先生 11 日来信："《咸宁日报》内容丰富，阅后颇受教益。关于为文事，容手头稍空时着手如何？"

19961118

写好"采风"第 21 篇《小川长流向阳湖——访郭小川夫人杜惠》，今日翻了《郭小川诗选》和有关评论，文章写了 3000 多字，手法上力求有所变化。

19961119

诗刊社丁国成先生 13 日来信："承蒙错爱，不断惠寄大报，深表感谢！遵嘱送上简历一份，供参考。/拜读所载'向阳湖情结'诸文，深为您的锲而不舍精神所感动，以后定当抽空撰文，以答你的美意。"

北京孙耀忠先生 14 日来信："陆续收到您寄来的《咸宁日报》，读后很受教益，使我又回忆起不少在咸宁生活时的往事，也思念起咸宁不少的朋友。/报纸内容充实，可读性强，每期我都仔细阅读，有些文章甚至读过两遍。/单士元院长是我的大学老师，刘炳森是我的挚友，还有许多文艺界的老朋友已多年没有时间直接来往，而从贵报上得知他们的工作生活情况，使我十分高兴；同时，还有许多关于咸宁的重要新闻也是我十分想知道的。感谢您为干校和咸宁地区做的好事。/目前我帮助一个杂志工作，待将来工作告一段落后，我将设法去我的第二故乡——咸宁一游，去看望您和咸宁的朋友们。/以后还希望您继续寄来报纸,不胜感谢!”

19961120

北京程代熙先生12日来信:“寄来的报纸,一一收到。上面登载的回忆在向阳湖生活的文章,都读了,感到很亲切,也引起我对那一段生活的回忆。/我的简历如下:1927年生,四川重庆人……”。

19961121

上午去咸宁日报社找王总编,“周末版”这个星期出4开8版的首期创刊号。向阳湖的内容不可或缺,最好安排头版发表访杜惠文,王总对向阳湖的宣传一向重视,我选了几封北京文化人的信给他过目,建议明年适当时候摘发一下北京人对《咸宁日报》的较高评价,也算得“王婆卖瓜”。

19961122

寄同济致婷信:“我最近写了一篇新的“采风”,3600字,这个周末发表,完稿过程中,逼自己读了不少书,对郭小川的人品和诗品十分钦佩,对杜惠的个性也印象深刻,可以说每写一个文化人,对自己都是一次提高,精神上更得到升华,但越写越感到压力大,因为最近又有大报刊发表我宣传向阳湖的文章,我须趁热打铁。”

晚上去报社和王总编、陈副总编及周末的4位编辑一起校对明日将出版的报纸,忙到转钟1点多。大家一起吃过夜宵,回家已是2点半了。这种体验在向阳湖文化开发史上似可补上一笔。

19961123

北京文物出版社副社长王玉贵7日来信:“来信和寄来的《咸宁日报》收悉。首先感谢李先生对我的关照,我认真的读完了所有的《咸宁日报》,很有收获,使我又回到了20年前的咸宁‘五七’干校的生活的情景,很有感想,真想再回到咸宁实地看看那里的巨大变化。然而,这只能以后有机会再说了。/如李先生有机会再到北京来,对我们光临指导,非常欢迎!/祝您如意万福!"(附寄简历一份)。

《咸宁日报》周末扩版后的首期试刊今日推出,头版头条仍是我的"采风",标题为《小川长流向阳湖——记一次迟到的访问》。

19961124

往京汉寄去刚出的《咸宁日报》周末版69份,大多附了信。仍只好千篇一律,但寄萧乾、文洁若先生的例外:"我计划写长篇报告文学《向阳湖——原文化部咸宁'五七'干校纪实》,如二老回忆有值得宣传的往事和人物,望能告知一二,以便参考。/方便的话,盼能告知陈白尘先生之女陈虹新的联系地址,去年文先生说是南京大学中文系,结果我寄去的信都被退回。我想在'向阳情结'栏目发表陈白尘的部分遗作,让更多的鄂南读者了解陈白尘先生。但须征求陈虹女士的意见为妥!"

北京王世襄先生19日来信:"感谢您寄来的茶叶,确实很好,和春天每一次寄来的一样。不知是哪个茶园生产的,茶叶叫什么名称?我很想为这种茶宣传一下,写些诗文等,不知茶园是否愿意?请代问一下,或告我茶园地址和负责人,我可和他们直接联系。/咸宁报刊登同志们的文字效果不错,我们见面时往往谈起。我还有当时写的一些诗文,容日后再抄给你们。/再次谢谢您。并祝工作顺利,健康愉快!"

19961125

北京林穗芳先生18日来信称,我正在从事一项艰巨而很有意义的工作,为表示支持,他寄来回忆文章《在凤凰山下——回忆在咸宁干校的难忘岁月》。文章末尾附《1971年6月21日汀泗公社赤岗大队十一队给我的信》,未写入正文,但可作史料保存。

19961126

今日找李专员汇报,他对我说,向阳湖炒得热是好事,但不能光是炒,要抓住文化名人这个题目,做开发向阳湖景区的文章。抓住向阳湖景区的开发,做发展经济的文章,因此,最终还是要有商人感兴趣。现在地方经济拮据,我们咸宁暂时还没有精力考虑对中国文化作出重大贡献,首先考虑的应是吃饭。李专员最后还提醒我,建向阳湖开发专班的事,现在时机不成熟,叫我“悠着点儿”。因为向阳湖在他专员的棋盘上好比“兵”与“卒”,什么时候往前拱要等待时机,否则乱了方寸,会引来蹩脚马,使“老将”产生危机。专员的话,虽然有他对的一面,但我隐约感到,他的身份一变,可能对向阳湖文化开发的态度也会有所改变。

19961127

买好了12月3日的飞机票,并开始复印有关资料,简单收集了一下报纸,可以说和刚开始时相比,向阳湖文化开发工作又有了很大进展,编书已初具规模。晚上请孟绪龙来一起分类,清了好几套资料。这次进京开展工作,也会比以前方便得多,成绩也当会大得多。

19961128

收集登记有关资料,见《中华读书报》20日发表了《京城文化名流情系向阳湖》,《新闻出版报》22日发表了《向阳湖情结》;《青年文摘》12期发表了《文化名流与向阳湖》,可谓喜讯频传,向阳湖之风已吹向全国。

19961229

今日寄出14篇稿件发往东西南北的报刊和杂志社,方知近半年因忙着写稿,把投稿倒忘了!

19961130

晚上刘三多老师主动来辅导熟了练书法、画画。过后我请他欣赏了我收藏的有关向阳湖资料,他叹为观止,说自己奋斗了一辈子,还不如我这几年所干出的成绩。这是客气话,亦说明今后我们都可以干出更大的成绩。

19961201

致婷前日返温泉，今日回校。来去都是搭的火车，既方便又安全。她听说我们后日去北京又将乘飞机，总有点不放心。我一方面体会到她的爱心，一方面又自信天降大任于斯人，我肩负写向阳湖的重担，这辈子定会有上苍保佑，文曲星相照。

19961202

上午调了车队的“子弹头”，请老孟和电视台的老刘同行至汉，明日进京开始采访。此行我是三人小组的领队，两个队员都比我年长，都对向阳湖文化有热情，我只是嘱咐进京准备吃苦，可能会加班加点。但这种机会对他们来说也是一生中难得的。

19961203

到了北京，万书记一行明日赴美考察，我等在北京采访，正好等十来天后他们回来。地区文化局的同志也来到北京，计划跑文化部，为了向阳湖的事业，我还得和他们相互照应，争取将来文化部的支持。

19961204

今日开始第一天采访。我和孟、刘一同访问书法家王景芬，王很健谈，回忆往事和题词都十分爽快。我们邀他和年轻的夫人一道晚餐，他也十分爽快地答应，是个潇洒的人。他为向阳湖碑林题诗云：“岁月流逝三十年，围湖垦荒筑堤堰。艰辛日子难忘却，喜看今日丰产田，”在我所准备的签名册上留诗云：“当年咸宁并不宁，文人举锄歌唱声。手捧泥土闻香味，心田已酿新文明。”

19961205

上午与孟、刘至北京电视台联系拍专题片事宜，向“走南闯北”栏目杨小蓉、赵辉两女士宣传向阳湖。目前报纸、杂志、电台对向阳湖文化都有过宣传，唯电视尚无突破，今后应该弥补这一缺憾。我对老刘说,要争取在北京和省台上专题,万一目前有困难,地区电视台可先制作节目作系列报道。

下午访问女翻译家杨静远,她早已与我多次通信联系,因此准备充分,找出了《炼人学校》一书的手稿,给我过目。原来此书初书为《干校小品——难忘的13连》,她说《人民日报》的李辉曾上门来索要这部手稿。杨先生还找了一些干校时画的速写及老照片赠给我,她在签名册上留言:"向阳湖、汀泗、双溪,像一支橄榄,嚼时苦涩,却回味无穷。"

夜访新华书店原总经理汪轶千,其属行政领导干部,但代表文化单位之一角,虽知名度不一定高,亦有自身的宣传价值。其留言为:"咸宁干校生活是我一生中值得回忆的一页。"

19961206

上午到方庄访问人民美术出版社原社长田郁文,他和夫人蒋淑君均下放向阳湖,老俩口热情找出有关照片让我带回翻拍,并在签名册上留言:"干校生活是宝贵的经历"。

中餐后就近走访了中国社科院历史研究所研究员王春瑜,他虽未下放向阳湖,但对此事十分关注,谈了许多精辟见解,并抄录了两句诗相赠:"日暮乡关何处是,一寸葵花向日倾。"附小注云"第2句乃元诗人句也,凡去过向阳湖'五七'干校之所谓新老'五七'战士,尤其是在泥潭中喘息之文化人,均能体验此诗之悲凉无奈意味,忠而获咎,呜呼哀哉!"其书斋名为"老牛堂"。因为同一属相,王先生又为我写了一幅字:"今宵酒醒何处?城外晓风残月。"附注曰:"城内纵有晓风残月,亦何足道哉。"

晚上来到著名书籍装帧设计家张慈中先生家,请他帮助设计《向阳湖文化人采风》和《向阳情结——文化名人与咸宁》两书的封面。张先生和夫人余美珍还和女儿张姗姗挂通了电话,让她在电话里接受了我半个多小时的采访。张先生递给我一封写于上月28日尚未来得及发出的信："……当年文艺群星蛰伏向阳湖，在华夏文明史上从未有过，以后也不可能有了，你组织多年亲历者将这些特殊历史现象以各种形式记录下来，确实一件有意义的文化建设，搞好了是一份文化史实遗产，留给后辈有用。/我是一位普通的文艺工作者，只是在某个艺术领域中取得一点成绩，题词拟书："难忘昔日三千寒士蛰伏向阳湖畔，喜看今朝一代魁星飞腾华夏文坛。如合适，近日书就寄上。"我指出"三千"应为"六千"，谈至子夜时分，张先生尚留言："咸宁弹指一挥间，咸宁人情一生难忘"。

晚 10 时许，在张先生家插空与新闻出版署副署长杨牧之联系采访，不料遭到这位新提拔的官员拒绝，他生怕惹麻烦似地一口谢绝看望，说自己对向阳湖文化的看法与报上大家有所不同，如果其他事可以找他，倘为此事，他不接待。我一转念间，表示理解，随即取消原计划，将他在采访名单上划掉了。

与杨牧之先生形成鲜明对比的是人民出版社原总编辑张惠卿先生，他接到我在张慈中先生家打的电话后，不计时间已晚，答应等我们来，并下了 12 层楼在电梯门口等待我们仨。他和夫人李真深情回忆往事，谈至深夜 2 点多，张先生还专门赠我一本复印的人民出版社王以铸先生手抄诗集《咸宁杂诗》，让我十分惊喜。诗集首页竟有叶圣陶先生写于 1977 年 3 月的一首题诗："不欲作诗人，作诗乃有真。习劳参厥旨，体物得其神。元日洞庭眺，梦中赤壁身。连朝重展诵，每诵获尝新。"张先生最后题字："我永远不会忘记在湖北咸宁文化部五七干校这风雨如晦的日日夜夜，我永远怀念咸宁汀泗桥干校这段珍贵的历史"，送

不欲作詩人作詩乃有真
習勞參厥旨體物得其神
元日洞庭眺夢中赤壁身
連朝重展誦每誦獲嘗新
以鑄同志詩冊留余案頭兼
旬奉題一律尚希正之
一九七七年三月葉聖陶

叶圣陶手迹

我们下楼时，他还答应，今后将在全国政协会上为咸宁这项工作造造舆论。

19961207

上午登门拜访中共中央原书记处书记、中宣部部长邓力群，其夫人罗立韵热情安排邓老接受我们采访。邓老谈了自己下放石家庄干校的生活，并说："你们挖掘向阳湖文化资源这件事，我赞成。"他谈得最多的是国际共产主义史和毛泽东，并请我们记住毛泽东 1962 年在一次 7000 人大会上讲的两句话："如果屈原没有被流放，他写不出离骚。"访谈 3 小时后，邓老最后在签名册上签名，并赠送其主编的《中华人民共和国史稿(序卷)》(当代中国出版社 1996 年版)。罗立韵阿姨没有一点首长夫人的架子，连超过了吃午饭时间警务员来催也顾不上，叫再等一等。耐心等我们谈完才告辞，并一直送我们出了大门。

下午按昨日约好的时间，3 点半来到王蒙先生家。王蒙先生听了我们对向阳湖文化的介绍，又谈了自己的父亲，我们共聊了半个多小时，最后王蒙先生题词："牢记文化人的足迹"。时近文代会、作代会召开前夕，他仍热情接待我们多时，是我始料未及的。

作者采访邓力群

今日一天拜访了两位有代表性的"大人物"，可以说不虚此次北京之行了。

19961208

今日在文化部 203 大院宿舍连续采访了 4 家。一是原文化部副部长仲秋元，他还特地写信给文化部党史办的同志，委托帮助我收集

《新文化史料》;二是原文化部政治部主任魏泽南,他对我们的工作很感兴趣,仔细回忆了10余段当年干校的小故事,其夫人介绍说,佟韦曾是魏老的秘书;三是原文化部群文司司长常泊,他的夫人病逝于向阳湖,前些年,他还曾到向阳湖凭吊;四是摄影家苏里的遗孀钱玉君大夫,苏里在向阳湖的日子拍摄了大量照片,李政委保存的一部分我都翻拍了,可惜他摄下的许多干校老照片前几年无人问津,钱大夫欲交保管的人,竟无人接手,后来终于全部失散。

晚上在故宫"国宝"朱家溍先生家采访,他和两个女儿朱传移、朱传荣热情和我等交谈近4个小时,至12点方告辞。这大约是此次北京之行专访时间最长的一家了。我请他在签名册上留言:"此景只应咸宁有,闲步入荷花林下。"

19961209

上午在中国现代文学馆同负责人舒乙和周明进行了长谈,周明先生留言:"怀念向阳湖"。在他的鼓动下,舒乙先生亦写下一段话:"咸宁向阳湖是六千中国文人生命中一段抹不掉的历史。"

中影公司电影人座谈会

下午来到中国电影公司,开了一个座谈会,这是在原总经理胡健的精心安排下举行的。被邀请的有中国电影资料馆赵子真,北京科教电影制片厂杨群、何祖渠、李洪深,中国电影发行放映公司马桂荣,北京电影制片厂党委书记何希曾,北京电影洗印厂王志新、李世奎等,他们情绪高昂,发言踊跃,最后,集体留言:“难忘的向阳湖”。热情的东道主不仅安排了晚餐宴招待我们,还专门派车将我们送回了住所。

19961210

上午和下午在人民美术出版社的宿舍楼,先后采访著名画家张广和全国政协委员、中国连环画研究会会长姜维朴。张广先生年富力强,谈风甚健,热情赠我们牛年的挂历,并在签名册上留言:“曾是向阳湖人”,竟与上回杨新先生写的不谋而合。姜维朴先生则话不大多,倒是他的夫人王苏唱了主角,滔滔不绝回忆了许多干校往事,使我收集不少有用的素材。姜在向阳湖只呆了两个月,时间最短,却也留下了两句话:“风雨中耕耘播种,晨曦里欢庆丰收”,并赠我一幅书法:“功夫在城外”。

晚上,再访著名学者王世襄先生,他已事先抄录了3首干校诗——《养牛》、《养猪》和《放鸭》送我留念,此次采访,从容不迫,弥补了上回来去匆匆、不及详谈之憾。

今日中午在人民美术出版社读者俱乐部破费购得仅存的一本《中国美术年鉴》(1949—1989,广西美术出版社1993年版),为写作参考用书,颇值得收藏。有趣的是,我随意一打听,卖书的竟也下放过向阳湖。

19961211

上午为咸宁电视台拍专题片的事,抽时间与老刘一道去中央电视台新闻专题部找了熟人交谈,得知央视对“文革”的报道控制很严,现在电视台不可能播放此类节目。我考虑现在打基础也未尝不可,并不一定急功近利。下午去文化部党史办查有关下放干校人员名单,亦无功而返。但这一工作过程,似乎也是必不可少的。

接着采访中央文史馆馆员、著名画家秦岭云先生,82岁的老人严谨认真,已提前备好一幅画(题《湖口候渡》)和一幅字(“一湖诗画”)赠给我。我又请他在留言册上写点什么，题的内容竟是“曾于此乡种瓜三载。”告辞时，他还送了我们每人一本《秦岭云山水画选》。

夜访故宫著名陶瓷鉴定专家耿宝昌先生，老人一头白发，满面红光，谈起话来幽默风趣，留言是：“常思当年向阳湖”。

19961212

上午来到故宫找副院长杨新、魏文藻均不遇，于是联系到聂崇正先生，召集几位老“五七”战士，安排下午开个座谈会。10 时许，碰巧，单士元老人来故宫有事，我马上迎上拉他坐了几分钟，谈话、录像，可谓意外的收获。尤其是孟、刘两位是初次见面，有缘一睹“国宝”风采。

故宫老专家座谈会

下午的座谈会在故宫的小会议室举行，参加者有郑岷中、李文善、高和、徐启宽、瞿海俊、聂崇正等。他们的留言分别是：“值得回忆的向阳湖”、“永远记住向阳湖”、“向阳湖锻炼人，使人长知识”、“永远怀念向阳湖畔的汗水”、“苦中作乐”。

中午在故宫内书店“谋”得不少珍贵的向阳湖参考资料，包括《故宫博物院七十年论文选》（紫禁城出版社 1995 年版）、《紫禁城建筑与保护》（紫禁城出版社 1995 年版）、《杨新美术论文集》（紫禁城出版社

1994年版)及《清宫流放人物》(紫禁城出版社1993年版)。一次竟花了600余元,写向阳湖的投入可谓大矣。和在人美社购书一样,卖书者亦是"向阳人"!

夜至故宫宿舍区访问了3家,一是著名文物鉴定家刘九庵,他留言:"永记向阳湖锻炼之日,今朝风光胜夕多矣";二是著名青铜器专家杜廼松,他写下"弘扬向阳文化"留念,其夫人金兰在向阳湖文化部"五七"中学教过书;三是书画家杨新,他已备好题词:"忆咸宁,想咸宁,祝咸宁经济发展,文运昌盛",并抄了采桑子词4首相赠,其一曰:"轻风四月向阳好,油菜花妍,水稻秧鲜,雾密云稠雨绵绵。/渠头尽处红旗下,笑语相连,歌唱相传,湖沼回看变良田。"晚上回到住处,已是转钟时分了。

19961214

上午老刘请假办私事,我和老孟走访原干校负责人之一聂鸣九,上回联系,他不愿意接受采访,现在他改变了态度,写下的留言是:"向阳湖的艰苦磨炼,使脚跟站得更稳。"老孟认为他不适宜写专访。我却认为,他是今后写报告文学不可或缺的人。

中午去中国印刷公司,找原干校26连连长王志高了解原双溪挖煤的连队情况,他未上班,只好通过今后的书信了。

下午如约来到萧乾先生家,文洁若先生还特地邀来中华书局编辑冀勤女士一起座谈,3人分别留言,萧老写的是:"原是发配,却来到一所乐园。"文先生写的是:"我们一家人在向阳湖度过了几年难忘的岁月。"冀先生写的是:"我在向阳湖像过家家一样度过了整整五年"。我请她写点回忆文章,马上得到点头。

夜访侯金镜夫人胡海珠,地址是人民文学出版社胡德培先生提供的。今日总算了却了一桩心愿。胡大妈写了一句留言:"永远怀念向阳湖的父老乡亲"。接着到她隔壁采访原干校负责人之一田惠普,最大的收获是田先生主动献出一份文化部咸宁垦区五七干校围垦小组整理的《咸宁向阳湖围垦工程资料汇编》,系 1970 年 10 月 29 日的复写稿。他的留言是:“向阳湖是我们永远怀念的第二故乡”。

19961215

上午采访中央文史馆馆员、著名画家卢光照,卢夫人也是画家,因丈夫身体不适,她半挡驾地勉强接待了我们一会儿。我要了一份简历,拍了照,并请卢先生写下一句:“怀念向阳湖”,便匆匆告辞。

为了照顾老孟“会见文化名人”,下午我带他一道造访“老朋友”严文井,严老送了我一本散文集《黑色鸟》(中原农民出版社 1995 年版),并应请赠送了一本《严文井童话》(重庆出版社 1996 年版)给我儿子,题签云:“李熟了小朋友,高高兴兴往前走”。

晚上采访此行最后一家,《中国博物馆》主编苏东海。苏先生慷慨赠我一本 16 开本《中国博物馆志》(华夏出版社 1995 年版),并接受访谈,聊至转钟 1 点。我们此次北京之行的采访,算是画上了圆满的句号。

19961216

10 余天来基本上连续作战,每日工作十几小时。我向老孟布置回来写汇报材料的任务,相信他会笔下生辉的。

19961217

由于订报刊太多,进京前来不及翻阅,11 月 21 日《文学报》已发我写的《向阳湖情结牵动京城文化名流》,今日收到编辑刘雪玑寄来的样报方知。《青年文摘》第 12 期已发表《文化名流与向阳湖》。

接连收到上十封京城文化人来信。

1.陈恕先生 11 月 26 日信:“信和报纸都收到,谢谢! 您如要再用冰心先生的题字,无尚不可,只要内容和您写的报告文学一致就行了。”

2.萧乾先生11月27日信:“城外同志示悉,报纸够丰富,编得好。关于郭小川,你可整理一下,寄给《文艺报》,因他总是全国性的诗人,光登地方报纸可惜了,稿请直寄。我人已老(87),不大能管事了。/我不知陈白尘夫人现住何处,大概还在南京,试可寻南京大学中文系或南京文联,应不困难。/真是历史的巧合,‘五七‘干校把那么多文艺界人集中到咸宁一地,文学出版社还有不少人在岗位上,他们记性好。”12月14日又信:“向阳湖幸亏有了你这位不辞辛劳的记录者。愿你的笔使这一美丽的湖大放异彩!”

3.陈羽纶先生11月28日来信:“您的写作计划很有意义,您年富力强,一定会写得很丰富,谨此预祝成功。”12月7日又信:“来信及贵报收到,谢谢。/我因在向阳湖呆的时间短,再加上现在年老记忆力很差,而且整天又忙于《英世》月刊事务,无暇提笔,只好容稍空时,看看能写点什么,如何?”

4.王仿子先生11月30日来信:“承蒙不断惠赠报纸,十分感谢。关于敝人简历,前奉《出版文集》中已有一则,不知是否可以?其中倒数第二行‘第一’两字下漏掉一个‘届’字。最后可加‘1995年成立中国版协老出版工作者工作委员会,又兼任主任’。/近读发表在《新闻出版报》的《向阳湖情结》,建议今后如再开列名单,在已故世的人中应加司徒慧敏(电影);在健在的人中应加周巍峙(音乐),陈原(出版,语言文字)、谢冰岩(书法)等。”

5.杜惠先生12月2日信:“您的文章写得是好的,副标题不加也可以。”

6.许觉民先生2日信:“您要写的字,一直拖延到现在,甚为抱歉。今天起,想起几位远方友人来信未复,我遂将这些事陆续办了。兹将题字二纸奉上,不成样子,请原谅。”附题词及《陋室铭》一幅。

7.汪轶千先生2日来信:“历次来信和寄来的《咸宁日报》都收到了,谢谢您的关心,使我勾起了‘文革’后期在咸宁度过的十分值得回忆。我们所以能在咸宁于当时的气氛下能完满的度过几年的干校生活，这是与当时咸宁地区党政军领导和广大群众对我们的支持是分不开的，至今我们还是十分感谢。/1993 年 5 月 18 日，我在湖北省新华书店负责同志陪同下，曾回到咸宁干校原址参观，见到几十年来甘棠地区面貌大变，十分高兴。”

8. 臧老夫人郑曼同志 6 日信：“克家同志自去岁 7 月以来，已 3 次住院治疗，旧病未除，又添新病。他年已九十有二，经疾病折磨，体弱神衰，生活不能自理，一切社会工作和活动都无力参加。即便有朋来信，亦托我代理，非不为中，精力不逮也，请原谅。/所嘱让他回忆原文化部咸宁五七干校的人和事，他已经做不到了，只好请您原谅了。”

9. 刘长华先生 13 日信：“遵李琦同志嘱，寄上两幅李琦同志在 12 月 12 日的题词，供你们选用（‘再也不能发生文化大革命了！’）”

10. 严文井先生 15 日信：“向阳湖成为我们中间的朋友，向阳湖文化开发一定会成功！”

19961218

晚上孟绪龙来谈，我给了他刚洗出的北京之行的照片，他激动不已，说自己浮生半世，只求耕耘，不问收获，此次可谓一次大收获。

19961220

上午去地区电视台，与广播局白柏呈副局长、台总编程守正宣传向阳湖文化，对在电视上的宣传提出要求，刘家饶此次在北京录下许多珍贵场面，加上上次赵益民所摄的资料，制作一组专题片《向阳湖文化名人专访》是不成问题的，可以和《咸宁日报》“向阳湖文化人采风”交相辉映。老刘情绪很高，初拟每周播一期，这样预计得干上一年！

19961221

《咸宁日报》“向阳情结”栏目今日发表胡德培稿《一颗年轻的心——诗人郭小川 20 周年祭》，配发一幅郭小川与作者及柴鸿逵、周明、崔道怡、杨匡满在向阳湖的老照片。

19961222

今日又一气买了百余元关于知青生活的书,如:《中国知青回忆录》(1—3,吉林人民出版社 1996 年版)、《漠南情——内蒙古建设兵团写真》(法律出版社 1994 年版)、《我们曾经年轻——武汉知青回忆录》(武汉出版社 1996 年版)等,这是今后藏书的两个重点之一,和干校方面的书可互为参照,便于将来写向阳湖累了"换脑筋",还可回忆知青岁月。这对写干校亦会有帮助。

19961223

逛集成古旧书店,又配了 17 本《新文学史料》,花了 170 元。还有《李季研究资料》(海峡文艺出版社 1985 年版)、《宋景诗》(陈白尘、贾霁著,艺术出版社 1954 年版)。很是快意！从长远来看,收藏干校和知青两种文化的书籍,进书店旧的比新的好。

19961224

晚上万书记、李专员到省委找杨永良副书记汇报工作,我在隔壁房和杨的秘书鲁志红谈起向阳湖,他也很感兴趣。看样子,向阳湖的工作要想引起省领导的重视,还得从秘书工作做起。这次会上,省委贾书记的秘书尚援朝说收到我寄的报纸后,向贾书记作过汇报,蒋省长的秘书刘中敏也对我的文章表示有兴趣。

19961225

中午成果兄来湖北饭店找我,邀一同去看望刘绍熙书记,在刘家谈起向阳湖,刘书记大为赞赏,我说这多亏当年他举荐我到地委政研室,否则我至多只能是呆在通山写写九宫山,向阳湖文化资源一说便不成立了。

中午到《今日名流》杂志社与童志刚兄谈,即将出版的明年第 1 期已发我的专访《身在向阳湖,心系周总理——访周巍峙王昆夫妇》,并配了4幅照片，2幅题词，占了4个页码。我向老童致谢，他说文章本身写得不错，并找出一份上月18日《岭南文化时报》，上面登有王彬彬“恶毒攻击”开发向阳湖文化资源的文章《还有什么不能卖》。老童说，文章的观点是偏激的。我表示适时会写篇反驳文章，以“清除流毒”。

19961226

晚上看望致婷，和她重点谈了明年春节后，如果卸下秘书之任，去向何从？她倾向我下派到咸宁市干个两年再说，说我缺乏的就是基层工作经验，有必要“补课”。何况这还不一定影响写向阳湖。因为是在咸宁市，说不定于今后的写作更为便利，可以经常实地感受一下向阳湖。

19961227

晚上去陈顺智兄处侃向阳湖，他对我的工作做得如此有成效，十分羡慕，并表示今后在武大中文系讲课时，将宣传此事。

19961228

今日购得冯牧《但求无愧无悔》（人民文学出版社1995年版）。

19961229

回温泉收到北京3封信及明信片。1.胡健先生23日寄来明信片：“恭祝新春幸福快乐！”2.叶惠元先生20日来信：“寄来的报纸已拜读，更谢谢咸宁同志对我们昔日文化部向阳湖干校干部的惦记……这次我遵嘱写了一条幅‘向阳湖畔叙往事，咸宁城里观新颜’，妻子刘含真奉寄一幅画《戏水》，聊表对咸宁的怀念之情”。3.单嘉筠同志来信：“您这次来京到故宫，拜访家父单老，我因外出办事未能见您，好在我们来日方长，今后常联系。/您需怀念沈从文先生的书名为《长河不尽流》，由湖南文艺出版社出版。您的大作单老与我都读了，可谓欣佩之至！”

城外的向阳湖(上)

19961231

北京常泊先生27日来信:“遵嘱题写了两句话‘向阳湖畔足迹深,景物乡情梦常寻’,以表对过去在向阳湖生活、劳动了4年的纪念!向阳湖是个美丽富饶的好地方。祝愿它在新的时期获得更好的发展。”

卷之四

1997 年

春

19970103

故宫朱传荣去年 12 月 30 日热情寄来他父亲朱家溍先生的一幅题词:“翠亚高低伞,红翻敛滟波。”朱老注:“咸宁荷花盛开之际,人行水中,红花绿叶均高于顶,廿年前余每于余暇,闲步荷之下,为咸宁胜景之一,还乡时时萦绕眉睫间,因撰此联纪实。”传荣附贺年片:“新春大吉,多做事,做成事。”并致信云:“题字和您要的一幅字已写好,您还喜欢吗?匆匆间,又是一年光阴,小时候,一年比现在的十年更长,却正是茫然不知做什么,及至知道该做什么了,又觉时间既短又快,还没用,已经没有了。想你找到了开发向阳湖文化这一件可干之事,一定有些同感,真是一个大矛盾!/做‘向阳花’时的记忆,是答应你,也答应过我自己的,只是现在还没有写,新年中头一笔欠账,赫然列在心上,一定不赖账的。”朱老赠我的字为临张迁碑。

北京杨静远先生在寄来的明信片上附言:“前承来寒舍专访并录像,且惠赠那么好的茶叶和奶粉,感激不尽!那张煤窑照片的合影者,我好不容易才想起名字,她叫张秀文,后来分配到外地,现不知在何处?特奉告。祝你们向阳湖工程顺利!并祝大家新年、春节好!”

《小川长流向阳湖——郭小川和他的夫人杜惠》于昨日在《文汇报》“笔会”副刊头条发表。

又,承蒙陈羽纶先生关照,他将我的投稿请人译成英文,发表在《英语世界》1997 年第 1 期上,题为《湖北咸宁开发向阳湖文化资源》(英文)。

Messages

Devote Major Efforts to Developing the Cultural Resources of Xiangyang Lake in Xian-ning Region, Hubei Province

简讯

Li Cheng-wai (李城外)
Prefectural Party Committee of Hubei
晓默 注

During the mid-period of *the Cultural Revolution,[1] more than 6,000 leading cadres,[2] well-known writers, translators and artists of the cultural circle and their family members *assigned to[3] the Xianning "May 7" Cadre School set up by the former Culture Ministry were transferred to Xiangyang Lake Region in southern Hubei to temper themselves through manual labour. It was rare in the cultural history at all times and in all lands, *considering the vastness of the number of people involved.[4] Included among those who had already *passed away[5] were famous men of letters Feng Xue-feng(冯雪峰), Shen Cong-wen (沈从文), Zhang Tian-yi (张天翼), the former General Manager and Chief Editor of the Commercial Press, Chen Han-bo (陈翰伯) and others; those still living and in good health included Xiao Qian (萧乾) the consultant of *The World of English*, its Chief Editor Chen Yu-lun (陈羽纶) *as well as[6] Bing Xin (冰心), Lou Shi-yi (楼适夷), Yan Wen-jing (严文井), Shan Shi-yuan (单士元), etc., they stayed in Xiangyang Lake Region for a period of around 3 years, *leaving behind a long-remembered page in China's contemporary history of culture.[7] *Since the advent of Spring, 1995, the Xianning District of Hubei Province has started organizing the development of the cultural resources of Xiangyang Lake, with a view to promoting a great development of regional tourism, economy and cultural undertakings.[8] They have sent special messengers to Beijing, having covered near 100 cultural celebrities,[9] published articles of more than 300,000 words on special visits and on the recollections of the lives of the intellectuals[10] in the Cadre School; an English version of which is under contemplation.[11] Noted writers Cao Yu (曹禺) and Zhang Guang-nian (张光年) have separately written a few words for the book names of *Xiangyang sentiments — cultural celebrities and Xianning* (《向阳情绪——文化名人与咸宁》), *Coverage on Xiangyang Lake Intellectuals* (《向阳湖文化人采风》) now under compilation. Today, authorities in Xiangyang Lake Region is *planning for[12] the construction of *cultural forest of Steles,[13] having already received more than 50 inscriptions by literary masters Bing Xin (冰心), Zang Ke-jia (臧克家) and others.

124 *The World of English* / General 104(1/97) Issue

《英语世界》消息

19970104

下午地区作协蓝主席邀我和元平等到他家开会,商议作协换届之事,算是筹备会。蓝自作主张,突然提名我担任常务副主席,我没有答应,以充足的理由说,由元平担任更合适。蓝采纳了我的意见,最后又定了几个副主席是:刘明恒、何立志、柯于明、杨奔和我,并“凑”了 20 多名理事。我对诸位文友坦率谈了自己的观点,我参加作协是凭文章,凭宣传向阳湖的影响,而不是凭现在所处的“官位”,今后也是如此。

《咸宁日报》“向阳情结”栏目今日开始选载杨静远之《“五七”路上“向阳花”》,选自《炼人学校》。

19970105

晚上孟绪龙来谈,说今年元旦过得不大愉快,有“见异思迁”之感。我只是说,刚从北京回来,不打算对向阳湖大干一场,反倒准备“抽身”,令我失望。我的态度很明确,原想朋友们联手干,但今后即便一人孤军奋战,我也会“将革命进行到底”,决不会打“退堂鼓”。

19970106

晚上请孟绪龙和刘家饶一起讨论赴京联络向阳湖文化人的情况汇报,老孟初稿已写了 6000 余字,我作了一些修改。材料总的来说分量是足的。

19970107

北京汪铁千先生 2 日来信:“遵嘱写上题字:‘向阳湖生活是我一生中难忘的一页’,咸宁的一段生活很值得回忆,春节后拟写一篇短文……”

19970108

写好《大师遗墨向阳湖——回忆曹禺先生为咸宁题字》一文,准备这个周末发。此稿拖的时间过长,记叙文变成了悼文,曹禺先生已经作古。今后写专访的紧迫感看来更重了。

19970109

下午在地委小会议室与雷文洁谈,她说自己在咸宁市工作,正慢慢适应,自信有能力干好。我暗想,一女流都有如此胆量,如果今后我有机会到咸宁市任职的话,便更有信心,把向阳湖的文章做得更好。

晚上去统计局胡健家谈,他说:“你在秘书岗位上这几年是成功的,别人得到的政治待遇得到了,别人难以得到的‘个人兴趣充分发挥’也得到了,主要是因为碰到了万书记这样的好领导。不过话说回来,你当秘书用足用活了有利条件,才干成了一桩大事业。”胡健此话,值得回味。其妻杜枫林也对我的“一举两得”有所过奖,倒令我的压力更大了。

19970110

把向阳湖汇报材料送给万书记过目,他看了很满意,叫我也送李专员过目。明天开全区经济工作会,李专员准备讲话,会后送去效果可能更好。晚上我先送给北京下派来的王副专员一阅,他马上建议此事应纳入行署的议事日程,方能产生更好的效益。

19970111

回忆曹禺先生的文章,今日《咸宁日报》周末版又发了头版头条,

编辑改了两个字,我很满意。

19970112

北京胡德培先生6日来信:“此次未及见面,但想你访谈中一定又有许多收获,预祝你下一个目标取得更好的成绩!/侯金镜同志的夫人胡海珠同志,我已与她联系了。她很欢迎你去谈谈。/另,我在《咸宁日报》9月26日所发《仰望天空》及11月16日所发《一颗年轻的心》和将发的续(后半篇),是否可以多找到一张报纸?以便留作纪念。”

19970113

花了两个晚上,连续写了200多封贺年卡,准备分发京汉两地的文化人。实在有点累,如果有可能配个助手,该多好呀!

19970114

晚上整理采访王蒙先生的录音,看样子,此篇专访大有文章可做,题目初定为《牢记文化人的足迹——著名作家王蒙先生一席谈》。

19970115

北京胡海珠同志8日来信:“新年前后杂事较多,信写得晚了几天,请原谅。/遵嘱,将我的简历寄上。我的历史很简单,实在没什么可写的。现寄上一个(附后),供参考。/侯金镜同志在干校的病历原件寄给您,我想可作为一个实物展览(如果不需要请退还我)。他于1971年8月8日去世,从病历史可看到,这一年的前7个月,他曾9次去大队卫生所看病。病历中还记载着他血压高,心绞痛、中暑发烧,就在这种情况下,他每天仍要下湖插秧种水稻,放鸭子,去菜地种菜。不是那种艰苦的劳动摧残他的病体,他不会那么早的离开我们。/陈白尘同志有一篇散文,就是写他俩在湖里放鸭子的生活情景,题目叫《见到鸭群我便想起了你!》,发表在《散文》1981年11期上,该杂志是天津百花文艺出版社编辑出版的。您可找来看看。陈白尘还出版了一本《干校日记》,对了解干校也有帮助。这本书好像是陈去世后,他的女儿帮助整理出版的，我曾看过，但现因手头无书，不能说得具体。/最后关于上次说到金镜同志在干校将退还的工资交了党费事，数字我没说清楚。金镜同志是交了1200元，另800元是1968年解放我时，我将退还的工资交了党费，两人合计2000元，他自己只有1000元。所以要更正一下。/有什么需要了解的，请来信吧。/祝‘中国向阳湖文化村’的构想成真!”

19970117

北京王仰晨先生14日来信：“谢谢您多次寄来的《咸宁日报》及诚挚的约稿信和电话。/我原应从命的，但几度执笔，搜索枯肠，却总难以成文，看样子是写不出什么了。真感到抱歉万分，还请多多见谅！/因为我只是一个普通编辑，而且也没做出多少成绩，更没有写出什么作品，所以要我写一份简历的事，我想也可以作罢吧。但你的好意我还是非常感谢的。”

19970118

地区作协第2次代表会今日换届选举，结果是万书记任名誉主席，俞部长任顾问，蓝主席连任。鄢元平担任常务副主席，我为另六名副主席之一，省作协副主席刘富道到会讲话。会上，大家照例大肆宣扬了向阳湖。

19970119

陪省作协领导刘富道、梁必文等，虽然都是初次相识，谈得来有感情，但我还是没有提及申请加入省作协的事，以为这要靠“功到自然成”。要人家发现你的作品有影响，来动员你入会，比你自己条件不成熟勉强“钻”进作协要强得多。

19970120

北京周明先生16日来信：“我在整理旧刊时，偶然发现克家同志的一首诗，寄上请阅。”附复印之手迹原件《寄五连的同志们》：“当我离开五连的营盘,像失落了一件重要的东西,我是这样地忐忑不安。失落了什么?我寻思再三,呵,原来是我的一颗赤心,遗留在绿树红房的那边。/我回到了别离三年的首都,心窝里填得饱满又饱满,填的是什么?我想了又想,呵,那是每一个同志生动的影像,是一幕劳动的场景,是整个向阳湖美丽的河山!/臧克家七二年十月十日于北京。”

19970121

文联鄢元平为《咸宁日报》周末版“综艺名流”写了一组文章,我读了很感新鲜,以为其诗化的语言颇具特色,便随口赞美了几句。不料,这么一来竟触发他的灵感,将我也“侃”了一番,下午我去他那里看了初稿,题目就很别致《李城外——向阳湖中一尾鱼》,读后大体感到满意,只是提出几处字句需变动,他都虚心接受,准备这个周末发出来。此举虽有点哥儿们义气,但如今的时尚“人抬人高”,这似乎又是难免的。

北京傅振伦先生已 92 岁高龄,发来一张贺年片:“恭祝城外同志新年好,丑年大吉!”令我这个 30 多岁的青年人不得不感动。

北京谢永旺先生寄来赠书《当代小说闻见录》(人民文学出版社 1995 年版)。

19970122

上午应邀参加《咸宁日报》周末版组稿座谈会,我是业余作者中的“主力队员”之一。发言时我建议报纸抓好“三个结合”:办报要主办和协办相结合,写稿要专业作家和业余作者相结合,评报要读者编者相结合。会上,大家自然又免不了大肆赞美向阳湖的宣传效应,我便又很实在地谈了自己和周末版的关系,用了四个字高度概括:“唇齿相依。”

昨夜地委办副县级以上干部述职,我谈了四点:讲政治、重学习、办实事、守纪律。主要的一点体会是,当领导秘书不能光给大家留下端杯子、拎包子的印象，还要善于为领导当参谋、出主意，看准了有利于地方经济发展的事，就不遗余力地埋头去做，干出成绩来。如我之于向阳湖便是这样。我被地委办公室评为1996年度先进工作者。

19970124

北京孙绳武先生来贺卡："祝新春愉快，工作发展！全家安好如意。在新的一年中，让我们怀着欢欣的心情，共同迎接香港回归祖国。"

陈羽纶先生亦贺卡附言："谢谢你在《中华儿女》发表文章，写得很好，可我至今还未给你寄篇短文去，因编刊工作很忙，希见谅！"

19970125

晚上去报社校对访王蒙文，此篇我写得还比较顺手，周末一版头条3000字，配了照片和题词。我正好在文章中透露了将写关于向阳湖的报告文学的消息，更巧的是，4版"综艺名流"安排的是元平写我的妙文。作者署名他有意换成了笔名"果核"。一张报纸同时载出，无疑会收到"广告效应"。看来《咸宁日报》之于我，何止是"唇齿相依"，简直会"拆了墙是一家人"的。

北京杜惠同志寄来贺卡，附言道："您在《文汇报》上发表的文章，我已看到，剪报已有。祝您春节合家欢乐！"

19970126

北京王笠耘、袁榴庄夫妇寄来贺卡："祝愿春节快乐，在牛年身健笔健！"我寄出那么多次报纸，终于逐渐有了一些回音，计划从明年起，长久不见回音的人，不再联系。像老孟说的，要抓住重点，否则工作量太大，时间花费太多，不值。

北京冀勤先生贺来贺卡，盼望能收到我答应给她寄出有关向阳湖资料，但来函把我的地址想当然地写成了宣传部，如同以往有的北京文化人把给我的信寄到了《咸宁日报》一样。

19970128

晚上地区春节文艺晚会《鄂南春来早》请来的“名角”是北京演员刘培萃,晚餐我陪她吃饭时,建议她像去年在温泉演出时一样,提一下向阳湖,这样更能调动咸宁观众的情绪,她还真的采纳了。出场后放歌前,刘激动地说:“我们文艺工作者早就与咸宁有不解之缘,‘文革’中文化部的干部艺术家下放向阳湖‘五七’干校时,受到过咸宁人民的庇护,度过了困难的时期……”台下观众自然都没发现,我一人显得特别满意。看样子,今后宣传向阳湖,仍然要“见缝插针”!

北京丁国成先生22日来信:“贺卡收到,谢谢您从向阳湖畔寄来一片真诚的美好祝愿。/我仍忙乱,无暇他顾,我想努力从令人烦愁现状中解脱出来,那样就可偿还拖欠已久的文债了。”

19970129

北京王世襄先生寄来贺卡:“祝李城外同志春节大吉,万事如意,工作顺利,成绩斐然。并祝干校建纪念馆成功!”前一条祝愿人人会说,后一条祝愿稀有人言。

19970201

忙碌了一整天,为北京的180多位文化人写信并附寄《咸宁日报》周末版报纸。乐此不疲,因忙不过来,甚至恳请致婷放下“架子”,屈尊为我倒胶水糊信封,研究生同志也没有怨言。相信这批信和报纸到北京文化人手中,尚值春节期间,一定会带给他们新的喜悦。

19970202

夜陈安钰兄从北京打来长途电话,预祝春节愉快,并告之《青年文摘》还准备摘发一篇有关向阳湖的文章。我高兴地对他说:“北京人有向阳湖情结,你也有故乡情结,将来也值得宣传。”

19970203

上午与新来的地委副秘书长陈鸿驰谈向阳湖,他建议我打消编书等明年的念头，今年应勤动手，早出书早主动，将来再版出修订本都可以，此话有理。

故宫朱家溍老先生自制贺卡，自书正楷“新春大吉，万事亨通”寄来，弥足珍贵也。

《今古传奇》胡沙岸来信：“得知兄正准备写关于向阳湖全景式的报告文学，甚为欣慰。预祝顺利成功！兄之于向阳湖，功莫大焉。其意义已非今日可以定评。”

19970204

人民文学出版社社长陈早春先生寄来贺卡，恭贺新春。我前几日给他寄报纸时，附言拜托出书之事，劳他费神，因为两书交人民文学出版社出版，乃最佳选择。

19970207

几易其稿，撰了一副春联，准备请成果兄手书，贴在门上：“城外耕牛先负重，向阳花木早逢春。”上联乃是自勉，下联见于贤文。

19970208

和致婷、熟了一起回通山给妈妈拜年，老人家对我说：“过年来回难得跑，你应安心在家多写点东西。”她看了《咸宁日报》上元平写我的文章，露出十分欣慰的样子，这给了我极大的满足。

19970210

整理好去年12月9日采访舒乙的录音，以为此篇专访可以写出一定力度，同时感到压力太大的是，尚有100余盘录音尚未整理，专干这一行，一年也得花上几个月的时间！如此说来，从今往后，为了向阳湖，已容不得我有半点懒散和松懈。这也许是“命中注定”？

19970211

在2月7日《中国艺术报》发表消息稿《湖北咸宁大力开发文化资

源》,在《博览群书》第2期发表姚雪垠先生访问记;又在《作家报》2月1日发表了访张兆和先生文,编辑砍了不少篇幅。我有点后悔,此稿没有寄给杂志。

19970212

针对《岭南文化时报》发表的王彬彬文《还有什么不能卖》,草就了一篇反驳文章《还有肤浅不能卖》,准备近日投出。现在手头要写的东西实在太多,“专访”是重头不说,应请为地区文化志撰写一节关于向阳湖干校的专章,已拖了几个月,被催稿好几回。

19970214

今日正月初八,办公室选了这个好日子,正式让我卸下地委书记秘书之任,到办公室分管综合科的工作。“久居樊笼里,复得返自然。”只能是相对而言,要真正独立自主干事业,还得找机会去咸宁市工作。

19970215

中午咸宁电视台郭辉映带鄂南“集报大王”徐孔章来,老徐谈了自己组织筹划在咸宁建“中国报刊碑林”的事,和我宣传向阳湖有某些相通之处。今日又交了一个值得交流的朋友。

《文艺报》原主编谢永旺9日来信:“今天是正月初三,向你拜年,祝你快乐,幸福顺利,在牛年取得工作和写作的双丰收。/多次惠赠的《咸宁日报》周末版,我都收到了,来函嘱我写稿,我却没能做到。我很感谢,又很抱歉。在这里告罪了。你做的是十分有意义的工作,你的采访和你的约稿,为向阳湖的历史留下了珍贵的篇页,也为世人显示了一些著名文化人心灵的轨迹。研究文化史的学者们将会因你这些出色的成果,感到资料的丰富,真切。由于果核先生的介绍,你于我更加实在和亲切了。/我不是文化名人,经历是很简单的……/关于向阳湖的文章,容后考虑吧。我那时在5连。爱人王玮也是作协干部,调到‘452’高地干校总部工作,1973年返京。孩子在咸宁城里幼儿园,每两周我们去城里看孩子，也有会面的机会。张光年、侯金镜、冯牧、李季、郭小川、严文井同志都是我的老领导，当然是熟悉的。光年同志的《向阳日记》已整理好交出版社了，序言发表在今年第1期《收获》杂志上。”来信系圆珠笔书写，字体有一种独特的风味，看似潦草，实易辨认。

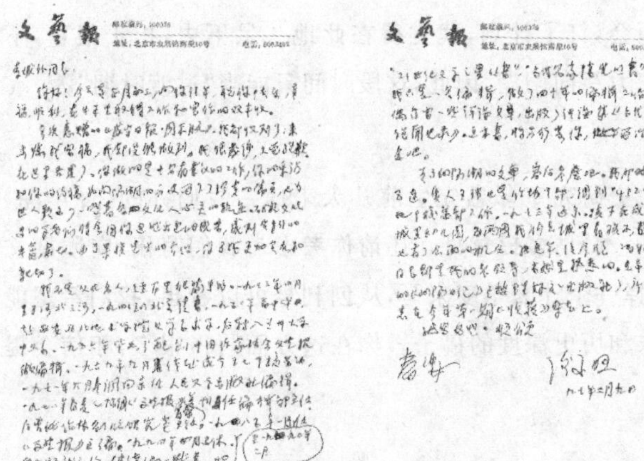

文藝報

文藝報

谢永旺致作者信

北京姜维朴先生3日来信：“从报上看到介绍你的一篇文章，写得很生动，从中可以进一步了解，您是一位富有才华而又敢于进取的文人，祝您在新一年中取得更辉煌的成就。”

19970216

致婷回温泉过了20多天的寒假，今日返校。临行去汉前嘱咐我，应尽快适应角色转换，集中主要精力，干好地委办副主任的工作，向阳湖要先放一放。前一条我接受，后一条我做不到。她又幽默道：“你现在像新生儿断奶，是必须的，要顺其自然。”

晚上在小会议室与万书记谈，汇报自己想下派咸宁市挂职锻炼的想法，主要理由是，为了更有利地抓向阳湖开发一事。老领导未置可否,说等一步再说。我又向他交了一摞记了8个年头有关他工作的日记(1990.9—1997.2),出乎意料,他却让我自己留下保存,说我是个有心人,将来也许有点用。

19970217

开始当“领导”,综合科田科长等表示,一定会支持我的工作。上午开了个短会,订了计划,我觉得在此地久呆下去,担子很重,不可能还有多少精力写向阳湖,因此,这段时间只能当“过渡时期”。

19970219

中央党史研究室郑惠先生前几天来信:“我们办的《百年潮》已出版,现寄上一本,请多提意见。还请你考虑为我们写稿,向阳湖文化人的故事,选择一个什么角度来写,从创刊号可以看出,我们希望能刊登有历史趣味和历史深度的稿子。你在这方面写得很多,相信会提供最好的。”

19970220

武汉书法家王士杰夫人李瑞珍来信:“您很幸运,有这么多良机与许多文化名人相识,这是咸宁这块风水宝地带给你的机遇。你完全可以将这些采访录编辑成集,出版发行。这些采访文章是你的本钱,也是你的财富,愿你心中的目标成为现实!”

北京苏东海先生请人调查清楚,中国革命博物馆和中国历史博物馆两馆在咸宁干校时的人员名单,15日专信寄来。看样子,中华书局、商务印书馆、人民文学出版社等单位,亦可采取此方式,摸清下放到向阳湖的人员名单。

19970221

《湖北日报》陈柏健老师来电话,告知杂感《除夕夜的遗憾》已签发,另外我写王蒙的专访和元平写我的文章,都需加照片再发表。从3月份起,写稿之余,可别忘了花点时间投稿。

19970222

北京杨静远先生17日来信:“读了您对当年‘五七’干校许多文化人的访谈录及他们的回忆文章,使我又回到了那个忘不了的年代,得到极大的满足。周六版办得实在好,篇幅不大,内容却包罗万象,文章短小精悍。品味不俗,思想性趣俱佳,作为地方报纸,堪称一绝,比起一些大都市报纸毫不逊色,而有过之,足见地委宣传部和报社内有一批具有远见卓识的高手。谨向你们祝贺并望报纸越办越精彩。/拜读了赴京《情况汇报》,深感你们对向阳湖文化村的构想高瞻远瞩,气魄大而又作风扎实,令人感佩。你要我提提意见,很惭愧,我蜗居闭塞,提不出什么有分量的意见,谨试着提一点不成熟的想法:1.我理解,建设向阳湖文化村,目的是以文化带动经济,因此各种举措都要紧扣这一点,力求以尽少的投入取得尽多的收益。一上来摊子不宜铺得过大,以免入不敷出。开发旅游业,是否可对市场作一定的调查评估,除干校老人外,能吸引多少旅游者?我想,国外会有不少人对此感兴趣的,可否把他们也列当对象?2.作为历史文化景观,就我所知,国外文化名人故居,大多以故居博物馆为中心,加上周围各种文化和商业、服务业设施,营造一个富有纪念性和历史感的环境和氛围。故居博物馆最好利用原来的房舍加以修缮,力求还原其旧貌。干校原来的房舍不知还保存下来多少,汀泗凤凰山的13连原址似可加以利用。博物馆的收藏除文字、图片外,最好有一些实物,不过这一点在向阳湖也许不大容易做到吧。导游说明可以有中外文字,必不可少的是一张较精确的景点地图,对于分散的干校各连队尤其需要。3.开发当地土特产和纪念品,力创名牌。惠赠的茶叶和奶粉质量均属上乘。茶叶可与龙井茶比美,就是味稍淡一点。奶粉比北京市上的速溶奶粉更好,热水冲后不起坨,只是甜了一点,为适合老人需要,可以再做一种无糖的。包装袋上可加‘速溶、无糖’字样。可否以“向阳湖”为名开发系列产品,

借以促销？花纹产的竹子值得大力开发，制成各种精美的竹器用具和纪念品，面向国内和海外市场。/暂时想到几点，很不像样，勿见笑。”

19970223

晚餐地委办设宴欢送奔农村小康工作队员，酒后，队员之一、党史办的游强进建议我最好去咸宁市，否则向阳湖的工作难以深入下去，因为我现在的身份已不同从前。何况对我宣传向阳湖，地委有些人也有不同看法，甚至有人说：“让李城外讲出几千向阳湖文化人的名字，他也许能背得出，而叫他谈10个全区的经济数字，他不一定谈得来。”这话十分新鲜，录下备考。

19970226

北京陈羽纶先生11日信：“你写的访王蒙《牢记文化人的足迹》一文，和您写的其他访谈文章一样，可读性很强。将来汇集成书出版，将会和你们策划搞的向阳湖文化村一样，产生很大的影响。”

19970227

全区宣传工作会议今日召开，上午请万书记讲话，他在肯定去年成绩时，重点提了向阳湖文化引起了省内外舆论的普遍关注，因不便表扬自己的老秘书，他主要归功于宣传战线的同志，也算幽默。

19970301

《湖北日报》和《咸宁日报》今日同时发表我写的除夕夜的杂感，这比写向阳湖的文章发表还要难得些，我写此文的目的在于让读者知道，李城外不仅仅只能写向阳湖。

北京赵子真先生15日来信：“来信收悉，感谢您把向阳湖的历史提到了很重要的位置，我们这些‘文化人’倍感欣慰。特此致谢！/向阳湖的资料记得收藏了一些当时资料馆下放人员的一些合影，不知你那里是否需要，如需要可来信告之，我尽量查找，寄上。/关于回忆录确实有很多感人的事情，至今难以忘怀，只因我的工作太忙，很难速办，另外，我们这些小人物对您的工作没有什么大的影响，敬请原谅！”

保康李修平兄来信：“春节读朋友的文章真是一件愉快的事……你对王蒙、曹禺、沈从文夫人的专访给我提供了许多思考的东西。向阳湖是一种现象，一种历史误会，但真要去发现它，揭示它，开掘它，这需要勇气、胆识和才学，于是我也产生了与你交流的愿望。/我相信你会成功的，而且正在走向成功。/咸宁是我向往的地方，如同向往咸宁的人。愿不断读到你的新作，望你与向阳湖文化一起走向文坛。”

19970303

陈副秘书长又在催我抓紧时间出书，他说工作上会尽力照顾我，默默支持我干向阳湖的事，真难得他的这份理解！

晚上通城县熊承皓来，他最近从县委常委职务调整为副县长，与其他县市有的“双推双考”干部由副县长调为常委，或由常委调为副书记相比，心理自然不平衡。对官场上的事，我舍不得花心思去钻研，因为写向阳湖无暇他顾，我即使能下派到咸宁市为官几年，将来的归宿终究还是写我的向阳湖。

19970304

北京周明先生 2 月 27 日寄来贺卡，附信云：“祝愿在新的一年里，您正在进行的向阳湖历史文化事业，更加兴旺，取得更大成绩。”

完成《向阳湖水照汗青——访老舍之子舒乙》一稿，本来计划 2 月份发表的，拖到现在。一月至少要发两篇专访的任务，还是要不折不扣完成。

19970305

晚上去陈副秘书长家谈，他对我开发向阳湖表示百分之百的支持和赞赏，说从感情上和道义上都有责任关照，我只要求他在安排工作时，尽量多照顾我腾出时间，他满口答应。说凡书记的大报告，都不布置我任务，甚至他宁可自己写。还有什么比一个直接领导充分理解你从事的事业更可贵呢?

19970307

整理了去年5月中旬访任继愈先生的录音,准备近日拉出专访,接着的一篇写杨绛先生,也力争在一星期内完成。下半年要出书,写每篇专访的时间都得往前赶,自加压力,专著的厚度和力度才会增加。

19970308

又腾出半边书柜分类存放有关向阳湖人物的剪报和资料,磨刀不误砍柴工,自己看样子已摆出了一副“大写一场”的架势,我的名片上印了两个职务:地委办副主任和作协副主席,我更看重后者一些。

19970309

赶写出访任继愈老的初稿,题目初定为《走出轻文的误区》,又写了3000多字,初步匡算了一下,每月3篇,就是1万字,一年发表12万字的话,虽算不得高产,也算得对得起自己的计划。

19970310

上午故宫博物院研究员杜廼松先生特地打来电话向我问好,感谢对向阳湖文化的宣传,并告知按我的要求,已写出一篇回忆文章,今日寄来。

19970311

今日秘书长安排我负责召开地委办的一次政治学习,这是我第一次当“主持人”。看来万书记让我“下岗”后,先在地委办工作一段时间,用意深焉。这些年我只是凭写向阳湖在人前显示出文才,但组织能力和口才尚需不断提高。

晚上地区法院新来的张院长来“城外书斋”参观,他系在读博士生,对向阳湖文化发表了一些高见,对我有所启发。

19970312

上午去报社,请陈副总编为我的专访提意见,他对写舒乙先生一篇的见解与我熟悉的几位文友的看法大相径庭，甚至说要推倒重来，我保留自己的看法。不过他还说，我今后写专访是得考虑有所突破了，否则会落入俗套，出不了新意，也许困惑之后会带来一次新的飞跃。

晚上去全利兄那里，他对我想下派到咸宁市的打算表示赞同，最主要的好处是，有利于直接领导向阳湖文化的开发。

19970313

又赶出一篇专访《“我祝愿你们成功”——访著名文学翻译家杨绛》，只写了 1600 字，自我感觉还好。准备在《咸宁日报》发表后，再往省级报刊投。

19970314

上午在《咸宁日报》通联工作表彰会上，我获得去年全区新闻宣传突出贡献奖和优秀通讯员奖，俞部长在总结中对我大加褒奖，说咸宁地区如果有 10 个李城外，咸宁一定会在全国打响。

访舒乙一文明日见报，但编辑刘国华审稿时，擅自做主删去 1000 余字，我知道后及时制止这种做法，解释说，并不是我的文章不能改，但需和作者商量后再改，否则我宁可不发。说这话虽有傲慢之嫌，但此文写作时，我有几处用意深焉，刚好被删，破坏了我的整体构思和文气，这就不得不据理力争了。

19970315

“向阳情结”栏今日编发沈从文《咸宁干校诗二首》之一《喜新晴》，选自《沈从文文集》第 10 卷，1970 年 10 月写于双溪。

19970317

北京杜廼松先生 10 来信：“信和报均收悉，感谢百忙中的关心，遵嘱附信，寄上一篇小文，请笑纳。欢迎来京作客，有事尽请联系为荷。”

19970318

地区文化局阮局长从北京回，带来中宣部副部长兼文化部长刘忠德题词一幅：“开发向阳湖资源”，我晚上赶紧写了条消息，准备周末发稿。迄今为止，已有3位文化部长为向阳湖题词了。再把周巍峙、王蒙的题词宣传一下，分量更足。

开发向阳湖资源
刘忠德

刘忠德题词

19970319

和北京张惠卿先生通了电话，半个月前，他和陈早春、刘杲、沈鹏、姜维朴、傅璇琮、和穆熙等7名新闻出版界委员联名在全国政协八届五次会议上提案，建议对我区开发向阳湖文化资源给予重视和支持。我深深感谢张先生守信用，牵头“串联”宣传了向阳湖文化。一个小地区的事在全国政协会上提案，这在鄂南历史上无疑还是第一次，可喜可贺，说明上次进京的收获又增加了分量。

北京周明先生寄来几本中国作协会刊《作家通讯》，我翻了一下，后悔上次在京没抽时间钻进文代会和作代会上活动活动，请作家们在会上呼吁开发向阳湖。

19970320

上午随宣传部俞部长、文化局阮局长等到咸宁市听取创建文化先进县市和开发向阳湖情况汇报。市里十分重视，市委书记程传忠，副书记、市人大刘主任，市委宣传部马部长，市委组织部雷部长，市委办公室王主任等5位常委都参加了会议，我就向阳湖开发一事发了言，通报了两年来的进展，尤其是透露了最新信息，文化部长题词和全国政协委员提案，并谈了体会，说开发向阳湖应做到上下一心，内外结合，软硬兼施。俞部长、程书记在会上都肯定了我对向阳湖的贡献，但程对这项工作体制不顺提出了忧虑。我表示赞同，如地区没有统一协调小组，资金不是捆在一起使用，地区文化局擅自要去财政拨付的建碑林专项资金，而咸宁市自己启动资金短缺，且碑林的选址，地、市意见不一，如不及时解决，最终恐怕还是"空对空"。程书记强调，要以事业为重。阮局长因为先"抢"去了建碑林的专款，执意说这笔钱是用来建"向阳湖文化艺术馆"的，我当众说了直话，证实地委会上讨论的意见，这笔专款是用于建碑林的，弄得阮十分难堪。好在我表面上得罪了他，但问心无愧，也许是自己事业心太重。中餐喝酒时，我又私下向程书记谈了想到咸宁市工作的想法。

19970321

北京冀勤先生 17 日来信："寄来的材料已收到，谢谢！已发表的全读过，确实写得不错，勾起我不少回忆。近来因为太忙，一本书接近尾声，一本书看校样，又在感冒之中，所以赶写了一篇小稿，不一定合用。因已有 9 年未写散文，手生得很，同时赠书一册，《钱钟书〈谈艺录〉读本》，是与周振甫先生合著的，请提意见。"该书我早已于 1994 年元月购得，但冀先生寄来的是签名本，并标明 307 页以后是她撰写的，意义不同。另一本可以送人。

19970322

《咸宁日报》周末版今日发表了我写的消息《文化部长刘忠德为咸宁向阳湖题词》和写杨绛先生的专访，一个发报眼，一个发头版头条，八版"向阳情结"刊发沈从文《咸宁干校诗二首》之二《双溪大雪》。我对编辑说，他编稿子有他的想法，我则是着重考虑今后的宣传效果，如上期访舒乙文提及江泽民题词，是为了说明文学馆的地位，写邓小平批示，是为了介绍老舍先生的分量，写李琦题词是为了向文学馆提供资源。而在编辑看来，这些都是闲笔，可有可无。又比如这期周末将刘部长的题词和关于杨绛先生的访谈安排在一起，自然会大大加强宣传效果。

19970323

北京张惠卿先生16日寄来一份《建议文化部和湖北省领导重视并支持咸宁地区文化资源开发》,这个提案由张先生起草发起,写了1500余字。张先生信中说:“寄上一份我们7个委员在‘两会’期间的一个联合提案稿,供参考。沈鹏委员当年未去向阳湖,和穆熙委员是湖北省的全国政协委员,和我们同在一个新闻出版组,他们两位看了提案,都很赞成此事,故也请他们一起签名了。其余5人,都在向阳湖呆过。”——我区的工作被列入全国政协会议的提案,颇值得大肆宣传。知名人士对咸宁的深情厚谊,更是令人感佩和钦敬。它必将引起上级领导和有关部门的高度重视,对我区的两个文明建设无疑会产生积极的促进作用。这也说明向阳湖文化宣传取得了重大进展,也可以说对我近两年来的工作作了一个圆满的总结。

19970325

和地委宣传部俞部长、地区文化局阮局长一起赴汉,向省委宣传部和省文化厅领导汇报向阳湖文化开发工作,以引起他们关注和重视。俞部长主要讲了全国政协提案和文化部长的题词,言不在多,仅此足矣。

在《岭南文化时报》18日发表驳王彬彬文《还有肤浅不能卖》。

《咸宁日报》今日发表了地区暨咸宁市召开专题会议,创建先进文化县市,开发向阳湖文化资源的消息。

19970326

下午参加蒲圻市在洪山礼堂举办赤壁文化旅游节新闻发布会,李专员在会上作了热情洋溢的讲话,其中也谈到向阳湖文化村。

北京陈原先生21日来信:“春节后遵医嘱,在协和做了手术,住院十余日,上周出来了,一切尚好。/为了完成我自己许下的愿望,打算最近去趟咸宁，重返旧地二三日即返。到咸宁如何跟你联系，等日期、车票落实后再定。盼复。”

19970327

中午把全国政协委员的提案打印好，送给万书记过目，他很满意。又高兴地说，要进一步努力，通过这些知名人士做文章，如果他们能向江泽民、李鹏写信，引起中央领导对向阳湖的重视更好。

19970328

写了全国政协委员提案的消息稿，《咸宁日报》的王总编提出，为了明年评奖，字数不得超过千字，因此建议将提案原文抽出另发。此计大妙。我考虑到工作开展到这个地步，也有和我一起赴京的孟绪龙、刘家饶、赵益民的辛劳，便在通讯员名后面加上了他们3位的名字。明日周末版头版发稿。

咸宁日报 周末
XIANNING RIBAO ZHOU MO
1997年3月29日 星期六 丁丑年二月二十一

建议文化部和湖北省领导重视并支持咸宁地区文化资源开发

全国政协八届五次会议 1137 号提案

19970329

今日去电视台，看了明晚将在《鄂南广角》栏目首次推出的大型系列专题片《向阳湖文化名人专访》，我受聘担任策划。

北京王世襄先生23日来信：“报纸都收到，你们办得不错。不知最近工作有何进展。/春天已到，采茶想已开始。我想买些茶叶（要第一次送来及最后寄来的那种），请告诉我茶厂地址及负责同志，我可以和他们直接联系，以免再麻烦您。只要您告诉他我吃的是哪能一种就

行了。我还想替茶厂做些宣传,当然这要和茶厂联系后才知道如何做。多谢多谢!”

19970330

从这个星期天开始,每周订出7日计划,列出一个表出来,每天干什么,然后一一销号,如本周的安排是:周日将历年发表文章编目,周一、周二寄北京文化人信、报及投稿,周三周四撰写文化志约稿,周五整理文化人录音一份,周六写采风稿一篇。——今日埋头干了一天,方完成任务。累计从1993年至今,在省级以上报刊发表文章54篇,省电台播送24篇,在《咸宁日报》用稿44篇,编稿51篇,《九头鸟》用稿近30篇,《潜山诗词》登对联8副,获奖情况,包括散文奖和新闻奖两类,不一一列举,估计申请加入省作协应该是胸有成竹的。

3月21日《中国艺术报》和今日《湖北日报》分别发表我写韦君宜和王蒙的专访。《每周文摘》25日转载访姚雪垠先生文。

咸宁电视台今日播出《向阳湖文化名人专访》之一《萧乾难忘向阳岁月》。

19970331

上午分别去地区政协和地委办公室,听了对全国政协提案的反映,都说是难得的成果,对咸宁是个贡献。我建议地委办和政协或摘发信息上报,或编发简报,得到一致赞同。

《咸宁日报》今日发表通讯员写的消息稿《向阳湖文化资源开发工程启动》:“3月25日,咸宁市向阳湖文化资源开发办公室正式在向阳湖奶牛场挂牌运作,并计划今年内做好修建一条4公里长的旅游公路,一座文化碑廊,一个史料陈列馆等基础工作。又据悉,今年初市委常委召开专题会议研究,从市委宣传部、交通、文化、旅游等10部门抽出10多位主要负责人成立开发办,抽调的人员与原工作单位脱钩,一门心事搞开发。”——遗憾的是,此稿背景说明介绍的办干校时间为

1968 年，系 1969 年之误；在下放咸宁干校文化名人中，竟提到有钱钟书，更是不应有的常识性错误。通讯员知识面窄尚可谅解，编辑把关不严不可理喻。毕竟《咸宁日报》大张旗鼓地为向阳湖造势了几年。

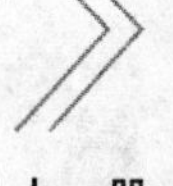

1997 年

夏

19970401

北京张惠卿先生3月27日来信:“我们的提案由全国政协提案委员会审阅研究后,即打印分送给有关部门落实处理。前天我接到文化部办公厅的一位同志打来电话,说已收到我们的提案,问我们还有什么具体建议希望他们办理的。另外也谈到他们现在的管辖范围有限,远不如‘文革’期间那个大文化部的格局了。/情况也确实如此,那时的电影口,包括北影厂、新影厂、科影厂、中国电影发行公司等单位,还有文化部所属的电影局,现在已划归广播电影电视部了;文联作协口,现在则已有两个部级单位,即中国文联和中国作协,出版口则已属新闻出版署,文物口(那时包括文化部所属的文物局,革命历史博物馆,故宫博物院,北京图书馆等)现在则归国家文物局管辖了。除北图仍属文化部外,都已和文化部脱了钩,这个问题我们原是知道的。但当时既然是文化部‘五七’干校,从渊源上讲,现在文化部也更应关心,故我们的提案只写了文化部和湖北省。我们的提案实际上是为了起一种呼吁作用,以引起有关部门的重视和支持,达到一个扩大宣传的效果。我们不便提出其他方面的要求。具体的工作,你们已经开始在做,看来接触的范围还需要扩大一些。我相信当时在文化部‘五七’干校待过的同志都会乐意支持你们所开创的这项工作的。/因此,我对文化部办公厅的同志说，希望文化部领导了解并支持这项工作，特别希望他们所领导的报刊，如《中国文化报》等给予配合。/您电话中提到的孙铁青同志，他也是全国政协新闻出版组的成员，曾是全国政协的副秘书长，担任过文物局的副局长，那是‘文革’以后的事了，‘文革’中，他不在文化部，故未去过咸宁，他当时去的是团中央的‘五七’干校。这是我昨天打电话问他，他告诉我的。/另据我社的薛德震社长谈到，你们的这方面开发工作是否需要统一规划一下，最好由咸宁地区行署统一出面联络，不要多头进行。他说前不久就有三批人来找过他，其中就有咸宁市和哪一个乡的同志，还提出过希望帮助扶贫的要求。他认为这样做超过了开发文化资源的初衷，弄不好会产生不良的后果。我觉得他的这个意见很对，故特转告，并请你们通盘研究一下。/在你们和有关部门联系时，还需要尽量设法搞到一份比较完整的当时文化部‘五七’干校的全体人员名单，因事隔多年，当时情况又比较混乱，不可能有统一的档案，所以这个名单只能从各个具体单位去收集，例如我们人民出版社幸好还留有一份下放干部的名册(我社杨寿松同志已提供给你们)，其他单位也可以找得到。这个名单是很重要的资源。你们可以通过现在去主管部门(我在上面开列的)协助，再向各具体单位索要。也许你们已经做过这项工作，不知成效如何？遇到了什么困难？”

上午地委行署在医学院举行万人大会，动员治理脏乱差，建设文明城。李专员在报告中专门提到了“向阳湖文化村”。

19970402

下午崇阳县委办主任陈勋清来地委办公室，借着中餐后意犹未尽的酒兴，一个劲地鼓吹我开发向阳湖文化产生的影响，并说毫无疑问我是全区文人中知名度最高、成就最大的，无论过去还是现在，甚至将来。我未置可否，只是感到今后在鄂南文坛的压力也更大。

19970403

4月1日《羊城晚报》9版头条发表王颔所撰《干校文化能否开发，向阳湖畔风波骤起》，大肆渲染了我和王彬彬在《岭南文化时报》的笔战，我乘胜追击，马上又拉出一篇《还有粗暴不能卖——再谈王彬彬之“想当然”》，看样子好戏还在后头。

1997年4月1日 星期二 第九版　　羊城晚报

“干校”文化能否开发
向阳湖畔风波骤起

一、关于“咸宁干校”

二、咸宁开始挖掘向阳湖“文化金矿”

《羊城晚报》消息稿

19970404

访任继愈先生的专访，本周末在《咸宁日报》发稿。又加了一则消息稿《咸宁电视台推出向阳湖文化名人专访》，有意没有署名，报社校对的人说，反正大家都知道，关于向阳湖的稿子，大都是我写的。

北京陈原先生3月30日来信，云11日到咸宁，15日离汉返京。

19970406

妈妈和哥、姐、致婷，包括成园弟都劝我考省委党校的在职研究生，理由是随着形势的发展，电大的文凭不“硬”，跟不上。我并不这样认为，主要是考虑写向阳湖无暇他顾。为了事业也应有所弃舍，并不谦虚地说，不仅电大毕业生，研究生毕业达到我这种成绩和影响的也不会很多。

19970407

开始今年第2次大批量写信、寄报，粗算一下，京汉的文化人需保持长期联络的，已达260余人，现在填写信封只得改用打印好的地址贴上，省了不少工，而写信则是不能偷懒省略的。为节约时间，来不及将许多想说的话“仔细道来”，而打字又有点失礼，于是一封内容相同的信得重复写200多次，无非是：“寄上小报，盼谈谈对向阳湖文化开发之高见，并惠寄简历、作品，如蒙撰写回忆文章或题词，则更为感谢！”而且一封信内要分装4份发有向阳湖内容的咸宁日报周末版，又平添了不少工作量。暂时缺帮手，还只得用“磨刀不误砍柴工”来安慰自己。

19970408

下午去地区开元印刷厂联系出“采风”和“情结”两本书的上册，初步计划每本印6000册，寓意下放向阳湖的文化人达6000之众，做到“人手一册”。

19970409

上午将271封信、报送到邮局分发，又是两大提袋，光邮资就花了160余元，这种联系法，恐怕在全国的“个体户”中也是不多的，又是一次“如释重负”，要知道这项准备工作可是一人做了一星期哩！

19970410

晚上去《湖北日报》，先后拜访陈柏健和刘庆林两位老师，他俩对我写向阳湖所取得的成果表示欣赏，并表示今后将一如既往提供宣传阵地。我搞向阳湖宣传之所以能达到今日之热度，部分原因得归功于这些热心肠的人。

19970411

北京陈原先生和儿子陈河上午乘机到汉，我去接站。下午返温泉后，先请至我的“向阳书屋”参观，此次陈老重返向阳湖，我自然全程奉陪，此亦本人之“专利”也。

晚上湖北大学张国光教授来访，找我小坐，他对我与王彬彬之笔战颇感兴趣，表示适当时候将参战助威。

19970412

上午与俞部长及电视台“向阳湖文化名人专访组”的摄像刘家饶、主持人孔薇、编辑石丽萍一道陪陈原父子重访向阳湖。陈老一路上与大家开玩笑，说我也是“文化名人”，使我对他这位真正的文化名人更加敬仰。他晚上特地送我一本仅存10册的精装本《陈原出版文集》(中国古籍出版社1995年版)，还有《记胡愈之》(三联书店1994年版)等。

北京倪子明先生6日来信：“陆续寄来《咸宁日报》周末版均收到。这份《周末》咸宁干校回忆和采访篇幅较多，想来也是你主持编辑的。我对你为‘向阳湖文化’事业锲而不舍的韧性和组织才干很是感佩。你写的访问记不但细致、切实，而且文笔生动，文采飞扬，那篇《‘牢记文化人的足迹’》，把王蒙那种庄谐迭出，机智而略带调侃的谈吐风貌也很恰当的表达出来了，足见博通的文化素养和文笔的练达也很不一般。所刊文化人的回忆录都很精彩，如近来杨静远的那篇回忆，就颇有杨绛《干校六记》之风。嘱我也提供一些回忆资源，可我文笔浅拙，年老手颤，难以成文，实愧对盛意。近几天偶翻旧时笔记本，发现1972年冬由干校返京时写的一首旧体诗《咸宁干校返京途中》，我对旧诗实门外汉，习作而已，但也多少保留了当时的心境。乃加了一段“附记”，抄寄一阅。可否为《周末》补白，悉听裁夺。”

19970413

万书记安排我今日陪同陈原父子游赤壁、陆水，我正好带了致婷、熟了同去，一举两得，皆大欢喜。儿子从小就帮我为向阳湖人寄信，分发报纸，妻子更是一直在帮助我打印向阳湖文化人采风的文稿，也应找机会“犒劳”一下，让母子俩一睹老“五七”战士风采。大家一同去参观赤壁古战场，陈老在碑林旁诸葛亮拜风台题词：“人去矣，山河犹在，古事可鉴”。我以为这幅字如果将来复印给咸宁干校给陈列馆，也会非常适用。而且陈老的书法亦可圈点，并不如同他自己说的不会写毛笔字。上次在北京，请他在签名册上留言，他只是用钢笔写了几句，不比这回是“自投罗网”，一定要请他为向阳湖和我留下墨宝。

陈原和咸宁老乡

晚上陪陈老看了咸宁电视台正在播出的《向阳湖文化名人专访》之二《严文井回首当年向阳湖》。他说拍得不错，并提了几点很好的意见。陈老还一个劲地赞叹我对向阳湖文化的热情，表示回京后一定尽力提供一些资源，帮助我的工作再上一层楼。

19970414

上午在桂园山庄采访陈老后，请他为咸宁题了一幅字：“六千人的汗水、泪水、苦恼和忧虑，还有一点希望，汇成向阳湖。”接着他又录下自己的8字座右铭：“爱我所爱，无怨无悔”，并幽默地附加两行边款：“城外文化名人嘱书/城内野人陈原”。

下午陈河要去江夏区金口小学寻访昔日干校家属连上的学校，途中，我又了解了不少新情况，准备将来写报告文学时，加上这一段。

19970415

上午陪陈原父子游览了黄鹤楼，然后去天河机场送行，圆满完成这次陪同任务，准备回来发一则消息，并写下一篇“采风”《别梦依稀向阳湖》。

人民文学出版社社长陈早春先生专门从北京打来电话，告知我寄去的两书目录已收到，由他社列入计划出版没有问题，无偿提供书号，有关具体事宜，让我和社里柴志湘先生联系，柴也曾是咸宁干校的“五七”战士。北京文化人的特别关照,使我的热情有增无减,呈继续上涨之势。我可以算得上幸运极了!

19970417

整理出陈原先生录音,共2盘磁带,花了近6个小时。看来,今后得考虑助手问题。

19970418

上午去电视台观看采访北京文化人的录像,并策划制作下期“向阳湖文化名人专访”节目,下午去报社校对“陈原先生80高龄重访咸宁”的消息稿,副题为“向阳,向阳,不思量自难忘”。还编排了“向阳情结”稿,将发表的是陈原先生关于《牛棚日记》的读后感。——回头一看,现在这样下去实在有点“不务正业”,泡在这里的时间累计起来,着实不少。但这些工作又都是宣传向阳湖文化的一个组成部分,谁让我是“始作俑者”呢?还是得心甘情愿,“自讨苦吃”呀!

《羊城晚报》15日发表了地区文化局阮局长的《还有什么要纠正?》,我隐约地意识到自己上了一次“当”,“娱乐世界”栏目的编辑王义军是阮之内妹夫,他和我的约稿在先,却被压下不发了。不过转头一想,从整个大事业出发还是有利的,阮请人作刀附庸风雅,也可以理解。但此事对我不无教训,我凡事对人心太诚,只要是有利于宣传向阳湖文化,我对人都无条件地提供服务,颇有点“舍身喂虎”的精神。比较典型的事例是,师专的张德胜凭借我的成果打出“向阳湖文化研究中心”的牌子,从省里争取到5万元的科研资金,从此便不再和我联系了。

19970419

北京罗哲文先生15日来信:“大函敬悉。感谢您多次寄来的报纸,我都一一拜读了大文。向阳湖对我来说,确是一段难忘的峥嵘岁月。/由于我经常外出,未能及时交卷,但我一定抽空写点回忆和提供一些资料与照片。”

19970420

北京刘岚山先生16日来信:“承寄报纸已收到,十分感谢。温泉是个好地方,我在那里洗过澡,深为那里环境幽静而欣喜,祝您在那里为咸宁文化事业作出贡献。/深为您的工作所感,特将我为咸宁所写的诗5首寄奉,如何处理,请您定夺,不必征求我的意见。”

19970421

上午去师专找了一下张德胜,询问向阳湖研究进展情况,他最近迷于“足球美学”,无暇他顾,建议由我牵头发起成立“向阳湖文化研究会”,并盛邀我适时到师专中文系为学生作一次专题演讲。

19970422

北京吴桂凤同志16日来信,寄来一篇回忆文章《雨后探园》,信上说:“我手懒,不常写,写得不好。干校生活3年多,从69年中秋节上火车,到73年初回北京,孩子回来就上小学,有不少感触。但我只是普通一兵,与名家名人不同,先是五连副连长,后又调校部,后两年和大、小两位李政委在北京各单位推荐、安排老干部,将他们的结论改成各单位可以接受的程度,因为都涉及个人档案,当时是机密的,也没有记录,也忘光了。/在干校与军宣队同志共同工作,有许多收获,现在我们干校的大李政委还住在温泉吧!大概已经退休了,他们都是好人,是按政策办事的。无奈,那样的特殊年代,将人与人的关系异化了。我因为当时是刘白羽同志的秘书,多少有些牵连,下放前是受冲击的,下放后因为成份好(我家都是产业工人),又受到重视。我本人头脑还算清醒,有些事自己不愿做的就不做,所以老人们对我印象都不错。作协没恢复前,我被调到新华社工作,作协一恢复就将我调回作协了。我今年已经62岁,自动回家待了半年,后来作协要开‘五大’,因为我情况熟悉,又叫我去上班,去年又干了快一年。会议结束

我又回家了,可能快给我办退休手续了。我想一个人学习学习电脑,学着写点东西。过去忙于日常杂事,一直是个事务主义者,什么都没积累,这就怨自己懒了。/从报上知道您的一点情况,您确实是有心人,也有抱负,有理想,而且有成就,这是值得我学习的。以后来北京,欢迎您到家里谈谈。/我儿子已经三十出头了,在日本一家保险公司工作,这是他自己去日本学习回来找的工作,却是靠个人奋斗,干校生活对他也不无影响。/以后常联系吧!我的稿子由您决定如何采用,按报纸要求,可以删减,不用顾虑。"

咸宁电视台今晚播出《向阳湖文化名人专访》之三——《陈原八十高龄重返向阳湖》。

19970423

《羊城晚报》王义军打来电话,说王彬彬在写一篇回复咸宁人的文章,他又约我再写一篇。我知道,他的策划固然有积极的一面,但也有点不讲章法,本无意再参与,但还是禁不住"诱惑",晚上又速成一篇《还有偏激不能卖》驳斥王彬彬,不管晚报发不发,这组文章日后可收入我的书内,作为附录。

19970424

北京丁宁先生19日来信:"承蒙寄报,很感谢!/报纸很活泼,有可读性,关于'五七'干校的人物专访及各类文章,已十分丰富,这一方面,你做出很大成绩。/我年来身体不够好,血压高,头常晕眩,文章写得极少。关于'五七'干校文章,若有回忆或所感能写出,便会寄你,但不知你还需哪类文章?"

19970425

地区电视台总编程守正和记者刘家饶今日去省电视台,送陈原重访咸宁的新闻稿,并汇报向阳湖文化名人专访专题,邀了我一同去,我自然又是"义不容辞"。只有报刊、电台、电视多种媒体共同宣传向阳湖，才可能形成“整体态势”。

19970427

省作协郑远志来电话，我问了入省作协的事，他说 5 月中旬要报一批，让我抓紧填表寄去。从文这行档，作协虽不是非入不可，但如果太“潇洒”，只干“民间游击队”，似乎又没得到“官方”认可。

19970428

下午又和陈副秘书长谈起向阳湖，他还是那个意见，不管今后进展如何(比如文化村建成与否？碑林几时开工?)，只要我一人编好两本书就是对咸宁的大贡献，至于去不去咸宁市任职也无关紧要。去得成更好，去不成则在地区继续干好这项事业，也未尝不可。

《咸宁日报》今日二版发表通讯《向阳湖之光——向阳湖牛奶公司走笔》，文章称，对向阳湖人来说，让人激动的不仅有文化部干校遗址，更有继续获得“省优、部优、国际金奖”系列全脂奶粉。

19970429

咸宁市委宣传部王副部长和财政局一位副局长专门来“汇报”向阳湖开发事，这次我没有“正面指导”，只是从反面列举了几个事例，请他们今后引以为鉴。一是无组织行动，派个别散兵游勇擅自去北京，找有关单位领导要扶持；二是拟写宣传题词不慎重，被人当作笑柄，如被李辉在《收获》上狠狠挖苦了一下子；三是新闻报道不动脑筋，严重失实，如说钱钟书到过向阳湖等等。

19970501

妈妈从通山来温泉住 2 天，下午我送她去成果兄那里，他也在着手出书，名为《山里的哲学》，我初翻了目录，建议增加一篇评向阳湖的文章。

19970502

访陈原先生的文章，据报社刘编辑说，因陈副总编嫌篇幅长了点，压下这个星期没发。晚上我去王总编那里谈了自己的看法,说向阳湖的两个栏目应适当放宽限制。否则,我的文章无法做下去,约稿也难以登下去。因为近几期“向阳情结”栏目刊登的稿件,好端端一篇两三千字的文章,却因编辑机械地控制版面,被“锯”几段分期发表,不仅加大了我邮寄的工作量,对北京的投稿人也是一种不尊重。回来致婷也劝我说,今后写“采风”文章要“悠着点儿”,似乎不应太主动了,报社反倒认为是我要他们给“面子”,殊不知这种认识是颠倒了二者关系。

19970503

晚上同范用先生通了电话,打听到陈白尘女儿陈虹的地址。下午我读了《牛棚日记》才产生了此念头,看来今后又接上了一根“热线”。

老柯告诉我,有的人不懂向阳湖文化开发的目的究竟是为了什么,甚至说就是为了开发李城外的两本书。讲这话的如果是别人,可以说是无知;如果是老柯借他人之口,则可视为一种提醒。

19970504

北京林穗芳先生 4 月 27 日来信:“从报上读到咸宁地委开发文化资源的宏伟计划及政协委员们的提案,很受鼓舞,如有可能的话,多收集和选登一些当时的图片,以便编书时图文并茂,更吸引人。”

北京冀勤先生 4 月 26 日来信,提出“一个不成熟的建议”:“20 世纪 30 年代,一批在中国共产党领导下的军人,被国民党驱赶追击,不得不开始了一年之久的两万五千里长征,产生了不少震天动地的故事。为此,后人建起红军长征纪念馆。无独有偶,在同一世纪的六、七十年代,又一批在中国共产党领导下的文人,被党的错误路线驱赶到干校,不得不经受了 5 年之久的脱胎换骨的劳动改造,也造就了不少可歌可泣感人的事迹,为此,建议在咸宁可不可以建一个文化人劳动改造纪念馆。因为这批文化人在来咸宁干校劳动改造之前、之中和以后,大多有些可留作纪念的精神产品和物质产品,比如去干校以前的各种成名之作;在干校时的各种生活小制作(像用铁罐头筒做的小煤油灯炉、雨天上工穿的全身塑料布披挂和竹枝、晒衣裤的竹架等等)。尤其是干校后期制作的若干工艺品(像竹制笔筒、树根艺术、竹制沙发椅等等,王子野同志做的笔筒堪称一绝),还有日记和作品等;干校撤销以后这批人的各种著作成果。如果能够发动向阳湖人自动捐献,收集起来,定为可观。建立纪念馆,首先要盖一座房子,这需要资金和时间,但这批人已渐渐老了,不少已谢世,为了挽救这些文化资源,不妨早动手征集。我想,有这样一个'馆',才更说明咸宁真的曾经有5年的时间,拥有过如此丰富的文化资源……"

19970505

上午邀地区群艺馆游柏樵、广播局刘高建二位老同志来地委办谈干校期间和吴雪先生交往的故事,下午又电话采访了咸宁师专的谢邦华教授,赶写这篇访吴老的"采风",心中还是有数的。

19970507

为敲定访陈原一文如何发,上午专门去报社找了王总编和陈副总编商量,结果还是维持全文照发。接着写访吴雪先生的这篇,采访时间是1995年11月,至今已一年有半,可谓"胡子工程"了。

北京王仿子先生4月27日来信:"经常收到《咸宁日报》,谢谢! / 遵嘱奉寄拙作《五十年的友爱和回忆》,"此文系回忆曹辛之先生,拟改题为《长忆曹辛之》,收入"向阳情结"。

北京画家平野先生上月寄给"咸宁地委中国向阳湖文化村及企业集团筹建组负责同志"一封信,地委宣传部收到后转给我,信中说:"见报载,你们要搞文化企业集团,我是咸宁干校学员,当时曾用钢笔墨水画下115幅画(咸宁向阳湖风景),另外,由于咸宁是云乡,云彩丰富多变,我又画了81幅云图,每张大小为16开,可是多年来,我放着这批画没用,很可惜。现在你们成立这个企业集团,是否可能买下我这批

画，收藏在咸宁，永久保存。并可配合有关活动举办展览，出画册或印在宣传报刊上……”

订 1997 年下半年报刊，804.68 元。

19970508

北京陈原先生 4 月 20 日来信：“遵嘱奉上拙作 4 册(精装本《陈原出版文集》)，请代为分送有关领导，谢谢您！这一次连‘老本’都抛出了(平装本没找到)”。陈老如此守信用，值得晚辈学习。

19970509

下午参加全区文联工作会议，应邀前来的省文联党组书记潘涛在会上也对向阳湖文化大加赞扬，看来我以往寄出的咸宁日报，不仅有读者，而且其中不乏热心的领导。由此可见，平时分发报纸邮寄的付出的辛劳还是值得的。

19970510

寄北京陈原先生信，附上今日《咸宁日报》周末版上我对他的访问记(拖延了两个星期才发)，信上说：“寄上作文，不知您是否满意？陈河兄有何意见，如果能打及格分，便是没辱名人光彩，城外有幸了！”

19970511

北京周明先生特地寄来一张《羊城晚报》刊发的王彬彬文《干校为什么值得诅咒？》，附信云：“今天看报，偶见这样一篇文章，好像前面还有其他文章，请阅！”热心如此，不免让我心头又一热。

北京冯金辛先生(83 岁)4 日来信：“承索有关向阳湖劳动的记忆文章，因记忆衰退，许多事都记不清楚，仅刚到干校搬砖一事，还依稀记得，现就此事草成陋文一篇寄上，如不适用，弃之可也。/对向阳湖，对咸宁，我怀有深厚的感情，因此盼有关向阳湖的报道，能时时见告。”

19970512

元平写我的文章于昨天《湖北日报》“文化天地”发表，还配了一幅我的近照，题目动了一个字《向阳湖中一条(尾)鱼》，文章无大动。这一期适逢“文化聚集百期笔谈”，所以比较醒目。这是在省内第一大报上首次宣传本人，且为“文化人”栏目的对象，在全省文化人中亦机会难得，概率极小矣。

李城外：

向阳湖中一条鱼

文化人

撰文／果核

李城外是个不平常的人，他在那个被人们遗忘已久的文化部五七干校——向阳湖中深水打捞，将一个个贵如黄金的名字捞了出来，然后，让向阳湖的湖水泼洒到全国众多报刊上。

其实，对于向阳湖，我们是一起抵达湖岸的，在我不经意时，他竟一个猛子扎了进去，迅速游到湖心，让我愣愣地站在岸边，看着他在闪烁的阳光下，晶亮成一个白点。

他是属于那种十分执着、并且敢下深水的弄潮儿。

他给人一种儒雅的感觉，匀称的个子，一张自信而纯净的脸。我与他的交往轻松而有文化意味，令我略感不适的是，他常常拎着一个政府味十足的公文包，进门不多时就会从包里拿出一个茶杯，摆出一副要与你深谈的样子，但坐下后才三言两语，谈吐便如杯中的清茶，充满着书卷的清香了。

最早与他结识是因为前去参观他的藏书。那时，他尚不为人所知，他只是十分留意文坛，尤其是对钱钟书，几乎是顶礼膜拜，他甚至把父母赐予的名字都改得与钱钟书相关——李城外(《围城》里外)。他15岁便开始藏书，质量和数量在鄂南可以说是罕有其匹的。那时，因为他已在地委首脑机关工作，所以在与他交往时，我便带有几分拘谨和疏远感，但交往几次后，对他的藏书，对他的文学素养和文艺鉴赏眼光颇感钦佩，也就自然亲近了许多。后来，又品读了他写给妻子的长诗，更有了同道之感。

因为我编刊的缘故，因为他热心地方文化的缘故，还因为他除了崇拜钱钟书还喜爱补白大王郑逸梅的缘故，我竭力怂恿他推出一组积累多年的笔记《鄂南文林散叶》，作为我刊新设的固定专栏。没想到，他真的写出来了，而且写得十分精彩，笔名使用的郑小王。后来，他去北京时，竟独闯进他的偶像钱钟书家，不久写下《不登围城非好汉》，在《羊城晚报》“花地”头条刊发，与大作家张洁等人同时获得“美的旋律”全国散文大赛优秀奖。于是，他便有了找到文学殿堂大门的钥匙之感。

接着，他记叙他的九宫山之行，文章登上了“翰林院”的报纸——《中国社会科学院通讯》；他写姚雪垠谈李自成之死，专访发到了香港。再后来，他又独辟蹊径，开始向阳湖“金矿”的采掘，多少次从京城外冲进城里，几回回再从城里返回城外。他成功了！他才思的洪水渐渐漫过了水位线，他终于开闸放水。《光明日报》、《文汇报》、《文艺报》、《人物》、《英语世界》、《中华儿女》、《湖北日报》等等，不时冒出他鹅卵石一般的名字，连带着巴满水草和散发着向阳湖鱼腥味的大块文章。他家里也成了小小的向阳湖编辑部，许多曾下放“向阳湖”的京城大腕作家纷纷给他寄信寄稿，他的热情使咸宁二字名扬四方，使向阳湖湖水陡涨三尺，过去的风景，老去的名人，重新在文坛显现、登台……

再后来，他便像向阳湖“金矿”的承包头一样四处吆喝着，在领导层和文化人中为自己的“专利”产品大做广告，他的全部业余时间似乎都在向阳湖里作逍遥游，他炒热了向阳湖，他自己也因向阳湖而红红火火。

李城外又是个很平常的人，他极容易满足自己，他微醉地坐在他的“向阳书屋”里，将曹禺的照片，萧乾、王蒙的书信，冰心、张光年的题词像台历一样轮换地翻动着，整个一副“夫复何求”的神态，他的酒量本来是不小的，但偶尔也会被我们几个灌醉，一旦如此，他便真真实实地成了向阳湖中的一尾鱼，自由自在，无忧无虑地游弋着，嬉戏着，舍不得上岸……

(图为李城外近影)

《湖北日报》“文化人”栏目介绍

19970513

定稿《“第二故乡”是向阳——访著名导演、表演艺术家吴雪》，仅1700字，请几个朋友看了，都说写得好，自己也觉得可以。看来今后写专访的路子还可以进一步拓宽，文章均以2000字以内为宜，可多写几个人物。

19970514

下午邀咸宁市委书记程传忠来“向阳书屋”参观，送了他一套复印的有关向阳湖资料，他对向阳湖文化开发的认识很高，对这项工作也高度重视，尽管咸宁市委班子中还有人思想认识不足，也不敢和他唱反调。程书记又建议我下派到咸宁市工作，说开发向阳湖工作非得热心人具体抓，他还举例说，抗美援朝为什么毛泽东选中彭德怀挂帅而放弃了林彪，因为前者是主战派。

19970515

北京顾学颉先生12日来信：“收到《咸宁日报》，感谢！读报，知全国政协今年大会上提案中，有建议重视咸宁地区文化资源开发之议，

甚为高兴。此举不仅于地区开发有益,而且是关系中华文化史上一笔特殊价值的史料,的确值得本省本地区的重视和努力。我,作为经历者之一,对此举是双手赞成的。如需我略尽绵薄之力,也当义不容辞。”

19970516

《九头鸟》夏季号“鄂南文艺名流”栏目将发表《李城外——向阳湖中一尾鱼》,元平找我要照片配发,因我对这篇文章比较满意,且它的反响不错,我愿意积极配合。

访吴雪先生一稿送到报社几天了,周末版原计划明日不发,我找了陈副总编,解释说自己月底要去北京,早点发出来,便于造舆论,意见被采纳。

19970517

中宣部文艺局来了位叫刘新风的客人,省委宣传部文艺处李勇陪同,我向他俩介绍了向阳湖的情况,并赠送复印好的整套资料,他们都表示感兴趣,答应今后帮助加以宣传。李勇说,我的书如果在湖北的出版社出版,可以参加今后的评奖。我自己则认为,评不评奖倒在其次,人民文学出版社的规格高,难得被他们列入出版计划。刘新风也说,我的选题准,极有价值。

19970518

又将一个多月来有关向阳湖的几份报纸集中起来,分别寄给京汉260多位文化人,零散忙了好几个小时,昨夜又加班至凌晨2点。今日上午又再奋战一小时,终于“完工”赶送到邮局。这种乐趣和辛苦,唯有自己才能体会得到,不及向外人言也。

北京顾学颉先生12日追加一封来信,请我代购一斤上等咸宁的茶叶,并附信说:“‘五个一’及总体规划进行得如何?常在念中。一样一样来,量力而行,抓紧时间,总是可以完成的。”

北京蒋路先生寄来赠书《俄国文史漫笔》(东方出版社1997年版)。

19970519

北京杨伯达先生11日来信:“多次收到《咸宁日报》,获知咸宁新貌的消息甚丰,其中还有不少‘五七’干校的老同学中的7名政协委员建议重视咸宁文化资源开发的报导,令人鼓舞。/抽空写了‘战天斗地自强不息’八字,聊以塞责,请批评指正。此8字既是咸宁‘五七’干校生活的凝句,也是我的人生道路,迄今仍在这条道路上前进。/明日即去山西鉴定国家一级文物,大约20天后返京。/咸宁地区不知是否还种早稻?忽然想到干校时冒刺骨寒冷插秧、在烈日下收割的情景。/见面再叙。”

北京王宏钧先生14日来信:“年来多次收到来函和《咸宁日报》,十分感谢。每当读到有关向阳湖的文章,都引起我的许多回忆和联想。我也想写点东西,终难动笔。今勉强凑得一篇,随函寄上,是否刊用,尚请审核。原稿字迹潦草,未及重抄,请多原谅!另遵去年来京时所嘱,附上个人简历(为复印件)一纸,稍有删节,供参考。”附寄的《向阳湖诗草》共7首,依次为《学耕行》、《清平乐·挠秧》、《牛棚小饮》、《采桑子·干校生活一年有感》、《七律·赠夜勤诸老》、《假日风雨·读〈矛盾论〉有感》、《如梦令·游岳阳夜航回咸宁》,均写于干校期间。王先生还特地作了一个小序。

19970520

咸宁汀泗高中尹文武老师12日来信:“本人是汀泗中学的教员,70年代初,为了学习绘画技术,曾多次拜访中央文化部‘五七’干校的画家,如国画家秦岭云,当时的美术出版社长西野,女连环画家(名已忘),受到他们的热情帮助。秦先生曾赠一‘雄鸡”的国画于本人,但因多次搬家遗失,本人一直怀念他们。/当本人从《咸宁日报》等报刊看到你的文章,感到你才是‘向阳湖’的真谛,今写信与你,希望你能帮助联系,也希望你能多采访一些‘五七’干校画家的有关情况,为向阳湖增辉。”

19970522

“咸宁市向阳湖开发资源领导小组”派人找我送来聘书,邀请我担任顾问,并索要向阳湖名人题词复印件,我提供了50余份,算得是“大力支持”。至于原件如何捐献,大约要等陈列馆建成之后再谈。

19970523

上午与孟绪龙去向阳湖实地考察,途中遇咸宁市正安排人在107国道旁竖立有关向阳湖的标志牌,我立即停车观赏,感觉有二:一是牌子的面积小了点,没有气势;二是“中国向阳湖文化村”几个大字还算醒目,但引题“中央文化部原向阳湖五七干校”应为“原文化部咸宁五七干校”,多了“中央”两字,掉了关键的“咸宁”二字,可见具体操办者水平有限,也不知虚心请教一下我等“专家”。

19970524

后日又要进京,任务有二:一是应邀参加中国社科院在密云召开的“李自成结局学术研讨会”,如有可能,将在会上作个发言。一是再访向阳湖文化名流。今日提前去报社,编好下期“向阳情结”稿,安排31日发表杜廼松先生文《故宫人在咸宁》,分几期连载。

19970601

密云会议昨日结束,今日上午与俞部长一道去大兴县中央文化管理干部学院,看望地区群文干部岗位培训班学员。该校的前身是文化部“五七”干校,自然引起了我的浓厚兴趣,欣然前往。

19970602

上午陈原先生特地赶到我们住的《经济日报》惠仁宾馆来看望,然后邀我们一行至商务印书馆和中华书局(两单位同楼办公),见了杨德炎和傅璇琮两位老总。傅建议我区组织邀请全国政协委员到咸宁考察,杨热情设宴招待我们,并赠我精装豪华本《现代汉语词典》。他对果核写我的文章十分欣赏,还能脱口说出里面的句子,如“将一个贵如黄金的名字淘了出来”、“一个猛子扎了进去”、“让向阳湖的湖水喷溅到全国众多的大报刊上”等等。俞部长听了,开心地对陈原先生说:“城外现在可称为六OO一,6000文化人加他一个名人中的‘名人’。”陈老也笑道:“李城外实在厉害,没有他攻不下的围城。”并对我写他的专访表示十分满意,还送了我一本《陈原散文》(浙江文艺出版社1997年版)。

晚上上门拜访陈早春先生,他对我即将出的两本书表示一定大力支持,并嘱咐与他指定的责任编辑柴志湘具体谈谈,陈社长还再三说:“你的文笔不错。”他又对“向阳情结”栏目中有的文章牢骚太多表示异议,说正式出书时还得修改一下。看来今年内要完成出书任务,时间压力还相当大。

19970603

下午我一人访问张慈中先生,他对两书的装帧设计十分慎重,答应不遗余力,并和老伴盛情邀我去酒店小酌。

晚上又分别去了张惠卿先生和薛德震先生家,并为他们播放了“向阳湖文化名人专访”的专题片,回来已是12点多。张先生还送我一本16开本精装《历届全国政协委员人名词典》(中国国际广播出版社1996年版),供我写作时查阅。他还找出《全国政协八届五次提案分类总目录》,借给我拿回来复印,以备他日之用。

19970604

上午陪俞部长去拜访刘杲先生,感谢他在全国政协会议上宣传咸宁,他说自己是提案委员会副主任,此乃举手之劳,不足挂齿。我又顺便汇报了《向阳湖》申请刊号的事,他建议先以地委宣传部新闻出版局的名义,向省新闻出版局写报告,然后再通过他们打招呼,上总署“挂号”排队。

下午和俞部长一起来到朝内大街166号,先看望了人民文学出版社社长陈早春先生,接着到人民出版社与薛德震社长等座谈,薛社长提前约来原总编辑张惠卿、办公室主任杨寿松等,大家一起谈笑风生,回忆了当年的咸宁干校生活和重返向阳湖的情形。主人还盛情留我们晚餐,并代问万书记等地委领导好。因为陈先生和张先生都是全国政协关于向阳湖提案的发起人,俞部长还代表地委表示衷心感谢,并邀请两位抽时间到咸宁一游。

19970605

上午一人逛荣宝斋,又破费了400多元钱买书,一个月的工资一次用光,内容多是为了写向阳湖的备用参考书,如《中国当代书画家人名大辞典》(河南美术出版社1993年版),16开精装;《名人交往录(文化界人物)》(中国广播电视出版社1993年版)、周汝昌《红楼艺术》(人民文学出版社1995年版)、韦君宜《我对年轻人说》(人民文学出版社1995年版)和《露沙的路》(人民文学出版社1994年版),及沈鹏之《三馀吟草》(荣宝斋出版社1995年版)和李辉之《沧桑看云》(上海远东出版社1997年版)。每每盘算书账,开发向阳湖文化个人投资确实是一笔不小的数目。

19970606

俞部长今日回温泉,我和电视台记者刘家饶还要留下来采访一个星期,下午一起去了全国文联副主席、中国书法家协会代主席沈鹏先生家,为之播放了向阳湖专题片,这位书法大家在签名本的留言是:“希望阳光常在”,并在我新购的《三馀吟草》上题签。

上午和晚上我还独自采访了人民美术出版社的画家平野、孟庆江、童介眉，了解了不少人美社“五七”战士下放干校的情况，三位的留言分别是：“吹笛放猪、牧牛念洋文——向阳湖一乐也”、“难忘向阳湖”和“在向阳湖造屋种田，练人练心”。平野先生还赠我一幅他画的牛，而孟庆江先生在咸宁干校记了 3 年日记，更让我不得不动心，打算再一次上门拜访他。

19970607

上午拜望全国文联主席周巍峙，为他播放了陈原重返向阳湖的专题片后，周老对下一步如何正确把握宣传基调提出了诚恳意见。

晚上先后采访了住同一栋楼的牛汉和蒋路二先生，牛汉先生赠我两本新近出版的《新文学史料》和一幅墨迹：“人文精神不朽”，并在签名册上留言：“向阳湖是我的诗的故乡，永远感激它对我高尚情谊”。蒋先生的谈话则实实在在，尤其是对郭小川在干校中的有些表现（如对军宣队的态度等）颇具微词，评价与众不同，令人“耳目一新”。他还提出这样一个问题：“为什么和鲁迅亲近的一批文人，建国后都历尽坎坷？”发人深省。

19970608

上午采访翻译家王以铸，他堪称一位真正的学者，为人处世的哲学一般人难以效法，王先生赠我一本《倾盖集》（福建人民出版社 1984 年版），并留言：“永恒的怀念，难忘的咸宁”。我参观了他家的藏书，是我见到的向阳湖文化人中最为丰富的。

下午采访王子野先生遗孀陈今，陈老在签名本上留言：“在咸宁，我和子野过了一段永远值得怀念的日子”，并以《王子野出版文集》（中国书籍出版社 1997 年版）和王子野制作于向阳湖畔的竹刻笔筒相赠，其子王小明也一同接受了采访。

晚上来到人民文学出版社编辑柴志湘先生家，他和夫人、三联书店的赵学兰大姐一同下放向阳湖，并在向阳湖恋爱、结婚，难怪两人的留言是:“剪不断、理还乱的向阳情丝。”这一对普通“五七”战士夫妇十分热情,还设家宴留我小酌。我和柴先生两人干了一瓶郎酒,赵大姐还包了饺子。边吃边谈,边看专题片,边聊出书事宜,直到转钟2点多,我才告辞。

19970609

上午采访文化部原副部长司徒慧敏之女——新蕾,她说父亲给她们几个子女的最大财富是自强自立,并深情地说:“我们一家三代在向阳湖度过了永生难忘的日子。”

下午按照约好的时间,4点半钟又来到王蒙先生家采访,见面便得到两本赠书:《红楼启示录》(三联书店1991年版)和《欲读书结》,他遵嘱重新写了“牢记文化人的足迹”的题词,并为我留言:“回顾以往是为了开拓未来”。谈到向阳湖,他仍表示一定找时间去看一看,又幽默道:“你们不要过于强调我对向阳湖文化的作用,因为我毕竟自己没有下放到那里。再说我也六十好几的人了,不能老是嚷嚷我爹我爹怎么样……”

晚上去曹辛之夫人赵友兰家采访,曹先生生前在向阳湖曾因刻竹筒声名大噪,她送了我一个精致的刻有金鱼的笔筒和一幅曹先生手迹及几张照片。赵先生70岁的人了,依然风度翩翩,字也写得潇洒:“向阳湖畔的竹子是刻在辛之和我心底永恒的记忆。”最后她赠我两本书《曹辛之装帧艺术》(岭南美术出版社1997年版)和《曲公印存》(时代文艺出版社1988年版),当属今后藏书中的精品。

今日端午,晚上10点多去孟庆江先生家作回头采访,竟谈至转钟2点才返。之所以“盯住”孟先生,因为他留下的回忆文字多,记了几大厚本干校日记,我将来写报告文学,亦不可不提此君。

19970610

上午去宣武医院采访86岁高龄的国学大师王利器,他说了一句令我感动的话："咸宁人为我们做了不少事情，而我们并没有所回报什么。"老人在留言册上写下一副对联："汀泗桥头英雄不死，向阳湖畔丛桂飘香。"送了我两句话："为学如登山，然即身临绝顶，把山踩在脚下，夫然后知山外有山也。"王老还以他纂辑之《越缦堂读书简端记续编》(天津古籍出版社 1993 年版)相赠。

19970611

经热心的周明先生事先联系，上午约好来到中国作协找张锲副主席汇报，张正忙碌，不巧马上又要开会，他说我寄的材料早已看过，知道向阳湖的一些情况，开门见山便问，需要他干点什么？我建议中国作协的创作基地和有关会议日后能否考虑放在咸宁，张答中国作协曾"一窝端"下放咸宁，其中许多是他的前辈和朋友，对鄂南的工作，自然会给予关照和支持，并录下列宁名句："忘记过去便意味着背叛"作为留言。同时我还得到他的报告文学选、散文选和海外游记 3 本赠书。

晚上采访著名翻译家许磊然，她是十四连的"五七"战士，丈夫叶水夫则下放息县干校，我们一同聊至 12 点，两位送了我不少译作，如《青年近卫军》、《罗亭 · 贵族之家》、《前夜 · 父与子》、《真正的人》和《毁灭》等。

19970612

上午采访中国作协原秘书长张僖，掌握了不少可供今后写报告文学参考的素材。张先生难忘在向阳湖受到的锻炼，表示今后我还需要什么情况，他便会提供什么情况。

再上两层楼，采访原《文艺报》主编谢永旺。谢先生和我谈的大多都是关于创作报告文学的事，使我收益匪浅。这是我此次北京之行采访的最后一家。其留言是："咸宁的山、水、竹、路、雨，咸宁的民众生活，给我留下了深刻的印象，使我终生怀念。"

19970613

下午乘火车离京,这次在首都住了18天,是历次进京时间呆得最长的,也是第一次自己自由支配时间。有一个明显的感觉是,由于被采访的人数逐渐增多,谈话大多大同小异,今后如何深入采访,难度将越来越大,而专访写出新意,恐怕更是难上加难。

19970615

北京林穗芳先生5月26日来信:“4月8日来信及随信寄来登有拙作《凤凰山三章》前两章的《咸宁日报》(3月29日和4月5日)早已收到,复信想已达览。上周收到报社汇来稿费60元,从汇款的附言得知第三章已于4月12日发表,这天的报纸我没有收到,烦能告报社有关同志寄我一份为感。”27日又信:“昨天刚发一信,今天即收到5月18日寄出的刊有拙作的一份《咸宁日报》,谢谢。祝在开发向阳湖文化资源的工作中取得更大成就!”

19970617

又收北京来信多封:

1.平野先生5月28日来信:“前几日才发一函,今天收到你寄来的大批资料,十分高兴,就好像见到咸宁。我深信你的事业一定会成功的。万事起头难,你们还没有经济基础,有的事还办不了。据我所知,当时干校画家中只有我画了那么多当地风景,如果你们在创业时为宣传需要,也可以请电视台来拍几幅我画的画(如干校校部全图,向阳湖月洞桥,到城里途中的那棵古松等),结合你们的宣传来进行采访。我干了40年编辑工作(与卢光照、秦岭云在同一编辑室),93年离休后才致力于绘画,1994—96在京举办过三次画展,今年将在家乡温州与上海举办画展。由于要花很多钱,我所办的都是免费展览,将来等你们文化村事业有了眉目,可以结合招商活动,邀请当年在干校的画家办画展,现在社的还有张广,徐希在美国,张立辰在中央美院任国画系副主任。张广当时画了好些牛(他放牛),现在是牛画家,其他人可能没画咸宁。其他单位的画家情况不了解。我们是出版社领导明令可画画,其他单位大概没有。”他还附寄两幅字赠我,一曰“云乡”,一曰“振兴故乡热心人”。

2.陈羽纶先生5月30日来信:“寄来汇报及《咸宁日报》等收到。/汇报写得很全面,设想很周到,希望早日实现。/看了‘文化天地’介绍您的文章,对您又有了进一步的认识,您为开发向阳湖文化资源,锲而不舍地做了许多工作,成绩斐然,令老一辈人深感后生可畏。/家兄在咸宁干校与我未在一处,我后来很快就上来了,而他比我离开咸宁晚,情况一般,乏善可陈。/今奉赠《英语世界》创刊15周年暨出版发行10期纪念6/96期一册,请查收。”

3.丁国成先生5月31日来信:“您的执著追求,您对文化事业的一片赤诚令人感动,让人不能不予以支持。我一定在适当时候写点回忆,还准备为您提供一些资料,请放心。祝您成功!”

4.杨德炎先生1日来信:“每每收到报纸,都认真奉读,件件往事又在脑海中浮现。谢谢咸宁地委,还有您。/陈原同志回京后绘声绘色谈起咸宁之行,我不禁也萌生了去向阳湖看看的念头,那里曾是我年轻时度过一段时光的地方。在那个年代,知识分子遭到不公待遇,但那里的山水人情却使人终生难忘。当然目前排不出时间表,也许明年,也许后年……反正我会再来。/所嘱纪念画册及《商务百年大事记》,另邮寄奉。”

5.张慈中先生寄来2幅书法,分别为“水波竹影向阳湖,不是故乡似故乡”和“人生历程贵在不停步”,后者是勉励我的。

6.倪子明先生5日来信:“我那篇东西如蒙采用,也只能补白,不宜附照片和简历,此意已于昨晚电话中转告。/如编者认为要有几句介绍作者情况的话,是否可以用下面的说法:‘倪子明,现年79岁,长期从事出版工作。1985年离休前曾任三联书店总编辑,《读书》杂志副主编,中国大百科全书《出版卷》编委会副主任。'/请您裁夺。"

7. 张惠卿先生9日来信:"你们这次北京之行一定收获不小。/文化部办公厅对我们的提案寄来了一份答复,现复印寄上,供参考。看来他们对你们的这项工作还是重视和支持的。/另附电影系统的几位同志的情况,你可找他们了解。"

19970618

北图馆长任继愈老先生在北京接到我的电话,请求提供北图赴咸宁干校人员名单,他答应后十分负责,仅半月时间,北图人事处就开列了268人名单。今劳任老亲自寄来,令我汗颜!

19970619

北京故宫杜仙洲先生14日来信,"惠书早已收到,因近来多次出外开会,事务较忙,迟复为歉,祈谅!咸宁干校那段生活并未完全淡忘,回忆起来,感想颇多,笔墨难以尽述。兹寄上条幅两片、小词一首,略表寸心。我是从事工程技术的,不谙书法艺术,更没有文学基础,文字似乎与我无缘。简陋庸俗之处,尚祈多赐指教为荷!"附上两幅字,一幅为对联:"翠滴温泉谷,霞照向阳湖",一幅为小诗:"咸宁胜地千湖绕,极目温泉迭翠峰。四体不勤劳作苦,身心两佳获新生。"另有《插秧曲·调寄浪淘沙》:"晨雾满湖天,遮断群山。雨丝风絮觉衣单。'五一'节行将来到,春气犹寒。/育种做秧田,何惧春寒?插秧竞赛巧攻关。紧握农时抓管理,夺取丰年。——回忆咸宁干校生活片断,如在眼前,春秋三度,收获难量。抚今思昔,感想万千。兹赋小令一首,以寄情怀。"

19970620

上午去《九头鸟》与元平、王玫谈,这期夏季号"鄂南文艺名流"把我推了出来,此外还发表了我写王蒙的专访及三驳王彬彬的文章。元平笑道:"本期杂志让你一人占了近1/4的篇幅",可见朋友对我及向阳湖的宣传可谓不遗余力，我感谢他们的“发现”和“培养”，表示假如将来有大的造化，一定不会忘记两位“编辑老师”。

19970621

《新华文摘》第 6 期“人物与回忆”栏目转载《身在向阳湖，心系周总理——访周巍峙王昆夫妇》，选自《今日名流》。

《新华文摘》转载文章

又，《中国老年报》发表访傅振伦先生文。

北京故宫聂崇正先生 16 日寄来《干校琐忆数则》，附信云：“如可刊用，不胜荣幸！”

19970622

《咸宁日报》周末版昨日发了我写的消息稿《拜望文艺界领导，走访向阳湖文化人——我区进京汇报向阳湖文化资源开发情况》，照例是发的头版头条。今日先寄给省文联、作协的负责人和熟识的作家们，算是一个汇报。

19970623

晚上孙立峰从北京挂来长途电话，谈宣传向阳湖的事，竟聊了近 1 个小时。他说向阳湖的价值正被越来越多的人所认识，但宣传的力度还须进一步的加大。作为朋友，他正在为我多作一些宣传，我自然也会多多提供一些他需要的有关资料，遗憾的是月初在京曾几次同他联系，却无缘见上一面，只好等下次机会。

19970625

晚上草成访沈鹏先生的专访，题目用的是他的题词“阳光常照向阳湖”，计 1800 余字。今后的专访要应控制在 2 千字左右，写起来费

力少些,也免得报社为难。

19970626

许觉民先生21日来信:"上次电话承询及题字一事,今日想起,草草写就,随函寄上,请验收!"题词为:"谁云人生多忘事,四年咸宁常想中"。

19970627

访沈鹏先生一文,因明日《咸宁日报》周末一版要发纪念"世界禁毒日"的文章,推至下周。但我为了在报上不间断有关向阳湖的信息,选了吴桂凤文《向阳湖雨后探子记》编入"向阳情结"栏中。又建议报社加印的报纸改为登有"向阳湖文化人采风"的每期300份,登有"向阳情结"的减到100份。这样寄起来方便得多,免得有的差份数,有的又多余。

19970628

《九头鸟》夏季号今日出版,封面"鄂南文艺名流"还刊登了我的彩色照片。这是一期"圆梦——香港回归"的专集,而介绍城外的篇幅确实多了一点,但地委办有的同事看了这一期,羡慕地说:"到底功夫不负苦心人",仅几年工夫,我一不留神便成了文艺名流。还有的人说,致婷只是"万硕士",而我倒成了"名誉博士"。

19970629

北京孙立峰来信索要有关向阳湖的资料,除电传一部分外,今日又将新出的《九头鸟》及一些照片用特快专递寄去,这位哥儿们十分讲义气,表示要帮助出力,在国内外"炒"向阳湖。

将驳王彬彬文寄天津《文学自由谈》,盼能在该刊宣传一下向阳湖文化。我现在有一个独特的感受,写文章有时间,寄文章倒腾不出时间了。

19970630

北京顾学颉先生24日来信:“……电话中,我指出的方案如果可行,办起来还比较容易着手,请与有关领导同志商酌吧。你们的规划,方面较多,人力物力,都非一个早晨就能办起来的。不如先从容易办并能见速效的办起来,先造成一个声势、舆论,引起省里、中央的关注与支持,事情就好办了。如能与企业界的朋友拉上关系,那就更好。事情也只能一步步走。当然要费大力气地走。/先搞一个咸宁五七干校文化人的专集(名称另定),根据资料,可分集(一、二、三……)出版,在全国以及港、台、海外发行。宣传工作先行。也请媒介单位大力支援。第一集,最好请领导人(包括中央、省、地)题词、撰文、文化界名人撰文、题字,所占分量要重些。已发表和尚未发表的关于干校回忆的,对干校认识的,对因此而引起对特定历史阶段、特殊事件的看法、意见,以及鉴古知今的作用等等,都是本集子的重要内容(当然也可附带介绍一下咸宁的情况)。这就是我初步的构想。/想起来容易,办起来还是有很多困难的,出一本书并不容易!可能要派有能力的人专门负责此事才行(要对此事热情,并有一定的外交能力和一定的学识、才能),万事开头难,打响了第一炮,以后就好办多了。/电话中,我说写计划,其实也没有什么可写的。主要内容就是上面所说的那样。身体很坏,天天服药,还免不了犯病;天气又热,这几天感觉很难受。不能写什么了。/我在咸宁报上的那篇文章,您说已收在文集里去了。不知什么集子?中央党校出版社将出版我的一本小册子,其中收进了《干校点滴》。”

人民文学出版社(咸宁五七干校 14 连)

1997 年

秋

19970701

由"香港回归倒计时"的结束，想到人生如果某个阶段为完成某件大事而开始"倒计时"，也许不无意义。比如我写向阳湖，可以有出书的"倒计时"，可以有完成报告文学的"倒计时"……

19970702

北京何祖渠、司徒新蕾夫妇上月 27 日赴美，25 日还抽空寄来一份科影厂下放干校人员名单，真乃"言而有信"。现在看来，要联系的人将越来越多，工作量太大，我得有所选择，有所侧重才是。

19970704

上午咸宁市委宣传部王副部长等又来"汇报"工作，我邀了孟绪龙一同谈了意见，并说开发向阳湖专班与其请一些名不副实的"顾问"，倒不如多多请教老孟这个"专家"。

19970705

又一篇专访(访沈鹏先生)今日见报，马上得着手写下一篇。初步给自己定了任务，不管发表的情况如何，一个星期得赶写一篇，坚持一年便是 50 篇，"采风"不仅上册可顺利出书，完成下册也指日可待。

19970706

写出访国学大师王利器先生稿——《向阳湖畔丛桂香》，仅 1500

字,自己感觉还满意,而且文章短,也写得快,今后就按这个路子走。至于采访的素材多,可留待日后写报告文学用,那时会嫌少的。

19970707

开了一天秘书长、主任办公会,总结上半年工作。我发现自己“份内”的事没做出什么成绩,而“份外”的向阳湖倒是取得了丰收。很想在会上强调一下,对向阳湖文化应怎么看,这是咸宁地区的大事,并不是我的个人行为。作为地区首脑机关要想创一流工作业绩,应有个评判标准,比如机关评“发表文章奖”,要看文章的政治影响和社会影响。但考虑到“曲高和寡”,我并没有把心里话说出来。

19970708

北京张慈中先生2日来信:“《向阳湖文化人采风》、《向阳情结》两书封面设计,已给早春同志和责任编辑阅审,他们表示同意,现寄上请你过目。/这两本书各有上、下两册,在设计上既考虑单一看,又可上下两册放在一起看的整体效果,而且两书四册放在一起看,又是一个大整体,风格和情趣上是一致的。/我设计时,避用当前不少设计家喜用时尚色彩和繁琐表现手法,以朴素淡雅的艺术品位为主,以黑白强烈反差为神。画面简笔素抹,比拟这批文人廿年前的旧情旧境和当前的精神气质,是否恰当,望多多提出意见,意见和原设计一起寄回给我。/另,我希望《向阳湖文化人采风》一书,正文每篇附一幅当前采访人的近影,使老同行、老朋友,新读者都增添一份深情和亲切感,我已向责任编辑提出,他也同意。但近影照片清晰度要好,以保证印刷质量。你替我拍的,如洗印有余,望寄我几张。”

19970709

咸宁电视台近两晚连续播放了《向阳湖文化名人专访·臧克家九十依然忆向阳》,我帮助策划时,因在京采访的录像画面不多,主张以《忆向阳》的诗句“填补”,于是,在这期节目片尾加上一段旁白:“诚然,对臧克家的干校诗，早在十多年前就引起过争议，至今仍有不同看法。但作为一个享有盛誉的著名诗人，他的一颗永远年轻的赤子之心，他对咸宁人民的深情厚谊，却是永远值得我们珍视的，我们衷心祝愿臧老的生命之树常青。”

19970710

北京朱传荣寄来其父朱家溍先生的书法一幅：“翠亚高低伞，红翻潋滟波。”附记云：“咸宁湖中荷花最盛，其色红艳异常，且花叶高大，每值农事劳作之暇，辍步入荷塘，仰观红花翠盖，如入荷林，可谓咸宁之一胜景，至今犹萦绕眉睫间而不能忘，故撰此联纪实。/丙子秋，咸宁地区诸同志来访，书此幅以赠，即希哂正。”——此联年初朱老曾寄来过一次，但将“潋”字之反文旁误写成“欠”，为了对历史负责，我委婉地向传荣提出请朱老“返工”，遂复得此字。

19970711

故宫于倬云先生6日来信：“接到您寄来的《咸宁日报》及附信，非常感谢。从而得知您对文化部到贵地区（干校）的文化人的关心，实在令人敬佩与感动，我虽写了一些书文，其中《紫禁城宫殿》，被英国列入1984年《好书指南》中；美国在1990年把我列入《当代作家》中，但我只是从古代建筑技术与艺术方面论述，与文学作家的知名度难以相比。因此我迟迟不敢复信。不过，恭敬不如从命，兹根据您的要求，写出个人简况：我也是第一批去干校的改造对象（刚解放的黑帮），原在干校九连，在连里劳动一个月，又调到校部基建组任建筑设计工作，做了干校的标准宿舍，医院，五七石拱桥，档案库等工程设计，多是‘干打垒’的房子，我们走后，听说所有的房子都把瓦、木拆走，只有档案库依然耸立，但不知现在情况如何？/我觉得向阳湖的地形很有特色，如果恰当的运用地势，合理的作出水平，集锦式的建筑布局，富有诗情画意又有经济效益的植被及水产等……。我在干校时不敢提传统文化的美学内涵与效益，现在我已年迈多病，步履维艰，只能做点培养下一代的工作，因而对您抓文化部干校的文化史迹，非常赞成与敬佩。”

故宫杜廼松先生 7 日来信：“长时间来，本人一直在外出差，最近从山西为国家鉴定文物回京，到京后又马上主持北大研究生论文答辩，因而一直较忙。/您所寄来的《咸宁日报》周末版收到了，请放心为荷，并感谢您百忙中对我的关心。本人所写回忆干校生活的小文，在您的关心下已连载，读后又使我回忆了难以忘怀的情趣，对您表示衷心感谢。/随信寄上近几年新出的两种书《中国青铜器发展史》、《青铜器鉴定》，请笑纳。”

19970712

收到张慈中先生寄来《向阳情结——文化名人与咸宁》(上、下)、《向阳湖文化人采风》(上、下)的封面设计样，实在是赏心悦目，张先生为此颇费了一番心思。晚上我打电话向他表示感谢，同时感到压力更大。因出书之事迫在眉睫，张先生的关心是一大鞭策，每周拟写一篇专访应雷打不动，年底出书方可保证专著的“厚度”。

19970713

老柯和我谈到向阳湖文章，不乏独特见解。我则有种感觉，自本人宣传向阳湖文化以来，可谓一路顺风，处处绿灯。京城文化人厚爱、领导关心、朋友支持、新闻单位关注，实乃“好风凭借力，送我上青云”。

19970714

《长江周末》11 日发表了一篇《看不懂呀，向阳湖》，步王彬彬之后尘。我与编辑罗建华联系，准备“自卫反击”。赶写了一篇《开发向阳湖的来龙去脉》寄了去，此文罗兄早就有约，现在正好挤出写专访的时间，调整计划，或许这种稿件的社会影响更大一些。

19970716

北京汪轶千先生 9 日寄来一篇回忆文章《难忘的咸宁干校生活》，

并附信介绍在咸宁干校生活劳动过的两位同志刘宗卓和牛玉华夫妇。上次进京，早有人介绍两位，由于太忙，一直未与之联系。看来写作之外的联络工作不可忽视。

19970717

咸宁市“中国向阳湖文化村筹建指挥部”派人来访，送上“向阳湖文化资源开发总体规划建议书”，虽说也动了脑筋，只是我与之接触总有一些距离感，认为他们心中无数，没有花大力气钻研此事，纯属应付式的“蜻蜓点水”。但话说回来，走得慢总比不动脚好。

19970718

报社由于连续两周发了“向阳湖文化人采风”，这星期我便有意把访秦岭云的一篇推迟一周再发，这样也好，免得有些人接受不了。但无论发与不发，我每周写一篇的定额总得自觉完成。

19970719

北京杨寿松先生 9 日来信：“寄上《新华文摘》第 6 期两册，您的大作转载于此期，唯遗憾的是，目录上的副题‘访周巍峙王昆夫妇’掉了一个‘妇’字，这说明我社的校对水平仍旧有待提高。这里向您深致歉意！”

19970721

北京吴桂凤同志 15 日来信：“今天给大李政委写了一封信，感谢您又让我与干校领导取得了联系。/下次来京一定到家来坐……”。

上午送《新华文摘》第 6 期给万书记看，顺便汇报了“近期思想动态”，请领导对开发向阳湖文化更多的理解并在时间上给予照顾。万书记表示接受，却又叫我向主持办公室工作的周副秘书长汇报，我举棋不定，因周对此不大感兴趣，我不想多说什么，地委办半年总结对我的成绩只字不提，地委行署的半年工作总结由我执笔，其中提及全国政协提案，也被周删去了。

19970722

夜看咸宁电视台播放的专题片《张光年长忆向阳湖》。

19970723

省作协梁必文兄中午打来电话,告知昨日省作协主席团已通过我的入会申请,并称向阳湖的影响大,但我的作品字数不多,为此刘富道副主席出面说了话。我晚上去电话表示感谢,这毕竟是件喜事,也算圆了自己的作家梦。计划再奋斗上十年,争取加入中国作协。而就目前来说,还需多写文章多发稿,并在质量上力求有所突破,方无愧作家称号。仔细想来,我的为文之途够顺利的。首次在省级报刊发表文章,就得了一个全国性征文的散文奖,宣传向阳湖文化又是一炮打响,加入省作协亦是一次通过。占尽天时地利人和……如此春风得意,岂有不珍惜之理?

19970725

访秦岭云先生一文《"五瓜先生"话向阳》明日"周末版"发,此稿放了一个星期,抽时间又到电视台看了在京采访时的录像,更正了一处错误,补充了一点内容。看来写好文章放一放,不急于马上发表,可作为一条经验。

19970726

省作协创联部来函:"湖北省作家协会1997年7月22日主席团会议已经通过了你的入会申请,特向你表示祝贺,希望你更加努力,创作出更多更好的文学作品。同时,希望你一如既往地支持我们的工作,加强联系,及时沟通情况,共同把作协的工作做得更好。"

19970728

和母亲通了电话,告知我加入省作协的事,她感到十分宽慰。又关切地问起我和王彬彬"打官司"是怎么回事?因她最近看了《九头鸟》上的文章，嘱咐我对这种事要谨慎，应经得起时间检验。我请老人家放心，自己会把握的。

19970729

人民政協報 周末版

RENMIN ZHENGXIE BAO

第227期

阳光常照向阳湖

——访全国政协委员、中国书法家协会代主席沈鹏先生

《人民政协报》访沈鹏文

《百年潮》杂志社社长郑惠先生24日来信："……有关向阳湖文化人的情况，我们原来想有所反映，但只能发表一篇综合性的，对文革的追述，还得掌握分寸，处理得当。近见李辉在《秋白苍茫》一书中对此有所批评，不知你是否注意到。你们计划编的回忆录和访问记，已进行到什么阶段，其他纪念举措进展如何？盼便中见告。"

《人民政协报》7月26日发表访沈鹏先生文《阳光常照向阳湖》。

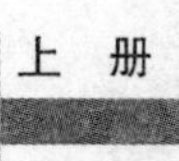

19970730

北京周明先生26日来信："最近工作进展情况如何？念。/我见你已写了不少文章，许多应是散文，如愿加入散文学会，可将这张表填好后直寄学会常务副秘书长贾焕亭同志。/握手！"

19970801

下午去小会议室向万书记汇报了向阳湖的宣传工作，他仍然表示大力支持，并说："徐全利由地委组织部抽调到中组部工作，你写了那么多文章，也得让北京有人发现，争取今后往上调。"万书记叫我抓紧把两本书早日出版，并说我这个人只能凭实干，让人承认，听罢此言，我有一种知我者莫如书记之感。

《青年文摘》第8期转载《英语世界里的陈羽纶》。

19970802

北京许磊然先生27日来信："读了《湖北日报》上有关您的文章，倍感亲切，对你也多了几分了解。现寄上简历一份，请查收。"许先生丈夫叶水夫也热情附信，并寄上有关资料。

北京杜耀西先生29日来信："将中国历史博物馆到过湖北咸宁'五七'干校的人员材料等寄上，供参考。时间拖得较长，甚为抱歉！"附题词手迹"向阳稻香飘四海，文人学士遍五洲"。

北京孙立峰来信，称他写的关于向阳湖的文章，《中国对外服务》已拿去排印。

今日购得《归隐书林》（黄宗英、冯亦代著，上海文艺出版社1995年版）。

19970803

上午将296封信分别寄给京汉等地文化人，每封装有近期5至6份《咸宁日报》周末版，仍然感到工作量实在太大，但又不可或缺。近几日请了致婷和熟了帮助贴信封地址，粘信封口，既有"歧视硕士"之过，又有"剥削童工"之嫌，奈何？

19970804

又逢生日。今年是本命年，国家有两件大事，香港回归和党的十五大召开，个人亦有两件喜事，加入省作协和年底出向阳湖专著，好戏连台也。

19970805

咸宁电视台今日播放专题片《周巍峙身在向阳湖，心系周总理》，我作为策划，对这期节目要求过于严格了些。不料，让专题部的两位编辑感觉要求太高，认为今后继续制作难度会更大，不免产生了打退堂鼓的念头。我自然现身说法，以情感人，但愿对他们有所触动。

19970806

上午刚上班，陈副秘书长就告诉我，万书记和俞部长都打了招呼，放我两个月的假，赶写文稿，秘书长会议决定，让周辉庭暂时接替我的工作。我深感两个月的时间也十分紧张，需充分利用，科学安排，定额完成任务，最好是“封闭式作业”。

今日去省作协领了会员证，编号为969。

19970808

又草出一篇采风稿《向阳今昔总相宜》，写的是访老书法家谢冰岩先生，仅1700余字，现在写短文章觉得费力些了，还是先放个把星期再发。

19970809

花了一天工夫，清理1995年以来北京向阳湖文化人来信，按时间顺序编了号，已达180封，其珍藏价值自不待言，今后查阅亦方便多了。

19970811

与北京王春瑜先生通话谈向阳湖，他坦率地说，开发向阳湖收获最大者，非我莫属。因为国家目前的大气候使然，今后“硬件”建设前景如何？还是个未知数。

19970812

上午老柯陪宣传部彭珠老来地委办，和我谈及向阳湖文化与李自成归宿研究，彭说我写的关于李自成研究会的诗不错，只是有一处平仄不对；老柯则玩笑道：“李城外已成为咸宁的一种文化现象，这种人才不可没有，亦不可多得。”

19970814

中国作协李昌荣同志8日来信说：“听吴桂凤同志介绍，你在《咸

宁日报》办了‘五七’干校的专栏,她建议我给你们投稿。现寄上两篇,不知合用否?”

四川成都巴蜀书社黄葵先生打来电话,说冀勤先生向他介绍我在组稿,他写了文章已寄来,我为这主动上门联系的事感到高兴,同时也感谢冀勤和吴桂凤两位热心人。

19970815

上午参加地区集邮协会二届一次理事会,市委刘副书记是名誉会长,由于事前我的鼓动,他在讲话时强调了开发邮品应增加向阳湖文化的内容。

19970816

北京孙立峰来信:“写了一篇和王彬彬讨论的稿子,请兄批阅一过,如果可能,可在贵地报刊用用。我以为建个干校纪念村势在必行,是早晚的事,哪怕在舆论上搞一个?”

19970817

中国散文学会来函:“我们高兴地收到你加入中国散文学会的申请,经审阅和研究,我们非常欢迎地接纳您为中国散文学会会员,入会日期为 1997 年 8 月 8 日。/从此,我们中国散文学会又增添了一位志同道合者,又输入了具有无限生命力的新鲜血液,希望您积极支持和参与学会的活动,为中国散文学会和中国散文事业的繁荣和发展,作出自己的努力和贡献”。

中宣部牛玉华同志 10 日来信:“寄来的几期《咸宁日报》及关于咸宁文化资源开发的建议,均已收到。拜读之后,沉思了良久,给你回信。我们二人都称不上文化名人,但对‘向阳湖’这三字以及向阳湖的自然美景留下的印象是深刻的。不过对在向阳湖劳动改造的这段历史,实在希望它在记忆中淡化下去。你知道我俩都是在党的宣传部门成长起来的,特别是我自 1936 年参加革命以来,总以一颗赤子之心,献给革命事业。战争时期，主要在沂蒙山区做报纸工作，山头上、山洞里以笔为枪与敌人战斗，从来不知什么叫做苦，什么叫做怕。进城后在中共南京市委和江苏省委宣传部作科长、处长、办公室主任等。近15年，与石头城结下了深厚的情谊。至1965年，一个命令将我调到中央文化部，分配在人民文学出版社任副总编，这是我第一次将自己的名字列入文化人行列。——可能因为我喜欢业余写文艺作品的原因。怎么也没有料到一年多后，就爆发了史无前例的大动乱，文化人变成了'臭老九'，要进行劳动改造，接受再教育。我在人民文学出版社被称为'末代皇帝'而罢了官。在向阳湖改造一年虽被'解放'，又以'五一六'后台的嫌疑不做结论。71年因陕西向中央调人，才将我调到陕报工作，一年之后，因晚期胃癌进行两次大手术，此期间，组织上几次给我准备后事，没想到医生给了我第二次生命！粉碎'四人帮'后，调到中共中央宣传部出版局时，仍未脱离大危险期。1983年离休之前，我曾到中央党校学习研究一年，离休之后便以《新的起点》为题，与同志们写了一本近30万字的书。并在这些年中，一面与病（心脏病、高血压、胃癌术后病）作斗争，一面在病房、家中写了5本中长篇文学作品，同时学习绘画，实践证明，写作、绘画都是与病斗争的好方法。有一本《往事悠悠总是情》的书就是我对70多年往事的回忆，其中有一篇名为《别了，向阳湖》。此文中虽然没有点出我在哪个连队，也没有说一个人的名字，但人们一看就知道说的谁，全部登出来，可能影响同志之间的关系，另外文章较长，不适于咸宁报用。要我再写，已无当时那样深情，只好复印一份给你这位真正的作家作素材参考，不登报，更不要由人民文学出版社出版。当时'文学'就是因'保牛派'，'反牛派'而分裂成为两大派的，现在活着的一些老同志和所谓的'牛鬼蛇神'都对我很好！如楼适夷、韦君宜、萧乾等均好，如果影响了关系，则是我的罪过。特告。/有些诗将来再给你寄去好吗？"言犹未尽，还附上几句："刘宗卓同志（解放军报社离休老社长）因病不能写什么了，他问候

你这新秀好,祝你前途无量!又及。/让我们共同向喂了向阳湖的鱼的同志们致哀!”

四川黄葵先生10日来信:“前得约稿信,因冗务繁忙,一直无暇。冀勤三番催我,说我什么‘世界名人’,‘风云人物’,应当写写。无奈,周日苦暑,捉笔写来,又无提纲,兴之所至,信手写来,又长又臭。今将草稿奉上,请斧正!不必用,可掷之纸筐。”

19970818

北京张世简先生14日来信:“信、几份报纸都已收到,见到有关向阳湖的文章,我贪吝的一口气把它读完,连几次叫我吃饭也没有放下报纸,它又把我带到26年前的向阳湖了。在向阳湖的3年中,最难忘的还是向阳湖的老乡,我们17连,是在红旗山开荒盖房,靠近鲁家湾,与鲁大爷结下了深厚的友谊,他的儿子叫鲁荣华,孙子叫鲁雄,我希望他现在仍然健在,有机会定当去看看他。这是我一直挂在心上的一个愿望。/回忆干校的3年历程,实在是思绪万千,香、甜、苦、辣,历历在目,犹如昨天一样,印象太深刻了,可惜我不是文学家、作家,胸中墨水太少,不然真的能写出厚厚一本回忆录。/关于文化大革命和干校的事,我不作评论,但它是一场闹剧,是对知识分子的专政,要一辈改造思想,不能再搞你的专业,我是美术工作者,有一次我拿起铅笔,稍画了几笔速写,被一工人看见了,就说:‘又在搞修正主义的那一套了。’没法,只好不画了。当时我是40多岁,正是壮年,所有的重活都派在我们几个知识分子的头上,我们就风趣地自称为‘常委’……今感情所动,信笔画了张《鳜荷图》,奉寄城外同志,我想这比叫我题词要好得多吧!/向阳湖,我将永远怀念着你!”

19970819

咸宁市请了武汉大学搞设计的专家去向阳湖,今日邀我、孟绪龙与专家谈谈开发事宜,我因手头事多,借故推辞,建议老孟一人前往。他回来说，市里的开发规划与我们当初的设想相距甚远，我安慰道，反正有行动就不错了，我们负责向阳湖的“软件”宣传，“硬件”建设只有通过政府行为。他们搞得怎样，也只能是摸着石头过河，走一步看一步。

19970820

为《向阳湖》争取刊号的事，晚上我又和地区新闻出版局许局长联系，请他支持。过后致婷笑我“错位”，她的感觉我不是地委办副主任，却一直在扮演宣传部副部长的角色。打交道的尽是报社、文联、广电局、文化局，主要精力全放在了向阳湖文化开发上面，我回答说，爱我所爱，无怨无悔。尽管是无私奉献，但我乐在其中，甚至不惜也不怕被人视作“不务正业”。

19970823

晚上和人民文学出版社柴志湘先生通电话，身为责任编辑，他的责任心极强，反倒催我要尽量加快写书的进度，越早越主动。

《咸宁日报》周末版今日头版头条刊发访谢冰岩先生文，题目用的他的题词：“彼时多苦，今日咸宁”。“情结”栏目开始连载陈白尘先生《忆群鸭》，选自《云梦断忆》。

19970826

北京聂崇正先生 21 日来信，又续上了几段“干校琐忆”，可惜我月初已选发了几则，只能留作素材备用了。

19970827

今日接连完成 2 篇“人物专访”，一为史树青先生，一为郑效洵先生。致婷戏称为我“高产作家”，我初步匡算了一下，每篇以 1800 字计，倘若每周写 3 篇，一个月可达 2 万余字，9 月底便可完成书稿，10 月初打印，中旬定稿，再交出版社终审。

19970829

访王世襄先生一稿又告完成，先请致婷过目，获得好评。又提高

了我的写作热情,计划下一步写的人物,选择以人民文学出版社的名流为主。毕竟是在文学社出书。

19970830

晚上和北京周绍良先生通话,请他惠寄题词和有关资料,老学者满口答应,又说:“看了你寄去的报纸,方知你的本事很大,竟找了那么多名人。”

19970831

与《长江周末》罗建华君通电话,询问上次稿件为何至今尚未发出,原来他们有位编辑想来与我“合作”,我自然没表示同意。这是差强人意,我是放下手头的“采风”赶写这篇约稿的,竟然如此,并不在乎一定要在《长江周末》上发。于是,马上将稿件另寄他处。

19970901

咸宁市《向阳湖》杂志社寄来邀请函,请我下星期去参加他们组织的“向阳湖笔会”,会议通知上已打印好,云:“将请向阳湖文化研究专家李城外讲座”。我对这种先斩后奏的作法不以为然,但又不便计较,还是“以事业为重”,准备赴约。

19970903

又突击拉出3篇“采风”,分别是访周绍良、顾学颉、刘辽逸三老,平均不到2千字,接着准备写绿原和周汝昌二位先生,这是2篇重头稿,分量要加大,篇幅要加长,都是准备上省及国家级报刊的。

19970904

下午把“情结”和“采风”两书上册的大部分稿件送印刷厂开始打印,为的是抢时间。这样,再忙个十天半月,待全部稿件定下,便可校对前面的,边打印新作。然后再校对新作,如此循环。

19970905

上午去万书记那里,他下星期赴京参加党的“十五大”,我便问需不需我中途赶去，找一下向阳湖的文化人，或为他办点什么，他说随便。我自己也矛盾，“十五大”期间赴京，机会难得，但书稿在手，任务压头，时间实在十分紧张……

19970907

又花了近一天时间，写了近百封信，附上近几期关于向阳湖的报纸，分别寄给京汉文化人。这次有选择地挑选了联络的对象，工作量减了1/3。

19970908

北京周老3日寄来厚厚的《周绍良先生欣闻九秩庆寿文集》（中华书局1997年版），16开本，印数仅1500册，绝对又是“鄂南孤本”。

今日拉出访绿原先生的文章，采访时间为1995年之秋，前年采访的还有好几人，至今没有动笔写专访，去年采访的更不用说，不少人来不及写。既然迷上了“采风”，注定了今后没有多少休闲时光。

19970911

上午应邀参加咸宁市“向阳湖笔会”，作了演讲——《牢记文化人的足迹》，这场专题报告讲了近两个小时，分4个部分：向阳湖的历史、向阳湖开发的经过、目前已取得的成效、有关争鸣等，我没用稿子，竟一口气把向阳湖的来龙去脉作了整体性的介绍。自我感觉不错，也受到来自全国各地的文学爱好者的欢迎。会上许多人要求同我合影，让我过了一把“明星”瘾。同时，应邀与会讲课的长江文艺出版社赵国泰说，我谈起向阳湖如数家珍。我顺便请他在会上也评点一下向阳湖文化，并建议会议组织参观向阳湖。老赵说，我讲到向阳湖几乎有一种“条件反射”。

19970912

北京顾学颉先生8日来信：“近来身体很不好，常犯病。今写数语寄上，不知合用否？”题词为：“向阳湖文化是记录特定历史时期的一件特殊事件,既可藉以鉴古,亦可资以对今,非关系咸宁一地,实为我国文化史上不可或忘之大事,希全国上下能注意及之。"

19970915

上午又进京,打了几个小时的联络电话,下午便开始采访。第一家是中央文史馆馆员、画家张世简,没料想蒋路先生临时来电话,中央文史馆馆员下午要去中央统战部,参加由李岚清、王兆国主持的中秋招待会,我正好一起前往,顺便拜访一下其他几位下放向阳湖的中央文史馆员。如朱家溍、秦岭云、林锴、许麟庐,并重点对许先生进行了采访,然后将6位文史馆员召集起来一起合了影……

6名中央文史馆馆员在一起

19970916

上午采访中国作协创联部原副主任吴桂凤,她滔滔不绝地对我讲了许多中国作协的轶闻,我感觉她是一位十分正直的人。吴主任虽不算名人,但今日在她这里访谈的收获并不亚于采访名人,尤其是她借了一整套《作家通讯》让我带回浏览,令我快意。

下午采访中央美术学院教授张立辰。画家对向阳湖的感情极深,人也很随和、健谈,可能是因为名气大,不肯轻易作画相赠,仅送了一本自己的大型画册作念,并在留言册上写道:"西凉湖上打鱼人"。

晚上继续昨日中断的采访,在张世简先生家放向阳湖专题片,并请他为万书记画了一幅花鸟画,他为我题了几个字:"梦魂常牵向阳湖。"

今日中秋,才想起今年端午也是在北京过的。凌晨1点,孙立峰兄先赶来宾馆找我聊天,并带来酒菜及月饼,谈至近3点……在此之前,陈安钰兄也特地赶来问候中秋,可惜我采访未回。

19970917

晚上拜访著名画家林锴,他的名片上写的“书奴画匠印丐诗囚”8个字,令我过目不忘。其妻儿一同接受采访,可惜他明天一早要随中央文史馆代表团赴三峡考察,画画题词的事只好等下次。

19970919

下午,去陈安钰兄家长谈,他送了两本书《大动乱的年代》(王年一著,河南人民出版社 1988 年版)和《文化大革命十年史》(严家英、高皋著,天津人民出版社 1986 年版),陈兄可谓知我。

19970920

上午采访人美社的漫画家顾朴先生,他是干校“五七”战士中的聋哑人,我们进行了“笔谈”。这今后将是一篇十分独特的人物专访。他还写下“触景生情”几个字。

接着采访画家张汝济先生,他深情写道:“家住向阳湖畔。”张先生和老伴都下过干校,一唱一和,谈兴很浓。

下午,去画家孟庆江先生处,他正在创作一幅《苏东坡赤壁怀古图》。孟先生至今仍记日记,多年坚持不懈。我们可谓“知音”。

19970921

孙立峰君中午来小酌,带来新出第 5 期《中国对外服务》杂志,他的署名文章《中国文化风的复兴与轮回——当代文化学术讲座方兴未艾》,重点介绍了一下向阳湖,并配发了多幅我提供的照片,效果很好,文中有云:“在京城诸多文化讲述中,故宫和中影公司新近的两期讲座,更是引人注目,他的主持人李城外先生是钱钟书大师的‘城外弟子’。作为湖北咸宁人,李城外还是‘文革’期间文化部‘五七’干校上万名高层知识分子的代言人。主办这两期讲座,主要目的就是为了开发向阳湖文化资源……”。此杂志印刷非常精美。

下午到团结湖访问著名画家李平凡,满载而归,不仅喜得他赠送的画盘、画作及藏书票,还有上十本有关他的传记、文集等。如李平凡版画60年回忆录《版画沧桑》(北京出版社1997年版)。李先生无疑可做一篇大文章,幸亏昨天得到他的电话和地址,否则便错过这次见面机会。

顺道又造访佟韦先生,送他一盘向阳湖的专题片光碟。又喜得几幅书法,准备日后分别送人和自己珍藏。

晚上访叶惠元、刘含真夫妇。叶先生下放时仅一只手,亦属残疾人。他在向阳湖行医,有"叶神医"的雅号,他不一定是写专访的人物,却是报告文学中会提及的人物。

再去拜望柴志湘先生,为出书事宜商量。柴先生表示尽心尽力,他说90%多下过干校的人都感谢我。

19970922

下午,拜望张慈中先生,感谢他热情为我的两本书设计封面,张老表示这是一点应尽心意,并说在京下放的向阳湖名家,都被我采访的差不多了,我这种"抓大放小"的作法成效明显。又说上次来京是6月,这次是9月,这其中的3个月正是北京多年未遇的奇热的日子。我的时间真是选得好。

19970923

上午,专程去中央党校,与在这里学习的市委饶副书记聊天。他说我选择的路子对,认为现在有万书记在位,呆在地区比下县市好,于向阳湖这项事业有利,并说我区对这项工作力度还不够大,地委行署应听一下专题汇报。我则说如果落实"一事工作法",让我专门干这一项事,一定会做出成果。

今天在中央党校书店,购得一本《大陆名家探访录》(艺术家出版社1992年版),台湾版书籍定价昂贵,但我见里面有采访向阳湖名画家徐希的文章,便还是一咬牙破费购回。

19970924

第一次到三联韬奋中心购书，大开眼界，选了不少与向阳湖有关的参考书。如《郭小川评传》（张思和著，重庆出版社 1993 年版）、《陈白尘论剧》（董健著，中国戏剧出版社 1987 年版）、《马彦祥文集》（1，文化艺术出版社 1995 年版）、《范曾序跋集》、《对人世的告别》（陈白尘著，三联书店 1997 年版）、《臧克家诗选》（人民文学出版社 1994 年版）、《韦君宜选集》（人民文学出版社 1994 年版）、《严文井选集》（人民文学出版社 1994 年版）以及《钱钟书杨绛研究资料集》（华中师范大学出版社 1994 年版）、《出版家列传》（重庆出版社 1996 年版）、《情系老三届》（陕西人民出版社 1996 年版）、《啊，老三届》（安徽文艺出版社 1988 年版）等。

19970925

上午，至沙滩五四书店，购得《东方之子访谈录》（山东人民出版社 1997 年版）。

19970927

南京师大陈虹教授 13 日来信："信及报纸均收到，谢谢。其感激之情不仅在于您对父亲的宣传介绍，更在于您选择了一项有益于后人的工作/寄上父亲照片一张，另，其文集 8 卷，将于明年出版，届时再奉上。"

北京李昌荣同志 15 日来信："来信及寄来的影印材料，均已收到，谢谢你。/看到了很多当年的战友写的回忆文章和你的采访报道，使我好像又回到了干校，回到了当年那些战天斗地的日子，看了这些文章感到非常亲切。真是应该谢谢你做了这么多有意义的工作。"

北京聂崇正先生 14 日来信："寄来短简及报纸均已收到，十分感谢！/我在干校画了不少钢笔速写，除去干校环境风光外，还有些画了咸宁火车站及县城市容的，不知贵报是否要，如需要我可再复印若干给你寄去，亦可活跃版面之用。/《干校轶事》的题目起得也很好，其余数则要用最好全登,不要选摘,其中有些'黑色幽默'成份,时代使然也!"

北京绿原先生 18 日来信:"多年未写毛笔字,勉强献丑,实在愧对你的盛意。"题词为"向阳花正红"。

北京陈羽纶先生 18 日来信:"随信寄来的两篇文章复印件收到,谢谢。/你开发向阳湖的文化资源,成绩很大。你那种锲而不舍的精神,令人钦佩。/人们读了《李城外——向阳湖中一尾鱼》,对你有了更进一步的认识和更深一层的了解,这篇文章也写得很好。有些读者读了《青年文摘》你写的那篇关于我的文章后,来函提出如何才能学好英语等问题。《中华儿女》和《青年文摘》不知有多大发行量?"

北京汪轶千先生 20 日来信:"接您电话,了解你们在为过去咸宁文化部'五七'干校事在京奔波,几年的咸宁干校生活,一方面是过去文革时期的产物,但另外一面却确实为我国文化界的一批同志得到了一定的锻炼机会,与基层群众接触的机会,能开发出来,实实在在是一件好事。/上次寄上一篇稿子,供选用,接电话后,才想起那篇稿子中漏掉一个情节,现补位如下。/1. 开始二连,后来的十一连是由四个单位组成的,即新华书店总店,新华书店外文发行所、中国印刷公司、中国印刷器材公司。除外文发行所是多数同志去干校,少数同志留京处理日常业务外,其余三个单位几乎都是'连锅端',即几乎全体同志都到了干校。/2. 11 连的总人数为近 100 人左右,连长是外文发行所的何纯良,指导员是我。/3. 总店当时是全国各级发行系统的管理部门,同时又是文化部出版局管理全国各级发行工作的职能部门,所以总人数只有 33 人,除留 2 人在京留守外,其余 31 人全部去了干校。中国印刷公司、中国印刷器材公司也是这种情况。除外文发行所去干校的人员中,有一部分职业学校的学生较为年轻外,其余全是中年以上的老同志。/4. 北京发行所当时是 12 连,新华书店储运公司当时是 26 连。/以上情况,供了解。"

《咸宁日报》今日头版头条发表采风稿《向阳晚霞犹灿然——访京

都奇人王世襄》。

19970928

地区印刷厂已把两书的初稿打印好，我下午拿回校对。压力又增大了许多，《向阳情结——文化名人与咸宁》一书上册约18万字，而《向阳湖文化人采风》(上册)只14万字，还差万余字的文稿未写。

19970929

北京吴桂凤同志25日来信："能有幸与您结识，甚感欣慰。/这篇有关老赵去向阳湖的小文寄上，我一写就比您那报纸要求的长，没办法。能用就用，我觉得这种内容与角度，大概以前没有人写，也许我谈得少。"

19970930

开始校对"采风"和"情结"两书的上册稿，总计达34万字。准备抓紧时间过目一遍，然后一气完成将补充入书的5篇专访。

四川黄葵先生17日来信："寄来一包材料收到，十分感谢！/尽管我极忙，我还是爱不释手地一气浏览了材料。阅后，使我回到了那依稀的年代，酸甜苦辣一齐涌上心头，使我难以平静。我们这些'五七'战士由衷感谢您，感谢您热忱地使我们回到了向阳湖！/看了诸位之文，自觉惭愧，自己写得太马虎了，太肤浅了，太苍白了。因系信手写下，有许多人、许多事未能记入。例如楼适夷、傅振伦、刘岚山等，都在菜班共事，一道流过汗水，一齐流过泪水，都有一笔辛酸史。/我爱人李孝佩，祖籍咸宁贺胜桥大屋李村，对咸宁别有一种感情，他日有便，定去看看'第二故乡'。/去年，信手写了一篇会晤克家同志之文，省一报登过，奉上供参考。/我现任四川省古籍整理出版社规划小组副组长、中共巴蜀书社党组书记兼社长，事务冗忙，祈望早日退下，以便著述。/何时莅蓉，欢迎到寒舍叙谈。"

中华书局(咸宁五七干校 16 连)、故宫博物院(咸宁五七干校 8、9 连)

1997 年

冬

19971001

北京谢冰岩先生 9 月 23 日来信："你寄来的贵报，都收到了。凡是写我熟识同志的文章，虽然眼病严重，医生叫我不能多用，但我还是用看几分钟休息几分钟的办法，慢慢地看完了它。8 月 23 日发表写我的那篇，是符合我的情况的，我认为很好，没有意见。……/你要我写幅字，不知是要条幅还是对联？内容要什么？请见告，不能多写。"

19971002

突击了几天，总算将两本书稿校对一遍。可以说是对自己几年来的写作成果进行了一次检验，还是值得欣慰的。毕竟是一边耕耘一边在收获，没有走什么弯路。可以说比一般写作者顺利多了，但与自己定下的目标相比，还相距甚远。我给自己定一个"五年计划"，争取再过几年加入中国作协，仍需笔耕不辍，方能实现目标。

19971003

又埋头整理一天的采访，采访北京人的录音，致婷和熟了都受了我的影响，各看各的书。闲聊时致婷戏言道："因为怕影响你，我们家没有歌声，没有了欢笑。"她还一直埋怨我至今没有买影碟机，让她美妙的歌喉"资源浪费"，说我好狠心。

北京程代熙先生 25 日来信："索要的拙文，今复印出来，付邮寄上。请查收。”文章题为《李贺伴我向阳湖——记文革中的一段读书经历》,原文发表于《大地》。

19971004

北京周汝昌先生寄来《曹雪芹新传》、《红楼梦里的真故事》等赠书,我手头正好在写他的专访,以为自己挖掘向阳湖文化正如他选择“红学”一样。等我到了周老今日的年纪,大概“向阳湖学”在全国也热起来了吧?

19971005

成果兄送来新书《山里的哲学》(长江文艺出版社 1997 年版)。又,《北京政协》第 10 期发表了我访任继愈先生的专访《书山有路通向阳》。

19971006

为万书记草拟好向阳湖两本书的序言,自己分别写了“后记”,忙到子夜时分,月内还要突击完成 5 篇专访,方可告一段落。现在要开始“倒计时”了。

19971008

咸宁师专今天 60 年校庆,我不是“校友”,却主动前去看热闹。只是因为它尚有一段和文化部咸宁五七干校的渊源,果然,庆典上赠书《校友》一书有所记载。它曾是向阳湖的中转站,日后写报告文学,也许会提及今日盛况。

19971009

写好两本书的后记,均把《咸宁日报》重点提了一下,以表感谢之情。但致谢词提不提具体人,提多少,尚不好把握,于是征求报社负责同志的意见,王总编坚持只能提参与策划向阳湖的人,陈副总编和黄胜则表示笼统提一下,而且有利于维护班子的团结。我便采取了后一种意见。

19971010

接电话,《武汉晚报》明日将发表我访王利器先生专访《向阳湖畔丛桂香》。又,《咸宁日报》周末版明天发另一篇专访,题为《向阳湖里好读书——访中国佛教协会副会长周绍良先生》。

19971011

下午,《潜山诗词》黄鹄先生来坐,谈及向阳湖文化,他的认识有的方面甚至比我还高一些。预计我的两本书出来后,不仅在省内,国内会有影响,还有可能出译本,走向世界。到底是诗人,想象力丰富,不像我写散文的实在。

为写好周汝昌先生的专访,晚上去文化局郑忠权家借来几本书,他对“红学”素有研究。见他埋头于自己所爱的事业的情形,窃以为同道。打算今后向阳湖宣传告一段落,如有闲暇,再写一下他和黄老这几个“土著”文化人。

19971013

上午,《人民政协报》张记者打来电话,告知我访史树青先生一文日前已编发,并热忱欢迎今后多投稿。

《咸宁日报》今日头版刊载消息《咸宁市将全面治理向阳湖垦区》,称垦区素有“米袋子”,“菜篮子”之称,现有面积4.8万亩,是咸宁市最大农业生产基地之一,范围涉及张公、甘棠、宝塔及奶牛场四个乡镇场。

19971014

四川黄葵先生近日又是来电话又是来信,又是赠送书法。3日寄来两幅字:“云梦好梦无非泪,向阳骄阳也是血”和“丹心悬云梦,往事怅甘棠”。

19971017

下午,《中国文化报》刘记者来咸宁采访万书记,谈如何重视旅游开发,陈副秘书长特地来让我去补充谈向阳湖,说这方面我是大家公认这方面的权威,他还玩笑道:“谈文化要找李文化”。

19971018

从北京回来不到一个月的时间,完成了5篇“采风”稿,访周汝昌、许磊然、朱家溍诸先生和薛德震、杨瑾夫妇。今天草毕最后一篇——访张慈中先生,《向阳湖文化人采风》上册任务总算全部完成。

19971019

《收藏》杂志打来电话,找我约写访文博专家的稿子,我趁势宣传了一下向阳湖,并答应今后一定投稿。

19971020

晚上分别向人民文学出版社社长陈早春和我的责任编辑柴志湘打了电话,告知两书的文稿已定,即将寄给他们审阅,二位仍表示积极支持,力争早日促成出版。

19971021

印刷厂已将两书全部排出,“情结”达22万字,“采风”达20万字,远远超过原计划每本15万字的规模。我这几日忙于一人校对,通览两书的享受是过去难以体会的。整体效益毕竟不一样,可以预测,两书正式出版后也会产生影响。今后开展下步工作也会便利得多,再不用零星寄报纸了。

19971022

下午,孟绪龙来,我谈了为何把他的《中国向阳湖文化村及其企业集团策划》选入“情结”一书作为“附录”。主要目的是为向阳湖造势,其次也是“推销”他。在人民文学出版社的书籍中“亮相”,机会也难得，也算得我尽点朋友之谊。老孟说我这几年占尽天时地利人和之便，于仕途、文坛均大有收获矣！

19971023

北京孙立峰君在《文学自由谈》第5期上发表了《可笑的偏见》，批评李辉与王彬彬，“表扬”李城外，这使我想起了元平在《九头鸟》争鸣栏上“编者按”的一句话：“圣洁的文坛总有正义之手紧握打捞者的臂膀……”

19971024

北京叶惠元先生15日来信：“最近太忙，索要我和刘含真的简历即今天刚写出，文字很草，供参改备查，上次你来舍下合影照片已冲出，现一并寄去。/欢迎再来一叙，代问候向阳湖老乡。”

19971025

《咸宁日报》周末版“采风”今日发表我访问周汝昌先生一文——《红楼梦入向阳湖》，约3600字，版面安排很好，头版头条转八版，遗憾的是文题前栏目名称“向阳湖文化人采风”几个字，由于印刷工人失误，忘了套红。让我看了有点不舒服，生怕有负周汝昌先生。今天寄去报纸或许要加上一句解释，因为“红学家太红”了。

19971027

《武汉晚报》编辑王子健寄来11日的报纸，已发表访问王利器先生的文章，照样配了照片，照样题目未动，看来下半年向外投稿还要勤一些。

19971029

将两书书稿以特快专递寄人民文学出版社，为的是抢时间，力争下两月通过稿子，春节前出书。中午向万书记作了汇报，他表示满意，说我总算做成了一件大事。

19971030

向阳湖的书稿交了卷,手头任务却仍然不轻,一要继续校对,二要给近300文化人寄报纸,三要投稿,四要写驳李辉、王彬彬文。

19971031

下午,向北京沈鹏先生通电话,难得他在家,说看了我写的专访,比较满意,我请他重写一幅“希望阳光常在”,并为我留一幅墨宝寄来,沈先生都爽快答应了。同时,又挂通沈从文夫人张兆和老太太电话,请惠寄二老照片,也得到满意答复。这样,书稿插页的照片无疑又“锦上添花”。

19971101

晚上向北京王蒙先生家打电话,是他夫人接的,告知王蒙在外出差,但记下了我的地址和请求题字的内容。王蒙的家风给人印象极深的是:人人客气。

19971102

咸宁市程书记转来一封“原文化部五七干校学员”的信:“听说你们的办公室副主任李城外,正在写文化部那些文人雅士们(当时叫‘牛鬼蛇神’)的访问记,还准备出书,你们知道文化大革命早已被彻底否定,劳动惩罚的‘五七’干校也早已被否定,李城外的文字再好,被改造的老人们再好,向阳湖再美丽,首先要考虑到宣传导向是什么?我建议你们千万慎重,否则等到出版之后要惹麻烦。中宣部出版局已知此事,特告。”——我看罢信,字迹似曾相识,查了一下以往收到的信,原来此人是刘玉华女士。口气如此之“左”!前不久,她的来信还不是这种口气,并寄来了自己的回忆文章,不过这个信息对我也是个提醒,出书之前少张扬为好。

19971104

订1998年上半年报刊,882.12元。

19971105

夜与北京张慈中先生通话，他已收到书稿，对我写他的专访很满意，并提出个别修改意见。他还感谢我，特别复印了两本书稿先寄给他，我说既然请他设计封面，这是他的“特权”。

北京张兆和先生1日来信：“没有找到从文个人在咸宁的照片，只得把由湖北‘五七’干校返京后摄的一张寄上，用后望务必退还，因为只有这一张，我们要留作资料用。谢谢。”

19971106

上午，专程到省作协，向刘富道副主席汇报了向阳湖两书的进展情况。工作做在前面，等书正式出版后，省作协也好正式宣传一下，算得是新会员的成果展示之一。

19971107

沈鹏先生守信用，真乃大家风范。前几天接电话答应的事，今天就收到他从北京挂号寄来的两幅字。一幅是“希望阳光常在”，一幅是寄赠我本人的墨宝，系一首《友人赠石枕有作》：“情多渐隐高唐梦，一枕黄粱俗务空。青石伴余青帐里，头颅自信比冰凇。”

19971108

夜与北京柴志湘先生通话，他正忙于审读我寄去的书稿，陈社长把任务交给了他，这位“五七”战士知道我的心情，一个劲地叫我放心，他会抓紧时间的。

《咸宁日报》周末版头版头条发表《黄昏未忘向阳时——访著名古典文学专家顾学颉先生》。

19971110

为了经常性看有关向阳湖的录像，今天专门购置了一台录放机，这种投资似乎晚了点，现在看来作用会超过藏书。

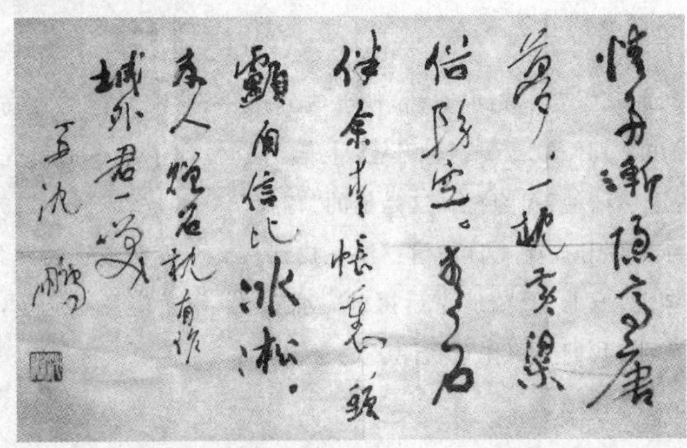

沈鹏赠作者书法

19971112

今日去了趟向阳湖，了解开发向阳湖文化资源进展情况如何？虽有动作，但成效不大，尤其是专班的几个人不一定得力。我亦只好加倍工作，以弥补这边的不足，但到市里和程书记见面后，他说“咸宁热起来了，地区又不算热了。光你李城外热还不行，还要地委行署领导长期保持一定的热度。”

19971113

北京张慈中先生 8 日来信：“函、稿收到，读多篇，朴实文采，流畅语言，如清泉，爽甜清澈，有幸成为第一读者，谢谢！/‘一片丹心向阳开’我和女儿看后，略有改动，请酌。/近日腰病复发，不能久坐，两书封面发稿可能推迟到月底，望见谅。”

19971114

王蒙先生 10 日从北京寄来题词一幅：“注视文化人的足迹，营造更加美好未来——题湖北咸宁向阳湖文化干校旧址。丁丑初冬。”

19971115

《咸宁日报》真是让人伤脑筋，今天印出来的我访许磊然先生的文章《译海明珠重向阳》，所配发许先生照片漆黑一团，严重影响了报纸的质量和声誉，让我无法往北京寄。我对他们无话可说！

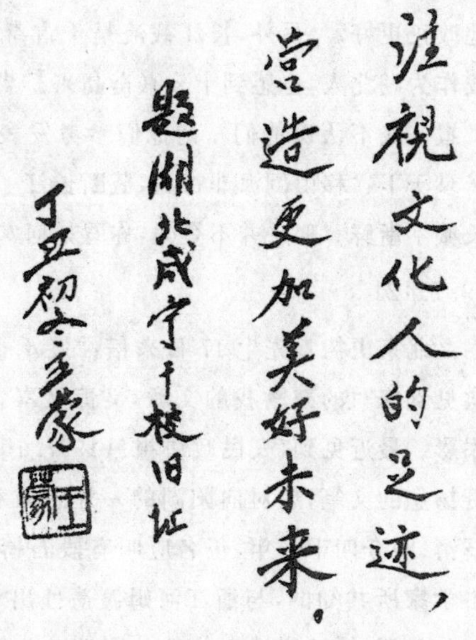

王蒙题词

19971116

上午将309封寄给京汉文化人的信及报纸，装了满满三大提包，叫了一个车子到邮局，终于又完成一件几个月来积压已久的事。这种联络的粗活虽然费了不少的时间和精力，但操办过程中的快感也是一般人难以体会的。

19971117

《咸宁日报》明日改大报试刊，晚上请了书记专员去视察，我和报社是老感情，自然主动前去助兴，万书记、李专员、刘副书记也都知道我是报社的骨干作者，却不知如有可能，我还很愿意去报社工作。

19971119

晚上和北京柴先生通话，他那边办书号、责任编校等事宜已初步定好，进展顺利。

19971120

北京顾学颉先生14日来信："信及大文收到，谢谢！/文中所记，大抵都是真实情况，不过谬承过誉，愧不敢当。有些小节，须略作修订

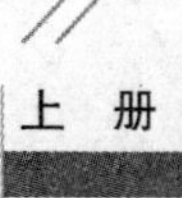

……虽然无关宏旨,但为了记事翔实无误,收入纪念文集时,也应如实地改正更好。/另外,长江截流是千古奇迹,为人类创造第二个奇迹。我作为湖北人,也感到十分兴奋高兴。当即赋诗一首,写好寄给《湖北日报》(我不认识他们),请他们参考发表。可能碍于规格,未见发表。转录于下:'移山倒海非神力,截断长江一瞬间,人类奇迹今再创,万里长城不新鲜。'似乎并不夸大,你看如何?"

19971121

北京史树青先生17日来信:"屡承寄赠咸宁报刊,十分感谢。两次见到您写的鼓励我的文章,又惊又喜。您的文章,大为向阳湖增光添彩。最近见到《人民政协报》(1997.10.11)尊文,许多朋友看了,都赞扬您的文笔,您对向阳湖的一片忠诚和热爱,溢于纸上。文中谈到石锛,距今四千多年,正名应叫有段石锛,为修理舟楫的工具,这是考古学家所共知的,与浙江河姆渡遗址出土的有段石锛用法一致,可见三峡以下,长江流域文化的共同性。此情况您可与白绍芝同志联系,引起湖北的注意,为咸宁古代史增光,从湖北馆借来,也可在向阳湖陈列。我每日甚忙,日内又将赴日本访问,特此敬复,并致敬礼!"

19971123

北京张兆和先生11日来挂号信:"来函收到,现将从文照片寄上,请勿污染,用毕望早日赐还。"

19971124

北京张扬先生20日来信:"现寄出李长路相片一张,不知是否合用?随信附上《人民日报》1997年7月28日第四版,供你参考。谢谢你,还关心着李老。"

19971126

与北京柴志湘、张慈中二先生通电话,得知稿子已获审通过。只是"情结"需抽掉两篇文章,过后安排在下册。文洁若和沈从文先生的稿件都只用一篇。万书记的跋改为序，这样更好一些，为下册留有余地。

19971127

北京陈乔先生23日来信："前所寄咸宁报，均已收阅，多谢您的关怀。写的许多专家报道，我大都已读过。你真不愧是位追星的专家了。这种可贵的精神，望继续努力，将来集印成书，供后世流传研究，是一重要奉献。'文革'中北京的文化名人大都下放干校，集中劳动审查，是一次历史灾难，也是你专区难得的机遇，向阳湖留下了他们可歌可泣的印迹，收集起来，意义重大。我又感到对当时的直接领导者军宣队，也应调查研究，他们有功绩，也有问题，掌握了矛盾双方的具体情况，便更有发言权了。这方面你们也许早已作了调查，我便说了多余的话。/我有一个不切实际的空想：旧时代曹雪芹穷困潦倒一生，写出一部千古不朽的《红楼梦》，如果当代出现一位雪芹式的人物，写一部'向阳湖'，也可能是一部很有价值的史诗。这是一个艰巨而又伟大的任务，须具有人杰地灵的条件，未知城外君有无此种雄心壮志？/昨日读了周汝昌的报道文章，他是红学专家，为你题词：'红楼非梦，向阳无湖'，寓意颇深，对我有所启示。'非梦'是实也，'无湖'乃名实不符之梦境也，因而我枉自撰写一绝句：'红楼非梦实是梦，向阳无湖梦中湖，悲欢离合千秋史，风雨阴晴万代书。'闲情逸趣，略供哂纳玩味而已。"

19971129

北京汪铁千先生25日来信："寄来的报纸和附来的信都收到了。信中建议我那篇回忆文章的标题改动一下，征求我的意见。我考虑后，同意您的建议，可以改动。/由于我那篇回忆文章，写的时候比较匆忙，来来回回推敲，所以采用时，望您和报社同志对文章中如有不妥之处，望予以协助修改。/拙文采用后，对发表的那期报纸，望能多寄几份,以便给当时干校的同志和大家共同回忆起那段时间的岁月。”

北京张慈中先生26日来信:“函、报均收到,大作的封面已发稿。/《一片丹心向阳开》稿,略有改动,附上样稿,请酌定。”

19971130

国家文物鉴定委员会王宏钧、刘东瑞、蒋文光等3位专家上午专程赴通山考察文物。3人均下放过向阳湖,前者我还专门采访过,因此,地区文化局通知我陪同时,我求之不得,马上一起到了通山。下午,他们一行上九宫山,我一人先回温泉,准备明天陪他们去向阳湖。

19971202

北京许磊然先生11月27日来信:“来信收悉,您的文章写得很好,活泼生动。但有几处有些失实,希望能改正,现将改正之处写在原稿上寄上。/1.‘文革’中我根本没有住过‘牛棚’。2.删去秦顺新,因为那时他还年轻,和上述的不是平辈。3.说金人是‘书呆子’不确切。他根本不是‘书呆子’。4.最好不要提林辰的名字,怕他看了会不高兴。/上次电话中请您代印的照片,不知道印了没有?我只要我和水夫合影的三、四张就够了,先致谢。”

19971203

下午,省文联党组书记潘涛专门从武汉打来电话,告知所寄关于向阳湖的文章全读了,十分感谢,并表示今后会多加宣传,适时在汉召开座谈会。

19971204

《湖北日报》刘庆林老师来咸,下午陪他去通山。他对向阳湖文化的价值和意义及至今所取得的成效,多有阐述和赞赏,并说两书出版后,《湖北日报》将首先在显著位置刊发有关评论。

19971205

访刘辽逸先生文今日发排,明日在《咸宁日报》周末版发表,题为

《向阳常在思念中》。因字数仅千余字，安排在第三条，好在是头版。只要是 12 月发就行，因为收入“采风”一书的还有 3 篇专访未发表，需在年底前全部发稿，以便在篇末标明首发日期。

19971206

用特快专递寄给人民文学出版社两书的最后定稿，然后电话催促柴志湘先生帮助办理有关事宜。柴先生说一切手续都顺利，我和他商量，如果担心质量不过关，不放心在咸宁印，可改由交北京印刷。他也答应，但建议我“采风”一书不必在扉页上单独安排作者照片及手迹。我马上答应了，这样更恰当一些。

19971207

刘三多老师特邀余副专员去他家观看自己的作品，我恰好碰上，便一同前去聊了一阵。画家的相对艰难的处境和朴素的愿望都使我为自己感到庆幸，向阳湖的开发要是换了他，用同样的经历，收效肯定会逊色得多。

19971208

北京孙立峰君 2 日来信：“最近抽空细细看了一些你寄来的访谈录，收集成册是很有价值的，比起李辉所谓沧桑看云要实在得多。如果可能，将来的访谈，还可作得文化味重些。也就是说视野应更加宽泛些，这方面我总觉得余秋雨先生的文笔是最好的范例。/假如能把访谈写得更像你的‘李文’，我认为势必加上一些地方特色的东西，这可能需要你实地考察了。或许访谈时更理应关注 20 年前的‘现实性’。既可引起读者关心，也可引起读者兴趣。一举多得，何乐不为。当然，访谈现在早已多元了，并不总是你文中那样单线条的，恕我直言，如有机会润笔，我想要加进一些实话。可能会增加历史感，更出色。实在说，我特想看到你的大收获。”

19971211

元平告诉我,近日地区新闻出版局开会评奖,他写的《向阳湖中一尾鱼》得了“好文章奖”,《话说向阳湖——城外专访》得了“好栏目奖”。他开始担心和《咸宁日报》“采风”栏目“撞车”,没想到报社没有申报此栏目。

19971213

决定再花几天时间,把“采风”的书稿通读一遍。晚上初读几篇,竟又发现一些可修改之处,看来修改工作一直要到出胶片付印为止。

《咸宁日报》周末版发表采风稿《向阳那得清如许——访著名文物专家朱家溍先生》,头版头条,文章篇幅过长,转至四版。

19971214

晚上和张慈中先生通话,他的封面设计和彩页设计全部完稿,明天交出版社。我又和柴志湘先生挂通电话,他让我放心,会积极张罗有关事宜,力争春节前两书问世。

19971216

通城县的两位作家杨奔和李节到宾馆来看我,对我从事的向阳湖文化仍在关注。甚至说现在抓“普九”,全区每所学校图书馆都应藏向阳湖文化书系,一席话令我思路大开。晚上崇阳县人大主任黎喜来家,他对向阳湖宣传进展这么快,力度这么大感到兴奋,以为得归功于我,并表示退下来后,和我好好谈谈办郭小川专案的事。

19971217

上午回温泉,马上去报社送周末版的稿子,访绿原先生的一篇。江行元约我明年一周写一篇“采风”,说否则一版缺乏重头稿。这对我的压力较大,但我乐意为之。又去王总编那里小坐,谈及“采风”文章都在《咸宁日报》首发,只不过今后版权在我,他们不能和人民文学出版社争版权。王总表示同意，反正都是宣传咸宁。

19971218

今天，可以说是向阳湖文化开发史上一个耻辱的日子。地区司法局和劳动教养所在宝塔镇举行挂牌仪式。原来，司法局原定方案受阻后，个别负责人“贼心不死”，为部门的小团体利益，通过省司法厅一位副厅长(据说是李专员的同学)做通工作，将咸宁劳教所设在向阳湖。我向万书记汇报此事时，他也不满，但又劝我不必太认真，咸宁不是他万书记一人的咸宁，向阳湖也不是我李城外一人的向阳湖。他劝我一心把两本书出版，才算是为咸宁人民办了一件大事。至于其他工作，不是我操心管得了的。我点头之余很感悲哀，李专员由原来坚决反对此举，到今日因“情面难却”而点头同意，令人气愤，而司法局的负责人，无疑会无形中背上一个永久的骂名！我真想与之争辩，你在哪块土地上做劳教所不行，为什么非选在向阳湖，今后北京的文化人到此地参观，会作何感想，外商们谁还敢来这里投资？我们地区发展不起来，很多都表现在这种成事不足、败事有余的事情上，如果不是时间紧，我真会写一篇《丑陋的咸宁人》!

19971220

《咸宁日报》周末版今天头版头条发表“采风”稿——《“胡风分子”与向阳——访著名诗人绿原》。

19971224

北京薛德震先生17日来信：“你的采访写得很好，谢谢。/有几处小的改动，请你在收入集子时改一改。/有机会再来北京，请告诉我。/新年快到了，祝你在新的一年中取得更大的成就。”

19971225

《作家报》发表访顾学颉先生专访——《黄昏未忘向阳时》。

省文联黄金辉寄来贺卡，附信云：“向阳湖水泻千尺，不及笔端一往情。”

19971226

北京柴志湘先生寄来书稿的最后定稿,我赶紧以最快速度改好,虽然费了点时间,但边看边发现错误时,还是觉得赶稿毕竟难免出错,拖一下,多看一遍质量还是更高些。柴先生夫人赵大姐又对两书设计出一点新花样的版式,看起来比原来的美观多了。

19971227

《咸宁日报》周末版头版头条发表我采写张慈中先生的专访——《一片丹心向阳开》,至此,“采风”上册稿全部见报,收入集子方便注明出处。说来我在发稿的问题上够顺利的,可以说超过许多作家,在《咸宁日报》最后几期,我都标明了发表日期。

19971228

又用特快专递将文稿寄北京,就等元旦这几天柴先生统稿后再通知我出胶片。我是尽一切力量把时间抓紧,力争春节前能出书。人也快累病了。

19971229

上午,致婷带我去医院透视,还好,没发现大病。我把“采风”后记的日期便定在今日,这是有纪念意义的一天。

19971230

北京吴桂凤同志23日来信:“新年好!/您寄来的报纸、照片都收到了,谢谢。/我写了一篇关于干校的事的散文,登不登没关系。我觉得,‘探园’、‘探亲’和‘下放时’能全方位了解‘文革’期间作为一名普通知识分子的心态。寄去,供您休息时消磨时间吧!”

中华人民共和国文化部（咸宁五七干校一大队 1、2、3、4 连）

卷之五

1998 年

春

19980101

云石兄昨夜来。上午和我一起谈向阳湖文化,他说之所以取得今日之“辉煌”,关键得力于我拥有一份执著。

19980102

本想趁休息几天拉出今年头一篇“采风”稿,也是《采风》下册的第一篇——访中央文献研究室原主任李琦,无奈心静不下来。于是仍校对书稿,上册付印以前,总是想多读读,多挑毛病,结果老是觉得有值得改动的地方。

19980103

绿原先生 12 月 29 日来信:“谨祝你在新的虎年身体健康,写作丰收,生活愉快。/近期《咸宁日报》今天才收到,大作写得很具体,符合实际,谢谢!”

《咸宁日报》周末版发表陈大银文《时代鼓手的政治敏感》,记述杜惠谈丈夫郭小川的一段经历,重点是郭小川在咸宁干校如何写宣传劳模的通讯《杨佳大传》。

19980104

上午周副秘书长找我,说准备派我今年当农村工作队长,我当即以爱人在武汉读书,家中需要人照顾为由推脱了。在地委办这种环境,看来今后还得讲点“独立自主”,有的人不理解我的事业,我自己要据理力争,免得“被动挨打”。今年的重点应放在向阳湖文化的对外宣传上。

19980105

上午,参加全区经济工作会议,在影剧院听报告时又见了不少熟人谈向阳湖,大多数人还是肯定,也有个别人建议冷一下。我的观点和前者一致,但后者的意见也不无参考价值。如果稍稍冷一下,今后让组织出面来动员我,也许效果更好些。但那又几乎是不可能的事。

19980106

北京王志高先生 12 月 27 日来信:“非常感谢你寄来的《咸宁日报》。/原文化部‘五七’干校 26 连是由新华书店储运公司和北京纸张供应站的包装、装卸工人和干部组成的连队,在双溪挖煤。其他情况经与几个老头商量,都说‘别提它了’,故无人接受访问,更无人愿意提笔写回忆。/为节省邮资,请不必再寄报纸来了,谢谢。”

19980107

北京柴先生寄来书稿的校定稿终于收到了,“目录”的设计又有改动。的确美观多了,我赶紧又校一遍送厂,争取快出胶片。下星期寄北京,立即付印。

19980108

上午去报社参加《咸宁日报》周末版座谈会,会上报社的领导和其他单位的同事对向阳湖文化大加称赞,说它既宣传了咸宁,又提高了报纸自身的文化品位。有的说向阳湖文化之所以形成了气候,关键是

近几年报刊的宣传文章从未间断过，这是鄂南其他任何一件事都不可能比，也没法比的。

在北京《生活时报》5日发表《京都奇人王世襄》。

19980110

《咸宁日报》周末版"向阳情结"栏目发表沈从文先生致夫人张兆和的一封长信，1970年2月20日写于咸宁双溪。

19980111

北京林锴先生4日来信："信收到，今寄上题签一纸，请酌用。回忆的东西，我记忆力不好，就由你把那天来寒舍对话所得整理一下刊登如何？再说我也没时间。我得绝症数年，不作应酬字画，请在领导面前婉言几句，抱歉！/祝你新年快乐！"附书法一幅："骄阳炙背朝锄草，凉月窥帷夜著书——回忆向阳湖生活，白昼劳动，夏夜多蚊，大家都躲在蚊帐里打着手电看书，盖纪实也。"

19980113

"情结"和"采风"两部书稿的胶片出齐，总算忙完出书的所有工序，可以歇一下，寄发报纸和写下册的"采风"稿了。

19980116

昨晚9点，中央电视台一频道《万家灯火》栏目播放了画家张广重返向阳湖的专题片——《遥远的牧歌》。这是向阳湖文化的内容首次在中央电视台现身，鄂南最高兴的人应该是我。今晚地区广播局举办的电视文艺晚会有一个节目有道问答题，主持人提问："咸宁的'文化金矿'指的是什么？"这是我授意电视台的金礼山和樊韵安排加上去的。

19980119

广西师范大学许敏岐先生15日来信："接黄葵信，说你们在征集向阳干校的文章，我曾在干校的‘五连’，现任广西师范大学教授。极想回当年的干校看看，如合适，就写些东西。/好，先写这些，都已征到些什么文稿，能把情况告诉我吗？/欢迎来桂林作客，紧紧握手！”读罢此信，我想起冀勤先生主动找黄葵先生宣传的事，以为向阳湖专栏约稿只有通过广发报纸，联系上一个算一个，“撞运气”。

19980120

上午地委办总结表彰会，我得了“文章发表奖”的头奖300元，而且办公室的总结中有一段：“我办干部撰写的宣传九宫山和向阳湖的文章在《新华文摘》《湖北日报》等国家级、省级报刊（含电台）发表20多篇，提高了咸宁的知名度，产生了一定的政治影响和社会影响。”

19980121

《咸宁日报》周末版编辑这两个星期都向我催稿，而我的心静不下来，准备两本书印好后，再开笔写新的“采风”。春节前后，就以编发“向阳情结”栏目稿件应付之。

19980124

《咸宁日报》“向阳情结”栏目发表中国作协李昌荣文章——《北京有四连，干校有五连》。

在北京《生活时报》19日发表《顾学颉的咸宁情》。

19980126

北京费声福先生20日来信：“去年我到昆明做客，将近年底才回，见到寄来的信和《咸宁日报》，很高兴。向阳湖是给我留下深刻记忆的地方，很有感情的。近年来，我在画一些回忆录，咸宁干校是其中重要的一部分，现整理出24幅寄上，以表达我对咸宁的怀念之情，你可作为资料保存，看将来有什么用处，我的回忆录（包括‘中央美院’、‘干部下放’、‘舟山群岛’、‘大庆油田’等多种回忆），将来全部完成后，可能交有关出版社出版。/干校这一事物，当然是‘文革’的一个组成部分，应该是批判的，只是事物总有其多面性，知识分子被浪费了青春，被埋没了才干，这是整个‘文革’造成的。试想，我们如不去干校，仍留在北京，那些老专家权威们，还不是住牛棚、挨批斗、写交代材料，我们这样的人，还不是打派仗、喊万岁，上街游行，能写书吗？能画画吗？干校无论如何丰富了我们的生活体验，长了不少见识，也表现出了我们顽强的生命力和乐观主义精神。20 多年过去了，而干校的精神犹历历在目，可见留下印象之深刻。”

19980127

牛年除夕，作了一副对联，请成果兄书之门上：“笔架山下清平乐，向阳湖里逍遥游”，横批：“虎岁咸宁”。

19980128

上午分别给北京柴志湘、陈早春、张慈中，武汉刘富道诸先生电话拜年。北京人回忆说，干校当年此时正在下雪，刘富道老师则祝愿我今后写出更多好文章。

19980131

北京王仰晨先生 24 日来信：“多谢你逐期给我寄《咸宁日报》，我觉得报纸的质量不断有提高，这是你辛勤努力的结果，应该向你表示由衷的敬意。/感到非常抱歉的是，我至今未能写出什么给你寄去。说实在的，我一直不曾忘记这件事，而且始终为此不安着。但我应该好好想想怎样作出交代的事，请多多原谅。/草草数行，即颂春节健康、愉快！”

北京江秉祥先生 25 日来信：“春节好！/蒙您屡屡寄来《咸宁日报》，十分感谢！报上所载向阳湖文章，引人回味，尤其您的大作，生动而有趣。您在开发向阳湖工作上，花了巨大的努力，成功将指日可待。/给你拜年，春节大喜。”

19980202

和北京几位文化人通电话拜年，最有趣的是王蒙先生的儿子王山，我请他代向王蒙拜年，他说父亲出国了，反倒再三道谢，并向我拜年。

19980203

上午去《咸宁日报》社与王总编、黄胜闲聊，我戏言，向阳湖专栏出书也宣传了《咸宁日报》，要收广告费。王总则说他还要争版权呢，我说这话倒提醒了我，有必要达成一个协议。我为《咸宁日报》提供稿源，但版权必须归我所有。

19980204

北京93岁傅振伦先生1月24日来信："惠赠咸宁报经常收到，谢谢！附呈近作《七十年见闻》一册，请指教！/顺祝年厘！事事如意！"

北京杨静远先生1月24日来信："手书及《咸宁日报》多份收到，谢谢！承将拙作《向阳花》收入《向阳情结》，不胜感谢！如果这次还有稿费，请不要寄来，留订报之用，千万千万！/最近几期日报上，刊有好几篇熟人的文章或访问记，看了特别亲切。你寄来的报，我都仔细保存，留作永久纪念。/附上拙译童话一册，近照一帧。/祝春节愉快！"

19980205

北京朱家溍先生1月31日来信："寄来报纸已收到，我很爱读，又收到贺年帖，专此即复，顺贺岁喜！"

19980206

萧乾先生1月27日从北京医院高干病房来信："病中摘读你编写的有关'五七'干校的文章，一、十分佩服你的文字；二、佩服你几年来抓住这个题材不放的坚韧不拔的精神。'五七'干校是六十—七十年代一大事件，是知识分子被迫下去与工农兵结合。有缺点，如老弱病

残照样下地,但总的说是大好事。你已花了多少年不辞辛劳地访问当年去向阳湖的专家、作家、学者,应可以成一本书。我建议你(首先似应找湖北人民出版社吧)出版一本书,一定既有读头,又有历史价值。自然,除咸宁外,如把湖南或河南的干校人也采访一下更好。不过,咸宁可访之人已很不少了。看来领导对你的努力十分支持。当然,主要是你的坚强毅力和写作能力。祝你写作成功!”文洁若先生 1 月 31 日附信:“如果能照萧乾的建议出集子,每个作者只给一本书即可,不必付稿费,大家也会谅解的。”

北京陈羽纶先生 1 月 29 日来信:“来信及贵报收到,关于绿原的一篇报道写得很好。他是我的老友,但已有十多年没见了。/匆此,祝新春快乐,心想事成!”

武汉王桂华兄 2 日来信:“寄来《咸宁日报》若干份,均已收到,你的大作看得尤为仔细,老实说,我被吸引住了,我在咸宁工作学习 10 年之久,竟不知向阳湖是这么一座有重大文化价值的宝藏,真是惭愧之至。你目前从事的这项工作是有历史意义与现实意义的。/文章写得很好,我是把它当作微型传记和散文作品看的,清雅而萧散,亦不乏幽默感,颇具知识性,如有可能,可否增加一点人物的背景材料。如学术成就,人个履历,掌故轶文之类亦可增加。我很赞成绿原先生的意见,即对当时‘左’的文化统治政策,高压手段也要写,这个干校绝不是世外桃源,而是革文化命的产物。对文化人来讲,总是失多于得的。你的这些著述带有开创性,是会作为历史保存下去的。因而提出以上建议,以供参考。”

19980207

《咸宁日报》“向阳情结”栏目编发程代熙先生文,为吸引读者阅读,我将原题《李贺伴我向阳湖》改为《我所珍视的“手抄本”》。

19980209

上午与北京柴志湘先生通电话,他说向阳湖两书已正式出版,他先装订了好几本,马上寄给我。闻之大喜。

19980210

北京顾朴先生 10 日来信:“寄来大批报纸和复印信,都收到,谢谢!……你为开发文化名城,做了很多工作,相当辛劳,甚佩!”(附稿件一份)

在《人民政协报》7 日发表访单士元先生文《“国宝”光耀向阳湖》。

19980212

中国影视音像交流协会周明先生和中国现代文学馆周明同名,信称“大周明”。他于 1 月 30 日来信:“非常感谢您,多次接到您的来函和寄来的《咸宁日报》。由于多方面原因,始终未能给您回信。真是抱歉得很!/我原在中国作家协会工作,1969 年 9 月下放到咸宁干校。我在干校不同于别人,我吃的苦头太多了。在那里,我被我的同事打了 100 多次,81 天没有见过太阳,被监视隔离劳动半年之久。严冬深夜被剥掉衣服推出屋外达 8 个小时。总之,我在干校的生活是不堪回首的。这也是我未能给您回信的原因之一。不管怎样,我要向您道歉。/1996 年,我怀着对干校时期老同学的好意,在我主管的中国影视音像交流协会召开了一次充满感情的‘小川追思会’,以悼念诗人逝世 20 周年。到会 20 人,畅谈了在干校的喜怒哀乐。好多人都流泪了,无不怀念在咸宁干校那些日日夜夜。/在干校的日子里,我虽受到革委会、军宣队等人无端摧残,但是我敢说,我在我住过的几个村庄,尤其是房东,对我都充满了同情和爱心。我曾三天被断水和断饭,是房东大嫂在深夜里冒着危险(至少是同情‘516’骨干分子)不知用什么办法从窗口(窗口是用多少稻草塞了多少层)给我送了三个烤白薯(正是这三个白薯给我气力,又和他们继续周旋了两天)。/1971 年,我被放出去之后,村干部和房东见我还活着,都很奇怪,原来他们都怀疑我被打死了。他们还告诉我,他们曾向干校四大队领导提出过意见,说要文

斗,不要武斗,不要打周明。/我受的这些不愿回首的灾难,没有别的原因,只是为了一个莫须有的'516'骨干分子罪过。由于这个原因,而受到冲击,当时仅仅作家协会就有 20 多人,但是他们都承认自己'参加了 516'。我感到自豪的是,直到最后我也没有承认参加了'516'。我始终坚持说,不知道什么是'516'反革命集团,只有从审查我的人口中,才知道有'516'反革命集团一说。就为了坚持实事求是,我才吃尽苦头。城外同志,一个人真正能做到实事求是是很不容易的。为了实事求是,我多次被打得头破血流,遍体鳞伤。/您多次让我写咸宁干校的回忆文章,非常感谢。我倒是有许多可写之事,只是怕写不好。在咸宁干校,我和臧克家、郭小川、陈白尘、周巍峙同室都在半年以上。作协有人约我一起写本回忆郭小川的书,我也谢绝了。我想,待我完全离休之后再写吧。有些事,晚点写没有多大坏处,要经得起时间的考验么!我以为越是晚些越可以放开写。有些事,就是现在也不能完全实事求是。这倒不是别的原因,我考虑的是对党的事业不利。/我刚刚度过 66 岁生日。1988 年至 1996 年,我在北京电影学院音像出版社担任社长,此前在文化部文化艺术出版社担任领导工作 8 年。从 1992 年起担任中国影视音像交流协会的秘书长(会长是谢铁骊同志)。/从 1997 年 3 月起,我在北京香山租了 20 多亩地和一座近百亩的小孤山,正修建一所电影宫。资金全部由我自筹,现已用了 200 多万元。我要在两年内,把这里建成一个真正的文艺之家。但在这里虽基本上还是一片工地,但已盖上了 100 多间房子,已开始接待一些朋友。从您的文章看,您是常到北京来的,如果来访,请到我们协会来做客。/我这个人,说不写就一字不写,写起来就畅所欲言。看我的信,要花您很多时间,抽空看吧。/给您拜个晚年!"

19980213

终于收到北京寄来《向阳湖文化人采风》和《向阳情结——文化名

人与咸宁》两书上册的样书，按捺不住内心的激动，人民文学出版社的厚爱让我醉了。我真庆幸，正如电视剧《水浒传》片尾歌所唱的，自己“赶了个天时地利与人和！”

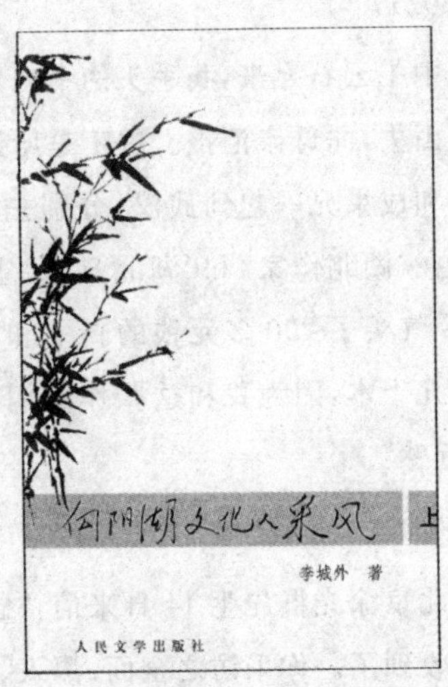

“向阳湖文化书系”上册书影

19980214

成都黄葵先生 7 日来信云，改动了一下我寄回去的他的稿件，仍有 12000 字。仍没有打印，全部手抄，其情感人。

《咸宁日报》周末版今日发表地区医院工作人员魏敏的长文《小妹妹与大作家》，回忆了当年在双溪有幸和沈从文先生作邻居的往事。本期的“向阳情结”栏目选登的是汪轶千先生《一个卖书人的回忆》。

19980215

晚上老柯来采访我，这是早就约好了的，书一出版，马上从新闻角度写宣传文章。说老实话，在温泉，文笔让我喜爱的有元平和老柯，元平写我的文章已收入“采风”上册，老柯的采访拟收入下册。

19980216

下午去文化局，文化志办的游伯樵见我的书已出版，马上掏出笔记本,作为“咸宁文化大事记”记了一段,我自己也以为受之无愧。因为目前咸宁人在人民文学出版社出书,毕竟是“破天荒”。

19980217

中午云石兄来,我手头的书虽然不多,但还是“挤”出两本,让他带回通山去,向母亲汇报。这正是所谓“儿子的报答”。

和成果兄一起到武汉,分别去了省作协和《湖北日报》社,两家都答应在《湖北作家》和《湖北日报》上发消息。办完事又痛快地逛了书店,一气买了200多元钱的新书和特价书,其中人民文学出版社的书占了几十本,因为我和这些作者们上了同一“户口”,自觉增加了几分“亲近感”。

19980219

北京涂光群先生14日来信:“您寄给我的《咸宁日报》及你的大作均已收到了。你采访之全面、深入、细致,很令人佩服。”

19980220

下午去报社校对稿,我自己撰了一则书讯:《人民文学出版社推出向阳湖文化书系》,副题为“我区开发文化金矿喜添新收获”,安排明日周末版发,并配上两书上册的封面,效果颇佳。总算是“时间过半,任务过半”。同期“向阳情结”栏目刊登绿原先生文《我们夫妻的“超蜜月”》,原文选自散文集《离魂草》,题目为我所代拟。

19980221

北京何希曾先生4日来信:“……这次写了简历寄上,实实在在是为你的热情所感,不管有多大的意义,总算能面对朋友了。祝在开发向阳湖文化资源上尽早结出硕果!”

19980222

柴先生又寄来40套书,我今日开了清单,列出了第一批赠送的北京文化人。主要是年事已高的“五七”战士和全国政协委员中的“向阳湖人”。

19980223

这段时间办公室的工作是写今年的工作要点，我花了一个晚上便可以拿下来，但其他时间主要用在了对外宣传上，又值又不值。值得的是有必要将劳动成果公之于众（如今日的《湖北日报》便发了消息），不值的是浪费了一些时间，今年要写的专访还没有开笔。

在《人民政协报》21日发表访郑效洵先生文《遥忆向阳家属连》。

19980224

咸宁电视台今晚“鄂南新闻”又专门播了我出版两书的消息，省电台的张志宏也往省里发了消息，地委办信息科也向省里传了动态重要信息。宣传可以说达到了“全方位”。

19980225

北京平野先生21日来信：“我读了你在报上发表的文章之后，认为你的文章写得很有意思，我想学也学不了，因此只好将你信中索要的我的简历寄上，因为我只有记账式的文才。”

19980226

上午去报社送去周末版“向阳情结”稿件，本期开始选载黄葵先生寄来的《向阳湖杂记》，我选配了照片。周末版负责人江行元说：“要是全区的县级干部都像你这样热心报业便好了。”

19980227

省作协刘富道副主席寄来近日印发的一则“湖北作家动态”，上载有“向阳湖文化书系”出版的消息，我很感惬意，因为此件除报省委分管领导和省委宣传部、中国作协外，还发给省作协主席团成员。这样可以说是第一次在省文坛亮相，刘主席还告《长江日报》已发消息，我以为报纸和“圈内”的分量还是不一样。

《长江文艺》主编刘益善23日来信:“你的向阳湖系列终于得以出版,表示祝贺。见你寄来的报纸上登有你整理的沈从文书信3封,很好,不知能否给我们也发一发?”

《湖北日报》吴志根先生20日寄来了封长信:“惠书及5份咸宁日报(周末)均早已收悉,迟复为歉。/你不辞辛劳,走南闯北,孜孜不倦地为原文化部咸宁五七干校的文化名人树碑立传,挖掘、弘扬‘向阳湖文化’,精神可嘉,业绩感人。/因公务繁忙,我对你采写的有关向阳湖‘五七’干校的文字看得很少,仅看了你采访郝孚逸、朱家溍、薛德震的这三篇。去年秋,我有机会到向阳湖去看了一下,看了那里陈列的十几位文化名人题词和几块张冠李戴的‘某某旧居’的牌子。感慨良多。一是咸宁地方领导和你等热血青年如此重视和关注原文化部咸宁‘五七’干校,投入了那么多人力、财力和物力,我作为干校的一名战士,很受感动,感激不已。二是感到有些忧虑。忧虑之一,眼下和今后相当长的一段时期,咸宁地区和咸宁市仍然是比较贫穷的,有些人温饱问题尚未解决,在这种情况下,该不该、能不能拿出一大笔钱来修复、保存五七干校旧址,建‘文化碑廊’之类。忧虑之二,即使勒紧裤带把它搞起来了,会有多少人前去参观,其经济效益和社会效益恐怕都是个大问题。忧虑之三,也是最大的忧虑,即‘向阳湖文化’的基调和史实的准确性问题。总的来说,实事求是地说,咸宁‘五七’干校是‘文化大革命’错误理论错误实践的产物,是极左路线的产物,是林彪、‘四人帮’反革命集团迫害老干部和知识分子的场所。它绝不是‘革命圣地’,更不是培养和造就人才的‘学校’。它是关‘牛鬼蛇神’的‘牛棚’和‘改造知识分子’的‘劳改农场’,绝不是什么‘人间乐园’。有个别老同志文化名人回忆当年咸宁‘五七’干校的生活,说出一些‘留恋’的话,那是好了伤疤忘了痛,老糊涂了说糊涂话。这个问题,你不妨读一下1997年7月18日《中国经济时报》上王彬彬的《牛棚‘文化金矿’》一文，内有陈白尘先生的日记可作证明。我自己经历的许多事实可供你参考。/1971年的夏天，傍晚我与几位九连的战友去‘452高地’下面的渠道内洗澡，水不深，最深处也不过2米。我一下水，便在水底摸到一具尸体。几个人捞起来一看，知是六连（北京图书馆）的一位‘战友’。像这样在向阳湖被折磨死的，像一根草一样被随便踩死的绝非他一人。真弄不懂，如今回想起来像一场噩梦似的蒙难之地，竟还有人有流连忘返、惜别依依之情！/……现在有些老同志回忆20多年前的事，并不可靠，更不是句句是真理，你千万不要有闻必录，拾到篮子便是菜。把一些不真实错误的东西变成铅印文字发表出来，谬传后世，害人害己。作文写书，在调查的基础上还得作一番研究，作一番去伪存真，去粗取精的工作，这才叫调查研究。/讲了那么多，用心是希望你把工作做得更好。我相信你是可以理解的。”

19980228

通山外贸局老局长邱如华25日来信，祝贺“向阳湖文化书系”的出版，其中说：“这是大喜讯，也是你和李家全家的光荣，也是通山外贸和通山县的光荣，可告慰你的爸爸在九泉含笑。/在此喜讯传来之际，我仍然祝贺你——昨天是小小文人，今天是小文人，明天是文人，后天成为大文人吧。为愿为祝，我完全相信明天后天的到来。”老领导的真诚跃然纸上，我在通山工作时，早对他能说能写、雷厉风行的工作作风留下深刻印象。

19980301

北京费声福先生2月23日来信：“前后两次来信都收到。/为此，我画了24幅干校回忆，已于春节前复印寄去，另外有文字说明及我个人短篇连环画选一册，至今已有一月有余，未见回音。不知可曾收到。甚念。见信后，盼复。我已退休，不常去单位，来信请寄我家。”

19980302

北京魏泽南先生 2 月 25 日来信:“久未通信,甚念。/从去年至今,不能写作,就未回复,请谅。/现在正值周恩来同志百年诞辰纪念,各地都征集书画词联,我想向阳湖文化园地也会布置纪念,特写了一副对联,今挂号寄出,请收。”

19980303

《咸宁日报》今日三版头条推出《向阳湖畔文化潮》,介绍咸宁市被省政府正式命名为“文化先进市”。

在《今日名流》第 3 期发表《“干校”生涯——访著名文物专家朱家溍》。

19980304

写了一篇《周总理关心向阳湖文化人的故事》,准备这个周末发出,突然感觉到还是搞专业的好,不比从政,随时都会从媒体上消失。难怪今天碰见地区计委的孙钢,他说了一句大实话:“二十年、三十年之后,历届地委书记也许会被人们淡忘,但人们都能记起有个写向阳湖的李城外。”

19980307

广西桂林许敏歧先生 2 日来信,称自己 69 年秋至 73 年夏在咸宁干校五连,对臧克家、张光年、张天翼、侯金镜、郭小川、李季多有了解,与他们交往多,今后可写些往事的回忆,如“郭小川在干校”、“张天翼在温泉医院”、“侯金镜之死”等,他一直想回咸宁看看,也欢迎我到桂林做客。

19980308

下午,与中央文献研究室原主任李琦同志通话,称《采风》下册不写他是个缺憾。李老已收到我的两本书,大约有兴趣,改变了过去不让我写他的“君子协定”。我守信用，对他的专访一直拖到现在尚未动笔，于是连声向他道谢。

19980309

老柯写了一篇“吹捧”我的文章《“城外旋风”》，征求我的意见，我初读就很满意，又补充了几处材料，今日定稿，并准备收入《采风》下册的“附录”，他宣传了我，我也得宣传他，“报之以李”。

19980310

人美社吴兆修先生2月25日来信，：“你们的构想很好，咸宁这块黄土地曾接纳了文化系统如此众多的‘牛鬼蛇神’和‘臭老九’，恐怕是历史上罕见的‘盛事’，你们能将这历史劫难化为文化财富，确实体现了咸宁人及有关领导的远见卓识，我们这批当年的‘五七’战士当义不容辞地全力支持。在我所生活的十五连及当时的人民美术出版社里，我认为有一位杰出的连环画家（现已被公认为‘国宝级’的著名画家）刘继卣是值得为他保留一席纪念位置的。他的连环画《东郭先生》、《武松打虎》、《大闹天宫》等已是我国的传世佳作，长期受到了广大群众的喜爱。可惜的是他已于80年代去世，但他的作品永远活在人们心中。他当时曾被调到咸宁县里搞过展览，画过画，不知是否还保留了他的作品？/其他当然也有一些知名人士，但比起刘公则似乎不可同日而语了。敝人更是普通一兵，不值一提。/以上所述，也许你们早已考虑到了，就算再唠叨一次吧。谢谢您为开发这块故土所作的努力！谢谢咸宁父老乡亲对当年那批‘五七’战士的厚爱与关怀！/紧紧握手！”

北京许觉民先生5日来信：“两本书我大致浏览了一下，觉得很好，尤觉您致力于此的执著精神，颇让我感激与钦佩。我想，每一个到过干校的人都会感谢您的，他们都是您的朋友。/嘱写一点读后感，那是不能推辞的，无奈我手术后体质未见很好恢复，加以近年青光眼有发展,视力大为减弱,读书写字均感困难,现勉力写就千把字以为应命,还请见谅。”附上评论《两本珍贵的史料读物》。

晚上和北京王春瑜先生通话。他告诉我,4 日的《光明日报》已发两本书出版的消息,他近日也将写出评论文章,寄北京的报纸和《湖北日报》。

19980314

天津百花文艺出版社策划部主任曾永辰专程来温泉找我,商谈出一部“干校老照片”的书,并请我挂名主编。我则持慎重态度,没有轻易答应。

19980316

中央文献研究室李琦先生 3 日来信:“大作两部《向阳湖文化人采风》(上)、《向阳情结》(上)均已收到,谢谢。专致敬礼!”

中国现代文学馆周明先生 9 日来信:“新年好!书两册已收到。由于你的恒心和毅力,这件事肯定是办成了,功德无量。顺寄你照片一张(周明与诗人臧克家 70 年在咸宁干校)。”

19980320

俞部长特邀请我参加外宣工作会,会上他又表扬我对向阳湖开发付出了大量心血,但又提到一件可笑的事,咸宁市有位部长得知万书记不当地委书记后,马上说向阳湖开发不会再搞了,俞部长批评此说是头脑简单。俞部长说宣传开发向阳湖是地委、行署集体决策的。

19980321

北京孙立峰君来电话,说他发表了篇评论,题目是《心灵的流亡——读李城外〈向阳湖文化人采风〉》。作者自己十分欣赏,云:“被感动得不行”,我听了自然也随之感动。孙真是铁哥儿们,如此这般做并未受我之托,尤为难得。

19980323

广西许敏歧先生17日寄米几篇《向阳湖记事》,4个题目10000多字,真是难得。说来也巧,1992年12月4日在萧乾先生家巧遇冀勤先生,她不仅写了回忆文章,还写信旧日同事黄葵,黄不仅自己写了,又鼓动老友许写。如此“滚雪球”,《向阳情结》下册不愁稿源。

19980325

晚上和北京几位收到我赠书的文化人通了电话。周巍峙先生说,看了书觉得应把握好宣传基调,“五七”干校是极左路线的产物,“文革”必须否定,当心不留神把那里当成“革命圣地”似的。张光年先生认为两书编得不错,不过他不能写书评;张锲先生认真读了两书,说自己很关注这事,崔道怡和吴泰昌二先生都表示将在自己主持的报刊上对向阳湖文化宣传一下。

北京王春瑜先生18日来信:“书评已写好(《沉舟浮出水面——读向阳湖书二种》),我已分寄《中国改革报》和《湖北日报》。如果你认为有必要,再在《咸宁日报》之类的小报刊上发表亦无不可。两书的内容都不错,但孟绪龙《中国向阳湖文化村及其企业集团策划》易被人误解,果核的文章亦有自我宣传之嫌,其实都不应收入,何必授人以柄?敝见仅供参考。”

19980326

晚上涂光群先生打来电话,问《向阳情结》下册结稿没有,云其女儿从美国回,写了不少向阳湖往事,我说正差向阳湖下一代“向阳花”的文章哩!

19980327

王春瑜先生评论文章今日在《湖北日报》“东湖”副刊发出。

19980328

晚上去新来的李专员处,送上两书并宣传向阳湖(《湖北日报》昨日正好发了王春瑜先生的书评)。李专员从黄冈调来,说自己也是电大文科班首届毕业生,我们还是“同学”,并说我这个点子想得好。

邓力群夫人罗立韵晚上从北京打来电话,特地祝贺我出版两书!并关切问及我全家情况,称赞我为宣传向阳湖文化所作的贡献,我对她的鼓励表示感谢。又问及是否可以将上次采访邓老的情况写一写,她还是不同意,但答应在北京为我的工作多加宣传。

《咸宁日报》周末发表陈大银文《赵辛初的咸宁情》,介绍赵书记在干校和农民交朋友的往事。

19980329

陈鸿驰副秘书长今日看了王春瑜先生书评,十分欣赏,我则发自内心的感谢他去年分管综合科没给我压担子,腾出了时间,否则此两书的出版有可能推迟。陈说今后的当务之急是尽快完成下集,争取明年上半年定稿。

又与北京几位文化人通话,冀勤先生收到书后又找了一资料准备寄给我,陈原先生说争取能写书评;陈早春先生指出两书封面设计太淡,也许属美中不足。他还准备开个名单,让我再送一些人,因为已有不少朋友找他要书了。

19980330

省文化厅厅长周年丰来到咸宁检查工作,由于是新官,书记、专员、部长都来作陪,我因汇报向阳湖的事也来看看老领导。席间,周厅长对地委领导说:“小李是小人物办了件大事情。”

元平办“太乙杯笔会”,请来了省里的作家刘益善、邓一光讲课,晚餐邀我去作陪。刘已在自己主编的《长江文艺》上发表了我寄出的张兆和与沈从文书信,并约我今后加强联系。

北京霍海峻先生 24 日来信:“数次来信、报刊均已收到,未能回复,深表歉意,我实笔拙,不善做文。然你作为一个校外人,为写干校历程，不惜耗时费力，这种精神令我深为感动，精诚所至，金石为开。我几次提笔概不成文，搁笔心又不安。今终拼凑一‘豆腐块’，回赠先生品尝，或许无味，敬请自加调料。”

19980331

人行宋行长请我陪他们总行的“向阳花”去干校旧地重游，正好碰上省文化厅周厅长在听取向阳湖开发文化资源工作汇报，周厅长对此事极感兴趣，高度评价，程书记认识也很高。

商务印书馆胡企林先生 25 日来信：“手书及历次赠送的《咸宁日报》均已收到，迟复为歉。/遵嘱将简历一份随函寄奉，请查收。商务印书馆百年纪念时，我写了两篇东西，均刊载在去年《中华读书报》上，现各寄上一份，请提意见。/承约稿，至以为感。因主要从事理论工作，缺乏文采，怕写不好，故一直未敢应命，请谅。我馆外语编辑室林光同志（编审）文笔较好，对咸宁生活体会也深，故我已代约他写一篇，他已同意考虑。大约在今年 5 月间他打算到咸宁观光，重游故地，乐何如也。我嘱他去拜访你，届时盼予接谈。/谢谢你对我的关怀。”

1998 年

夏

19980401

人民文学出版社寄来一批“向阳湖文化书系”,今日托运至咸宁火车站,下午便请了两个熟人帮忙拖了回来,真令人喜悦无比,终于可以稍稍满足朋友们的索书之求。

19980402

省委贾书记一行去通山考察,今日来温泉,我上桂园山庄看望随行的省委办公厅的胡处长、尚秘书、政研室吕副主任。诸位收下赠书,都惊叹这两本书的价值了不得。

19980403

北京林穗芳先生 3 月 28 日来信:“惠寄书两种已收阅。看您近年为之呕心沥血的成果问世,而且编印得如此精美雅致,真是无比高兴,感谢把拙文也收入其中。祝在向阳湖文化资源开发工作中取得更大成就。”

北京杨静远先生 3 月 30 日来信:“惠寄《向阳湖》二书收到,太谢谢了! 两书内容、排印、装帧、设计均极佳,令人爱不释手。这是老‘五七’战士们热情支持的结果,是你们几年来心血和劳动的结晶。希望这书出版能对你们的开发工作起推动作用。向你和地委同志们祝贺和致谢。/从《向阳情结》插图最后一幅陈列室中,看到墙上挂有原文化部向阳湖……的地图，我很感兴趣，可惜书中没有附上。希望下册中附上一幅干校地区示意图，包括所有地点，以及其他图表，可以给人一个干校全貌的印象。不知是否还来得及。”

19980404

上午与大姐、二嫂，成果兄陪母亲去李家铺为父亲扫墓，带去了新出的两书和纸钱一起焚烧，告慰父亲在天之灵……

19980405

北京王仿子先生3月30日来信：“书两册收到，谢谢。/这两本书内容丰富，读起来很有味道，不仅走过‘五七’道路的，对今人也很有教育意义。/我想到还有几个人可以写的，已故的有司徒慧敏，电影界的元老之一，在向阳湖种菜，返京后还是文化部的领导之一，老电影局的人如徐庄莘可以写他。/中华书局的金灿然，抗战时期在延安做史学研究，‘文革’前主持中华书局。他的秘书室负责人俞筱尧可以写他在干校的情形和史学方面的成就。/《向阳情结》的第一图，标题是干校全景，但在图上看不到校部的建筑。当年我在校部2年多，对此有印象的。校部包括李政委的住地，后勤组一片房子，档案馆、医院等。现在图上的似乎是二大队的房子。/向阳湖盖房这一景，盖的似乎是档案馆。苏里当时带有相机，拍了许多照片。”

北京范用先生3月30日来信：“承惠赠《向阳情结》、《向阳湖文化人采风》两书，甚感！”

中国散文学会贾焕亭先生来信：“这两本书的选题很好，具有长期保留的史料价值。”

19980406

昨天忙了一天，今天上午赶到邮局寄发了给北京文化人的赠书，劳累中的喜悦是一般人难以体会的。

北京图书馆馆长任继愈先生3月29日来信：“寄来《向阳情结》、

《向阳湖文化人采风》两书收到,多谢!/后来人如写文化大革命史'儒林传',这是一批极珍贵的第一手资料,此种野史的真实性或为正史所不及。向您祝贺此两书的出版。如果不是你们的推动,这些内容的史料将自然无形地湮灭,岂不可惜?/《向阳情结》17 页 13 行似漏掉了一个'广'字。又及。"

19980407

上午去通山参加党委办信息会,顺便带去向阳湖两书分送家乡有关领导、朋友,重点送了文化局、文联和图书馆。

19980408

北京许磊然先生 3 月 31 日来信:"谢谢你寄来的书和报。拿到书我就迫不及待地读起来,它使我知道了许多有关文化部'五七'干校甚至我们 14 连的事。因为像我对你说的,在干校一天劳动下来,累得要死,连说话都懒得说,又怕话说多了多惹是非,因此我的话不多,也很少跟别人接触,对外面的事知道得不多。/读了你的书,觉得你的文章写得活泼生动,颇有文采,从中也可以看出你的热情奔放的性格,真是文如其人。/祝你在写作方面取得更大的丰收。"

北京吴桂凤同志 4 月 3 日来信:"你赠给白羽同志的两册书,我已送交白羽同志本人了,他很高兴,问:'我并没去过咸宁干校呀!'我说'小涂写了你。'才释然……/光年同志的《向阳日记》,他本人买 200 本,还没寄来,我已向光年同志说过了,书来了赠你一本。/《向阳情结》印刷得不错,收入的文章读来亲切。另外,写的干校生活两篇小文寄上。"

19980409

《诗刊》社丁国成先生 1 日来信:"大著《向阳湖文化人采风》和编著《向阳情结》收到。/谢谢你赠书给我!/两本书都有价值,向你表示祝贺。可惜两书印制都很粗糙,尤其是封面,设计尚可,印刷不佳,令人遗憾。/你多年劳动,终于有了这么闪光的结晶。愿您再接再厉,为开发向阳湖文化资源,作出更大贡献。”

19980410

北京李昌荣同志4日来信:“《向阳湖文化人采风》(上)和《向阳情结》(上)均已收到,谢谢。向阳湖有我的汗水和足迹,但我是一个普通干部,不是什么文化名人,蒙你不弃,还把我的一篇小文章收入到《向阳情结》,再次向你表示感谢。/同时应该向你祝贺,祝贺你经过几年的努力取得这么好的成绩,我相信这两本书的出版和发行一定会获得较大的反响。当年咸宁向阳湖集中了六千文化干部,可以说是空前的,里面有那么多文化名人,也是全国之最。的确值得好好的写上一笔,愿你继续努力,取得更大成绩。/时间已经过去近30年了,但看了这两部书,很多情景历历在目,好像昨天一样。对向阳湖我仍满怀深情,不知当年的钟队长现在干什么?是当了厂长呢,还是当经理了?我们的房东卢大爷还健在吗?我们盖的那些房,修的那些路,开的那些田,后来都怎样啦?对当地农民有没有用?均在我的怀念中。如有机会真想再回一次向阳湖,像回故乡一样。/请代问向阳湖的老乡好。”

南京陈虹教授2日来信:“所赠之书今天才收到,谢谢。匆匆翻阅了一下,当年的几张照片使我第一次见到了父亲曾经生活过的地方,多少年来我总是在梦中想象着它,今天总算见到了这个真实的所在。这两本书我一定会仔细地阅读的,因为它能帮助我更好地了解父亲,了解他们那一辈人。祝事业成功!”

19980414

晚上李专来索我的书,欣赏之余,感叹道:“此项工作咸宁只你一人能干得了,也只有你能做到今天这个地步!”

《中国文化报》孙燕同志6日来信:“您寄来的报纸及文章都收到

了,我读了您写的这些文章,很受感动,使我回想起许多往事。想当年我们全家下放干校的头一天,住在招待所就是和冰心在一个房间里。我看您这么年轻,就对文化部干校这件事情感兴趣,并写了这么多采访文化人的文章,真是难能可贵,令人钦佩。/我的父母都是普通工人,在北京也是社会底层的人物,对我们来说,在当时搞不搞文化大革命,对我们这样的小民来说都是一样的,因为无论到什么时候,小民永远是受压迫的,是不可能掌握自己命运的。我们随着潮流到了咸宁,我们跟那些从天上掉到地上的文化名人是不一样的,我们并不认为我们多么不幸,相反,我们认为这种命运对我们来说,并不一定是坏事。我父当年甚至想让我们全家落户在二队,因为湖北与我老家河北相比生活要好得多。我在干校时接触的人,都是像我们这样一类的人,文化名人只是少数人,大多数人都是普通人。您写了这么多文化名人是很好的,但是我觉得好多名人都没怎么在干校干活就给保护起来了,有的人就没有劳动过,所以对干校的事情也说不出什么。我不知道您是不是以后要搞创作,如果搞创作的话,也可以访一些一般的干部和人。我给您这个小小的提议,也许不对,不对就请原谅,我是一个说话直爽的人,这一次能够回咸宁,仿佛回到了自己的家乡,我把您当成家乡的人,所以有什么说什么,说得不对的就请谅解。/我在文化报是编理论版的,我这里有一个栏目叫'文化随笔',是个小言论的栏目,字数只在千字内,您看看以后有时间能不能给我这里写点东西?就是针对文化现象发些议论,因为我是理论版,所以文章要求有些理论色彩,您看行吗?/谢谢您寄报给我,让我受到教育和启发。常联系!祝写作成功!"

19980417

北京谢永旺先生5日来信:"昨天去看望张光年同志,恰逢《向阳日记》样书寄到,我得到一册,并说送你的一册我可以代寄,现送上。

另册《今文观止》是冯牧同志生前定下，后来则我和缪俊杰同志共同完成编选工作的，亦寄上一册供赏鉴。近期内依然忙碌，你嘱托的文章事，可能要让你失望吧。抱歉。”

武汉徐鲁兄12日来信：“刚从北京回来，收到赐赠的大著2册，十分欣喜！蒙一再寄赠《咸宁日报》，这些文章多数已拜读过了，也有一些是新鲜和陌生的。现在汇编成册，让零散的金屑变成了珍贵的金蔷薇，您的功劳是不待言说的。祝贺您的成就！/向阳湖是沉重的历史，历史的确在这里沉思。您的采访是忠实可靠的，为一代人、一代知识分子的遭遇留下了忠实的访谈文字，这件事本身超越了文学的意义。您的书使我想到了茨威格的《人类的群星闪耀时》和《昨日的世界》的采访文字。与其说，您是在采访文化人留在向阳湖的踪迹，不如说，您是在为思想史寻找活的依据。咸宁向阳湖固然因为这些文化人的足迹而有幸，同时，也因为您的劳作而使这段历史更加清晰和全面地呈现在人们面前。这同样是向阳湖之幸、之荣！/谢谢您赠书给我。希望能早日拜读到它们的下册。”

《今古传奇》胡沙岸兄13日来信：“收到大著，甚感欣慰。兄年来奔走京华，集腋成裘，终蔚为大观，硕果可嘉可贺也。于向阳、于历史、于未来，兄功不可没，功在无涯。弟谨致祝贺！”

19980418

晚上和人民出版社薛德震社长通电话，他们夫妇都称赞二书编写得好，并说张惠卿、杨寿松等先生收到书后也高兴地互相转告。

19980419

北京郑士德先生14日来信：“接您寄来的大作《向阳湖文化人采风》(上)和《向阳情结》(上)两书，谨致谢意。您作了一件很有意义的工作。/这两本书，你写和编的都很好，我当重新拜读，重温二十多年前的‘向阳湖之梦’。3年多的干校生活给我留下了深刻印象，我本来也想写一点东西,奈何我正忙于撰写《中国书业史》,应邀去外地讲学也占了不少时间,高教出版社又多次催促,所以没有写成。我的女儿当年作为‘知青’也随我在干校生活了一年多,我曾动员她从知青在向阳湖的经历,写写回忆文章。她满口答应,尚未动笔。她在中国电力出版社工作,去冬今春曾去武汉、宜昌、神农架出差,本想就便重访向阳湖,因由一位副部长带队,一行多人,不便单独行动,只好作罢。/你们需要‘知青’的回忆文章吗?当年,有不少‘知青’随父母下放向阳湖干校劳动。他们有年轻人在向阳湖的感受,可都不是名人,此类材料你们需要吗?/今后,你如有机会来京,欢迎来我家做客。”

省文化厅王锦华先生15日来信:“惠书两册收悉。多次收到《咸宁日报》不胜欣喜。感觉到向阳湖之花在不断绽放,更加繁茂。/《向阳情结》充实了文化史,激扬了文化人,批判了‘文革’,繁荣了作品。可喜可贺。《采风》为我们文化‘国宝’增色添彩。你做了件大好事,功不可没。/去年某日,《长江日报》曾载过议论开发向阳湖文化的一小块文章,妄称滋生对‘文革’的怀旧情绪。因属无稽之谈,不屑一顾,浏览中未记下日期、名字、标题。看来,成就一项大事,总会有曲折和斗争的。/愿续读向阳湖新篇章。”

19980420

北京戴文葆先生12日来信:“苍天不负苦心人!您辛苦多年,执著不懈,终于出了全国性成果,而且关心世界史上空前的‘文革’研究者,本国人与好奇的洋人,一定会利用您主编、创作的书做研究材料。庆祝您,您成功了!非常感谢您,记得赠予我两册,得陇望蜀,还望续赠下册,这里敬礼了!敬礼!/我很惭愧,我当时没资格去咸宁。其实,早在五十年代走过咸宁。1992年吧,李铁映委员在全国约请108位知识分子由重庆到武昌看三峡工程。从岳阳到武昌途中,经过咸宁小坐,承市委设茶点接待。我那些年在火车上总张望汀泗桥。我家只有二人(妻子、女儿)去了咸宁,我回江苏当采购员,儿子去友谊农场开拖拉机。将来等我把拿工资的编辑工作做完,与‘人民’摆脱工作关系,一定写一文请代投《咸宁日报》,题目想好:‘怅望向阳湖’。您的书应该教育人不要忘记历史!书里有不少密切的友人,也有那么几位早已忘记历史,在努力创造个人新历史。等候您寄赠两个下册。/敬祝阖第康泰如意!”

戴文葆致作者信

省文联副主席李传锋 15 日来信:“首先向你祝贺,多年努力结出了硕果,你也是用彩笔描下了一段历史,读来给人许多感受,使后辈更珍视今天。祝愿你的下册顺利成书出版。”

19980421

广西许敏歧先生 16 日来信,称近日将赴北京住一段时间,我寄出的书已收到,到京后再联系。他寄来的 4 篇稿子,我已安排近期全部发表。多几个这样的热心人,《向阳情结》下册内容将更丰富多彩。

19980424

北京许觉民先生 16 日来信:“大函并报纸均收到,《湖北日报》一稿写得甚好。我寄去一稿已退还,因为登了王春瑜文,自无话可说。/《光明日报》已将稿退还,因上峰规定,不让说‘文革’,干校正是‘文革’中事,当然不能登。北京看来均无法登出,‘文革’乃‘禁区’,您在湖北未必知道。所以您寄《中国文化报》一文,也可能不登。我另寄《中国青年报》一文,未见回音,恐为同一命运。又寄《天津日报》一份,看他们如何,迄无回音,估计亦在为难中。退回的稿,我将分别寄广东、山东等地试试看,那边可能会刊用。”

北京倪子明先生16日来信:“收到惠赠尊著《向阳湖文化人采风》(上)和所编《向阳情结——文化名人与咸宁》(上),十分感谢!/‘五七’干校,这个特殊历史时期的特殊现实,人们(尤其是广大干部和文化人士)是不会忘记的,是应该载之史册的。回忆干校生活的单篇文章也不少,专著也出过几本,但是像您这样以两部大书(估计上下册出齐将有80万字)从各个方面反映咸宁干校的历史沧桑,使之成为干校的典型的著述,迄今还是仅有的,所以更其珍贵。两部书中所收大量题词和照片,许多都具有艺术和文物价值,这也是其他单本著作所少见(恐怕也是难以办到的)。所选文化名人文章,不仅收健在而能亲自写作的,对已故大家也能通过亲属选其旧作,避免遗珠之憾,令人感动。/读果核先生的《向阳湖中一尾鱼》,对您的学养、风格和倾心于‘向阳文化’事业的诚挚之情,叙述极其生动。敬希保持如恒,取得更大成就!”

倪子明致作者信

在《中国妇女报》4月21日发表访著名女翻译家许磊然文《话说干校岁月》。

19980425

北京范用先生19日来信:“寄来照片两张收到。还少一张十三连(人民出版社)汀泗镇凤凰山石灰窑照片,我在九十度高温的窑挑石头上去,我要保存,烦请找一找。”

19980426

北京周明先生15日来信:“你的书似应送国内几家大图书馆,如上海图书馆、北京图书馆、广州图书馆,武汉、深圳、辽宁、陕西及香港大学图书馆等,这都是名馆。”

北京李长路夫人张扬同志来信:“前些日子,收到您寄来的两本书,内容十分丰富,反映了我们当年所处的时代,真是丰富多彩。谢谢您的关心。”

北京胡海珠同志 21 日来信:“谢谢断断续续寄给我将近一年的《咸宁日报》,最近又将《向阳湖文化人采风》和《向阳情结》两书相赠。你的这种锲而不舍的精神深深地打动了我。我如果再不写篇回忆侯金镜同志在干校的文章,深感对不起你这位青年朋友。一年来,我读大家的一些文章,也使我增加了提笔的勇气,现在这篇文章总算写完了。/但是我确实顾虑很多。同志们写的许多都是在干校的心得体会,改造锻炼,那都是实情,而我的遭遇和经历写出来,肯定负面效应较多,我怕是会与大家唱反调,此其一。第二,很怕想起干校的生活,想起那些经历就十分痛苦。这些日子,我写这篇文章,犹如生了一场病,吃不好,睡不好,头脑发胀,身上发颤。现在文章写完了,我可以把这段经历放下了,心里就觉得轻松许多。这两天身体也慢慢恢复了。/文章可能长了一点,不知道《咸宁日报》是否需要这样的文章,如果需要,我就把它誊清寄上。如不需要我就自己当作留念。盼给我一个回复。”

19980427

省文联邹明山先生 20 日来信:“这是两本有价值的书,我将挤时间拜读。你在繁忙的公务之余,能写出这样沉甸甸的两本书,精神可贵,很值得我学习。”

长江文艺出版社赵国泰兄 22 日来信:“顷接大书,真诚地为您高兴,深深地为阁下的才华与勤奋凝结的硕果而遥贺,同时也为她所展示的宽广前景而激动。/我当珍藏之,研读之,愿在当代‘文化少壮派’

的背影之后,自己的文笔生涯有所进长!”

19980428

北京吴桂凤同志23日来信:“你有几位《向阳情结》里都提到过已离休的干部,希望百忙中抽暇能给他们寄去你编著的两本珍贵的书(附名单),另有几个应该寄书,如创联部的人,将来加入作协要找他们。”

四川黄葵先生18日来挂号信:“惠赠两书及报纸收悉,谢谢您!二书及以后所出下册,我将珍藏,常常翻看,以寄托南国之思。读书,想故人,令人兴奋,使人欣喜,不由得由衷感谢您!特别是您的‘采风’,热情洋溢,文采飞扬,引人入胜,令人感佩。/我计划着,一定要回向阳湖去看看,寻觅那些旧日的梦,回第二故乡去感受乡情,去看看能为它做些什么。目下甚忙,难以脱身,不过总会找到机会的。/我羡慕宋木文,薛德震,他们捷足先登,返回了向阳湖。我在京遇薛时,他也劝我回去看看,更使我向往向阳湖。/欢迎您有暇到成都来,听听咸宁的好消息。曾请校友许敏岐(广西师大中文系教授,原在作协工作)、金涛(宁波大学中国文化中心主任,原中华书局编辑)、鲁原(青岛大学中文系教授,原中华书局编辑)等撰文,不知呈稿否?”

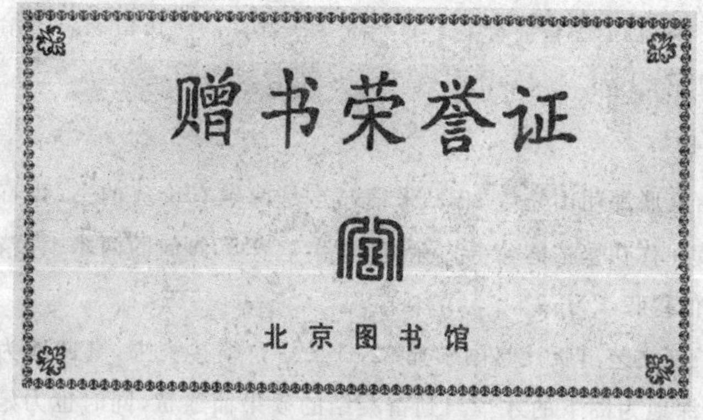
赠书荣誉证

北京图书馆

北京图书馆收藏荣誉证书

19980429

中国现代文学馆和北京图书馆分别寄来收藏证书,“向阳湖文化书系”得其所哉!

19980502

地委办文书科向国华过几天结婚,请我写副贺联,仔细琢磨,送上一副:“电脑存盘留厚爱,园丁植树种深情”,横批:“荷花向阳”(小向是微机员,爱人何非是幼师),我请《潜山诗词》主编黄老用隶书书之,并拟在该刊下期发表。

19980503

北京涂光群先生寄来其小女儿涂莹稿件一篇《悲哀的和流浪的》,附信云此文颇有特色、也耐读,对我所编文稿有所补充。拜读之后,信然。涂莹系法国文学博士,属“海归派”,现在中国社科院外文所工作。

北京植物园王又全先生见了《青年文摘》上的书讯,马上来函联系购书事。这是第一例,当赠也。

19980504

北京王春瑜先生22日来信:“我16日来香港中文大学学术访问。前天《大公报》副刊课主任马文通先生在荣楼请我吃饭,希望我再供稿。请将你编的向阳湖书2种,各寄一册给马文通先生。我返京后,将把《‘沉舟’浮出水面》一文寄给他发表。此文已于《湖北日报》发表,《中国改革报》则易题为《为了悲剧不再重演》,在4月12日刊出。此文再在《大公报》刊出,可能在海外扩大影响。”

订1998年下半年报刊,828.1元。

19980506

《人民文学》第五期发了“向阳湖文化书系”出版的书讯,这对我来说不失为一大喜讯,或可曰,第一次“变相”在全国文学界“亮相”。

《湖北作家》第 2 期也发了书讯，亦可说是省作协新会员，在省内文学园地上的成果展示。

19980508

崇阳县委办陈勋清陪我到通城，我送他和李甫平各一套向阳湖文化书系，两人敬酒时由衷地说，今后我的价值不在于做官做到那一级，而在于这几本书。

19980509

北京顾学颉 4 日来信："目前，两书已经出版，造声势的工作，已大体完成，下步的具体任务，将如何一一落实，就更加繁重，更要增加您的担子重量了，望继续努力，加把劲儿干！/许觉民同志的书评《两本珍贵的史料读物》写得很好，扼要地说出了'干校'的许多特点。"

北京冀淑英先生 4 月 30 日来信："承惠寄大著《向阳湖文化人采风》，并《向阳情结》二种二册，感谢之至。读之精神为之一振，20 余年前情景跃然纸上。又前蒙多次惠寄《咸宁日报》，已及时阅读，深感盛意。谨致谢忱。"

湖北大学人文学院涂怀章教授 4 日来信："蒙赠大著《向阳湖文化人采风》(上)和《向阳情结》(上)已收到，深致谢意，热烈祝贺你在创作上取得的新成就！/你的这两部书，可谓别具一格的纪实作品，它记叙了中国当代历史上放射异光的一段，人物特殊，内容奇妙，既可作人生教科书，又可作难得的文献保存，十分珍贵。希望你沿着这个思路采写下去，发掘宝贵的文化财富，取得更加丰硕的成果。/祝壮笔凌云，乘胜前进！"

湖北作家文献中心何蔚寄来作品专藏证，复信云："先生致力于向阳湖'开发'，功德无量，请就此接受我的敬意。"

19980511

北京胡企林先生 7 日来信："我馆林光同志 5 月初已赴咸宁，行前告诉我他会打电话同你联系，来函已收到否？”不巧昨日上午，林先生来电话时我在办公室开会，没在家。一次长谈的机会失之交臂，只好今后书信往来了。

19980512

青岛大学中文系鲁原教授5日来信：“巴蜀书社黄葵来电话，言您正在编选《向阳情结》一书，这对曾在那块土地上生活过4年的人来说，实在感到亲切无比。心中确有难以排解的‘情结’。如能通过您的工作形诸文字，我由衷地感谢。因无暇写新的文字，只能把几年前公开发表过的一篇复印寄上。/书印出后，盼通告一声，购书保存，以遣这难以排解的复杂感情。”

武汉大学文学院於可训教授8日来信：“你的工作很有意义，盼深入进行，取得更大成绩。”

保康县委办李修平兄7日来信：“你的敬业精神一直令我钦佩，记得几年前，你写访钱老的那种执著，我就感到你会成功的，果然为我所料。现在，你创造了一种奇迹，咸宁向阳湖文化能有今日，是与一个执著的热血知识分子的追求分不开的，你是有功之臣！”

19980513

北京王又全先生8日来信：“你真正为文化部去过咸宁向阳湖的6000人做了一件大事、喜事，功德无量，因为她能够给予一大批人以精神上最大的安慰、抚贴、慰藉，我曾想过：人生难得有几个创业辉煌时期和岁月，而你却在30多岁就做出了如此具有历史意义的工作，……红花仍需绿叶扶持，今后加强联系更好。我对两册书爱不释手，我将永远珍藏她。”

北京崔志浩先生8日来信：“我从单位同事又全处看到您的著作《向阳情结》，感到十分亲切。/当初我的父亲带着我们的三弟也随新华书店北京发行所的许多人到了咸宁，在那里生活、工作，战斗了一段时间,回京后还时常给我们提起。/因种种原因我当时留到北京,几次机会应到咸宁探亲,都因故未能成行,为补上那段难忘的回忆,希望能得到您的著作,以示纪念。”

19980514

北京马寄远先生 7 日来信:“非常感谢你远道寄来的两本珍贵的读物!/收到后,我迫不及待地粗粗翻阅了一遍。你的名字对我说是较为陌生的,但书中的照片和那些我熟悉的名字,都使我倍感亲切!特别是看到《向阳情结》中郭小川和青年作家们的那张照片,我仿佛又回到了向阳湖同他们一起战天斗地的那个难忘的年代,是留恋,是感伤,总之,酸甜苦辣都涌上我的心头!/你利用业余时间编撰出的这两本书,不仅为咸宁人丰富了精神宝库,同时更为我们这群‘五七’战士记录了这段难忘的历史,你完成了我们应该做而未完成的极有意义的伟大工程!为此,对你的辛勤劳动和敬业精神,由衷地表示敬意!/再次感谢你对我的关怀!在咸宁这片可爱的土地上,我又多了一位年轻的朋友,以后有什么事需我帮忙,请不要客气!”

北京谢真子同志 7 日来信:“感谢您寄来的两本书,我一定好好拜读。前不久刚刚收到光年同志的一本《向阳日记》,翻看后倍感亲切。我虽然当时不在咸宁干校,但因为在作协工作 20 年,经常能听到老同志的议论,加上书中所写的人与事都是我们熟悉的,因此倍感亲切。今后如到北京欢迎到作协来玩。”

19980515

北京许觉民先生 10 日来信:“上海《新民晚报》刊出书评,兹将剪报寄出。其余分寄之各报,尚无消息。”

19980516

北京胡海珠同志 11 日来信:“现将《回忆侯金镜同志在干校》一文寄上,请审阅。侯金镜同志的冤案不仅在五连,在干校影响大,甚至在文艺界、在香港影响都是很大的。开发向阳湖文化资源没有反映他在干校的资料，是一个遗憾。想到这一点，也就想到了我的责任。同时侯金镜同志参加革命的起点和归宿都在湖北，他和湖北结下了终身的缘分，我不提供这方面的资料，也对不起湖北人民。因此，按捺不住心中的这份激情，写下了这篇短文。/请你原谅的是，我的顾虑太多，所以文章写得晚了一点，但不管怎样，我还是完成了你要求我完成的任务。至于完成得好赖，由你评说吧。/愿向阳湖文化资源开发成功！”

宜昌刘不朽先生11日来信：“阁下大作，我在报刊陆续读过几篇，印象很深。这部书之成功，在于一个好的‘点子’，好的构想，但关键是文情并茂，主体与客体真情之融合。咸宁，我有不少朋友。一个地区文艺创作的繁荣，需要有代表人物和种子选手，有一棵松树，就预示着出现一片松林。/咸宁不断有新人崛起，可喜可贺。三峡与咸宁相距千里，然文心相通，文学是没有地界的，你可能正处在鱼和熊掌如何兼得之间，望权衡而后定。”

《咸宁日报》周末版今日发表地区卫校张学琦文《忆沈从文先生》，作者回忆在双溪卫生所时和沈老的交往。

19980517

北京王光、李震夫妇12日来信：“这两本书，对我们回忆在‘五七’干校几年的生活，吸取那时的教训很有益处。谢谢！”

晚上和人文社柴志湘先生通电话，他告知，《文学故事报》将摘发一部分有关向阳湖的文章，又说陈早春社长近来写了一篇文章回忆干校。我马上挂通陈家电话，适逢他开会未回。不料10点多钟陈社长回来，立即打来电话，谈及两书的影响，说我办了件大好事，到出版社要书的人不少。他满口答应明天将稿子传真发过来，由《咸宁日报》首发。

又与北京陈安钰兄通电话，他近日看电影《泰坦尼克号》受启示，建议我将来两书大功告成之后,可考虑以某人某事为线索,试用多种文学体裁写作,影响将更大。如唐浩明本来是作曾国藩资料研究的,后来发展成写历史小说,轰动全国。

19980521

全省信息理论与实践研讨会在蒲圻召开,上午开班典礼,我负责陪同省委办公厅的同志。王尊益副主任对向阳湖文化情有独钟,我们很投缘。我正好向他请教,并准备通过信息处的渠道宣传向阳湖。

19980522

下午,大会安排我讲课,题目是《浅谈向阳湖文化信息的收集与开发》,脱稿讲了 1 小时 40 分钟,效果很好,引起与会者浓厚兴趣,也得到省里同志的好评。他们说关键是提倡我挖掘向阳湖文化的精神。我讲了三点:一是选准点子,善于发现发掘具有重大时代背景,浓郁地方特色的信息;二是埋头苦干,充分发挥文化含量高、大主题、深层次信息的特殊效应;三是注重积累,长期坚持信息资料与文学资料的积累与整理。

又,中午中央办公厅信息中心来了几位同志,我正好选了几套书相赠,令他们刮目相看,并计划今后加强联系,让向阳湖溶入中南海。

19980523

下午,省委党校常务副校长周大仁讲课,我私下寻思,今后如果上省委党校,也可能主动争取上课堂讲讲向阳湖文化。送了周校长和随行的办公室主任银书林关于向阳湖的书,周说自己是学文学的,对此兴趣更浓。

19980524

会议安排今日游览陆水湖、赤壁,陆水湖的硬件设施又有增加,更值得一看,我想向阳湖的开发如果像陆水湖这么风光……但毕竟文化含量不同。

19980525

下午，结业典礼，总结中，学员们讲到收获时都重点谈了向阳湖文化和我。省妇联办公室朱瑛和省劳动厅熊亚玲会下开玩笑说，李城外讲课迷倒了学员一大片。我感到今后的压力更大，这两本书的下册，如果明年能出齐，非得全力以赴不可。

5月23日，《咸宁日报》发表我编发的陈早春先生文《迫不得已的“出风头”——咸宁干校点滴》。

19980526

北京闻山先生17日来信：“咸宁的同志来京，要当年曾在咸宁文化部‘五七’干校劳动过的学员们写些回忆文字。这一段生活是让人永生难忘的，值得深思、总结的东西很多。我打算再过些时候能腾出较多的时间好好思考一下，认真写一写。听说对写咸宁干校曾引起过争论。有的同志大概是怕把此事作为商业性行为来干，后果不好，所以反对。咸宁的同志不同意。依我的浅见，问题是你组织写作的意图以及作者怎么认识、表现这一段历史？如果大家能从中国两千年封建统治历史以及新中国建立后未能建立完善的社会主义民主制度，所以出现了多次脱离人民群众、违反客观事实的严重错误，认真总结经验教训；再想想革命事业进行到今天，我们的劳动人民、工农大众、知识分子（脑力劳动者）的主人翁地位、民主生活，究竟还存在哪些问题？‘公仆’是否尽职？我看就会从所谓‘抓516’毒打逼供、军宣队只许读‘毛选’不许读鲁迅等等荒唐怪事中提炼出对后人有益的教训。知识分子毕竟与工农劳苦大众从生活、思想各方面还是有很大距离，能在劳动磨炼中体验农民父老乡亲的辛苦艰难、贫穷无奈，于是在感情上发生变化，这当然也是一份难得的收获。而这些，与向阳湖上的滔滔绿浪、大堤畔的朵朵红荷，都是永远值得怀念的。/因此，我觉得咸宁的‘五七’战士们，只要还有精力、时间，就不妨努力地、认真地下工夫大写。/前不久,遇到《北京晚报》的年轻编辑、一个小侄子来要我写一篇书画'闲章'的小文,我随便写了一小段咸宁时期的故事。他们看了觉得有趣。现在我把它转去故事发生的咸宁,请同志、乡亲们看看,也算一次汇报。/我约了省作协洪洋同志,等有时间去咸宁转一趟。住招待所不住宾馆,吃派饭,不要烦劳领导,旅费自理。"另附稿一篇《铁骨嶙峋不附时》。

中国作协束沛德先生 19 日来信:"收到书后,怀着很大的兴趣翻阅了书中的若干篇章。书中很多文章的作者或你采写的那些作者,不少是我熟悉的老领导、老同事,读来感到格外亲切。"

中国作协金玉良同志 20 日来信:"寄来的两书都收到了,十分感谢,没有及时回信,请原谅。两本大作最早是在张兆和阿姨家看的,其中有些我很喜欢并准备复印。张阿姨偶然向我和吴桂凤说起这事,方知你和她是朋友,我与她也是极好的朋友。尽管如此,接受你的赠送仍有些不好意思,再次谢你。"

广西许敏歧先生 19 日从北京来挂号信:"'采风'和'情结'读了,心沉沉的。6000 多文化人在向阳湖名为锻炼,实为劳改,这在中国历史上都是空前的。这是一份极为沉重的遗产,因其沉重,就更珍贵。为使这份遗产不致荒芜,不致使人遗忘,你们做了一件极其有意义的工作。历史会记住你们的。/原本想单写一篇天翼在咸宁干校的文章,后翻日记,见有些天翼生活的记录,虽然片断不全,但却真实,故整理了一下,随信寄上。/紧紧握手!"

19980527

武汉李晓祥政委 25 日来信:"看了您寄来的两本书,我感到很亲切,讲点想法,供参考。我是湖北省军区咸宁军分区原政委,1970 年 5 月至 1972 年带领省军区所属各单位抽调的排以上干部 72 人,在中央文化部咸宁'五七'干校执行'三支两军'(支左、支工、支农、军管、军训）工作，当时是在国务院周总理办公室吴庆彤、李孟夫同志和省军区党委领导下，尽管我们还是努力想把工作做得更好，但由于我们的素质不高，还是做了一些不尽如人意的事。在当时混乱的情况下，'三支两军'是必要的，对稳定局势起了积极作用，但也带来了一些消极的后果。两本书越看，越感到内疚，为此，我代表我的同事，向'五七'干校的战友表示歉意。/感谢你们这么快就出书了，并预贺下册早日完成。"

19980528

《咸宁日报》今日发表巴玖文《向阳湖炒热之后……》，称咸宁市向阳湖文化展览的布展水平太低，并提出了批评和建议。

19980530

湘鄂赣"三名楼"笔会作家代表团来咸，受省作协领导之托，我负责联系接待事宜。上午客人到达后，刘富道副主席让我介绍了一下向阳湖文化，并向客人们赠送书籍。中午，地委李书记和刘、程副书记、谢副专员都来陪同小酌。下午，我又带客人去了"131"，地区文联林主席被我邀请同行，送走客人后，双方都满意。

19980531

北京吴兆修先生19日来信："惠赠大作已收到，十分感谢！/虽然近来杂事缠身，但仍以迫不及待的心情，忙着拜读。总的印象：不论是你撰写的还是你编辑的都很不错。沉睡多年的往事，经你这番开发与挖掘，似又鲜活起来，亲切中令人感慨万千，这段历史真是不该掩埋和遗忘。/你的劳作很有成果，文章写得情浓气平，自然而细致，使人如临其境，读来颇有兴味。'采风'中我较喜欢访萧乾的那篇，老人所遭劫难历历在目，撼人心弦。有一篇向阳湖外的《"不破围城非好汉"——访钱钟书先生不遇》也很吸引我，文章写得很机巧，意趣无穷，发人深思。'情结'中我最喜欢吴泰昌的一篇，文章由小见大，写出了

落难向阳湖的中国文化人的苦涩和辛酸,感触良多。其他还有许多佳篇,并有不同信息,也都值得细细品读。不能不提到,是意外读到果核那篇《向阳湖中一尾鱼》,文章轻松诙谐地勾勒出一个活脱脱的李城外,使人虽未见到‘城外’,却已进入‘城里’,不能说是引人入胜,也该算是引人入‘城’了。看来,这颗‘果核’也是鄂南的一大‘名产’啰!一笑。/好了,我在这里坐享其成地说开心话,辛苦劳累的是咸宁地委和你这个笔杆子。可以想象,你能挖掘出这些‘宝藏’是多么的不易!在此不能不再次以‘五七’战士的名义,向你们致以衷心的敬意和谢意!/祝向阳湖开发成功!”

北京胡海珠大妈 24 日来信:“谢谢寄来的两份复印件,两文中均盛赞你在开发文化资源方面的辛劳和贡献,我十分赞同,虽然因为我双眼患白内障,读书写字均有困难,‘情结’和‘采风’两书目前还没读完,只能选读其中一部分,但我已深感你的工作热情和效率之高,令我钦佩,真可谓‘后生可畏’呀!/你要我提供金镜同志的资料,我不知你需要哪方面的,思之再三,想到以下几点,供你参考吧……”

19980602

北京臧克家先生夫人郑曼 26 日来信:“谢谢你寄赠《向阳情结——文化名人与咸宁》、《向阳湖文化人采风》两本值得珍藏的书。你几年的辛勤劳动,结出了丰硕的成果。二书能由人民文学版社出版,更是难得。/拜读《向阳湖文化人采风》(上),关于臧克家的一篇,有两处错了:第 21 页第 3 行‘在汀泗桥一带挑沙、烧石灰窑’应为‘在汀泗桥凤凰山开山、烧石灰窑’。第 21 页第 4 行,‘读初中’应为‘读小学’。/在《向阳哺育我的诗》一文中,涉及臧克家的有这么一段:‘臧克家……初抵干校,碰见夫人郑曼,郑问他,你这么大年纪还来干什么?他说没办法,在北京挨斗厉害,还不如来干校,毕竟能和家人团聚,温暖更多一些。’(见 121 页第 5-8 行)关于这段,我想提供一点当时的情况：1969年9月底(不让我们在北京过国庆)，我先来到咸宁文化部‘五七’干校，驻汀泗桥。行前，中国作协决定，臧克家和小女儿留在北京。谁知林彪‘一号通令’下来，像赶鸭子似的，把原定留在北京的老弱和小孩，一股脑儿都赶下来了。这情况，在臧克家和小女儿未来干校前，我就知道了。他来后，我毋须再问他‘你这么大年纪还来干什么?’而且当时臧克家还在受审查，要你留，就得留，要你下，就得下，根本没有选择的自由。何况中国作协是被砸烂单位，除下监狱的外，都被下放干校了，北京只留几个人留守，谁来批斗他！到干校后，我和臧克家及小女儿，相隔有三十里，平时根本见不到面，只有元旦、春节、国庆，才去向阳湖为他料理些衣物。我和牛汉同志不太熟悉，当时我的身份，也不便串门，和他未见过面。他说的这段，可能是传闻有误。/祝笔体两健！/克家同志嘱代问好！”

北京吴桂凤同志28日来信：“在您特别忙的时候，真不好意思打扰您。上次您给我提供名单所寄的书只有郭庆云没收到，她又特别想看。我们去阜成门邮局和百万庄邮局都查了，他们说得顺着查。何时何地寄出。如果未挂号也不能查，只好麻烦您再寄一套了。/我以后该帮助光年同志编书信集了，他要求2000年之前编好就行，时间够宽裕的，只是他给别人写的信很不容易收回来，光年认为我还熟悉情况，可以干这件事。看来，我得学习您那股韧劲儿才行。/好了，来京一定来我这儿。”

19980604

北京张慈中先生5月30日寄来女儿张姗姗的回忆文章一篇，并问向阳湖文化书系下两册何时付梓，望早日问世。

明日《咸宁日报》社开向阳湖文化书系座谈会，晚上我去请万书记参加。他表示，现在退下来了，出席会议不合适。但我不请是不合适的，向阳湖的影响能有今日之大，与万书记支持是分不开的。

19980605

下午去《咸宁日报》社会议室参加向阳湖文化书系出版座谈会，报社李社长、王总编安排得很周到，宣传部俞部长参加，我还请来地委程副书记，宣传战线有关部门负责人和专业人士10余人。程副书记和俞部长的讲话都不短，而且有分量。元平和老柯等朋友的发言也精彩。会后，报社还安排晚饭小酌。晚上我和江行元一起拟稿，明天周末版头版报眼发消息，并配发座谈会会场照片。电视台刘家饶也来了，下周一播出新闻。

向阳湖文化书系出版座谈会

19980606

晚餐后上街散步，路上遇市委宣传部的人陪省广电厅副厅长黄运全，又被劝去喝了几杯。黄对我写向阳湖的成绩十分肯定，并表示今后有专题报省电视台，他会大力支持。

19980609

北京胡继高先生1日来信："您的大作2本均已收到，谢谢您为向阳湖文化资源的开发做了不少工作，是有功的，抢救了不少文人轶事，非常宝贵。祝贺您取得更多的成绩。"

四川黄葵先生5月19日来信，推荐我联系几位向阳湖文化人：金涛、鲁原、罗锡厚、郑时顺、孙以楷、孙树霖、关立勋、柯涛，并提供了几位的简介、地址和电话。信上说："以上同志，提供你参考，他们会有许多感受可写。还有一些同志，因不详通讯处，无法提供。"

19980611

上午去《九头鸟》编辑部校对稿，偶遇几年前从元平这里下海去深圳的吴晓燕，元平向她介绍说，我是咸宁地区现在最红的作家。中餐编辑部请小吴吃饭，我说元平没有下海，对个人是个损失，但留下没走，却对咸宁是个贡献。尤其是对宣传向阳湖文化作了贡献。

19980612

上午，机关党员大会讨论向国华入党问题，我和文书科张科长为介绍人，我对小向有一种特殊的亲近，一是他的工作本身不错；二是他为我的事业帮助打印了不少临时性的急件。最难能可贵的是，他比某些只当官不干事的领导的认识高一些，能理解向阳湖的价值。就在我有时为办公室有领导不理解我的事业而和小向谈心时，他还劝导我，"文革"中冤假错案尚且不少，而你现在有幸，仅仅是不被某些人理解！

19980613

嘉鱼鲁快兴10日来信："《向阳情结》(上)我已拜读月余，虽非日日诵读，但每日记念却是事实。我的感觉是，这不仅是文化史，也堪称政治史，至少是'文革'史。这两本书，在往后的历史长河中，必会具有无限的生命力，在文化史上占有特殊地位。我十分希望，二书的下册能早日问世。您有关向阳湖的研究成果，能更多的面世。/虽早有预料，但看了书后，仍有触目惊心之感。那些文化名流们的文章，虽有不少写得简单含蓄，但透过他们的文章，对他们的处境和心态，还是能有较清晰的感知。从这本书里可以知道什么是文化大革命，新中国成立后，中国文化及文化人的命运是怎样的，中国文化人在文化专制主义和封建专制式的统治下,是如何生存的。同时,认真阅读本书后,如果有些基本思考,就难以像前些日子某些人酷评中国现代文学及文化人一样,以此时的心态和背景去评判,苛求前辈了。/对中国文化的深思和酷评,都是需要的,对现当代文学的否定勇气也是需要的,但都将根源定在文化人自身,却是短浅见识。从这个角度看,《向阳湖文化人采风》和《向阳情结》,应作为教材,让后学们认真研读。/《向阳湖文化人采风》(上)对我《最后的乡村》里关于向阳湖的几篇文章,有过极大的帮助,我再次表示深谢。《向阳情结》(上)对我更全面细腻地了解向阳湖文化人,有很大的启迪价值和资料价值,也将成为今后思考和写作的重要源头,实在要真诚地感谢您的辛劳和对我的赐教。/关于向阳湖文化的认知,我很赞同您《三驳王博士》和《后记》中的观点,此不赘述。向阳湖可以建成文化圣地,但它的主调是灾难下的中国文化与中国文化人,是极其严肃的,即使是文化人的机智、幽默、巧妙性的生存与斗争方式,也是这种主调下的表现。向阳湖的商业价值,只能在它的人文价值确立并显现出来之后才能较好地产生。当然,开发向阳湖,尤其是文化方面的开发,除让人看到中国文化和中国文化人的灾难与隐忧之外,更要具有启迪,激励人们建设新的科学的中国文化的思维之效果。这需要胆识、气魄、文化积累与前瞻,甚至要有牺牲精神,物质方面的因素倒次之。/关于向阳湖,您是专家,我的上述想法,恳望批评指正。/您惠赐的二书,我将长时间拜读和思索,今后亦会有更多的求教,望不嫌我孤陋与浅薄。/嘉鱼中行有个您的热心读者,常看您的文章,其在我处发现您惠赐我的大作后,极想求得,不知是否能如其愿?”

19980614

晚上和几位向阳湖文化人通话,都鼓励我早点出下集,有意义、有价值、有成效。想到他们期盼的目光,从现在起,似乎应订一个写作计划再“冲刺”了！

19980615

《中国电大教育》张爱文、平野 9 日联名来信：“谢谢您寄来的 2 本大作，虽未及细阅，但能由人民文学出版社出版，当可想及其艺术品味与文化价值。在此，特致祝贺！/随书收到的文新希一文，已转至有关栏目编辑，安排在《中国电大教育》予以刊发。/愿您在今后的岁月中取得更丰硕的成果！”

19980617

上午约市委宣传部副部长李永安、文联主席林友义及内兄万立煌一起去省文联、作协，专程为我申报屈原文学奖事宜。省作协蒋书记、刘富道副主席都很热情，以为我的书还是有竞争力的，尤其是在地市州一级罕见。我的态度是主动争取，重在参与，反正向阳湖文化的价值是既定的。能中奖对这项工作是一个推动，如果有更有影响的作品超过它，也心服口服。

19980618

北京萧乾先生来信：“谢谢你惠寄的大著《向阳情结》及《文化人采风》二书。你真是一位勤奋的有心人，终于把书出了。我相信它们不但当代必拥有众多读者，将来也会有历史价值。谢谢你不辞劳苦的努力。希望你还会有新作问世。/祝好！ 洁若问候。”这封信写于 3 月 4 日，文洁若先生拖到 6 月 14 日才发，她附信云：“我仍陪萧乾住在医院里，今寄上我们的简历各一份，不知那两部集子何时能出下卷，确实是有意义的工

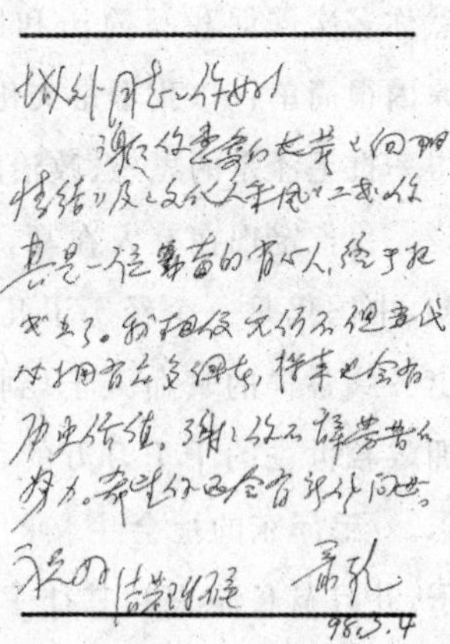
[illegible]同志：你好！
谢谢你惠寄的大著《向阳情结》及《文化人采风》二书。你真是一位勤奋的有心人，终于把书出了。我相信它们不但当代必拥有众多读者，将来也会有历史价值。谢谢你不辞劳苦的努力。希望你还会有新作问世。
祝好 洁若问候 萧乾
98.3.4

萧乾致作者信

作。”

接通知,加入了中国收藏家协会。

19980620

北京林光先生13日来信:“多蒙垂青,惠赠《向阳湖情结——文化名人与咸宁》(上)和《向阳湖文化人采风》(上)两本书,铭感万分。/我在1973年离开咸宁,在那里生活了4年又8个月。25年来多次想回咸宁看看向阳湖,探望我的几位农民朋友;三年前约了两位朋友,打算一起去,终因各自的原因而未能成行。今年5月我只身南行,6日傍晚抵达咸宁,由一位姓李的朋友接到他家,他是初中学生,因文化大革命而回乡务农,在我的开导下,悉心学医,由赤脚医生而经过培训和考试,成为正式农村医生,现在是个人开业的医生。/我在他家住了5天。7日他陪我去文化部‘五七’干校的向阳湖故地重游……在此之前,我打过两次电话与你联系,均不通,甚为遗憾!”

北京李洪深先生14日来信:“近两年多承蒙不断寄赠《咸宁日报》周末版,前时又收到你编著的有关向阳湖文化的两书,十分感谢。虽然你多次催促我写简历和回忆,但我始终没有动笔,实在过意不去。原因很简单:一、我不是文化名人,简历对你没有价值;二、干校探源就得率批毛泽东的思想、政治路线,以至他的为人品德,现在还难实话实说。我肯定现在有人在写,廿年后或许能自由评论。/直到二十世纪初,中国仍是一个经历了几千年小农经济的封建大国,这个社会过去出各式各样的真命天子,到了二十世纪就很容易出大小救世主,以及拥戴救世主的千千万万的百姓,而且都带着社会主义、马列主义的标志。/毛泽东的社会主义的目标就是消灭资产阶级及其附庸知识分子,并且赫鲁晓夫和其徒子徒孙就睡在身旁,这样就有了十年无产阶级文化大革命,随之就有了‘五七’道路的干校。文化部更是犁庭扫院,要让这批文化人携儿带女老死向阳湖。所以宿舍设计是按小家庭考虑的。文化部干校可以称作毛泽东革命路线的典型标志之一。若以此来反映中国知识分子的灾难以及知识的没落，可供后世人深思。/最近梁晓声的《凝视九七》出版后，30000 册抢购一空，其中有 9 万字《思考毛泽东》系列文章。特别读到毛泽东与知识分子的关系，值得一谈。尽管梁文比较客气平和，但是主管人并不喜欢，所以此书无法再版了，我托人从出版社弄到最后几本，特送你一册。”

今日终于拉出“采风”下册第一篇稿件，访李琦同志文《“不能再发生文化大革命了!”》，算来已有半年没有写一篇专访了，余下还有 60 篇左右要写，非得定额“补课”赶任务了。

《咸宁日报》“向阳情结”栏今日开始连载胡海珠文——《追思金镜》，约 8000 字。

19980621

广西许敏歧先生 15 日来信，介绍青岛大学鲁原教授和宁波大学金涛教授都是原中华书局的学员，可以向他们约稿。

19980622

地区政协联络组余组长重视向阳湖宣传，叫我明日约政协办主任胡主任一起去省政协文史委汇报向阳湖文化开发情况，争取从政协这个渠道加大宣传力度。胡主任则怂恿我干脆调到政协，免得“两张皮”，可一心搞事业，使向阳湖这个亮点更亮。他建议我等中等城市成立后，政协文史委请我担任主任，我也表示乐意。

19980623

上午，去省政协文史委见了黄学东、李德定两位负责人，他们都表示支持，对我的两本书很欣赏，并准备在他们的刊物上宣传。他们也建议我到政协搞文史工作，于个人、于事业都有利。

下午，和胡主任一起逛中南商场旁的书店，意外发现我的两本书已赫然上架，可能是人民文学出版社全国发行订的货。我这还是第一次看见自己的书摆在书店里出售,心情颇爽,又一气选了 20 本有价值的新书,花了 280 元。

19980624

上午,在地委办向刚从荆州调来的张副书记汇报向阳湖的事,他初次听说便十分入迷,答应今后适当时候支持我的工作。

19980625

咸宁市向阳湖文化村筹建指挥部易人,由文化局副局长丹家志接替统战部副部长王清炎,丹今日接我和孟绪龙去咸宁,帮助为重新布置的"向阳湖文化展"出主意。他们从《咸宁日报》上看了巴玖的批评文章,引起了重视。我今日在座谈会上说,无论怎么讲,一个七、八人的专班,为向阳湖造势的影响应胜过退休干部徐孔章搞"中国报刊碑林"。我还不客气地说,咸宁市负责这项工作的领导及专班的几个人,都应成为向阳湖文化的专家,不应几年之后还是请我和老孟指导。他们本身应是讲解员和宣传员。市委宣传部马部长插话说,他们应通读我编写的两本书,我也不谦虚地认为很有必要。

19980626

《咸宁日报》周末版明日头版头条将以十分醒目的标题发表访李琦同志的专访,并配照片和题词。近半年时间没在周末版头版头条露面了。我和编辑约好,从现在起,专栏文章每周保证写一篇、发一篇。

19980627

《中国文化报》记者陈建民寄来 11 日的报纸,她也发了一条向阳湖文化书系出版的消息。可惜我订了此报,因浏览不仔细,竟没有发现。看来,今后读报看书都得讲个认真。

19980628

武汉田野先生 23 日来信:"承赠由先生编著的《向阳情结——文

化名人与咸宁》(上)和《向阳湖文化人采风》(上),十分感谢。/两集中的有些文章,我也曾在报刊上读过。此次成书,逐一翻阅,印象更深了。/'文革'期间,我也曾在沙洋农场湖北省直'五七'干校生活6年,虽地点不同,人物有异,但经历却是差不多的。因而,在阅读时,也常常联想起一些往事……/希望能在不久的将来读到两书的下册。"

19980630

收到上星期《九宫报》,有《通山文艺之扫描》一文,其中说:"特别值得一书的是李城外撰写的《向阳湖文化人采风》的出版,不仅续起了中国现代文化史的一个断面,而且也填补了咸宁地区人民文学出版社出书的空白,还有其兄李成果的《山里的哲学》的出版。尽管都是墙内开花墙外香,但也不难说是通山土壤的散文奇葩。"人在江湖,能被家乡人提起,并引以为豪,亦值得欣慰。

1998 年

秋

19980701

在希望读书社发现一本《顾准日记》(经济日报出版社 1997 年版),内有“息县日记”等,属“干校文化”难得之史料,毫不犹豫地买回收藏。这种书对于我的价值可用“以一当十”形容。

省作协骆文先生 6 月 27 日来信:“深深地感激你赠书及报纸,向阳湖是值得回忆的,虽然各有各的看法、感受和历史的评述。/引起了我思考的是:我们在沙洋‘五七’干校生活,少有人写。其原因,想来你会理解的。至今,我还认为那是块‘悲剧性’的地方,文化大革命之发动,结果国力损失,太惨重了——相当于抗战八年之损失。”

《顾准日记》书影

19980702

武汉吉学沛先生 6 月 30 日来信:“非常感谢你的厚意,惠书早已收到,并且看了大半,很亲切,感同身受。因为与向阳湖同时,我和老伴也在沙洋省直‘五七’干校走同样的道路。/‘五七’干校作为一段历史,且是‘文革’的一个组成部分,今天应如何评价？还要多说么？所以把它记录下来，传之后世，是一件很有意义的工作。因此，应该对咸宁地委和你表示真诚的谢意。/比起一些老同志，我还算幸运的，‘文革’初期我当了一段保守派，为此，造反派抄了我的家，还把我关了几天，然而终于也未打入‘牛棚’。在黄陂搞了一年斗批改，‘晋升’为‘革命群众’。70 年去沙洋走‘五七’道路，后来还升为养牛班班长。不是我表现积极，是因为那活没人干，而我又生长在农村，懂得一些养牛的知识。当时文联的‘牛鬼蛇神’如徐迟、碧野、骆文都是我的‘部下’。后来，我写了中篇小说《牛棚纪事》和短篇《牧场春秋》(原型便是徐迟)都是那段生活的记录。/省直干校将结束时，为了总结‘成绩’，校部抽了一批人，其中有我，办了一个‘成果展’，另外还由我主编了一本小说集《光辉的道路》(湖北人民出版社)。从书名你可以想象，当时的观点是如何的糊涂，而且那也是‘形势’使然的结果。/你那两本书中出现的人，不少我都熟悉，而且有过来往。下集中还将出现哪些人，我很感兴趣。因此向你提一个请求，下集出版后，请继续送我。如来文联，请来寒舍一叙。/最后，代表我的老伴，再一次向你表示感谢！”

19980703

因为防汛报道“冲”了《咸宁日报》周末版明日一版，徐邦达先生的专访已排好，只得往下周推。这样我手头赶写的其他专访可松点。原计划每周写两篇，发一篇。发一篇受限制，但写两篇自己可以把握。

19980706

上午，去《九头鸟》杂志社。夏季号发表老柯写的《“城外旋风”》。在编辑部巧遇蒲圻党史办的刘光淦，他们在组织编一本《鄂南人文景观》，其中有“文化人”一栏，有人推荐了我。正好手头有现成的简历及向阳湖简介，于是加盟其中。

19980707

上午去电视台,俞永忠、刘家饶他们计划和省电视台合作,为我制作一个专题,素材都是现成的,关键是如何写好。不过我以为反正没有时效性,以质量为主,晚一点更好。

19980708

下午去《咸宁日报》社与李社长长谈,他的体会,从文的人,切入点十分重要。比如文化局的王自力,功底也有,生活也有,可就是出不来,打不响。原因是生活圈子太窄,而且朋友圈子也窄,缺少几个一起聊的朋友。而朋友间互相启发是十分重要的,有一次,他建议王自力为《知音》写篇稿子,稿费高,影响大,果然一下子命中。李社长的话对我有所启发。

19980709

工行汀泗桥支行总经理潘德汉是宝塔人,从小和向阳湖人文化人有过交道,因此我发表在《咸宁日报》周末版的文章,他是每星期必读,前些时,他托江行元找我要几本书,今天便安排请我吃一顿饭。地点选在甘棠,晚上吃甲鱼。周末版的几个编辑全到了,说这是编者、作者、读者在向阳湖的欢聚,意义非凡,大家十分尽兴。只是途中见 107 国道旁“中国向阳湖文化村”牌子后面被地区司法局挂了一个“咸宁市劳教所”的牌子紧挨着,令人气短。司法局执意在向阳湖建劳教所,留下千古骂名不说,还如此得寸进尺,说明咸宁难发展,就是一些地方保护主义、本位主义盛行。地市大张旗鼓宣传向阳湖文化,司法局的负责人却如此做派把水搅浑,我不知从此有无外商来此地投资,更不知重返此地的文化人作何感想。

19980710

北京平野先生 7 日来信:“见到你几年来以心血编写出版的两种书,十分高兴,特向你祝贺!/在北方度过四、五十年,这次回南方,天热了闷得头晕脑胀，很是难受。去黄山、雁荡山游了一下，现在游山玩水都有统一的路线，看景的角度都被限制得死死的，对画家说来，是个大不幸，太没意思了，因此我只画很少的速写。回想当年在咸宁的自由自在的大自然的天地中，任你游荡，实在太美了。难怪如今洋人到处去寻找野趣，到北京来坐三轮车穿胡同，自得其乐。/祝您在开发向阳湖文化金矿中取得新的成就！"附短文一篇《向阳湖赐给我艺术的灵感》，文尾云："由于我现在还很穷，无法把我在咸宁的画白送给咸宁——我的第三故乡(一二为温州、北京)，因此，我希望当向阳湖文化金矿开发之后，致富的向阳湖人能出资买走我的这些画，让它永远保存在那里，永垂不朽！"

19980711

又拉出一篇"采风"稿，访耿宝昌先生。近几篇都在 1500 字上下，自觉还拿得出手，但形式和内容都大同小异，无甚突破。看起来得修整一下，边"充电"边写作，计划读一读李辉、周国平、余秋雨……

《咸宁日报》"向阳情结"栏目今天发表张姗姗的回忆文章，原题因为太平实，我改为《恰同学少年》，因文中提及几个干校时咸宁少年时同学的名字。

在《新闻出版报》发表《书山有路通向阳——北京图书馆馆长任继愈二三事》。

19980714

晚上孟绪龙从办公室打来电话，谈他对当前汛情的严重关注和预测，接着大谈"采风"下册的写作如何突破。首先是写每个人如何加入他的特征，写出特点，不能给人以千篇一律的感觉。其次是换一种叙述手法，多一点哲学理性的思维。而且得边写作"采风"，边着手写向阳湖报告文学的准备。老孟喝过酒，聊天十分畅快，他称自己总是酒后出思想。我笑道，今后写大文章时，一定请他小酌几杯后，再听听高见。自然,集思广益,两人或多人的智慧,总比一个人活跃些。

19980715

省委办公厅信息处刘改安寄来一首诗《咸宁城外向阳湖》,附信云:“我的这篇小诗,比起你那两本大作,确是小巫见大巫,但意在宣传咸宁,宣传向阳湖,包括李城外……”

19980716

夜与北京王山通话,他说王蒙先生已收到“向阳湖文化书系”。王山总是十分客气,他以为此书选题好,十分有价值,上次《文艺报》上发的书讯就是他编的。哦!

19980717

北京丁宁先生10日来信:“书编得很好,内容丰富,许多文化名人的风采跃然纸上,读来十分亲切,又引起我对向阳湖的怀念。你勤奋动笔,很有毅力,十分难得,我衷心祝贺并感谢。/我因身体缘故,未写什么文章,也未为你做些什么,很感遗憾。你曾来我家谈过,后来我也补写了一点材料,我所了解的向阳湖,也就是那么多了,当然,以后想到什么,仍会写点文章。”

19980722

上午,咸宁市群艺馆几位负责人来汇报“向阳湖文化展”的总体设计,我又为他们提供了不少资料,估计这次的分量比以前强多了。

19980723

北京杜乃松先生18日来信:“您为了给去过干校的故宫老专家寄出版物,让我提供人名,我考虑了一下,因您对已联系的非常熟悉了,我就不再列了,只拟补充一下您可能还未联系的老先生……/你平时一定很忙,您的事业是前无古人,开创型的。望平时多注意身体为荷。”他介绍了故宫著名陶瓷专家叶喆民先生、著名古玺印专家王人聪先生等。

19980724

准备了好多时，又拖拉了好多时，今天终于又一次将一批报纸（主要是访李琦文、向阳湖文化书系出版座谈会消息等），共201封信寄至京汉两地。又可以一心一意整理录音写文章了。这个月由于防汛，《咸宁日报》周末版头版全部被“洪水淹没”。原计划发的4篇专访，推迟下月还不一定能发完，但汛期过后每周一篇专访是一定得保证发的。

19980725

北京胡海珠同志21日来信：“收到两份《咸宁日报》，三期的周末版，上面连载了《追思金镜》，这篇文章还要收入《向阳情结》下册，非常感谢。作者用血泪写出的文章，能得到这样的成果，还有什么有比这使人更感到欣慰的呢！而且这篇文章完全是在你的催促和精神感召下写出的，不然它不会诞生。所以我要再说一遍，谢谢！/《咸宁日报》连载三期，足见对文章的重视，只是校对水平需要提高，错别字和脱漏的字太多了，我在版面上都校改了一遍，还有个别文字上的改动，我也改在版面上了。将来《向阳情结》出书，我希望按我校改的这张报纸发排。人民文学出版社是国家出版社，我想它不会再有错别字出现的（我校改的报纸附后）。/文章的题目我想改为《追思干校中的金镜》，这样比较切题。因为文章一开头就说的是回忆干校的事。/“情结”和“采风”两书的大部分文章读过了，其中提到了金镜的文章不少，足见其在干校的影响。严文井和何锐两同志文章中所说金镜情况，有些不符事实，但我不想说什么了。一来人家都是好意，二来各人有各人观察事物的角度，只要不出大格，别人不好说什么。/现在正是酷暑，听说武汉最低温度都是31度，真让人心惊。湖北人民、咸宁人民和武汉三镇，又正面临着大洪水的威胁，真使人提心吊胆，不由得使我想起我

们在向阳湖防洪抗汛的那些日日夜夜,衷心祝愿湖北人民、咸宁人民和武汉三镇战胜大洪水,相信定能安然度汛。”

《咸宁日报》“向阳情结”栏目今日发表涂莹的回忆,因原题过于欧化,过于现代,我将题目改为《向阳湖对我究竟意味着什么?》。

19980728

致婷建议我开始系统地整理录音,然后有时间则一篇一篇地写专访,并随之积累素材,正中下怀。初步计划每日整理一盘录音,阅读计划是每日翻一本书,写作则是见缝插针,力争一星期完稿一篇。

19980729

省作协副主席王先霈 28 日来信:“前承赐赠大著,昨又获读报上介绍文章,十分感谢。92 年春,我曾向咸宁师专负责同志提起,引领境内研究中国当代文学专家去访看向阳湖旧址,当年夏,并与王庆生教授等到咸宁,后因工作不到位而未果,至今引以为憾。先生近年所做工作,我深为佩服。”

19980730

与北京柴志湘先生通电话,他告知陈社长已赴美访问,行前陈已向人文社策划部主任张福海打招呼,宣传一下向阳湖文化书系,但柴和张商量时,都一致认为,等下册出版一起宣传,效果更好些。

19980731

北京王仿子先生 7 月 28 日来信:“上次来访,我思想上毫无准备,觉得没有什么值得谈的。所以,光有上次的三言两语,写不成一篇可用的东西的。我看过您的大作之后,知道您的写作才能,然而,做无米之炊,毕竟太苦了。/我想有两个办法:一、放弃这篇专访,把您的精力用在别人身上,定有收获,我是一个俗话说‘提不起来’的人。二、您提出几个问题,由我书面答复,作为素材,供您选择。”

省文联吉学沛先生 7 月 30 日来信:“上次信中提到的,由我编辑的那本关于干校的书，其实并不具备资料价值。因为当时的思想认识有问题，所以主要是‘歌颂’，很难反映干校这一特殊事物的本质。如果现在来写，就会比较清楚点。/你索要的拙作，是否我在信中提到的短篇小说《牛栏纪事》和短篇小说《牧场春秋》这两篇，作品都收到我的小说集《苏春迟请客》里面，1983 年由长江文艺出版社出版。可惜现在手头已没有多余的了，只有一本，难以割舍。请原谅。/我想送你一本我最近出版的近作选，但又信不过邮局。前些时，我寄出的书很多对方都没有收到，甚至寄给本市周代（原《长江日报》的一位老编辑）的书他都没有收到，所以不得不择人另送一本给他。/上次信中，我曾问你，是否常到文联和作协这个大院里来，目的就是想把书亲自交给你。”

19980801

《咸宁日报》“向阳情结”栏目今日起连载韦君宜《向阳湖畔那十个无罪者》，选自《我对年轻人说》。

19980804

北京陈羽纶先生 1 日来信：“时间过得飞快，自 1969 年下放讫今，匆匆已 30 年矣！想那时你还年轻颇小，而现在将入不惑之年。有志不在年高，你慧眼独具，自告奋勇，执著地发掘咸宁干校文化资源，兢兢业业，值得钦佩！/这项工作的组织、实施，每个环节均需付出不懈的努力，你赤手空拳，孤军作战，欣然承担这一光荣的历史任务，得到文化界和老干部们的认同并给予了莫大支持，令人兴奋。/你在从事咸宁这段具有重大历史意义的工作，创下了不可磨灭的功绩，《“城外旋风”》一文所云甚是。你为打捞‘历史沉船’，不惜继续赶路‘文化苦旅’。/时值中伏盛暑，望多加保重身体！”

北京顾朴先生 7 月 30 日来信：“你拟以问答形式写出专访，确可将文章写得更活，你自主办吧。/我起初觉得‘城外’用于姓名很特别，原来有内涵,特殊感情在内。‘城外旋风’刮得好。当然很吃苦,没有感情和决心,就办不了事。你说对吗?”

北京顾学颉先生7月28日来信:“接信及小报,谢!‘旋风’一文,颇能道您为向阳湖文化事业而奔波的辛劳,事实确实如此,并非夸大之辞。首仗初告捷音,以下的事情进行得如何?当然要一步一步走,但切不可半途而废。/南方大水泛滥,湘鄂面临危急,不知咸宁情况如何?水火无情,为之奈何?/前寄奉之《说古道今》一册,已收到否?今天接通知,知王利器先生已于24日去世,86岁,他也是咸宁干校的一员,中国有名的汉学家,曾划为右派,又及。”

19980805

北京王益先生7月28日来信:“寄来的书和报都收到了。我很钦佩你为开发向阳湖文化资源而奋斗不息的执著精神,很钦佩你的写作才能,也很钦佩你所采访的同志能谈出那么多值得你记、值得你写的话来。我在干校没有做坏事,也没有做多少好事,我没有特别吃苦,也没有遭遇到什么值得回忆、值得记下来的趣闻轶事。我在干校很一般,很平常。/我在文化部是一个算不上文化人的人,更不是名人。我请求你不要来采访我,免得你浪费时间,也免得我为难。我谈不出什么来,不值得你采访。我是很真诚的,我会做出拒人于千里之外的不礼貌的事来。”

北京陈乔先生7月28日来信:“前寄来书册已收到,内容甚丰,足写向阳湖的不朽史绩。我读了一些名家的采风文章,感到有的人言不由衷,有的人轻描淡写,想是受到惨重历史教训,政治风云莫测,言行谨慎了,采风如能进一步深入内心,将是难卡。您已作出很大成绩,甚感钦佩。/来信让我再提供有关资料,前专访所谈,俱是实言,恕无再多奉告。不久将来印出我的一本诗集,当奉寄指正。/新撰一首七绝,抄请参考:‘自古儒冠多误身,而今文士炼成“金”。向阳风雨千秋梦,留得斑斑血泪痕。'/希望今后更多地读到您的文章。"

北京徐肖冰先生1日来信:"蒙慨赠《向阳情结》与《向阳湖文化人采风》两书,我是一口气读完的。因为书中的人物几乎都是我的老领导和老战友,自然感到格外亲切。您把那么多的文化名人以汗水、泪水和血水写下的那段历史记录下来,使幸存者感到莫大欣慰。您给后人留下了一笔精神财富,我向您表示真诚的敬意。"

北京蒋路先生2日来信:"书已收到,谢谢!您为开发向阳湖文化资源奔走呼号,勤奋著录,终于获得了可观的成果,令人敬佩。/那天你们两位来访时,我只是随便聊了几句,完全不值得记载,况且我一生实在乏善可述,请不必在我身上浪费您的宝贵时间。这是心里话,决非客套。/专此布复,并颂近安!"

武汉涂怀章先生来信:"我正在为省作协编两本书,《新时期湖北优秀散文选》、《新时期湖北优秀报告文学选》,请你速将自己的散文、报告文学各选三篇佳作,复印后寄给我。"

19980806

北京李昌荣同志2日来信:"时间过得真快,一晃3年过去了,你在这3年里为开发向阳湖文化付出了很大努力,并取得了很大成绩,真是令人敬佩!/今年长江全流域发水,危及武汉、危及洞庭湖,咸宁怎么样?向阳湖怎么样?记得1969年夏天,向阳湖发水了,我作为干校先遣队4月去到咸宁,在湖里种了一些蔬菜为后来的同志做些准备,夏天蔬菜长得正好,丝瓜一根有一米多长,可是发水了,我们尽力抢一些东西到山上,像老萎瓜、西瓜什么的,可是水来得快,很多东西都泡汤了,大堤决了口子。今年长江水位这么高,不可能不影响向阳湖,那堤还有没有?老百姓受没受到影响?我是喝了几年向阳湖水的'五七战士',很惦念向阳湖的山山水水,惦念那里的老乡。希望以后能有机会再去咸宁一次,看看'四五二'高地,看看'红旗山',在十里长堤上走一走。/再一次谢谢你!”

19980807

北京程代熙先生2日来信:“信悉。书两册、稿酬70元也已收到。/我因健康原因未及时回信,请谅。/寄上照片二帧,请收。信上说还要我寄资料,我不清楚是什么资料。我现在精力大减,找资料都困难。”

19980808

北京张慈中先生7月31日来信:“3年来,你为发掘向阳湖文化金矿,艰辛奔波,昼夜奋笔,这一举措的社会作用,越来越显示出其重要价值。你所付出的辛劳、作出的贡献,我相信,在中国文化史上会写上这一页的。/今年长江流域洪水时间长、洪峰高、面积大,不知咸宁地区影响怎样?甚挂念!”张先生可谓问得及时,第二天嘉鱼簰洲湾溃口,全国知名矣。

北京涂卫群同志5日来信:“非常感谢能在《咸宁日报》上安排发表我的作品,你把我的题目改掉不无道理:这篇短文本是我去年一直在写的一部长篇小说(法文)《悲哀的和流浪的》(题目借自波德莱尔的一首诗)的一段。受到你编著的文集的启发,我选了一段并译成中文。/记得在美读书时,父亲曾给我寄去他写的向阳湖的文章和你对他的一篇采访。你在文章中提出一个耐人寻味的问题:干校有这么多文人,为何写干校的东西都远比不上‘知青文学’,当时我就感到,你非常有见识。今年年初回国后,又看到你编著的两本书,很受感动,我感到这是一项了不起的工作。没有非凡的努力、胆识、想象力和事业心的人,是不可能想见并成就这一独创性的工作的。/希望下次来京访问,我们能见上一面,不是作为你的采访对象,而是作为一个对同一世界着迷的同龄人……也许还不止如此。/望保持联系。”

19980809

北京单士元先生之女单嘉筠2日来信:"一直未能与您联系,真是一言难尽,你也知道单老于5月25日病故于协和医院,全家一直在悲痛之中……追悼会本计划邀请400人,结果有1400多人到会,与单老做最后告别。/单老病故后,我离开故宫在文化部服务局工作。"

19980811

出差到省委办公厅,抽空去中南商场旁外文书店,又一气选购了260多元的书,最具参考价值的有:《李辉文集》(1－5,花城出版社1998年版)和冯骥才《一百个人的十年》(江苏文艺出版社1998年版)。晚上回来,致婷对我买书大手大脚稍有怨言,说我没有危机感。如此下去,日后会入不敷出,我这才稍稍感到几丝愧意。

19980814

北京张惠卿先生4日来信:"来信及历次寄来的资料及两本书已收悉,非常感谢!/这两本书都编写得很好,质朴、简洁、真实,给人一种清新的亲切感,我很喜欢。这首先要感谢您这位热心的组织者和采写者,这也是您和其他有关同志这几年为开发这一文化资源所作的辛勤劳动的结晶。但愿两本下册能早日问世。/随信附上我的几份资料、照片两张和一篇纪念周总理的文章,供参考。有何问题,望联系。"

19980815

寄北京佟韦先生信:"来函有一事相求,我区温泉中学重整门面,期望名家墨宝增色,因此期望你拨冗题匾……"。今天上午,温中闻校长拜托此事。助人为乐,举手之劳也。

19980816

北京汪轶千先生15日来信,附上几份他的材料,是用心找的,有的还复印并附上照片。这对我写好他的专访提供了极大便利,他是新华书店总店原总经理,可谓一个行业的代表,是“采风”下册必选收的人物。

19980818

上午去地区新华书店,与刘、方两位经理谈即将开幕的西安全国书市,我请他们代找一下有关干校方面的书。刘送我一套《发行家列传》(辽宁人民出版社 1988 年版),正好有一篇关于郑士德先生的访谈。

19980820

去了几次书摊,见《顾准寻思录》(陈敏之、丁东编,作家出版社 1998 年版),还是买了回来。致婷说我现在买书仍没有控制,也该有点“忧患意识”,因为我们现在几乎是工资一到,所剩无几,不说存钱,连存款也不时取一取。光有支出没有收入,如此下去是不行的。

19980821

《中国文化报》18 日“书与人”栏目以醒目标题全文刊发了许觉民先生的书评《两本珍贵的史料读物》。我今日收到报纸,特高兴,这是几月前我寄给报社孙燕女士的,终于登了出来,自然会有影响。因为文化部的报纸,文化部的干校人感兴趣的多。也是碰巧我的《向阳湖走笔》1996 年 3 月发于该报,今年 6 月发了向阳湖文化书系出版的书讯,现在又发了书评,3 篇文章似乎无意中必然联系在了一起。

19980823

北京佟韦先生寄来为“温泉中学”的题匾,这么迅速,出乎意料之外。如此效果,也是我宣传向阳湖文化的回报之一。

19980825

山东青岛鲁原先生 20 日来信:“赠书及两次来函均已收读。您做了一件好事,抢救了一段可能被沉埋的历史。两书的每一篇文章,读来十分亲切，使我又走入那个不平静的年代。假期里翻出我保存的向阳湖的一些材料，据此整理出散文两篇，诗一组，请酌编并斧正。本来我还珍藏有原新影连队李书芹同志为我的诗稿画的一些钢笔画，及十六连湖内工棚速写，可惜这一次没有找到，否则也是第一手资料(这些钢笔速写我会提到的)。前奉忆孟超文《鬼戏人情》，发表时就是那样，没有漏掉结尾。只是篇幅所限，紧缩了一些文字。'情结'中照片'丰收场面'是十六连的，右一即是我，我还保留着这张照片，如需这方面的资料，我再仔细查找一下。/咸宁亦属抗洪前线，想必抗洪紧张艰苦，特向你们致以敬意，并祝抗洪取得全面胜利。/握手!"

19980826

今日听说根据行署紧急会商会精神，咸宁向阳湖垦区作好进洪调蓄准备，以减轻斧头湖高水位压力。办公室周辉庭参加了会议，回来向我透露了会议精神，他调侃道："向阳湖即将蓄洪，李城外心急如焚"。好一似章回小说的篇目!

19980827

这些天整理采访向阳湖文化人的录音，晚上看完"新闻联播"和"焦点访谈"后，8 点开始，两盘磁带需 3 个多小时整理，每天忙到 12 点，想想还有几十盘的工作量，方悔上半年没作此计划，以至时间白白浪费，只得又"从现在做起"了。

19980828

防汛两个月来，办公室基本没有派什么具体任务，我也得空抓紧时间多读几本书。主要看了《李辉文集》和周明主编的《历史在这里沉思》，进一步体会"充电"的必要。争取 10 月前全部采访录音整理后，边写边读。这样"采风"下册会写得更有分量一些。

19980830

中央电大孙绿怡老师 25 日来信："不知如何称呼您更合适，作为一名电大的教师(原中文系的),收到学生的专著,我感到由衷的高兴。/这是两本十分珍贵的史料读物,其中数位长者也是我颇为熟悉的。我想若干年之后,这一段历史将为更多人知晓,也会有更公允的评说。/愿您有更多的著作问世,以君之笔,使更多的人了解咸宁——向阳湖!/祝著述日丰,事业有成!”

19980903

北京汪建德先生31日来信:“惠赐报刊书籍均收悉,事多手懒,未及时复函,鉴谅!/学会拟召开一个全国性的文化产业理论研讨会,恭请您与俞部长莅临指导,谈谈如何把向阳湖开发出来,如何把文化资源转变为文化产业,可否?”

19980904

下午地委宣传部李副部长、文联林主席邀我共赴嘉鱼,陪同前来采访的中国作家协会党组副书记陈昌本,省作协党组书记蒋林等,我欣然前往。晚上听了嘉鱼县的汇报,大家感觉用作家的眼光听官员的汇报不大合拍。尤其是二炮来的报告文学作家徐剑,和我一样当过多年的秘书,说领导意图是关键,但作家还必须有自己的头脑。我送了他两本向阳湖文化书籍。

19980905

上午随客人去高铁镇采访驻扎在那里的海军南海舰队,听司令员王永图中将介绍情况,随后去舒桥,采访被安置在这里的中堡村村民。了解了江珊一家的详情,不胜感慨。中午陪中国作协客人吃饭时,自然又谈起向阳湖,陈书记说我选准了一个很有开发价值的题材。

19980907

晚上值班,今天休息,在家埋头整理了9个小时的“采风”录音,不断重温近年进京和文化人交谈内容,对写好下册充满信心,集中时间突击把一件事完成,这种办法好。

19980908

人民文学出版社资料室一位退休老太太寄来一稿，写的是十四连小狗的故事，文章署名陈佳，真名陈详珍。她随信说，如果不能收入《向阳情结》下册，在报纸发表也可以，我准备破例用用，因为像这样我没有主动联系，她通过其他途径主动来稿的不多。

19980910

在《新闻出版报》7日发表《向阳湖水润心田——夫妻出版家薛德震、杨瑾忆旧》。

19980911

下午上班路上遇见了三年前读党校时的同学高汉成，被邀至“心连心”小酌，同席还有几位血防站的同志，高介绍起我，几个都说久闻大名，不用介绍。看来正如老柯所云：“李城外已和向阳湖融为一体。”

19980912

《咸宁日报》“向阳情结”栏目今日开始连载鲁原先生文《向阳湖旧事》。

19980913

和中国社科院外文所涂莹通电话，她说很想和我长聊一次关于向阳湖的话题，希望我今年能尽快去北京一晤。我说两书下册几十万字的工作量太大，再次进京大约要等到明年秋天了。

19980914

下午去地区图书馆看书，发现我所赠向阳湖文化书系已摆在借阅处，两本“情结”尚未归还。原来前些时农科所有位同志写信给我，指出“情结”中的微疵，借书来自这里。

19980915

下午去195医院司有植兄处谈，他建议我发起在咸宁搞一个“干校博物馆”。这种念头我早已萌生过,现在又遇知音,惜乎环境所限,壮志不能酬。

19980916

《咸宁日报》周末版因近两月防汛受冲击,一版本周才恢复周末版套红,“向阳湖文化人采风”方可重新与读者见面,但我今天送去一篇《汛期心潮》,安排在“周末漫话”栏目发。因此上午去报社建议江行元,把下篇“采风”再推迟一周发,免得一期发两篇文字,遭人议论。

19980919

中午去老柯处谈,他有一个成立新闻与文学研究会的设想,我表示赞同。并笑道:“我早想成立一个向阳湖文化研究会,只因突击编写两本书的下册,今年无暇顾及,愿你先我而行,提供经验和借鉴。”

19980920

收到新出版的《湖北作家》第 2 期,老柯的《“城外旋风”》一文在“友情一线牵”栏目发表。

19980921

上午去元平处谈,《九头鸟》将在“秋季号”发表我的《话说向阳湖——城外专访》(27—28)两篇,还有省委办公厅刘安诗《咸宁城外向阳湖》。

19980923

下午去鄂州莲花山,这里正在建设碑林,已成碑 4000 多块,计划 10000 块,参观了好长时间,着实大开眼界。自然联想到向阳湖碑林,至今仍是纸上谈兵,不免感叹,在咸宁办事有点难。

19980925

北京郑曼大妈来信:“谢谢你每次给克家同志寄材料和大作! /近阅 9 月 7 日《新闻出版报》刊登的《向阳湖水润心田》一文,其中涉及到克家同志曾到十三连看望我的事，为避免以讹传讹，特写信更正。汀泗桥与向阳湖距离三十公里，当时克家同志尚受审查，他年已 60 多岁，每到过年过节，我去向阳湖看他，他从未到过汀泗桥，请在出书时删去，谢谢！/顺祝笔健/克家同志嘱代候。”

北京胡海珠大妈 19 日来信：“直到现在才敢给你写信。这场特大洪水真把人吓得目瞪口呆，让人惊心动魄。两个多月过去了，不知咱们咸宁怎么样？向阳湖怎么样？损失不小吧。这两个多月不知道你们是怎么度过的，但愿一切都安然无恙。灾后的重建工作更繁忙，祝愿咸宁和向阳湖在灾后重建工作中再创辉煌。/《追思金镜》一文《文艺报》已于 8 月 1 日转载，没想到的是《作家文摘》于 8 月 26 日也摘要刊登了这篇文章（大约摘登了四分之一）。《文艺报》不知你看到没有，版面上还配发了两幅金镜的照片，因为发的是我校改后的《咸宁日报》，所以不仅错别字几乎全部消灭了，而且编辑部还校出我没发现的三处重要错别字，现将它写在下面，希望出书发稿能在稿件上校改过来……”

下午去《咸宁日报》社校对明天将发表的“采风”，访徐邦达先生文。屈指算来，因为洪水淹没了版面，已整整 3 个月没有在报上“泼”向阳湖水了，这是近年来未曾有过的事。弥补的措施是，坚持每个周末发一篇。

文艺副刊

人民日报（海外）

大师赠墨向阳湖

——回忆曹禺先生为咸宁题字

《人民日报》海外版访曹禺文

19980926

收到《人民日报》海外版寄来样报，9 月 16 日发表了我写的《大师赠墨向阳湖——回忆曹禺先生为咸

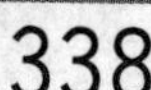

宁题字》,安排在“神州”副刊头条。这是我的文章第一次上《人民日报》,它的意义更在于,这是《人民日报》20年来第一次宣传向阳湖。大约1978年秋,《人民日报》曾发表过臧克家诗《向阳湖啊,我深深的怀念你》。

19980927

北京召明同志24日来信:“向阳情结唤起了我那段生活、往事的回忆,在翻箱倒柜中,竟发现在壁橱封存的书籍、资料中尚有许多下放期间的书信。是非成败转头空,青山依旧在,几度夕阳红。那几年各种各样的大批判,现在想起来不由得让人啼笑皆非。可是在历史这面镜子中,人们的奋斗、劳动精神,同志间真挚的感情却是永存的。当年的小吴如今也是年过花甲之人了。/我摘录了吴桂凤从咸宁干校寄山东莱西给我的7封信,从中可一阅当年‘五七’战士的精神风貌。”

19980928

咸宁市文联举办“桂花笔会”,请了省作家刘富道、谢克强、刘益善讲课,并邀我去讲讲向阳湖,我只是去看望了刘一行,讲课的事婉言谢绝。刘、谢告诉我,“屈原文艺奖”初评已结束,我的“采风”已获通过。

19980930

下午,被文化局长拉去看了场电影《天地大冲撞》,是部美国的科幻片,其中在生死关头人性的大暴露,有点《泰坦尼克号》的味道,总的感觉还是值得一看,没浪费时间。而今天的一个意外收获还在于,放电影前和电影公司何经理随意聊天,他于10年前陪同中影公司总经理胡健重访向阳湖,并留有录像带。这无疑是个值得抽时间一访的新朋友。

1998年

冬

19981002

北京何祖渠、司徒新蕾夫妇9月30日来信，说去年6月底出国，今年7月才回京。我寄去的书其他干校人先睹为快，至今还未到他们手里。夫妇俩来信寄给我有关司徒慧敏的资料，并告知司徒先生在咸宁干校种菜时穿的一双高筒雨靴现在还留着，如需放在向阳湖展览时，可赠送。何先生去年曾托人寄给我一份北京科影厂在咸宁干校的花名册。

19981003

《咸宁日报》“采风”栏发表《“今朝风光胜昔多矣”——访古书画鉴定专家刘九庵先生》。

19981004

和北京几位向阳湖人通话，李琦先生对我写他的专访十分满意；柴志湘先生夫妇催我抓紧编写两书下册，说上下册间隔时间不宜过长；王以铸先生满口答应撰写一篇回忆文章，还有夫人下放过咸宁的戴文葆先生评价道，从这两本书可以看出，我是个办实事的人，他最乐于和这种人交朋友。

19981006

北京张汝济先生9月22日来信：“寄来的书和信早收到。因正值

湖北洪灾,不宜添乱,所以没有复信,请多原谅。湖北是我生活的地方,看到洪魔肆虐,军民英勇抢险的情景,每令我们心急如焚。面对如此严重的灾情,我们只能捐些钱物,以尽绵薄之力,你们战斗在抗洪第一线,实在是辛苦了。/你编著的'采风'、'情结'我认真读过了,仿佛又回到了向阳湖时代。只有认真总结历史,才能不重蹈历史覆辙。你们做的是功在千秋,利国利民的好事,祝你们取得更大的成果。"

北京王仿子先生1日来信:"七月底曾奉函,并书一册。当时即闻湖北大水,那嘉鱼的长江边曾是文化部咸宁'五七'干校运砖的地方。谅必辛苦了,特此向您问候。/附寄有关干校的剪报,其中也有写到咸宁干校的。"

19981007

断断续续又集中突击"赶工",在一个多月的时间里,终于整理完成近年来采访向阳湖文化人的全部录音,共计磁带近百盘,为下段突击写作做了扎实的准备。于是顿生出一种阶段性工程大功告成的喜悦。但切记,不要"总算松了一口气"!要等明年两书下册完稿,方可体会这种感觉。

19981008

上午去《咸宁日报》社,老柯也在那里,正和周末版江主任一道议论申报副高职称的事。老柯玩笑道,我的副县级比副高强多了,我则不以为然。这便是所谓"围城"的例证之一。

费声福先生在《中国连环画》第9期上发表了他编绘的《回忆干校》24幅画,效果十分好。我计划交《咸宁日报》周末版发表,同时活跃版面。

19981009

北京苏东海先生5日来信:"书刊都已收到,谢谢!/你的专访已经形成系列,在国内可以说开拓了一个新的领域,对于研究向阳湖干

画家新作

回忆干校

费声福　编绘

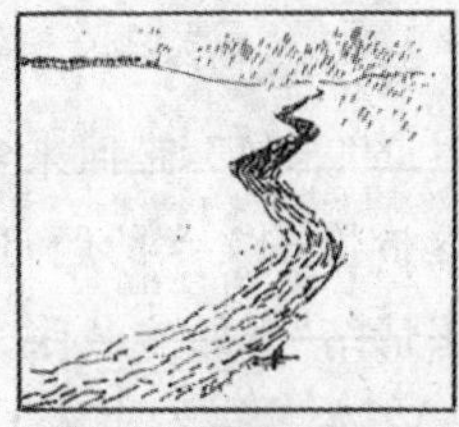

1　湖北咸宁。这就是我们要走的"五七道路"，"晴天一把刀，雨天一团糟"，红土泥又粘又烂拔不起脚来，又四处打滑，我们上干校的第一课就是要学会走路。"滚一身泥巴"是常有的事，就这样来炼我们的"一颗红心"吧。

2　初到干校，我们借住在胡家湾老乡腾出一个大牛棚，给男同志住，女同志分别住在老乡家。我和三个孩子得到优待，住在牛棚的一个阁楼上。牛棚已打扫干净，却仍飘着浓浓的牛粪香。

3　一位老同志去食堂打开水，要经过一小段下坡路。别人告诫他：要是路滑站不住，先把暖瓶扔了，摔跤事小，别再烫着了。果然，两脚一滑，要摔！他使劲把暖瓶往外一扔，借着这股力，他又站住了。可暖瓶胆却成了碎片。

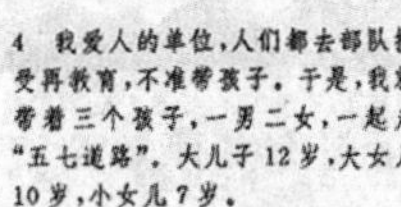

4　我爱人的单位，人们都去部队接受再教育，不准带孩子。于是，我就带着三个孩子，一男二女，一起走"五七道路"。大儿子12岁，大女儿10岁，小女儿7岁。

5　咸宁为我们腾出了一所学校，我只知道叫"咸高"。我们的子女就有了继续上学的条件。"咸高"就在铁路沿线。后来，每次坐火车经过咸宁，总要从车窗遥望，从远到近，从近到远。

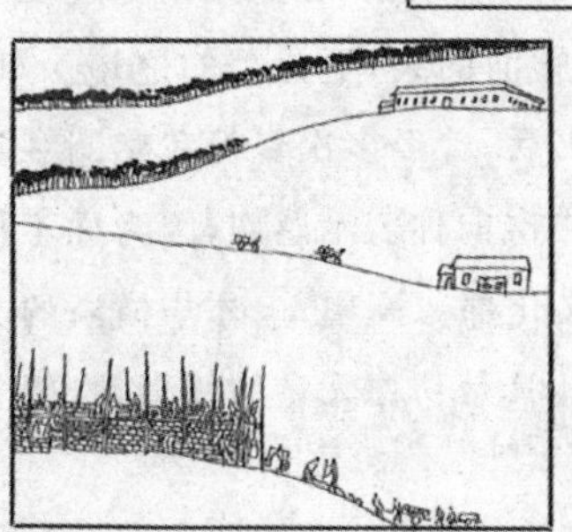

6　一开始，我们这个班去给干校建筑队（主要由故宫古建队的工人师傅们组成）当小工，递砖递瓦打下手，为的是学会一套盖房（当然是土平房）技术，为今后给自己盖房打基础。

上　册

341

费声福连环画《回忆干校》

校,对于研究全国的干校现象,做了有益的工作。但是作为一种历史现象,光是'情结'还不够,还需要更多的理性解剖和反思。我希望你的专访和研究,能不断向更深沉的层次进发。/我明日赴澳大利亚出席国际博协大会,回来后再谈。"附赠书《博物馆的沉思——苏东海论文选》(文物出版社1998年版)。

19981010

《咸宁日报》周末版今日发表我访卢光照先生的"采风",带回来给熟了看,儿子认真地对我说:"你要有紧迫感!"这恰恰是文章的题目,我为已经开始理解我的儿子而高兴。同期"向阳情结"开始连载张光年先生的《向阳日记摘抄》。

19981011

北京王又全先生8日来信:"万分感谢您在百忙中抽出宝贵时间给我老父亲寄书,老父亲在书中反复地捧读,划上了许多红色的铅笔线,红色线段中间溶进了一位80多岁老人对当年咸宁向阳湖、甘棠及温泉镇的恋恋难以忘怀之情。的确,咸宁是一方极为壮丽、美丽的地方,目前也是百里桂花飘香的季节。1970年9月底,我去甘棠探望老父亲,回想起在县城里喝的莲子粥,真是美妙至极,在照相馆里还照了相,简直是太美了……温泉的山,热气腾涌的泉,更是美幻之境。/城外先生,我的老父亲在收到你寄来的书后,曾经多次督促我感谢一下你的盛情,今天写上几句由衷的话语,再次向你表示感谢,因为你不仅仅是编辑书,你是给在特殊环境之下文化部德高望重、才华横溢的文化人心灵的一种慰藉,一种彻底的抚慰,真是功德无量的好事,盼望着下册付梓出版。"

19981012

北京华君武先生3日来信:"昨日在书堆中忽见此件,邮戳已是前三个月的,老朽糊涂,请谅。/寄上小书一本,我不会写文章,让您笑话。”附赠书《补丁集》(学林出版社1998年版)。

行署办公室转来香港张初考先生9月30日来信:“最近我读1998年9月16日第七版人民日报海外版发的《大师赠墨向阳湖》(作者李城外)一文,得悉贵地曾编写《向阳情结——文化名人与咸宁》一书,我很想得到这一本书,以作永恒的纪念。/我是1966届厦门大学中文系毕业,分配在北京文化部艺术局、电影局工作。于1970年～1971年间在咸宁向阳湖旧文化部‘五七’干校劳动,编在第一大队(文化部机关人员),我与赵辛初、周巍峙、司徒慧敏等同在第一大队……/咸宁向阳湖的确是我终身难忘的地方,我在香港文学报登过一篇文章,也曾提到在向阳湖劳动的情况。冰心的文章中也写到向阳湖。我当年才二十七、八岁,精力旺盛,在向阳湖挖野鸭蛋、捉鱼。印象中乌龟、老鳖特别多。咸宁铁桥下面通向向阳湖‘五七’干校的小公路,我也不知走过多少遍……我很想旧地重游向阳湖。未知向阳湖畔山坡上‘五七’干校的红砖房子是否仍然完好?”

北京绿原先生寄来赠书《绿原自选集》(人民文学出版社1998年版)。

19981013

《咸宁日报》今日三版消息,由咸宁市政府、中国向阳湖文化村筹建指挥部主办,咸宁市文化局承办,咸宁市群艺馆策划的“向阳湖文化展”经过两个月的认真筹备,终于在原中央文化部“五七”干校校址——“452”高地一间大厅里布馆就绪,9月份对社会开展。/展览面积近200平方米,共展出大小照片143幅,名人手稿41幅,各种书信、手稿、画稿、文章43件,当地收集的物品几十件,整个展览集史料、情趣、知识于一体,是了解当年文化部“五七”干校生活的难得的一部历史教材。除前言、结束语外,展览共分四大部分:“历史在这里沉思”、“岁月抹不掉向阳情”、“躬耕小憩翰墨香”、“营造美好文化村”。

19981017

《咸宁日报》今日头版头条发表“采风”稿,题为《“常思当年向阳湖”——访古瓷器鉴定专家耿宝昌先生》。

19981018

按每星期写两篇专访的计划,本周完成许麟庐先生和王仿子先生两篇,总算定额没有落空。照此进度,年内还得写20篇,发表十来篇。

19981019

上午去电影公司,了解中影公司原总经理胡健等十多年前重访向阳湖的情况,何经理找了几盘录像带借我回来观看。我写的采风至今还未涉及电影口的人,下册至少得有两篇,全书才完整。

19981020

夜与北京柴志湘先生通话,他谈及向阳湖文化书系的宣传问题,以为不必着急,待下册出齐后再加大力度造舆论,效果也许更好。反正两书是我国“第一部综合性反映干校生活的回忆录和散文集”,这是无疑的。尽管现在媒体对《无罪流放——六十六个知识分子的干校自白》炒得热。

19981021

省政协文史委黄学忠、李德定、石雁飞3人专程来咸宁,商议出一期《湖北文史资料》“向阳湖文化专辑”的事。地区政协自然得找我出主意,我表示一定积极配合,大力支持。

成果兄打电话来说,咸宁师专中文系单长江主任邀请我去为中文系学生讲课,宣传向阳湖文化。又是好事,只是近期时间较紧,过一段备足了《咸宁日报》每周所需的“采风”稿再说。

19981022

上午省政协的同志来参观“向阳书屋”,接着我又陪他们去向阳湖，参观新开放的“向阳湖文化展”，虽然还有不足之处，但总体上说还是令人满意的。我们还一同去甘棠文化站，欣赏了乡村文艺团队表演的关于向阳湖文化节目，虽土味十足，但蛮有味道。

19981023

晚上和师专中文系单主任通了电话，约好下月中下旬去为中文系学生讲讲向阳湖，时间控制在2小时内。这次讲的对象不同，毕竟是大学生，还得抽时间认真准备一下，尽量生动一点。

19981024

北京王仿子先生19日来信：“从电话中得知您还在写访问记。我担心，那天没有讲几句话，有些本来可以讲的，当时没有想起来。原因在我这个人很不善于讲故事。/附奉《纪念韩仲民》一文，供参考。他是我在文化部出版局的同事，在咸宁文化部‘五七’干校一大队任一连连长，不幸早逝。”

北京费声福先生20日来信：“很高兴《咸宁日报》能转载一下我的连环画，也算我对咸宁父老乡亲的一点心意。/我一直在争取机会再去咸宁一次。”

《咸宁日报》今日发表“采风”稿，题为《“我的官越做越大”——访中央文史馆馆员、著名画家许麟庐先生》。

19981027

上午，有线台傅台长约我一同去通城，我正好去会一下杨弃和李节。两人下午到宾馆来看我，说起向阳湖，对我将来计划创作《向阳湖演义》十分有兴趣，称此类大题材一般人难找，我如果把握好，会和写《水浒传》一百零八将媲美。

在通城正好碰见李书记和李专员来检查工作，县办主任尤晋陪我时玩笑道：“今天地区来了三个‘李’。”而李节却说：“李城外的知名度在咸宁不亚于两李。”

19981031

访王仿子先生文今日《咸宁日报》发出，题为《“文化部干校有他的特殊性”》。本月5个周末连发了5篇采风稿，是发稿最多的一个月，到年底还有8周，力争一周不空。

19981101

早晨，孙立峰从郑州打来电话，说沈昌文先生准备到咸宁来一趟。我实话实说，由于我区地委书记易人，不再像陈原先生来时接待方便，他们最好先通过省里，有人陪同，接待和宣传上好安排一些。

19981102

今天一口气向全国各地文化报、晚报及老年报投“采风”稿近50篇，半年来打印积压的东西太多，连同《咸宁日报》“周末版”没寄的报纸。现在才体会该办的事立即办的重要，包括积压没写的稿子。今天一天投稿这么多，也是超历史的。如果每周写的稿子都及时寄，也不至于像今天这样“批发”寄稿了。广种薄收，回收率有五分之一就不错了。

19981103

接连收到香港张初考先生两封来信，10月20日云：“承蒙厚赠，《向阳情结》及《向阳湖文化人采风》两本大作我于昨日下午3时接收，先此申谢！香港的邮政服务若是挂号邮件，是由投递员送抵家门口，当我见到邮件封面‘湖北咸宁地委李城外寄’几个潇洒的字迹时，我感到喜出望外。高兴之情状，委实难以用文来表达。/咸宁向阳湖给我留下了永生难忘的印象，因为当年我还年轻，围湖造田精力充沛之余还到向阳湖摸鱼，捉到两斤来重的大鱼，就交给有家眷的人去改善生活。其次我最喜欢捉乌龟、老鳖，有人回北京探望时，就将乌龟、老鳖带回北京去——这是苦中作乐。生活非常紧张、辛苦，日夜不得闲，每当发表毛主席最新指示，我们便敲锣打鼓向向阳湖周围的村民去报喜，隆重其事地将最新指示读给农民听。/李先生，我很佩服您的人品及文品，更敬佩您的学识和胆识。我很高兴结识您这位朋友。欢迎您忙中抽暇，来访香港。我一定尽我的能力来接待您——来自咸宁的贵客!”10月22日云:“昨信我曾提及拟于下月到贵咸宁地区一游，我的目的很单纯，为了重拾旧梦，看一看咸宁地区的巨大变化。贵区咸宁地委的领导、行署的领导同志很有远见卓识，很有魄力来挖掘文化部咸宁‘五七’干校，于全国来说都是最为特殊的文化资源，我由衷地敬佩，祝你们继续获得成功，再创辉煌! /文化老人巴金曾提议要建个‘文革博物馆’，我想这个馆若能建在咸宁地区也是当之无愧的，是合情合理。因为‘文革’时期首度受到冲击、打砸的就是中央文化部，最受摧残的也是文化部系统的文化人。天造地设、天缘地合，而这批文化人偏偏被暂时安置(说流放不好听)在贵省咸宁地区向阳湖。因此，将文革博物馆建在咸宁向阳湖，岂不合情合理乎?”

19981104

回香港张先生信，欢迎他重返向阳湖，届时一定陪同他赴干校旧址，并参观“向阳湖文化展”。

19981105

下午去地委张副书记办公室汇报向阳湖文化开发事，他对我的工作成绩表示赞许，并说办公室应拿出时间支持我。我又透露了想到宣传部门工作的想法，那样更名正言顺一些。现在地委办公室这样混日子，白天的时间浪费得实在可惜。

19981107

《咸宁日报》今日发表“采风”稿，题为《“向阳湖这段历史不可淹没”——访鲁迅研究专家林辰先生》。

19981108

北京费声福先生2日来信，称回忆干校连环画在《中国连环画》上发表后,《北京晚报》又分 6 期转载。有更多的读者了解向阳湖,是件喜事。

北京大学 96 级博士生王家平 4 日来信:“我是通过阅读《向阳湖文化人采风》(上)‘结识’你的。你所从事的‘文化打捞’工作是功德无量之举,后来者将从中获益匪浅。/我出生于‘文革’前一年,对那个‘史无前例’的时代很有研究的兴致。1996 年 9 月我入北京大学中文系攻读中国现当代文学专业的博士学位,当时就定下毕业论文题目——《1966～1976 年中国诗歌研究》。该论文题研究的对象既有‘地上诗歌’(红卫兵诗、国家正式出版物上的诗),也有‘地下诗歌’(被放逐的诗人群、知青诗等)。其中‘被放逐的诗人群’中的杰出代表有牛汉、绿原等(臧克家较为特殊,但也属于这一诗群),这个诗群是本学位论文中重要的一章。你的《向阳湖文化人采风》(上)为我展示了牛汉等诗人在干校生活的历史真相,谢谢你。/我现在想知道《向阳湖文化人采风》下册和《向阳情结——文化名人与咸宁》下册是否已出版,请告知。另外,我在书店并未见到《向阳情结——文化名人与咸宁》上册,北大图书馆也没有,你手头若有存书,能否赠送一册?两本书的下册若能赠送,将不胜感激。赠书请签上大名以作纪念。/我的学位论文已开始动手撰写,大约到明年 4 月份完成,6 月份答辩。获得学位后,论文(约 25 万字)将作为专著出版,这将是第一部系统地研究文革诗歌的著作。你的几部书将会列入我的学位论文的参考书目中,并且在论文中我少不了要引用你的书,这在注释中会注明的。/我的导师是北大中文系著名教授钱理群(中国现代文学研究会副会长),今后我们会对‘文革’展开更全面的研究。希望今后有机会去咸宁考察当代知识分子的生存境况。”

19981109

访陈乔和许觉民二先生的专访成稿,照旧请孟绪龙提意见,他和我自己的感觉一样，写得还算成功，只是今后应注意每一篇都应高标准、严要求。尤其老孟还说，为人幽默时切忌油滑，此语甚为中肯。

订 1999 年上半年报刊 39 种，1105.66 元，突破了 1000 元，还不算明年首次准备邮订的《人民文学》和《新文学史料》，邮局的人说私人订报刊之多，我属温泉第一。

19981110

省委办公厅来了几位处长，都是文化人，看了我的赠书，又参观了"向阳书屋"，下午还被我"煽动"去参观了"向阳湖文化展"，都赞不绝口。尤其是省作协会员涂阳斌和我谈得甚为投机，似乎相见恨晚，一下子成了朋友。

19981112

下午，碰见刘三多老师，他说省文史馆副馆长涂东楚下午到他家参观，刚离开咸宁。我有点可惜没有见面，宣传向阳湖，文史这条渠道大可拓宽。近期，省委办公厅、省政协文史委都派人看了向阳湖，今后多多益善。

19981113

下午得到消息，"屈原文学奖"初评已结束，我的《采风》(上)落选，没有报省委宣传部终审。晚上打电话问了省作协创联部负责人张主任，她说非常遗憾，初评时竞争相当激烈，主要是中篇小说当选的多。还有文艺理论居多，本来桌面上大家对我的书反响很好，但投票时结果又不一样了。

19981114

晚上又和省作协刘富道副主席通话，问及评奖情况，他说非常遗憾之外，还有一个非常对不起。原来初评时摆在桌面上的散文集只有 3 部，另两部是古清生和徐鲁的新作。我对刘说，重在参与，不过，从评奖的情况看，不合理的因素也多。如应像鲁迅文学奖一样分类，诗歌

小说散文,而屈原文学奖是个大杂烩,突出了重点,忽略了一般,不合乎“百花齐放”。最后我对刘说,评不评上无所谓,关键是想让“向阳湖文化现象”引起更大范围的关注。刘说初评时,评委们都考虑到这一点,向阳湖的确是大题材,只是名额有限。

和致婷说起评奖之事,她倒是觉得无所谓,何况我的书下册尚未出版。我目前要做的工作是尽快完成下册,至于奖,乃身外之物。

北京孙绳武先生来信:“我的一生比较平淡,有点成绩应归功于党的指引,前辈的教导,时代的惠赐。/这几年承蒙你多次关照,十分感谢。对你为传播文化所做的工作,衷心感到钦佩。”

《咸宁日报》今日发表“采风”稿,题为《“以史为鉴,以史育人”——访老出版家王益先生》。

19981115

电大明年20年校庆,要编“英才录”之类的书,我和致婷均被选入。遵命拟了简历,还专门新照了“标准像”,近日交卷。像这种未能免俗的事,还得应酬。而我要做的另外一件该做的事是,写一篇我与电大征文,题为《电大的“红丝线”》,已拿出初稿,也算是一种“母校情结”。

19981116

下午,师专中文系单主任随成果兄来参观我的书房,感叹这不像行政干部之家,书香味之浓,胜过在大学治学的教授。他和我敲定下月去师专讲课的事,并口口声声称我为“著名作家”。

19981117

购《千年沉重》(胡平著,东方出版中心1998年版)一书。

19981121

《咸宁日报》发表“采风”稿,题为《“向阳湖足可以写一部史诗”——访中国历史博物馆原副馆长陈乔先生》。

19981123

南京师范大学博士生何言宏 18 日来信:“在本月初的中国当代文学研究会重庆年会上,从鲁原老师处得悉您编有向阳湖农场的有关书籍。数月前,我还从山东的《作家报》上得知,人民文学出版社亦出版有此类书籍,但多方求购均未能成功,如你能告知晚辈有关的购书信息,当不胜感谢。/晚辈拟做关于‘文革’文学的博士论文,此一选题获得了鲁原老师、洪子诚及谢冕老师的首肯和鼓励,但在资料上的积累还遇有一定困难,恳望您的帮助。如你允承,晚辈想在适当的时候向您当面请教并作访谈。”

19981127

上午游武当山,坐缆车上金顶,下山步行走了几个小时,人累得够呛。下午我决定去趟丹江口市,寻访昔日咸宁干校丹江分校旧址——文字六零五厂。晚上抵达,市委办公室朱主任赠送一本《丹江口市志》(新华出版社 1993 年版),又有所获。今天后悔在武当山没有购买《武当山志》,我在山上书摊翻阅时,发现上面选录了朱家溍先生昔日登临武当山时写的一首五绝。

作者考察丹江文字六〇五厂

19981128

上午,看了文字六零五厂,返温泉的路上构思写一篇散文《感受丹江》,记此次丹江之行。

19981129

《咸宁日报》昨日头版头条发表“采风”稿,题为《“写干校应反映历史的真实”——访著名文学评论家许觉民先生》。

香港张初考先生昨日到咸宁,今日上午我陪他去向阳湖文化名人旧址看了“向阳湖文化展”,他留下一行字:“若要建立文革纪念馆,咸宁向阳湖是天造地设的场所。”在签名本上写留言时,他请我帮助想想写什么词,我建议写了“香江水连向阳湖”。今日同行的还有刘三多和孟绪龙。

北京王仿子先生17日来信:“信和访问记见到了。您的才学令我钦佩。/现把修改稿附奉。主要问题是来访问这天我不想多讲话。想不到闲聊几句,你也能成为访问记。现略作修饰,让它完整一点。不知有无不妥。请斟酌处理。”

19981130

在《北京晚报》11月27日发表《“我的‘官’越做越大”——访许麟庐》。

19981205

《咸宁日报》今日发表“采风”稿,题为《“前事不忘,后事之师”——访原北京鲁迅博物馆馆长王士菁先生》。

19981207

在《人民政协报》5日发表《遥忆向阳湖——访古书画鉴定大师徐邦达》。另,在《光明日报》6日发表消息《〈李自成研究结局〉问世》。

19981209

回通山县碰见电大老同学杨延新,他自我介绍,我的两本书他在县里恐怕是最认真的读者,从图书馆借去后认真读了一段时间,还认真做了笔记。电大的老同学中,他是比较正直、有见解的一位。

19981210

夜餐农发行王行长请我和行署陈大禾、汪玲珑去阳光酒店小酌。大家都熟悉我在报纸开的专栏,陈说:“咸宁评了许多拔尖人才,不少

‘水货’，真正的拔尖人才，非你莫属。”汪说：“你应该提出申请，专门去写向阳湖。”

19981211

上午，应邀去咸宁师专中文系，单主任带车来接我时，我邀了电视台刘家饶和《咸宁日报》社李回雄一同去。在学校学术报告厅门口，摆放着“热烈欢迎知名人士李城外先生来我校讲学”的大红标语牌。中文系还打出了我的小传和向阳湖介绍。走进讲堂，正面会标为“向阳湖文化专题报告会”。9801班和专升本班100多学生到齐，成果兄和学校的熟人张德胜、余春树等都参加听课。我讲了两个多小时，题目是《历史在这里沉思》，分五个部分：一、向阳湖是一段刻骨铭心的历史；二、宣传向阳湖文化紧锣密鼓；三、“向阳湖情结”牵动了文化名流的心；四、一场笔战掀起“向阳湖风波”；五、开发向阳湖资源方兴未艾。因为没有讲稿，一气说开来，比较放得开，但语气节奏稍显过快。总的效果还比较好。学生认真听讲并记笔记，还踊跃提问，我回答了十来个问题，并赠书两套。这是我第一次上大学讲台上课，“练兵”很有必要。

19981212

草成散文《感受丹江》，1200余字，并将散文《电大的“红丝线”》成稿，今年内写散文除采风稿外，年内不会再写其他文章。明年亦保重点完成几十篇“采风”，待下册定稿后再写别的东西。

《咸宁日报》今日发表“采风”稿，题为《“传播文化要不遗余力”——访著名文学翻译家孙绳武先生》。

19981213

在家看了在师专演讲的录像，致婷为我找了不少不足之处。如气氛还不够活跃等，我虚心接受。表示在今后的演讲中加以改进。

19981214

张初考先生从香港打来电话,告知我的两本书已转《香港文学报》的总编张诗剑。有关向阳湖文化在香港的宣传,张总会同我联系。初考先生还准备写向阳湖的旧地重游,嘱我寄出一份“向阳湖文化展”的解说词。

19981215

收到12日《文艺报》周末版,老柯写的《“城外旋风”》发表在二版头条,还配发了我和萧乾先生的合影。这种介绍文字的影响,可能远甚于我在报纸上发几篇专访。

19981216

小邓在温泉开了一家向阳湖文化书刊发行社,中午特地打来电话请我去看看。这毕竟是我区第一家打向阳湖牌的书店,我以为小邓还是有眼光的,下午便去参观。回来不免感叹自己只知道写作发表文章,“经济头脑”和这种人比差多了。

19981218

上午看电视,现场直播党的十一届三中全会20周年纪念大会。此次会议作出了《关于建国以来党的若干历史问题的决议》,对“文革”定了调,为我写向阳湖把握分寸提供了范本。

北京许觉民先生13日来信:“我拜读了您对我那次会晤后写的报导,十分感谢,写得很好,对我的评语,我很惭愧。”

北京陈乔先生14日来信:“多次收到寄来的《咸宁日报》,‘采风’文章,我很爱读,使我获得不少见识,感佩您撰写的艰苦精神。‘采风’工作,要求实、求深、求全、求精,这是极难达到的理想。但我觉得您很有条件,很聪明能干,望继续努力。我是位闲人,愿意和您这忙人打交道。”

19981219

晚上北京几位熟人通电话，其中人文社柴志湘先生说，陈早春社长可能不久退下来，最近还在催问我的两本书下册进展如何，时间最好不要拖得太长。而我算了一下，最快速度一星期写两篇专访的话，还得半年。没有什么可犹豫的，赶紧做吧！

19981220

午睡做了个好梦，父亲和母亲一起坐在屋外晒太阳，父亲高兴地问过路的熟人，我写的向阳湖的书人家看了没有？可惜电话定时闹钟吵醒了我。

晚餐做客回来，熟了告诉我，新闻联播刚播出钱钟书去世的消息。我便赶紧等重播时间看了，并打算调整一下写“采风”稿人物顺序，马上写《围城》的责任编辑江秉祥的专访。

19981221

上午上班前，先去向杨绛先生发了一篇唁电：“钱先生永远活在当今后世读者心中！望您保重身体！”

19981222

香港《文学报》社社长兼总编辑张诗剑12日来信：“托张初考同学带来的两部编著以及两篇文章均收到，张兄今天在此谈了许多向阳湖文化村的情况，令人感动！为了保护文化村，你做了极有意义的抢救工作，令人钦佩！”我立即回了信，说贵报将开始宣传向阳湖文化，是为幸事。

19981223

咸宁师专校报编辑黄瑞春上午特地来访，谈及准备搞一个专版宣传向阳湖。19日余春树老师还带了中文系本科班学生去向阳湖看了文化展，不少同学写了体会。我自然支持此举，向阳湖文化可由校园向其他兄弟高校“辐射”,又会占领新的阵地,就像向香港“辐射”一样。

19981225

访民进中央宣传部长江秉祥先生文《“我是〈围城〉的责任编辑”》,明日在《咸宁日报》周末版见报。我下午去校对,安排的头版头条,还有“广角镜”栏发我在师专演讲的消息,但下班时,报社接到行署办电话,头版头条要安排烟厂创税收消息800字。只好改版,将我的采风稿移至中间。这说明文化奈不何有钱有权。

19981228

北京张慈中先生20日来信:“书、报收到。王益、仿子、光照、觉民和邦达等是我多年老友。/两书下册何时脱稿?甚念。”

卷之六

1999 年

春

19990102

《咸宁日报》周末版头版头条发表“采风”稿，题为《“雪峰同志有如一座高山”——访中央文史馆馆员、著名文学翻译家蒋路》。

19990104

又完成了一篇“采风”，写的是《诗刊》原主编杨子敏，采访时间是1995年11月，拖得太长，近期准备把1995年连续采访的崔道怡、周明、吴泰昌、杨匡满等作家突击写一下。难怪老柯今天调侃我说：“你今后写‘采风’不把采访对象弄错就不错了！”

19990105

北京谢永旺先生2日来信：“你要我的材料现找出两篇，复印寄上。很不好意思，仅仅是为了供你做个参考。几年来没有写作，自然也没为咸宁印象和那时期的经历写点什么，心中是觉得对不起的。”

电脑买回了近两个月，我还尚未上机，而且随着“采风”写作进度的加快，抄写任务加重，提高效率迫在眉睫。晚上硬着头皮看书，计划春节前可以自己打文章，这段时间得趁空多练习。

19990106

地委宣传部和讲师团编了本《咸宁巨变20年》,俞部长主编,副主编卢克清、阚海清、龚炳南,特邀我和统计局罗来平当副主编。为了不挂虚名,我今日帮助认真通读了一遍最后终审稿,列出了10余条修改意见,尤其是文化方面加进了“向阳湖文化书系”的内容,这既是利用了副主编的职权,又是尽了宣传咸宁的责任。

19990107

北京杜廼松先生5日来信:“98年第四季度工作较忙,再加上又外出了几次,因而更忙些。98年国务院聘任我为中央文史研究馆馆员,朱镕基总理亲自颁发了聘书。这是国家给了我很高的荣誉,今后只有努力工作才是。/您的成果很多,开创了干校文学,这是很大的贡献。欢迎来京作客。”附书法一幅:“开拓知识经济,弘扬民族文化。”(大篆)

上午,土地局王尚芳先生来,谈了一些赵辛初与夫人纪洁在向阳湖的往事。

购周一良先生之《毕竟是书生》(北京十月文艺出版社1998年版)。

19990108

青岛大学鲁原先生1日来信:“送去新的祝福。感谢您这一年里为向阳湖所做的如此大量的工作。/您编的这些稿子,能给人沉重、沉思,它们作用就起到了,不枉费辛苦。”

19990109

《咸宁日报》今日发表“采风”稿,题为《“为了忘却的记念”——访著名学者舒芜》。

《湖北日报》今日“双休特刊”发表了我访江秉祥先生文,换了个题目《“我最得意的就是编了这本书”——访〈围城〉的责编江秉祥》,还配发了江的照片。巧得很,《文艺报》编辑熊元义打来电话告诉我,今天也发此文，题目改为“《围城》的重印”。1999 年真是有一个好的开端。

19990110

上午和北京周明先生通了电话，他已和《作家文摘》副主编刘进元打过招呼，希望该报反映一下向阳湖文化的内容。我马上寄给刘先生两本书。《作家文摘》发行量大，转发一篇的影响可能超过在一般报刊上发好几篇。

19990111

讲师团龚炳南写了篇杂感《不用汀泗好可惜——亦论中等市后咸安区之名》，我极力怂恿他发表。不过我认为不用向阳湖更可惜，何况地委讨论撤地建市时，第一次研究有设向阳湖区的方案。

19990113

收到 7 日出版的今年第一期《文学故事报》，4 版文学书窗发了简讯《向阳湖与文化人》，介绍向阳湖书二种的出版，并摘登了陈白尘先生的《忆群鸭》。人民文学出版社出版的书终于在自己的报刊上宣传，多亏我的责任编辑柴志湘先生做的工作。

19990114

出差到汉抽空逛书店，购新书及特价书近 200 元。真是积习难改，想想同去的几位去商店买衣的钱都远远超过了我，心里稍稍平衡，无悔起来。好在选购的书大都与“文革”、干校有关，说不定哪天就会碰上用场的，《往事如烟——胡风沉冤录》（梅志著）、《人生败笔》（邵燕祥著）、《走进炼狱》（何金铭著），三本均为河南人民出版社 1997 年版，《沉船》（邵燕祥著，上海远东出版社 1996 年版），《霜重色愈浓》（铁竹伟著，解放军文艺出版社 1986 年版）。

19990115

夜杜廼松先生打来电话，谈了十来分钟，邀我下回到京上他家再叙。对我的工作继续大加褒奖,让我十分感动。今天还收到我的责任编辑柴志湘先生寄来的《新文学史料》6本,也是为我写作作参考的。

19990116

母亲中午从鄂州打来电话,说今年她在那里过年,我们都忙,尤其是我要赶紧写东西,不必专门去看她。母亲这么为儿子着想,我只有多写文章以报答。

《咸宁日报》今日发表"采风"稿,题为《"'五七'干校是一幕悲喜剧"——访〈诗刊〉主编杨子敏》。同期"情结"栏开始连载费声福先生连环画《回忆干校》。

19990117

昨天一天和今天上午,一人单干,连续写了120张贺年卡,并分发119人的报纸(其中66份大件10～15张,53份小件5～8张),总计1000余张,又写了119封信及信封,如此大的工作量,居然突击完成了!下午送到邮局,光邮费便花了110元。日后当就此事写一篇小散文。

香港张初考先生3日来信:"开发向阳湖,愚意认为,应文化资源的开发与经济资源的开发同时并进,双管齐下。文化开发与经济开发各具价值和意义,经济开发若不成功,文化开发将寸步难行。在某种意义上说来,经济资源的开发要比文化资源的开发困难得多。但若能抓住机遇,我认为经济开发还是大有可为的。毋庸讳言,当年下放向阳湖的文化人虽然有6000多人,但文化人的弱点是不善于理财,用香港的话来说,便是不懂'揾银'。文化人多属清贫之士,不过,文化人交际广、影响大,只要组织、行动起来,文化人的能量是不可估量的。今日刮起了'城外旋风',京城文化人均大力支持向阳湖文化资料开发的壮举便是明证。最好由行署或地委出面,利用某个适当时机,让身体尚好、有一定活动能量的原向阳湖'五七'战士,重聚向阳湖,共同商讨开发向阳湖的大计及措施。”并附一份长达3500字的稿件，题目是《不是故乡，胜似故乡》，我准备改一下题目，并稍作压缩，在“向阳情结”栏目发表后，编入下册。

19990118

陪省委办公厅客人到湖南临湘，地委机要局阮局长同行。晚上住在一间房，他说起自己在机要局干了28年，70年代初还专门为向阳湖干校送过文件，又为我提供了一条线索。

19990119

在《咸宁日报》上发表《感受丹江》。

19990120

上午出差到汉，终于在书摊上购得寻找已久的《无罪流放——66位知识分子的干校自白》(光明日报出版社1998版)。高兴之余，又破费买了《中国知青史》(1－2，定宜庄著，中国社会科学出版社1998年版)，均为日后写作之备用也。

《无罪流放——66位知识分子五·七干校告白》

19990121

《咸宁日报》社周末版编辑小朱不慎丢失了“向阳情结”栏目稿，是份费声福先生回忆干校连环画的复印件，我今日很不客气地批评他责任心太差。幸亏是复印件，如果丢失的是原稿，我会对小朱更不客气。

19990123

《咸宁日报》头版今天发表“采风”稿，题为《“咸宁的一切令我终身难忘”——访原〈文艺报〉主编谢永旺》。

北京傅璇琮先生15日来信:“寄上拙著《濡沫集》,请指正。/我于1969年9月下旬至咸宁干校,73年5月初才离开,时间不短。最初两年,劳动、运动较紧张,后一、二年较轻松,得有读书机会,并就近与文学出版社萧乾、楼适夷等先生聊天,极为难得。我对咸宁很有好感,每当下午下工返回,常仰头望天空,觉得楚天寥廓、清蓝,与江浙一带不同,我是浙东(宁波)人,常以江浙的自然风物与楚地相比,更感咸宁一带有其楚乡的神韵。20世纪六、七十年代有那么多文化人集中到咸宁生活、劳动,在中国历史上也是不多见的,以后写中国文化史,这应是浓重的一章。/收到后,祈请复一信或打电话。”

19990125

北京佟韦先生22日来信:“多次来信、来函均拜读。多谢。/现遵嘱将《向阳湖里向阳人》一文稿寄去,请收阅,如能提出些意见更好。此文将收入周巍峙同志的文集中,估计今年上半年可能出版。”

19990126

一连收到几份北京向阳湖文化人22日的信及贺卡,令人感动。

1.费声福:“很高兴《咸宁日报》能转载我的《回忆干校》,诚如所言,我所以能画出这套画,全是出于对咸宁干校的怀念,也是咸宁给我提供的创作生活素材。《咸宁日报》转载,总还会支付一定稿酬,请接受我的一点心意,请将此稿酬作为你们开发‘干校’名人文化经费的一点投入,微不足道,一点心意而已,万望成全。”

2.李小为:“我的习作《李季传》尚有若干情节待补充材料。因之,最后几篇还未动笔,干校的有关段落更没有修改。因为李季在湖北干校的特殊情况,我只希留给历史去评说,我知道你是会理解我这个老者的心的。附寄两篇《李季传》的章段,请指教!”

3.田惠普:“去夏听说咸宁洪水破堤,十分惦念。不知实情如何?你的来信说明灾情已过,正已恢复生产。如向阳湖破堤,可能退田还湖了吧？窑嘴的大桥，加修才能使用？均正念中。/你编著的两部大作，希望划一个圆满的句号。/如向阳湖退田还湖，而向阳湖的事迹永不褪色，你辛勤的劳动成果，功不可没，仍可继续搞下去。这是在特定的条件下，空前绝后的事。将来在咸宁地区的县志上写出文人艰苦奋斗的足迹，激励后人奋发图强。”

19990128

下午收到《新闻出版报》，我采访王益先生的专访已发表。一字未动，发的副刊头条，篇幅也很大。《作家文摘》也选了我发表在9日《人民政协报》上访江秉祥先生文。真是双喜临门，屈指数来，元月至今已发稿6篇，形势大好，亦可预测全年会更好。

19990129

晚上又去万书记处汇报工作，想调离地委办，到宣传部门或政协。老书记支持我的想法，并说不是没有可能，他叫我一心把两书的下册完成，其他一切事都少想一点。其实现在有些事情我都想得通，看得开。

北京陈乔先生25日来信：“函与报纸均收到，非常感谢。您对我前函的建议，坦诚的提出解释，我很重视，所引的《唐诗鉴赏辞典》，我又重读对杜诗的赏析文，确有独自见解……/对南宋画家宗炳的‘澄怀观道’，书典中也有两种不同注释。李可染老先生是根据《中国画家大辞典》而用小字注释的，我认为可信，未再参考其他书典。/对以上两个不同的赏析注释，请您善自抉择，我会尊重您的最后定夺。”

19990130

写杨匡满先生的专访，又读了他的诗集和散文集。徐迟先生曾问过他：“你的主攻方向是什么？”他感到愧疚无以为答。成就已不小的他尚且如此，假如有人问我，我将如何回答？所幸的是答案是有的，而且十分明显。

19990131

中餐与老柯陪省作协梁秘书长,我和老柯照例一上酒席就相互"抬杠"。他说通山300年才出了个李城外,李城外到了咸宁才发现了向阳湖。我则说他的"世象戏说"栏目把社会上的人讽刺遍及,我也讽刺他一下,便说昨日他在周末版上发了篇戏说,题为《遗嘱》,我读了他的"遗嘱"。他说快过年了,要图个吉利。我告诉他,钱钟书先生过年接到拜年电话,钱的回答是好什么,快死了。看得破,这样的话倒可以消灾。梁兄也说,文人无所谓,商人图吉利。

19990201

下午,中央文化部干部管理学院一陌生人从赤壁打来电话,说我到他们学校去过,听汪建德先生说过我,他们想路过温泉住一下,让我代与文化局联系,我马上通知了何国强,何马上又与赤壁联系,后来虽没来成,心意尽到了。何又告诉我,上月文化部图书馆司杜克和张长生来咸宁看了一下,我怪他没有通知我。何又告知,杜司长已退下来了。

19990202

《英语世界》陈羽纶先生1月28日来信:"关于向阳湖的文章,你都写得很好,每次寄来的资料我都拜读,感受殊深。/'碑林'进展如何?向阳湖'金矿'方面的新书出版了哪些?99年有何举措?便中可来函一叙。"

分别向地委几位副书记(包括专员)递交了一份我去年的工作情况汇报,重点讲了我个人宣传向阳湖的成绩,以期领导重视。我还口头汇报了想调离地委办的想法,要求干自己适应的工作,安排在宣传战线就行。

19990203

广西许敏歧先生1月26日来信:"寄来的一组专访和《"城外旋

风”》我读了，很为你的勤奋和成绩感到高兴。作为曲折历史中的一个碑，荒草茫茫的向阳湖，现在看来，是会在时间的长河中留下一些痕迹的，这对我们的子孙，无疑是重要的。/鲁原教授来信，说他已为你们写了回忆向阳湖文章。金涛教授写没有写？”

19990204

北京谢永旺先生1月30日来信：“收到23日《咸宁日报》，读了你的采访文章，你写得好，版面安排又重要，谢谢。我只觉得对我夸奖过多过重，不敢当。咸宁那段经历，确实是难忘的，只是在个人情感上不愿意写文章，请原谅。”

19990205

北京吴桂凤同志1日来信：“春节将至，拜个早年吧！/本来早就想写信，尤其是收到您那厚厚的大信封之后，为您有那么多新作而高兴。但是我想将韦君宜的《思痛录》寄给您一本，一直买不到。今天，在公主坟书城买到了再版的新书，真高兴，立即写信，明天寄出。您也许已经有了。您是那样关心曾经在干校生活过的作家们，那样投入，那样深入地挖掘。多一本也不算多吧！韦老的书写了几十年中国知识分子的命运，看了之后，您一定会对作协有更深一层的认识。韦老很坚强，已瘫痪在床，尚努力著书，这种精神很值得我们学习。还有本季羡林教授著《牛棚杂忆》，也想给您寄去，可惜，几个书摊都已脱销，这本书是用血的体验和着泪写给后人的，老人希望中国人不要再让‘文革’重演。很深刻！/您对知识分子了解比我深，您下了苦工夫进行了深入调查、采访，我只是生活在其中，不识庐山真面目了。/再次感谢您！”

19990206

《咸宁日报》周末版发表了对崔道怡先生的专访，题目是《“将来应建立一门‘向阳湖学’”》。这是我有意作前期宣传，所以取了这么个大

题目,为今后成立向阳湖文化研究会造舆论。

19990207

连续两个中午去李书记家,准备汇报一下思想,争取调宣传部门,不料都遇上他不在家。我现在才意识到万书记在台上时,自己干工作太投入,一心迷在向阳湖里,没有考虑其他之失误,以至现在见一面新任书记,竟如此之难!

19990208

上午参加《咸宁日报》周末版座谈会,一是感谢,“周末”催稿,逼我多写。二是表态,新年一如既往写稿。三是建议读者参与办报、读者参与评报。到会的有不少县、市的同志,基层的同志用稿比我难多了。

19990209

上午去李书记家汇报了自己想调动的想法,理由是有利宣传向阳湖,更好地发挥特长。李书记立即表示理解和同意,答应适时予以考虑。我又交了份工作情况汇报,自以为还是有分量的。我对李书记反复说明,自己是个干事业的人,而非“官油子”。回家对致婷说起调动的事,大约春节后或成立中等城市后会有点眉目。致婷认为这样也好,还补充一句:“如果你现在仍然受李书记欣赏,那么社会上和我都会觉得你这人是可怕的。而现在受点冷遇则是正常的。”我对她说今天在地委政研室小坐,马崇伟和王勿宁当面说我,在地直机关和领导层中口碑甚好,这点亦让人感到欣慰。当不当官又怎么样呢?

19990211

青岛鲁原先生6日来信:“两次手书及报纸均已收读。无须致歉,而应是我表示谢意。长江洪汛期间,您编发拙稿,更是忙中加忙,我们向阳人不胜感激。/千里之途,难以相见,小照一帧,权当拜年。”

19990212

早晨8点从电视新闻中得知萧乾先生昨日病逝,马上去邮局向文洁若先生发了唁电,“深深地怀念萧老。/望您保重身体!”

19990213

北京刘小珊同志7日来信:“惠寄的《向阳情结——文化人与咸宁》及《向阳湖文化人采风》各一册收到。这两本书所带给我们这一代人的回忆与思考是不同寻常的。这一段生活的艰辛无与伦比,但其中的乐与甜也确实难得。我们失去了最成熟的工作年华,得到的人生感悟也就更为深刻了。/非常感谢您,为我们许多人完成了想做而未做成的事,给我们留下了最珍贵的纪念。紧紧握手并祝春节快乐。”

在《湖北电大报》2月10日发表《电大的“红丝线”》。

19990214

作了一副对联,准备春节张贴于门上:“玉兔奔月,丹心向阳”。

北京林光先生11日来信:“去年惠赠的两本有关向阳湖的书,我尚未全读,就读过的部分文章看,你下了不少工夫,文字流畅,对名家的成就的介绍也很到位,有的写得相当生动有趣。/《向阳情结——文化名人与咸宁》一书的书名起得很好,我认为‘情结’一词来源于希腊悲剧,比‘情感’更切合此书内容。《向阳湖文化人采风》这本书的书名值得商榷,因为‘采风’一词用在此处似欠妥,请斟酌。”

购《1957年的夏季——从百家争鸣到两家争鸣》(朱正著,河南人民出版社1998年版),《九死一生——我的右派经历》(戴煌著,中央编译出版社1998年版)。

19990216

进入兔年,想起了几个成语,龟兔赛跑,守株待兔……一个作家写作一生,如果能留下一两个成语的话,便不失为大家了吧?

19990217

上午与北京10来位向阳湖文化人通话拜年,得到不少鼓励和感谢。我自觉压力和紧迫感加大,还有近40篇专访,国庆前得完成。只宜前赶,不宜向后推。

北京何祖渠、司徒新蕾夫妇11日来信:“向你介绍科影厂退休职工,国家一级美术师楼青蓝先生。他曾师从张光宇、张正宇、张汀等大师,长期探索动物题材绘画,作品多运用中国传统写意精神与西方水彩、油画等技法相结合,追求作品欣赏性、情趣性、高格调及民间韵味。他的作品曾多次参加大型美展,现为中国美协会员,广电部美协常务顾问。/今天我在他家发现他在咸宁干校画的一些速写和写生,有村景及养猪场、食堂、红旗山宿舍群、放电影等干校生活场景。如果你对这些画感兴趣,可与他联系。”

19990220

北京王仰晨先生8日来信:“你那样勤奋而执著地从事着你的工作,而且也做出了不少成绩,对此我十分钦佩,并坚信你将会做出更多、更好的成绩。/值此春节来临之际,草草写这几行,聊祝节日愉快、健康!工作顺利!”

19990221

香港张初考先生8日来信:“《文人不幸咸宁幸》将于本月底香港《文学报》刊出,是写我98年11月来重访咸宁之事,重点介绍咸宁地委开发文化部干校的热衷和成果,我介绍了您的两本书及采访文化名人的情况,全文2000余字,配上你我的干校照片刊出!报纸到手后,定当寄奉!”

19990227

《咸宁日报》周末版今日发出“采风”稿,系访周明先生文——《“历史在这里沉思”》。

中午去对面楼刘三多老师处谈,他对我今年到赤壁官塘镇搞农村工作队长表示祝贺,认为这是接触实际、体验生活的绝好机会,并且以自己的曲折经历,谈了许多不尽如人意的事情。我写向阳湖的计划亦是如此。

购《红色牛棚——中国五七干校纪实》(赵丰著,青海人民出版社1999年版)。

19990301

上午得知冰心老人昨夜去世的消息,马上就有《中国财经报》洪记者向我约稿,回忆冰心为咸宁题字。我立即改写了《一片冰心在向阳》,迅速交卷,同时还寄了一份给《文艺报》编辑张明照,下午向冰心女婿陈恕教授发了唁电:"谢老永生!"

晚上刘三多老师来长谈,互相勉励,在文艺上、创作上多出成果。还有一大收获是,我找了冰心、萧乾、张光年、臧克家、周巍峙、严文井6位向阳湖文化人的照片给他,敦促他着手创作一组"向阳湖文化人风采"的美术作品,以扩大影响。刘三多终于准备着手,并打算将来和我长期合作,共同为咸宁文化振兴出力。

19990302

上午去温泉宾馆理发,碰上通城县委书记余泗林,他对向阳湖文化也很热心,并谈了一些新思路,将来可搞一个"文化名人陵园"。如最近去世的冰心、萧乾的骨灰可争取到咸宁埋一部分,这也是从通山与石门李自成归宿之争中受的启发。我对余书记说,类似的好点子不少,可惜越来越难落实。

19990303

洪记者准备在《中国财经报》为向阳湖做一个专版,下午约我一起去实地参观"向阳湖文化展",我又邀了老柯和刘家饶同行。三位都是第一次参观这个展览,尤其是老柯写了不少向阳湖的报道,应到实地参观一下。刘则备点录像资料留作他日之用。我有一个预感,随着万书记退下来,程书记从咸宁市调到地区,向阳湖文化开发工作会大受影响。现在不是升温而是在降温,连我编的两本书下册也会因今年下乡当工作队长而受影响,推迟出版。但无论何时,无论遇到什么情况,我都会坚持下去。

19990305

晚上去刘三多老师那里坐,他已着手画"向阳湖文化名人风采"的素描,我帮他策划。动员更多的人宣传向阳湖文化,对"官方"宣传的降温也许是个弥补。

19990306

北京吴桂凤同志2日来信:"昨天我去光年家,向老人家为您要了一部《文坛回春记事》,现寄上。"

成果兄晚上来谈,他准备利用半年时间写研究生论文,内容是关于向阳湖文化的,已在武大请到导师,我表示积极支持,负责提供一切参考资料。

《咸宁日报》"向阳情结"栏目今天起,节选陈白尘《牛棚日记》若干,分期发表。

19990307

晚上北京陈安钰兄来电话,谈及下星期六行署在京举办咸宁籍人士联谊会的事。我记起十多天前,在行署门口碰见驻京办副主任吴棠斌,他对我说,今天讨论进京开会事宜,他在行署会议上建议,要论在北京的关系,李城外可谓最多,这种会应请他进京参加,无奈无人采纳这个有分量的建议。我也想得通,看得穿。又和安钰兄说起今年下乡的事,主要可惜写作计划被打乱了,他劝我不必过于自责,要随遇而安,大不了书推迟一点出便是了。京城文化人知道了原委也会理解的。

和《咸宁日报》社王总编一起去俞部长家,王说我今年下基层,开专栏受影响,恐怕实现不了国庆节前出齐两书的下册。俞部长指示报社继续办好专栏,又鼓励我继续写下去。

19990312

上午回温泉，马上去地委办拿书报，方知上周末《文艺报》头版登了我回忆冰心先生的文章，十分醒目，这是我“采风”书中第一篇改写的文章。

19990313

武汉李晓祥政委10日来信：“寄来的访王益先生一文我看了，你用红笔写的加着重号，请考虑能否加几句话，我记得是说同意他们的意见，可以对那个头目先不急于定性、戴帽和交待，不然使人看了文章，北京军区和湖北军区宣传队都不掌握政策。因为当时林还在位……/我3月10号收到信后便和你打电话，一位同志说你带队下乡了。”

《咸宁日报》头版发表“采风”稿，题为《“向阳生劲草，湖畔育真情”——访著名女作家丁宁》。

19990316

省政协文史委拟编向阳湖专集，框架已定，今日打电话来要我补充一些资料，我积极主动地配合，以为这是咸宁市成立后第一本上档次的献礼书。还有一个喜讯是，《人民日报》近日发了祝贺咸宁市成立的专版，其中“好山好水好风光”栏目总算提了一句“中国向阳湖文化村”。

19990317

夜去孟绪龙家谈，并带去刚完成的两篇专访，请他提点意见。我自己感到虽然过得去，但还是不满意。语言较贫乏，不如写上册时顺手。老孟则建议我及时“充电”，而且写好人物专访，须多一点思想深度，多一点激情。

19990318

咸宁中等市今日成立，上午参加了雨中举行的庆祝大会。咸宁实

现了“农转非”，开始了新起点，我个人也要有新起点，只是仍当城外人为好。

晚上去老柯处坐，他谈起我的“采风”，生动的解释为，我现在是“戴着镣铐跳舞”。因为限制了时间，限制了题材，限制了篇幅，限制了题目，寻求突破较难，还不如一直按现在的路子写下去。

19990320

香港张初考先生寄来1999年第2期的香港《文学报》，他的《文人不幸咸宁幸》已发表在“神州掠影”栏，其中有云：“地委办公室副主任李城外，已遍访当年下放向阳湖的文化名人，自编自著已出书两册。《向阳情结——文化名人与咸宁》(上)和《向阳湖文化人采风》(上)，两书均由人民文学出版社出版，这可说是文化人当年干校生活的回忆录。记下了一段鲜为人知的荒唐历史，既大大提高了湖北省咸宁地区的知名度，也是现今或将来有志于研究十年文革史的必读参考书。”

1999.2. 香港文學報 評論創作 6

文人不幸咸寧幸

神州掠影

——重訪原中央文化部五七幹校記述

張初考

《香港文学报》张初考文

《咸宁日报》今日推出“热烈祝贺咸宁市成立”的专刊专版，咸安区委书记胡建华、区长王玲的署名文章《抓住新机遇，建设新咸安》，提及：“冰心、巴金、郭小川等当代文学巨匠，在这里劳动生活，留下了泽被后世的文化资源。”巴金并没有下放向阳湖，我一眼看出，作者和编者都没有把住关。

19990326

北京王仿子和汪轶千先生同时寄来《中国读书报》3月15日刊登的聂崇正《干校轶事》，供我参考。虽然我订有此报早已剪下，我编的“情结”上册已经收入，但他们的热心仍是难得。

19990327

读了《顾准日记》和《顾准寻思录》，忍不住又去书摊购来《顾准传》(罗银胜著，团结出版社 1999 年版)，一气通读。顺带还买了两本有关“文革”的书，《1966，我们那一代的回忆》(徐友渔编，中国文联出版公司 1998 年版)，《在“忠”字下跳舞》(王火著，中国文联出版社 1999 年版)，共花了 70 余元。看样子，见书就手痒的毛病又犯了，我原本下半年砍掉部分报刊的，却不料“东墙”未拆，“西墙”已补上了。

19990329

人民文学出版社现在才寄来《向阳情结》的稿费，我的《三驳王博士》得稿费 425 元。晚上孟绪龙来告知，他的《中国向阳湖文化村及其企业集团策划》也收到稿酬。我估计，责任编辑柴先生已将其他作者的稿费全部寄出。

19990330

下午和成果兄一起至汉，他在武大作访问学者，撰写有关向阳湖的论文，请我一起去见了他的导师黄钊。聊了一阵，我又抽空去省政协文史委，和石雁飞谈了《湖北文史资料》4 月份出向阳湖专辑的事，十分惬意。这毕竟是撤地改市后咸宁在全省公开发行的第一部书，尽管“官方”没有布置我任务，我还是得主动配合把书编好。

购《中国作家梦》(上、下集，马原编著，长江文艺出版社 1996 年版)。

1999 年

夏

19990403

《咸宁日报》头版发表“采风”稿，题为《“向阳湖，深深的人生记忆”——访著名作家吴泰昌先生》。

19990404

寄省政协文史委信，对近期《湖北文史资料》将出向阳湖专辑提出建议：1.将篇目归类，分为回忆篇、访谈篇、纪实篇和附录。2.应收入全国政协八届五次会议关于向阳湖的提案。3.应对张光年、严文井等湖北籍文人有所侧重。4.要求我写体会文章，不如选用老柯侧面写我的那篇文章更合适。

19990405

收北京王春瑜先生《飘泊古今天地间》(百花文艺出版社 1998 年版)，其中收入驳王彬彬之《还有健忘不能卖》。

19990406

上午在陈先汉处看了李书记在党代会上的报告讨论稿，陈负责写精神文明建设部分，提及“开发向阳湖文化”。但昨日讨论时，李以宜粗不宜细为由又删掉了。我是先高兴而又遗憾，既而又平静，反正一直是在孤军奋战，管他领导重视不重视。

19990407

北京丁慨然先生2日来信:“知道您在研究向阳湖文化现象,特把我父亲的3本书呈上,其中有一本《俯首吟》写于向阳湖,其他二本中,也有‘文革’的诗、新诗等。/去年6月召开了丁力诗歌学术讨论会,各报都发了消息,纪念丁力逝世5周年。我正在整理他的文集,如需其他材料,以后续寄。”

19990408

北京江秉祥先生2日来信:“您多次寄来的《咸宁日报》和书籍,均收到,十分感谢!/昨天接到您的电话,知您正在编《向阳湖文化人采风》下集。您对开发向阳湖文化的工作,付出了巨大的艰辛努力,令人钦佩。祝愿您获得更大成功。/趁您修改文章之际,我重读了《我是〈围城〉的责任编辑》一文,有点不成熟的想法,请您斟酌。1.关于题目:看‘采风’上册,您或许会重拟一个题目。我意最好换一个,《文艺报》用的是《围城的重印》。因为我觉得《我是……》显得我有点‘抢镜头’,不太谦虚……/以上小意见,供你参考。/作协曾给我电话,要您的地址,说是要寄稿酬给您,不知收到没有?”

19990409

访阎纲先生文,明日《咸宁日报》周末版见报,题为《“挖掘‘文化金矿’功莫大焉”》。现在已很难和李书记见面,只好通过文章与他“对话”了。

19990411

下午,与北京几位文化人通话。江秉祥先生对我写他的专访很满意,又介绍了胡乔木关心《围城》出版的经过,他还说北京的“五七”战士见面都提起向阳湖,并对我写干校表示感谢和钦佩;戴文葆先生感谢我一直记得向他约稿,表示《怅望向阳湖》一文近日一定赶出寄来;柴志湘先生则告诉我,陈早春先生最近卸下社长职务,只担任总编辑,但这对出齐向阳湖文化书系不会有什么影响。我也转告地、市领导的变化和自己下乡的情况，谢谢他一如既往地支持我的工作。

19990413

《咸宁日报》今日消息：日前，咸安区甘棠乡正式更名为向阳湖镇，旨在抓住开发向阳湖文化资源的契机……

19990414

香港张初考先生1日来信："我翻阅湖北地图，赤壁、官塘两个地方，您下派的工作队可能靠近咸宁的官塘，而非靠近洪湖的赤壁吧！中国地域辽阔，同名异地太多矣。/我很怀念咸宁以及向阳湖，若有开发向阳湖的大型活动，请事先通知一声，有空我也赶来凑凑热闹/您的宝贝——李熟了的学习成绩很好吧！又及。"

19990415

在《四川文化报》8日发表访张慈中先生文，题为《一片丹心向阳开》，登了一整版。

19990416

省政协文史委和北京的李辉联系，建议他的《旧梦重温时》略作修改，以便收入向阳湖文化专辑。岂料李辉过于自负，不肯改正其中关于咸宁干校的错误，这样石编辑只好约我再写一篇文章指谬。这样也好。手头正好有现成的文章，马上寄了去。

北京牛汉先生寄来赠书《牛汉诗选》(人民文学出版社1998年版)。其中有不少在干校写的诗。

19990417

生病住院，病室来了位向阳湖胡黄张的人，说是当年和周巍峙、司徒慧敏都有交往，我自然饶有兴趣的问了一些情况，和我采访了解的情况大致相同。真巧，住院也遇上向阳湖的人。

19990419

中午去刘三多老师那里坐，他画的一组向阳湖文化名人头像素描已进入状态，并要我多提供新的素材，我自然大力支持。只是相比之下，自己手头要赶写的“采风”倒感到越来越难写了。难，也得克服；难，也得完成。

19990420

下午去办公室，收到地区书店的同志带来汪轶千先生13日书信一封：“本月11日，我应武汉大学之邀来武汉参加‘21世纪出版发展与人才培养研讨会’。今日趁会议休会游览参观机会由湖北省新华书店经理陪同来咸宁市，本想来看望您和去原干校看看，但未能如愿。地区书店同志与地委联系，得知您因病住院，我又因急于回武汉继续参加会议，因此不能前来看望您了。十分抱歉。今晚在咸宁住一夜，明日清晨赶回武汉。/希望您早日康复，健康出院。”新华书店总店老领导这么客气，我十分遗憾此次没尽地主之谊。

19990424

访佟韦先生一文《“向阳光景好，华年写华章”》，今日《咸宁日报》周末版发出。马上又得赶写范用先生一篇，争取下个星期周末版发。赶稿的时候，才意识到今后完成两书的下册应是当务之急，其他的事一律得让路。

中餐后散步到刘三多老师家坐，谈了想调到政协专搞文史资料的打算。主要考虑的是有时间，而且写向阳湖是“正业”。

19990425

和省政协文史委石雁飞联系，“咸宁五七干校专辑”定稿付印前，最好通知我去看看。小石谈了和市政协联合办这期的事，这倒启发了我这个城外人，本书应以市政协为主找我，现在倒是我主动找省政协文史委联系有关事宜，他们反倒无关了。不行，再到省政协，要他们派人随车去。搞事业往往是这样,一旦颠倒了秩序,便会自找许多麻烦。规矩还是应该讲,虽然我主观上是不计较这些的。

19990426

写出访范用先生的专访,请老柯和老孟看了,都认为比较成功。老孟甚至说,按这个路子写,后面的文章还有不少好戏,这又稍稍提高了我的自信心。

19990427

中午去刘三多老师处,为他画"向阳湖名人风采"组画提供照片、底片,并出主意策划合作。我和他都相信这组作品会打响,会为宣传向阳湖起到独特的作用,并会作为一种地方文化精品留存下来,和我的两本书"互补"。

19990428

晚上看电视,连续看了两个故事片,《红樱桃》和《瓦尔特保卫萨拉热窝》,都是反映"二战"的,一新片一老片,虽然花了 4 个小时一直到转钟,但影片的吸引力似乎不可抗拒。这也启发了我写文章,具体地说目前写"采风",也要力求有长久的生命力。

19990429

下午接市委办通知,我被提名为第一届咸宁市政协委员,办公室仅两个名额,程副书记(将任市政协主席)和我。周辉庭说,这种政治待遇说明我的知名度高。

19990430

在《中国财经报》27 日发表《一片冰心在向阳》。

19990501

下午去报社校对访范用先生的稿子。今日去邮局拿报纸方知,因为五一节改了版,这期周末版往下星期移。我初算了一下,满打满算,如果每周发稿，到年底还可发32篇“采风”。由于临时改版，特别是防汛换版，可能“采风”发稿会减半。这样一来，出两书下册，当会赶在全部稿子发完以前。

19990503

中餐温泉中学闻校长在长印酒店请客，席间，朋友们说起几十年后，人们记不起某届领导，但会记得开发向阳湖的李城外。有这种评价，我心足矣。闻校长还盛邀我担任温中校外辅导员，适时将请我为中学生搞讲座，理由是宣传向阳湖要“从中学生抓起”。

19990504

北京《工人日报》宓乃竑先生4月22日信：“稿件《老前辈冯雪峰二三事》由你定，现将简历附上。/如能见到文化馆长及工会主席，请代致问候，感谢在咸宁期间的热情招待。/上次到咸宁，匆匆忙忙只停留一天时间，变化之快，之大，甚为意外。可惜，到干校山依旧、水依旧，只是树太少了。”

19990505

订1999年第三季度报刊，271.65元。

19990506

晚上去万书记家小坐，告诉他我被安排搞政协委员，他第一个反应是，调到那里任副秘书长也可以，只是组织上不会这么安排。于是我调侃自己，当初万书记在台上时没有抓住“机遇”，一心写向阳湖去了。不过，我绝不后悔。

收北京陈原先生寄来《陈原书话》(北京出版社1998年版)。

19990507

上午去天鸿宾馆参加市邮协二届二次理事会，因是新当选理事，我在会上就开发向阳湖文化邮品提了建议，得到大家认可。都以为势在必行,可惜我不是邮协的会长,不然这番话也可称作“五七指示”。

19990508

市党代会今日报到,晚上去通山代表团看望几位在通山县委办时的同事。阮有功见面就谈向阳湖,十分诚恳地说,他佩服我走出了自己的一条路。

《咸宁日报》发表访范用先生文,题为《“光调回我一人有什么用?”》。

19990509

市党代会今日召开,看了李书记的报告,里面对向阳湖只字未提。十分失望,看来对向阳湖的宣传,市里的重视程度不会加强,只会削弱。我得坚守下去,否则对不起事业,对不起北京的“五七”战士。

晚上去俞部长家小坐,提及政协会开完后,我会为文史出点力,他也支持我继续宣传向阳湖。

19990510

黄鹄老先生上午告诉我,华工教授程良骏是三峡水利专家,下放过向阳湖,并在《潜山诗词》上发过写向阳湖的诗。我立即找来地址准备与之联系,这可是科学家中的向阳湖人。不过,他不是文化部干校而是华工干校的“五七”战士。

19990511

香港张初考先生4月26日寄来香港《文学报》第10期,上载他的近作《让历史告诉未来——读〈向阳湖文化人采风〉与〈向阳情结〉》。他已连续在该报发文两篇了。

19990512

在《武汉晚报》发表访丁宁文,题为《“向阳生劲草,湖畔育真情”》。

19990513

边写作、边开始着手向阳湖书两种下册的编辑,工作有条不紊。

可以预见，将大大减轻年底一次性的工作量。

19990517

北京傅振伦先生的夫人梁德英寄来讣告，我才知傅老已于8日去世，连忙发了封唁电："深切怀念傅老"。

19990518

市政协通知准备写提案，我连夜赶写了一份，题目为《建议进一步重视和加强向阳湖文化史料的抢救工作》，明日交卷。

19990519

省政协文史委传真发来省文史资料"向阳湖专辑"的目录，让我再行审阅权。我建议石编辑将整个校对稿寄来，我抽时间再校对一遍，帮助最后把关。

19990523

北京胡海珠大妈18日来信："寄上侯金镜同志的两张照片，这也就是《文艺报》去年在版面上用过的那两张，照片背面都注明了拍摄的时间和地点。用完后请务必保存好，还给我。因为我也只有这两张了。/今年1月中旬寄我的一组专访和文章早已收到，谢谢。他们叫你'城外旋风'，果然名不虚传，因为我早已强烈地感受到了这股旋风的力度。几年来，你为编写这两部书付出了巨大的劳动，和干校千百名学员也结下了深厚的友谊，大家是不会忘记你的。/祝这项事业早日完成！"

19990524

武汉程良骏先生18日复信："十分感谢您寄赠大作《向阳湖文化采风》和《向阳情结》。向阳湖对我来说的确是'情结'，情结在向阳湖的牛尾巴上，我后来向国际会议宣讲的'双涡'公式就发端于此。请看拙著《长江磊石集》'向阳吟'中的水调歌头吧！'含笑随牛尾，奋发揽龙头’,‘任凭泥粪沾双膝,未忍牛身着一鞭’。我已把‘牛’当成老师了。‘风云叱咤耻凌人,头角峥嵘甘俯首’,‘浴泥食草为人民,助益农家即不朽’,伟大的‘向阳牛’呀,您的精神万岁!/有机会请来校作客。”

19990525

上午去农委参加工作队长会,一晃下乡3个月,马上要搞半年总结了,说老实话,我内心的愿望,三季度市直调班子能动一下。再在地委办待下去,实在没多大意思了。如果不动,则利用下乡时间抓紧写向阳湖。陈副秘书长对我说得好,两本书出齐对我来说是最大的成绩,其他都可以不论。他还劝我不必在意办公室一些不平之事,要说受的委屈,他比我大得多。

19990526

在24日《湖北教育报》发表《电大的“红丝线”》。

19990527

北京涂莹23日来信:“近况如何,除了编书,有没有写些小说什么的?有时候真想回咸宁一趟,不知我记忆中的一切是否变了样?你是在那里长大的么?我还记得‘共产主义学校’的环境,还有温泉、城市的小街,要是你对那里很熟悉,我应请你当我的向导,真想再听到咸宁话。/干校对我意味着太多的东西,够我写一辈子的!我童年的记忆由那里开始,那里汇聚着各种语言:奶奶的黄陂话、孩子的莫名其妙的儿歌、大自然的各种声音、学校老师、同学的话语……对我来说,那是一个难以走出的神秘世界……60年代,你在哪里?我们是否生活在同一个世界?/现寄上《悲哀的和流浪的》及另一篇与之相关的短文,不知是否合适一起收入你的集子?另寄上两张照片,如果需要的话,你可以选用一张,给你的集子增加一点异国风情:大的那张摄于加拿大最东边的城市圣约翰斯,滨临大西洋;小的那张摄于安大略湖边,远处背景上是座古堡。/盼望在北京或咸宁见到你。”

19990528

省作协梁必文介绍他的一位广东朋友，说香港有位商人对向阳湖有兴趣，想去投资，这位姓李的先来考察。我立即与咸安区群艺馆陈元泉通电话，请他陪李去向阳湖看了文化展。他们回来时都与我通了电话，效果非常好。李表示回去后，马上策划引来洽谈的商人。如果此话可以落实，也算开发向阳湖以来，第一次有人来谈向阳湖开发的实质性问题。

19990529

在《咸宁日报》头版发表《“永远值得怀念的向阳湖”——回忆著名学者程代熙一席谈》，这是迄今为止，唯一没有被采访者生前看到的专访。也怪我拖的时间太长了。

19990530

省政协文史委寄来第 59 期《湖北文史资料》“文化部咸宁五七干校史料专辑”最后一稿。我认真校对了一遍，又找出 10 余处错误。同时又倍感欣慰，以为这一册书的意义并不亚于我的两本书，可以预计今后会带来的影响，因为它的发行渠道和读者层面毕竟不一样。

《湖北文史资料》“文化部咸宁五七干校史料专辑”书影

19990602

今日《咸宁日报》头版登了我写的一则消息，介绍《湖北文史资料》“文化部咸宁五七干校史料专辑”出版。

19990603

北京涂光群先生夫人杜贤铭5月29日来信:“最近听老涂说你正在集结《向阳情结》的下册,我读过上册,觉得‘向阳湖中学’这一段还没有人写过,因为我正好经历了这一段,觉得也还有点意思,就不觉自己文笔粗陋,也凑趣写了一篇《忆向阳湖中学》,请你给予批评、指正。”

在《中国书画报》5月31日发表《话说徐邦达》。

19990604

市政协一届一次会议今日报到,我才发现自己所在界别是中共组,好像不如在“文学艺术界”更合适。因为中共组似乎是组织上派给的指标,而文学艺术界则是专业人才凭自己的成绩而获得的荣誉。但谁叫我的工作单位还在市委办呢?下届会议,无疑要争取以专业“归队”。

19990605

来咸参加政协会议开幕式的省政协副主席杨斌庆,去刘三多家看了他画的“向阳湖文化名人风采”,马上要我的书看。中午政协让我去陪他时,杨对向阳湖文化表示了浓厚兴趣。提出市政协和省政协都应高度重视。市政协几位领导都表扬了我,说我取得了成绩,并表示今后将进一步强化措施。我参加政协,目的也是能为政协的宣传创造更为有利的条件,只可惜这次只能参加文史委任委员,而未担任常委。看样子市委对我的工作肯定,对我这个人也许还在限制使用,特别是李书记。

19990606

晚上即将上任的政协副主席刘三多来我家长谈,我对他玩笑道:“现在咱们还是朋友,政协会一闭幕,你便是领导了。”刘说:“朋友永远是朋友。”他到今天这一步,和我关系颇大,只望今后加强向阳湖的宣传。他画我写，优势互补，以产生更大的影响。刘老师还说，他之所以下决心开始画向阳湖人物，完全是因为我的宣传鼓动感动了他，还有一点，是对我今年下乡心情不愉快表示一种精神上的支持。朋友毕竟是朋友！

19990607

下午《咸宁日报》李建文来采访我，说政协第一份提案是我提的，具体情况明天要见报。我积极配合答问，这倒不是热心别人宣传我，而是此次会议宣传向阳湖文化有存史的意义。

19990608

政协今日会议闭幕。下午选举时，“常委另选人”栏有人投了我一票，此人是崇阳县委办的陈勋清。他的理由是常委中要讲知名度高，他的这一票我没想到，但这是一种理解，也为我说了话，无意中道出一种声音。

19990609

在《文艺报》发表访周明先生文《历史在这里沉思》。

19990613

晚上完成《“我为什么写〈炼人学校〉”——访著名作家杨静远》。本月至今尚只写这一篇。看来每周两篇的任务，不严格把握是难以实现的。

19990614

到崇阳县参观了雪艇图书馆，大开眼界，区区一个小县，王世杰先生后人投资 400 万元建一图书馆，崇阳的文化氛围仅此一项便胜过温泉。下次来一定赠两套向阳湖文化书系给该馆。

19990615

市政协文史委今日召开第一次全体会议，刘三多副主席主持，他昨夜和我商量好，提议《咸宁文史资料》第一辑出版“向阳湖文化专辑”，果然得到大家一致认同。用刘的话说，这又是一次宣传向阳湖的机会。我自然也义不容辞唱“主角”，并不在乎仅仅安排我做文史委委员了。

19990616

列出了《咸宁文史资料》专辑的目录，分四个部分：1.往事回眸；2.今日纪实；3.名作欣赏；4.向阳湖论坛。上午去刘三多老师家谈及出版事宜，刘对我办事速度之快自然惊讶。他表示，要向政协程主席力荐由我来主持文史委的工作。

19990618

受聘担任“爱我鄂南，共铸辉煌”首届诗歌朗诵决赛评委。

19990620

夜去市农业局王汉桥家小坐，北京王世襄先生收到他寄去的茶叶后，赠诗一首：“当年挥汗学田家，牛饮咸宁大碗茶。新焙今朝聊寄兴，南华读罢论灵芽。”王是由我牵线认识王老的，我待“采风”全部完稿后，当将此事写成一篇小文。

19990621

中午有线台请成果兄和师专陈有恒教授小酌，邀我作陪。席间，成果兄介绍说：“过去，人家都说我是城外的哥哥；现在，人家都说城外是我弟弟，介绍人主体发生了变化。”

19990622

上午，市政协文史委全体委员去向阳湖考察，特邀了元平和黄继先参加。我建议前者写诗后者画画，都参与向阳湖的宣传。但我也意识到，咸安区乃至向阳湖奶牛场抓这项工作都在降温，好在刘三多和我一样，都决心用自己的行动推动各级领导和有关部门继续重视。元平调侃道："向阳湖能否真正打响，关键在于李城外能否担任咸安区委书记，那样的话他一定将咸安区更名为向阳湖区。然后举全区之力，抓向阳湖开发。"

作者和友人元平在向阳湖

19990623

在《长江日报》22 日发表《程代熙与向阳湖》。

19990626

致婷昨天毕业典礼，获硕士学位。今日我去同济医科大接她学成归来，刚一进门，熟了第一句话是："爸爸，你这下彻底解放了。"我想到自己写向阳湖，一时是"解放"不了的，或许这辈子永远没有"出头之日"。

师专陈有恒教授赠书两册，附言说："顷获城外君赠大作《向阳情结》、《向阳湖文化人采风》，欣喜之至，幸其抢救历史，喜其掀开时代旋风，史有不幸，而向阳湖幸之又幸呢！"

19990630

访侯金镜夫人胡海珠的文章明日在《楚天声屏报》上发表。这是由广电局举办、公开发行的小报，我自信地对负责人金礼山说："你们报纸开辟了向阳湖文化阵地，会赢得更多的读者群。"

在北京《团结报》22 日发表《"为了忘却的记念"——访著名学者舒芜》。

1999 年

秋

19990701

上午去集邮协会，商议发行“中国向阳湖文化名人风采”纪念封事宜，我负责张罗。初定第一组发行 6 枚，正面为刘三多根据我的摄影素描的向阳湖文化名人画像，背面为我配的说明文字。每张发行 1000 千枚，共 6000 份。我现在对市里的一些事情冷了心，但唯有对向阳湖这项事业痴心不改。凡是有利于它的宣传都不遗余力，心甘情愿“义务劳动”，通过自己的艰辛努力构筑向阳湖文化大厦。晚上和我的责任编辑柴志湘先生通了话，久未联系，他也催促我加紧编书步伐，力争早日推出两书下册。

近日致婷和熟了在家里分别将我已写的“采风”打印出来，我感到一种极大的满足。年内还有 20 多篇“采风”都将这样边写、边打、边发，流水作业，此乐何极！

19990703

连续 20 天没有写“采风”的文章了，这样下去，年内交两书下册的书稿是句空话。找任何理由都是没有道理的，看来自己身上的惰性还较重，必须视为大敌加以战胜。

19990704

又忙乎了一天，向北京文化人写信，并附发上半年发表文章的小报。每人12份和6至9份不等，共90封信，七八百份报纸。上邮局寄发前，不免对致婷感叹，又为向阳湖的宣传，为咸宁的发展花了钱，赔了时间。致婷补上一句，令人气愤的是，并不被市委办的某些人理解。

19990705

《政策与实践》第6期出来，从这期起开了“向阳湖”专栏，登载了我在政协会上的提案和两篇“采风”。因为是市委机关刊物，这样显得更有意义，而且一期发个人3篇文章，尚属首例。此刊发行多达6000册，属全市刊物发行量之最，足以弥补在《咸宁日报》暂停一段专栏的缺憾。说来还得感谢陈兄鸿驰。我开始写那份提案后，建议他批转“领导参考”，他当时有点谨慎，没有同意。我才想到另找门路，以致在党刊上开了个专栏。我向致婷讲述此事时，她笑道：“这本是咸宁人民的事，可大家都把向阳湖当作你自己的事了！”

收北京卢永福先生寄书《我与普希金》。

19990707

《长江日报》昨日发了我访崔道怡先生的文章，“向阳湖学”之说影响开始波及长江流域。遂决定今年多向《长江日报》“江花”副刊投稿，以此为新的阵地，影响远远超过《咸宁日报》也。

收北京王以铸先生寄赠译作《日本古代随笔选》。

19990708

省政协文史资料“咸宁干校”专辑已出版，虽然略嫌薄了一点，但分量是不轻的，更没有料到的是，这本书作为《湖北文史资料》第59辑，同时，又算作《咸宁文史资料》第1辑。这样，我市拟出的“向阳湖文化专辑”可以推迟一些时间再编了。这期封底还署了我是“执行主编”，也是我始料未及的。如此说来，自己的劳动还是会得到充分认可的。晚上和刘三多老师聊天长达两个小时，对向阳湖这项事业的远景充满信心。

19990709

上午,随市政协的同事去省政协文史委,感谢出了“咸宁干校专辑”,快事也。另有一喜,大姐所在中科院武汉图书馆处理旧书刊,每公斤一元,她为我买了400公斤的书。趁带了车的便利,我去拖回一半,还有另一半,下星期一并运回。藏书量大大增加,而且十分经济。在个人藏书史上,今日乃值得大书一笔也。

19990711

昨夜和北京陈早春、柴志湘二先生通电话,打听向阳湖二书下册出版能否适当推迟。二人的意思是最好往前赶时间,明年社里也许有新的改革措施。至于采风的写法,柴先生说,按现在这个路子写下去,也只好如此,突破是很难的,何况还要赶时间。陈社长了解我下乡后,知道我的辛苦,表示理解。我今日开始动笔写新的一篇专访,距上篇间隔时间已近一月,实在太不应该了。致婷说应定为两天写一篇,或一天写一篇,方能在国庆节前完成“采风”下册全部文稿。还得快马加鞭!

19990714

上午与刘三多老师至省政协文史委,拖了一批“文化部咸宁五七干校专辑”回来。原定500本,因为又是《咸宁文史资料》第一辑,我又要求增加了300本。这样我可负责寄北京文化人150本,这是一种必要的宣传。

19990717

又花了一整天将120本《湖北文史资料》及复印的提案装入信封,附上千篇一律的短信,准备明日寄出。下午,刘三多老师来谈,见状深为感动。感慨地说:“向阳湖将来的价值,李城外将来的影响当会日盛,至于一时的‘逆境’,不当一回事就行了。”好在还有元平、老柯及其他这样的朋友。晚餐后同致婷散步,她也劝我想通一些,趁早“淡出江湖”,此计大妙。

19990718

北京许觉民先生12日来信:“你的工作忙,身兼不少要职,还常见你写文章,殊觉不易。我已老迈,无能为矣!”

北京科学教育电影制片厂张志祥先生来信:“你寄给何祖渠的《咸宁日报》和二本书,我都先阅了。因你寄书时,他们夫妇去美国探亲。回来后,我已看完交给了他们。/我看了你组稿的诗,我都摘录成册,读时感慨万千。/我去干校较早,当时是英雄的十八连战士,读完组诗,心潮起伏,难以言表,真感谢你做了件大大的好事。像我们干校开大型会议时,能和当时已身体多病的臧老、光年、雪峰、吴雪、冰心等见面,转眼几十年过去,每当看了你寄来的报纸,就忆起当时向阳湖的艰辛。”

19990719

北京丁宁先生10日来信:“很感谢你寄来《咸宁日报》和写我的文章。写得很好,难得细致而准确。我在干校时间短,值得写的东西不多,你的文章却不单调。你写的中国作协一批同志,大都是我十分了解的好友,你把他们都写得很生动,对吴泰昌印象的概括:‘风风火火闯九州’,很妙,他善良,热情,其个性特征,的确风风火火。你和所写的对象接触不多,却能抓住在向阳湖不同经历的同时,注意突出每个人的个性特征。你辛勤深入调查,工程浩大,已出的两本书,很有历史价值。当年在‘五七’干校的文化人几千人马,向阳湖文化资源的开发,具有无限潜力。咸宁市的领导和文化界的同志很有远见和气魄,相信会取得更大的成功。”附赠书《晨曦集》(中国文联出版社1999年版)。

北京胡海珠大妈14日来信:“《向阳情结》那本书让大家传来传去,找不回来了,十分遗憾,我想找出版社买一本,不知能否办得到。

无论如何,这本书是我的珍书之一,因为那里有我走过的一段路。”

19990720

北京陈乔先生 12 日来信:“访阎纲、崔道怡二君的文章,皆阅读,‘挖金矿’、‘向阳湖学’之论颇高明,望您能实现理想。/《冷甘斋韵趣集》近日印出,送请指正。作为薄礼助兴。偶得四句歪诗,亦请鉴正:风华君正茂,文苑富才情。千里向阳梦,神州待飞腾。”

19990721

下午,刘三多老师兴冲冲送来设计好的“中国向阳湖文化名人风采”纪念封第一组(6 枚),我十分惬意和得意。因为我是策划兼文字,且素描的名人头像均由我提供摄影原件,又为向阳湖文化做了一件很有价值的工作。

19990722

晚上和北京柴志湘先生通电话,他刚收到我寄出的《湖北文史资料》。我说附上的“关于加强向阳湖文化史料抢救工作的建议”,是基于现在的领导不够重视,难得见面,我才改用呈书的形式。柴先生说,和陈社长一起说起我寄的报纸,陈对写范用先生的一篇很欣赏,我才知道 2 日的《工人日报》也登了。

19990723

下午,省政协文史委石雁飞来电话,告知“向阳湖专辑”出版后,省里反应不错,外省同行也很欣赏。他问了我咸宁的情况,我说政协委员人手一册,而且武汉图书馆文献部见了《湖北文史资料》后,特地向我征集我编写的书两种。

19990924

北京张慈中先生 16 日来信:“信与报收到。范用爱人名仙宝,报上误为神宝。/《巴赫金全集》6 本已寄出。咸宁今年又逢大水,农民损失惨重，闻后心情沉重，我祝愿市委领导下的咸宁人民早日恢复生产。”

19990725

省政协小石又打来电话告知，“咸宁干校专辑”尚有稿费。我开了清单及作者们的地址寄去，尤其没忘老柯的地址。他多次开过玩笑，写我的文章登了好几家，但都没有稿费。上午，老柯来坐，我提及此话题调侃他，他倒是提了个好建议，为向阳湖编个“大事记”之类。如自开发向阳湖文化资源以来，登了多少文章，开了多少专栏，街上有向阳湖精品书屋，甘棠乡改为向阳湖镇，邮局发行了纪念封等等。我则叹道，身在咸宁这种相对缺乏文化氛围的环境，干此项事业，只图有影响，不图有奖励。实际上在大地方，谁给政府出了“金点子”，也是应该有重奖的。

19990726

四川黄葵先生12日寄来《马蹄疾纪念集》（陈漱渝主编，四川人民出版社1998年版）和《新文学散札》（龚明德著，天地出版社1996年版）等书。晚上一口气读完“纪念集”，对马蹄疾的印象再也不会消失。

19990727

上午，去咸安区集邮公司商议，策划搞一套12张“向阳湖邮资明信片”，初步定了下来。高兴之余，不免有点悲哀，本应是政府行为的事，现在为官者都没有时间过问，只好通过民间行为推动官方了。

北京张惠卿先生16日来信：“寄来的材料收到，谢谢！您写的这些访问记，都能抓住基本要点，各有特色，很费了一番心思，很不容易。由于采访时间较短，当然不可能很完善，但能把访问者的基本情况反映出来，也就可以了。写我的那篇，我没有修改意见。以后再谈，盼常联系。”

北京王仿子先生20日来信：“今年10月下旬，中国版协老出版工作委员会将在武汉开会,其中有六七名都在咸宁干校经受过劳动锻炼,届时想到原址看看。此事已向湖北省版协提出,我想他们会协助的,同时希望有你的支持。具体的时间和人名尚未确定,以后奉告。”

收北京张慈中先生寄来他担任封面设计的《巴赫金全集》(1—6)。

19990728

回了最近来函的4位向阳湖文化人的信,很及时。近年来,由于来信多,手头事多,回信总是压在一起写,结果越积越多,时间越拖越长。今后,及时回信既是一种礼貌,也是一种效率。养成了一种习惯,自会有益于自己更高的飞跃。

19990729

今日写成王以铸先生的专访,连同十天前草毕的王子野先生夫人陈今的专访,本月尚只完成两篇,上月仅一篇,与自己所订一周两篇相距甚远。要补回没完成的任务,看样子得努力一月写十篇或两天一篇。非得月月检查定额,年底方可交两书下册稿。

19990730

订1999年第四季度报刊,321.9元。

19990803

香港张初考先生7月24日来信:“有蒙惠赠《湖北文史资料·文化部咸宁‘五七’干校史料专辑》,先此感谢!大文《关于进一步加强向阳湖文化史料抢救工作的建议》,我仔细看了数遍,这是很有见地的一篇文章,末段提出的问题更值得人们深思,这说明您是善于提出社会问题的,也是有的放矢,文章生命力、感染力之所在。”

19990804

北京胡海珠大妈7月28日来信:“收到《湖北文史资料》和《向阳情结》两书,谢谢。尤其要谢谢再寄的《向阳情结》。拿到书,真让我喜出望外。因为这是花钱在外面都买不来的珍贵文学史料。若不是有了你这位锲而不舍的开发‘向阳湖文化资源’的青年朋友赠书，我怕是要成为终身遗憾了。/你的《关于进一步加强向阳湖文化史料抢救工作的建议》，我很以为然。已故去的人不说了，即令仍健在的许多名人都已八、九十岁，很难说哪一天就会离开我们，不及早下手，史料将失传，那将无可挽回，应该再有几个人帮助你才好。”

北京吴桂凤同志7月28日来信：“您先后寄来的书报均收到了，报纸上所采访的几位都是我比较熟悉的人。我跟周明说，等李城外再出一本书，咱俩介绍他加入中国作协。周明欣然同意。”

19990805

武汉李晓祥政委破例主动向我打来电话，说《湖北文史资料》“咸宁干校专辑”编得很好，很感谢我。有好几年没见面了，想找个机会好好聊聊。我也很想和他再长谈一次，但也只好等两书下册完工再说。

19990806

北京崔道怡先生7月29日来信：“所赠两次材料，均已收到，专此致谢，并再次感谢你所写访我之文，你说《长江日报》亦已发表？还望给我一份保存。/抱歉的是：我一直没有动笔写关于干校的稿子。时间固然是个原因，也还是因为有些心理障碍：我要写主要是写否定干校的。向阳湖实为文化人之流放地也，恐不合时宜吧？/你的工作进展怎样？/如出书而又需要有我一篇，请告知所需时间和字数，我当按你要求尽量动笔。/前些时报载咸宁有洪灾，现在可好些了？”

19990807

北京丁国成先生7月29日来信：“《湖北文史资料》收到。谢谢您的热情关照！/我现在虽然不再担任职务，但尚未正式退休。根据主编安排，负责两个专栏的编辑工作。业余协助一刊编评论。目前除主要工作外，还在偿还历年所欠文债。对于干校，我也是欠了债的，一定

抽时间偿还。”

19990810

刘三多老师一直在鼓励我为建“向阳湖学”而埋头苦干,不计功利,更不为谁肯定和谁表扬。他说自己在群艺馆作出那么多成绩,从没领导表扬一句。而我现在起点高,将来“向阳湖学”成了气候,不是领导表扬我,而是轮到我表扬谁为“向阳湖学”做了贡献。

19990811

北京闻山先生6日来信:“9月20至24日将到武昌首义饭店开闻一多先生百年诞辰纪念的学术会议,还将去看浠水纪念馆。我极想挤出三两天到干校旧地访问,不知到时能找到你否?”

19990817

中华文学基金会李朝全、凌玮清二同志9日来信说,张锲和陈恕担任《冰心纪念集》名誉主编,拟收入我的《一片冰心在向阳》,特寄来“授权书”。我为自己挖掘向阳湖文化而庆幸,要是从前,这种事是不敢想象的。一经收入,便载入向阳湖文化史册。

青岛鲁原先生12日来信:“《湖北文史资料·文化部咸宁‘五七’干校史料专辑》及前寄赠的报纸均收到了,报上您的专访一一细读,总是激起深深的回忆与怅惘,而且一张张熟悉的面孔呈现在眼前。人们对干校的评价不尽一致,但这段生活都是永远无法抹去的历史痕迹。我想,这种观点的差异可以并存,因为生活本来就是复杂的,为历史留痕才是重要的,而且历史是在不断评价中实现的。您为留下这笔历史遗产,做下了无法泯灭的贡献。/5月份经长沙去益阳开全国诗报、诗刊及散文诗创作会议,怀着和过去一样的心情经过咸宁。未到咸宁就期待看见那塔(可惜淹没在绿色之中未能见到),路过咸宁站想看看我们落脚的站台,和购票回京的站房(今天已那么陈旧破烂,新站区正在东侧施工),过了站口想看看咸宁镇的面貌(原来还算整齐的街道,今天已显简陋狭窄)。生活在以巨大的步伐迈进,历史渐渐退去,越来越远,这时我更感到你所做的工作,是一种抢救工作,抢救资料,为历史留痕。我们谁也无法抗拒岁月的冲洗,唯有见证者的文字在淘汰中会日见光彩。/感谢你为向阳湖付出的辛劳。"

19990818

连续收到大报刊发表两篇文章,一是《传记文学》第8期发表访刘炳森先生文,二是《长江日报》17日发表访许觉民先生文,颇有"双喜临门"之感。

19990819

今天又完成写张世简先生的一篇专访,本月计划两天完成一篇的,实际接近一周一篇。拖拉的原因不少,主要是近几日外出聊天多。看来如果不采取"倒计时"的办法逼自己,至10月内不可能完成20余篇专访。切不可对"计划"不负责任!

刘三多老师下午向省"三讲"巡视组的同志谈咸宁精神文明建设,主要讲重视不够,建议尊重知识,尊重人才,并举了我开发向阳湖的例子。这样关心宣传我的老朋友实在难得。

19990821

四川黄葵先生13日来信:"书信奉悉,谢谢!/已转达龚明德兄,他很高兴,他研究文化当代人,很想得到'情结'、'采风'二书。倘有,可寄我转交。/我原写的那段'杂忆',因搬家丢失,能否复印一份?"

19990824

上午去省委办公厅,抽空至政研室和易文杰主任谈向阳湖文化,他对我近年来取得成绩表示肯定。又去涂阳斌处,这位文友也说,按现在的思路一直走下去,更大的影响还在后头。

19990825

北京熊元义兄来电话,建议我把访杨匡满先生一文由2000字扩展到近4000字。我解释说,由于突击写向阳湖两书的下册,没时间奉命。因为花时间扩写已完稿的专访,必然占用写另一篇的时间。不过,想起来也高兴,现在写文章已不愁发表了。

19990826

上午,省政协分管文史工作的副主席蒙美路来我市调研,政协通知我前去汇报。蒙主席充分肯定了"咸宁干校史料专辑",市政协的主席们也对我的工作给予了高度评价,并表示要以咸宁向阳湖文化为突破口,争创咸宁文史工作一流成绩。

19990827

徐钢的丈夫钱晖从加拿大回国,今日返程。我和他约好下午去徐强家,送他两本书,请他们夫妇指正。我对钱晖说,20多年前,徐钢和我做邻居时,经常找我借书。我当时就说过,将来写书一定送给她看。现在终于如愿。

19990828

刘三多老师晚上还在政协加班画"向阳湖文化名人风采"头像,我为他这种"友情支持"而感动。如今我们的每次谈话都离不开"向阳湖学"。我告诉他,前天在赤壁,我为赤壁的同志出了个题目,说羊楼洞干校资源值得挖掘,将来"干校文化"在咸宁可形成一湖(向阳湖)一洞(羊楼洞)。

北京戴文葆先生24日来信:"非常钦佩您的毅力与见识!/承错爱,一直叫我写一篇向阳湖……实在要写,可以遵命。/您要我写从未见过的什么向阳湖,也可以写,用四川人俗语,我也可'充壳子'。不敢屡屡违命,拟在9月20日左右奉上。请注意,赶上您编辑,即请考虑录用,赶不上,或文稿不适合,就请不用。您要以考官的原则处理,千万不要为难,也不要等我原稿误事。/今日寄上我整理的一个古籍小册子,用另一种办法整理的,不日可到咸宁。前年湖南人民出版社约我编了一套书，其中有我一本，还未找出来，容后寄上请指正。”

北京《传记文学》杂志社盛冀江同志 23 日来信：“来信收到，知您那里还有些没有发表的向阳湖稿件，很是高兴，望寄来一阅，我们现在比较缺 3000 字以内，生动活泼，写一些名人轶事的小稿件。您也可以向我们推荐其他同志写一些。我们这份杂志题材很广泛，古今中外的人都可以写，只是不要写当代领导人的。”

19990829

又花了一整天，分发《湖北文史资料》给京汉文化人，写了 100 多封信及信封，每本书上题了签，这种“批发生产”的事，今年不会再有。从明天起，一心赶紧编写两本下册，再没有时间拖了。

北京卢永福先生 24 日来信：“正在写文，按你的规定，9 月上旬一定寄上，这次不失约了。不过，有那么多人写，我实在写不出新意。所以总不敢动笔，你一再催，我不好意思了。只有勉强凑上一篇。我是想多写些正面的东西，写这批文化人的体力劳动风采，所以命题为《向阳大会师，千古一风流》。写正面略带点辛酸，写那个时代，那个时代的思想感情，不知结果会如何。”

19990830

市邮协决定发行“向阳湖文化名人风采”纪念封，省里要求市委宣传部审查通过。我下午陪市邮协几个人去做工作，自然顺利过关。这些民间活动对我来说，虽然费点时间，但也乐在其中。

19990831

市邮协请我一起去省票品公司汇报向阳湖文化，上午约孟绪龙一起前行，分管发行纪念封工作的常红科长，从小也随父母下放到沙洋干校，对干校文化亦有兴趣，但提醒和文化名人及其家属通气，以免涉及肖像权等，今后打官司。我请她放心，说自己既然是策划，负责张罗一切有关事宜。

购《臧克家评传》(蔡清富、李丽著,重庆出版社 1998 年版),《新时期文坛风云录》(上、下,杨志今、刘新风主编,吉林人民出版社 1999 年版)。

19990901

下午去邮协开会,敲定纪念封本月印制发行。晚上和刘三多老师说起这些民间活动,完全是自觉自愿,不仅花费时间而且十分辛苦,也不知道为的什么。刘主席笑道,其实为什么你自己最清楚,你的体会比任何人都深。

北京戴文葆先生寄赠书《板桥杂记》(戴文葆增注,海南国际新闻中心 1995 年版),周明先生寄《雪落黄河》(人民日报出版社 1999 年版)。

19990903

与刘三多老师及黄继先一起去向阳湖一带去"采风",游了宝塔,听了向阳湖镇负责人的情况汇报,访问了农户,实地考察了文化部机关连,文联作协连,中华书局连旧址。总的感觉是咸安区开发向阳湖文化工作已在降温(97 年为升温高潮),由于领导人变换频繁,我现在得重新作一次动员工作。今日就分别送了宝塔和向阳湖镇的书记两套书,帮助乡镇干部提高认识。下一步还准备约刘找一下咸安区的新书记。

19990906

下午去新上任的市委李明波书记办公室汇报思想,提出想变动一下工作,以利发挥特长,更好地开发向阳湖。李书记十分客气,问我想到什么单位,我说宣传部,他又问政协文史委如何,我答政协想让我去。但我毕竟是市委办的副主任,要去的话得有个相应的安排。李书记又问了我是正县级还是副县级。估计他调我去政协的可能性大,出任文史委主任,转个正。回家和致婷说了,她还是说现在去政协早了点。我自嘲道，担任“咸宁文史馆的馆长”，说明“德高望重”，以后还可以调嘛！

19990908

下午去邮协开会，讨论系列纪念封的最后定稿。邮协李光伟等人提了一些好的意见，我感到向阳湖纪念封的发行，是大家催促的结果，真正叫“群策群力”。今后适时当将这一经过写一篇文章。

19990909

北京阎纲先生5日来信：“9月1日来函奉悉，即将小著5册寄奉，5本中多有重复，整个水平又低，权当纪念，不读也罢。/对我的那篇专访收到，谢谢！我将在干校评价上作些增删后收入下本集子。‘向阳不堪，古泽沛然’。一昨一今，仍是我的真情题字，好在你在文中引了。/如我老者，都会记得你的一番好意的。”

又到武汉为纪念封最后定稿跑路，顺便与小周一起跑工作队的事，一举两得。系列封终于很满意地定好印刷，下星期出厂。回来和刘三多老师谈起，他说“向阳湖学”又迈出有影响的一步，对我表示祝贺。

19990910

新华社原社长曾涛夫人朱黎青7日来信：“寄来书收到，谢谢！你业余时间做了那么多有意义的工作，真是位有志的青年，值得敬佩。祝你取得更大的成就。”

邮协本来委托我做好系列纪念封发行的宣传，我已和《咸宁日报》周末版联系，配上原件和文字大肆张扬一下，没料想有人好心办坏事，节外生枝。邮局办公室的小徐捷足先登，昨日已在《咸宁日报》发了一条短消息，整个儿打乱了我们的计划。我只好换一种写法试试。

北京柴志湘先生寄《文化昆仑——钱钟书其人其文》（李明生、王培元主编，人民文学出版社1999年版）。

19990911

与萧乾先生夫人文洁若通话,告知纪念封选入萧老一事,文先生欣然同意,并说自己正在编《萧乾全集》,还关切地问及向阳湖两书下册何时出版。

四川黄葵先生6日来信:"您致力于向阳湖文化资源开发,卓有成效,令人钦佩。祈望不懈努力,坚持下去,取得更大成果!/将来,争取回向阳湖看看,看看故地,看看故人,看看'第二故乡'。"

北京"向阳花"朱传荣9日寄来特快专递:"寄上不成文的一篇文字,很惭愧,写的仍不合我意,但时间已不允许重来。/可用,可不用,但凭你的取舍,早说过我是眼高手低的人,不会抱怨。"附稿件。

19990912

北京许觉民先生7日来信:"收到来信并《长江日报》一张,内大作已读,承荷谬奖,不胜惭愧。您对'文革'时期咸宁文化的开拓做了不少事,我遇到文化部老同事,都言及此,很多人都对您表示感谢。/在您组织的文稿中,文章不一,有的写了表层,有的写了深层;有的讴歌,有的诅咒;有的出于真情,有的只是出于假意。愚意为了进一步挖掘当年参与干校者的真实心灵,不妨考虑约请当事人写一些出自肺腑的真言,例如:以'咸宁干校最难忘的一件事'为总题,可写出'我最知心的一个朋友','我目击的一件事',或者是'我在那年代的内心独白','我后悔的一件事','我当年的悄悄话'……等等小题目。如能组成一批心灵独白之作,较之前一本则犹胜多多也。这也费时间,要约请,一时不得手,要锲而不舍,您有一股韧劲,我觉得您是能做到的。这是我随便想到的,做起来有不少困难,首先是这几年陆续亡故的已不少,但有利的是这些年敢于说话的人也多了。如写出来,必有光彩。/我的身体不大好,顺其自然吧。"

19990913

上午去《咸宁日报》社主动和汪副总编谈了“恢复”采风栏目的事，准备尽快在《咸宁日报》上重新“露面”。这里毕竟是我“发迹”的地方，而且宣传向阳湖文化，这块阵地是非坚守不可的。

北京崔道怡先生 8 日来信：“收见赠报，很是高兴。/谢谢你为我写了一篇好的报道。关于干校的回忆，我还得过些时动笔，因我即去宜昌及青海等地度假，国庆后又有系列活动，要到 10 月中旬才能静下心来，反正这类‘忆归’文稿，国庆期间亦不宜发出，晚些无妨。”

19990914

上午去办公室与孙秘书长谈了工作队的事，他说下半年可能较忙，工作队的事由我做主。我巴不得这样，看来今年住队够幸运的。孙秘书长又提示道，我写作是大好事，但不能搞“副业”忘了“主业”，这下倒是坚定了我调离地委办的决心。因为到了宣传部门或政协，宣传向阳湖便是“主业”了，而在市委办不走的话，总是难免有“不务正业”之嫌。

19990915

省文史馆涂东楚先生来咸看望刘三多，中午来我的“向阳书屋”参观。对向阳湖文化兴趣愈浓，提出适时省文史馆再编一本有关向阳湖书籍，并决定将即将发行的“向阳湖文化名人风采”纪念封购 100 套，在省有关展览上作为礼品送人。客人走后，刘老师兴奋地说，我真幸运，宣传计划正在逐步实施。他深信，更大的影响还在将来。

北京冯玉琳先生 11 日来信：“收到你寄来的文化部咸宁‘五七’干校史料专辑，读后颇有感触，那一幕幕战天斗地的场景，耐人寻味。回京后，继续深造，主要是搞运动，深挖‘五一六’。由于我这人在历次运动中都表现右倾，所以，最后的定案工作便轮到我的头上了。之后，我一直搞翻译片工作，直至退休……”

19990916

《楚天声屏报》今日发表了"向阳湖文化名人系列纪念封"发行的消息,负责人金礼山因为人熟,对这种"变相广告"不但不收费,而且套红刊发。我宣传向阳湖,到处伸过来友谊之手,令人欣慰。下午,市政协熊副主席又找我和集邮公司经理商量,如何扩大影响,做好宣传发行。光市政协就准备订500套。

19990917

将带广告性质的稿件《鄂南邮坛盛事,风景这边独好——向阳湖文化名人纪念封将举行首发式》送至《咸宁日报》周末版。一版已安排我写的"采风"稿(访平野先生),虽然已经排好,我说服报社的同志撤了下来,因为消息下星期发,略嫌晚点。这样出乎意料,访平野一文空出的版面不少,全部安排发消息,我临时决定排上6个纪念封,并全部配上文字说明。短短300余字的稿件,加大标题,加宽画面,占了一版的四分之一。

19990918

《咸宁日报》周末版今日见报,不料想由于印刷中的不负责,报上的纪念封封面效果极差,但木已成舟,而邮局昨天带回的印刷品纪念封亦有两点不足。画面调色太淡,与原画效果比较还不理想。邮封编号因大意漏掉,只得另外打印补上。更不能让人满意的是,第5枚臧克家的文字说明我事先已三次打电话厂家,嘱咐删掉一句"愿作老黄牛,拉车到尽头",印出来却仍保留着。于是毫不客气地打电话去追究厂家的责任,将此枚返工,明日送到温泉来。

北京戴文葆先生寄来赠书《月是故乡明》(河南人民出版社1998年版)。

19990919

武汉厂家今日派人将改正好的一枚纪念封送到温泉来,至此,我策划的这套纪念封才算完整。尽管小有不足,但总的来说,印出来就是胜利,至于发行的盛况如何,今后的影响如何,走着瞧。又用特快专递给《湖北日报》寄去消息稿。

19990920

上午去邮局代拟纪念封宣传广告词,晚上又去电视台"监制"纪念封广告,配上北京采访的有关录像,并去总编家敲定明天起在黄金时段播出。《潜山诗词》主编黄老晚上特地打来电话,以诗为贺:"鄂南盛事在邮坛,文化名人封面刊,省长祝平题字颂,五洲四海遍风帆。"(颂向阳湖文化名人纪念封发行),我感叹道,此乃纪念封第一篇评论也。

收北京阎纲先生赠书《余在古园》(河北教育出版社 1998 年版)、《冷落了牡丹》(敦煌文艺出版社 1999 年版)、《惊叫与诉讼》(陕西人民教育出版社 1998 年版)、《必死与活着》(北京文艺出版社 1999 年版)、《哭笑不得》(作家出版社 1998 年版)。

19990921

下午,市政协举行庆祝人民政协 50 周年座谈会,其中一项内容是赠送"向阳湖文化名人纪念封"。市委书记、市长李明波,市委张副书记及人大、政府的领导都参加了会。令我感动的是,张副书记领到纪念封后,竟然下到主席台,走到我面前,请我在纪念封上签名。一则说明他没有一点架子,二则说明他懂行,三也说明他支持这项工作。

刘绍熙夫妇来温泉参加新四军年会,特地给我带来一本《李先念传》(朱玉主编,中央文献出版社 1999 年版),我马上回赠一套纪念封。刘书记盛赞我抓住向阳湖不放,干出了一定影响。我感谢老领导过去的培养,刘书记说:"主要是你自己的造化。"

北京冀淑英先生 14 日来信:"承惠寄《湖北文史资料》壹册,拜读之下,得到了不少新的感受,感谢您的关照。"

19990922

上午与刘三多老师一起,专程赴洪山礼堂参加“省文史馆员诗书画邀请展”,并带去100套系列纪念封现场签名销售。由于画展展出了刘的5幅素描画像,与纪念封人物配套,很快在一小时内被抢购了60套。我俩都比较兴奋,这项活动为展览开幕增添了色彩,亦为26日正式发行签名是个“练兵”,我对纪念封的行情看好,充满信心。过后又和刘去省政协,送政协领导和文史委30套。

购《珍爱的签名本》(曹正文著,华东师范大学出版社1997年版)、《郭小川评传》(张思和著,重庆出版社1993年版)。

19990923

上午去邮协,建议陈秋娥经理与武汉厂家联系,加印纪念封1000枚,叫她站高一点,目光放远一点,坚信1000枚只会不够,不会卖不出去,免得脱销,临时加印来不及。要她充分估计我和刘三多的影响及宣传能量。陈经理采纳了我的意见,同意加印,并马上通知武汉厂家。

四川黄葵先生16日来信:“因你寻《忆向阳》不着,一直想找出克家赠我的一本转赠,因搬家乱套,书又多,寻不出,未能奉上。前日偶然寻得,便想立即寄你,以作珍贵纪念。/顺便寄上一本《围城》,系当年文艺社赠我样书,对你可能有保存价值。龚明德为责编,他手边似乎无多余书了。/转赠龚二书,已奉达。”

19990924

上午市政协几位主席还在担心纪念封肖像权的事,尽管我已经说明没问题,他们还是不放心,甚至决定我和刘三多速赴北京当面签约。至于后天的首发式,可以推迟。上午熊副主席找我讲起这个意见,我认为不妥,一则时间来不及,二则没有这个必要,三则首发式推迟失信于社会。之后又向程主席陈述理由,文化名人档次太高,不可能按我们的要求签约,他们和我都有多年联系。他们的题词都和咸宁有关,纪念封宣传他们只是为了宣传，并非为了赢利，等等。程主席采纳了我的建议，叫我再向他们打一次电话通气，下午我和周巍峙先生通话时，他的情绪很好，谈起上次收到的文史资料，十分感谢！还就其中李政委的文章，谈了十分钟自己的看法。谈起纪念封，他还补充一句，自己集邮，希望多寄两套珍藏。

19990925

上午开始填写明日的实寄封，60 余套 360 余枚，忙乎了一整天，终于大功告成。《湖北日报》今日也发了明日发行纪念封的消息。

北京卢永福先生 21 日来信："文总算写成(注:《向阳大会师，千古一风流》)，杂忆式，没有章法，和别人写法略有不同，当时就是那个样子，如实写来，也可引起后来者或事后的反思。如觉不当，可不用，寄我。"

收四川黄葵先生寄《忆向阳》(臧克家著，北京人民出版社 1978 年版)、《围城》(汇校本，四川文艺出版社 1991 年版)。

19990926

市邮局上午组织的"迎国庆邮展"和"向阳湖文化名人系列纪念封"首发式，搞得十分隆重。市人大、政协领导参加并剪彩，还请了礼仪小姐和乐队。我和刘三多签名的场面也十分火爆，出乎邮协同志意料之外(其实是我意料之中)。连续不停签名两个小时，400 多套 2000 余枚被热心邮购者抢购，而且一直排长队等待……首发式无疑是成功的，我和刘虽然累得手酸背痛，但成功的喜悦是别人难以体会的。

19990927

《湖北日报》、《武汉晚报》、《文艺报》均发表纪念封消息。

晚上去电视台，刘家饶请我帮他监制专题片《"封"景这边独好》。

19990928

下午，北京顾学颉家人李桂秋打来电话，云顾老日前病逝。他家今日刚收到我寄给顾老的纪念封，可惜老人没能看到。电话中说，顾老生前在病床上时常念到我，我请她代为志哀，并马上发出一封唁电。

19990929

近日，向阳湖文化名人纪念封是市直机关干部谈论的一个话题，我上午去几个单位小坐，熟人一见便提及、盛赞此事。我不谦虚地说，意义不仅在于今天，而在于将来。

19990930

晚上和人民出版社薛德震、人民文学出版社陈早春二先生通了电话，二位老总都收到纪念封，表示极大的兴趣，并说从中可以看出我的工作又取得新的成效。薛社长看了纪念封第1枚，甚至猜测发行此封，可能是蒋省长帮了大忙。陈社长则说，北京人都感谢我的辛劳！

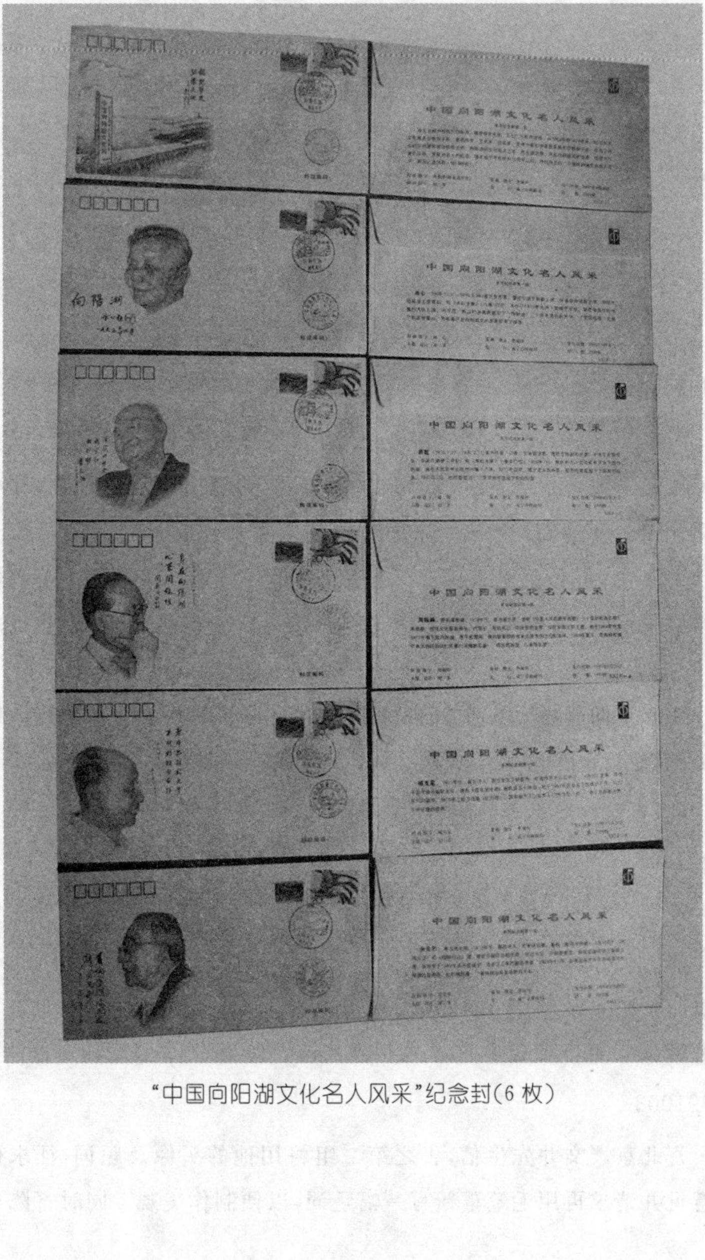

"中国向阳湖文化名人风采"纪念封(6 枚)

1999 年

19991001

国庆50周年大庆有一份好心情，于是开始筹划纪念封第二组。初步拟定的人选是严文井、周绍良、周汝昌、牛汉、绿原、陈早春，其中严文井知名度最高，两周一陈是全国政协委员，其余两位是“胡风分子”，大诗人。6位都是人民文学出版社的。原定推出楼适夷、王利器和顾学颉三老，因楼老没有题字，王、顾二老已经作古，暂且放在日后再“安排”。

北京王仰晨先生9月27日来信：“你一直在勤勤恳恳和默默地做着工作，而且也作出了不少成绩，令人敬佩。只是我一直未能如嘱写些什么，也始终感到歉疚，还深望见谅是幸。”

19991002

晚上，北京吴桂凤同志从北京打来电话，云她今天去张光年先生家介绍了纪念封的事。张老收到我寄去的纪念封，没什么意见，并表示感谢。作为秘书，吴还向张老代为汇报了我们的宣传计划，如第二组拟推出严文井先生等，第三组拟推出故宫的专家们，张老十分高兴。

19991003

寄北京严文井先生信，告之第二组将用他的头像及题词，征求他的意见并请求再用毛笔重新写一幅题词，以便制作美观。同时寄陈早春先生信，亦提及纪念封第二组用他的头像及题词，之所以这样，一是因为他的题词有宣传鼓动性；二是因他是全国政协委员，正好文字说明宣传一下提案；三是表示个人的感谢。因此，尽管他在向阳湖文化人中“年青”一些，但老中青都有代表更好。

19991006

《咸宁日报》近日开辟“国庆专版”，今日咸安区专版提及向阳湖文化时，介绍下放咸宁的当代“文豪巨匠”，提到的是冰心、郭小川、臧克家，已没有巴金。有错必纠，此风可嘉。

19991007

粗翻了《新民晚报》曹正文先生《珍藏的签名本》(汉语大词典出版社 1995 年版)和《珍爱的签名本》两本书，以为自己收藏的向阳湖文化人著作签名不少，亦可写百余篇系列文章，等两书下册完工以后开始作为闲作来写。备忘。

19991008

今日才看到上月的《光明日报》29 日二版，迎国庆专版发了我写的消息稿《向阳湖文化名人纪念封正式发行》。但遗憾的是不知何故编辑独独删了其中之张光年先生的名字，这使我费解。好在这则消息登出来，在京城及全国知识界都会知道咸宁出了纪念封。

下午，省十运会开幕式，运动员入场时，东道主咸宁队的解说词提及了咸宁市向阳湖文化名人旧址。这很难得，说明了执笔者有眼力。我想如果有领导发话，向运动员捐赠纪念封就好了，那将是对向阳湖最大的宣传(对第二、三组封也是一种促销)。可惜市四大家领导没有人会想到这么做。

19991009

下午邀刘三多老师一起去邮局商定发行第二组纪念封的事。计划元旦推出，共 6 枚。由于第一组影响大、效果好，邮局初步尝到了甜头,加之我和刘的积极配合,估计也会达到预期效果。

晚餐在桂园山庄碰见老书记徐晓春和他过去的秘书王桂华,两人都关心向阳湖的事,晚上我专门送了“文史资料专辑”和纪念封去。徐书记鼓励我一抓到底,继续干出新的成绩。桂华兄则认为我干的事业不亚于为咸宁建了一座工厂。

19991010

晚上邮协李光伟来,拿了一大堆纪念封要我签名盖章,闲聊时,他说这次纪念封发行之所以成功,主要得益于我的组织策划。他们几个热心分子多次催促邮协,开始陈秋娥下不了决心,因为我的影响和热心支持,才这么快出效果。李光伟甚至说,他们将过陈经理的军,如果邮协不搞,他们几个就以民间的形式干。

19991011

下午与北京朱家溍、王世襄二先生通话,二老都同意纪念封宣传他们,但口头上还是少不了习惯性谦虚,并感谢我做了大量工作。

抽空去了武昌楚雄大道省图书出版城,几百家门市部令人大开眼界,尤其是特价书打折出售,“便宜”得惊人(其实是定价太高),大都二至三折,我一气选购了几套比较实用的参考书,如《中华人民共和国史全鉴》(1—6,郑惠、石仲泉、张宏儒担任编委会主任,团结出版社1997年修订版)、《中国知青纪实》(上、中、下,吴洵主编,中国物资出版社1998年版)、《世界名人私人相册》(1—4,李雪季等主编,中国文联出版社1999年版)、《庐山会议实录》(李锐著,河南人民出版社1999年版)、《文革档案》(上、下,李松晨、唐合俭、杜述胜主编,当代中国出版社1999年版),以上三部均为16开精装本。

北京丁宁先生7日来信:“10月2日信悉,纪念封亦收到,非常感谢!/因你研究文化名人,再寄一册以前出版的《银河集》,内有《晨曦集》中未收入的几篇,如写郭小川的《战士的性格》,写李季的《人有尽时曲未终》,写邵荃麟的《孺子牛》等,或可参考并请留念。”

19991012

在《文艺报》9 日发表《“咸宁、咸宁……”——访鲁迅研究专家林辰》。

北京王仿子先生 7 日来信告知,27 日左右,他将和几个老“五七”战士一道重返向阳湖。

19991013

青岛鲁原先生 6 日来信:“手书及纪念封(注:《中国向阳湖文化名人风采》)均已收悉。发行纪念封,这是一个极好的创意,精美的设计制作又为之增彩,我将把它珍藏起来。/近几年,您牵动着几千向阳人的心。近敏歧来信,说我那篇《鬼戏人情》可以传世。其实文字不长,我写来也很轻松,不过一两个细节纪念一两个人而已。传世的意义,在于留下了当时的世情。您所做的工作,正是这样的传世之举,且已经做了相当丰厚的积累。”

北京单嘉筠大姐寄来赠书《我在故宫七十年》(单士元著,北京师范大学出版社 1997 年版)。

19991014

南京陈虹大姐 10 日来信:“寄来的纪念封已收到,万分感谢。您为向阳湖文化村所作的贡献实在太大了,老一辈的人感谢您,他们的后人我们这一辈人也深深地感谢您。因为向阳湖中最珍贵的东西被你发现了,而且弘扬了,这是远比那些‘明星’们的个人隐私性的‘作品’要珍贵得多的东西!上封信您曾向我索要《陈白尘评传》,因手头已告罄,无法满足。不过,《陈白尘传》即将出版,届时一定奉上。”

19991015

上午去新华书店,得知下月总店原总经理汪轶千一行将重返向阳湖,届时请他们通知我。

北京戴文葆先生10日来信:"蒙您不弃,坚命为向阳湖写几句,望穿湖水,未见湖面,为不负雅意,正在掌笔苦思,定在15日左右奉上。我一提笔就饶舌写了6000字,15日前一定截止。可我近几月身体欠好,有时想好一句话,写下来会有错字,反复看几遍,还会有错。我要搁一搁,天天看,消灭错误(指错字),然后寄奉。如您15日未见拙作,并非我自食诺言,而是一天一天再审视,然后减少差错,以免浪费您时间。/若不合用,也不必退,留给阁下做一友朋的印记。我放言处,务乞宽容。我估计未至其地者,可能没人像我这样发傻劲。收到后,请复一简信。"

四川黄葵先生8日来信:"赐赠首日封系列收悉,谢谢!此件设计精美、典雅,可作珍藏,善哉!"

19991016

《咸宁日报》周末版今日发出"采风"稿,题为《云乡咸宁,名不虚传——访著名画家平野先生》。

北京楼青蓝先生9日来信:"拜读了先生编著大作,对先生为挖掘向阳湖文化不遗余力的精神甚为敬佩。向阳湖是文化大革命中文化人吃苦受难之地,我在苦难之余,不舍丢弃手中画笔,曾画有速写和小幅油画若干,如有需要抽时拍照奉上。"我马上回了一信,建议他将干校画作翻拍,寄我作为资料珍藏。

19991017

严文井先生挂号寄来一份墨迹,题词的内容仍是:"向阳湖,我的过去了的生命"。可惜没有附上封信。

臧克家之女郑苏伊13日来信:"总算赶完了这篇文章(注:《三见爸爸臧克家》),啰嗦写了这么长,但好像一写干校,就有许多话想说,打也打不住,也许文章中有一些离题的东西,您尽管删吧!/您寄来的首日封已收到,我们都很高兴。我爸爸妈妈都很喜欢这套首日封,希望您能多寄几套来，以便我们兄弟姐妹 4 人每人能有一套。尤其是在干校生活过的我，更是希望能留一套做纪念，望您能满足我们的要求。遵嘱寄上《时代风雨铸诗魂》一书。家父、家母向您致候！”

19991018

北京苏东海先生 12 日来信：“寄来精致的、极富特色的纪念封收到了，很感谢。你几次采访我，我都没有多谈。一来我不是名人，二是有些问题我没有想明白，也无法深谈，但是你这种干事业的奋斗精神，感动了我，我愿意向你多谈几句。/一、把咸宁的文化部‘五七’干校和咸宁区别开来。向阳湖五七干校可以说是一座无围墙的集中营。尽管它是以革命的名义运行着，但实际上它在劳动上的苦役和精神上的折磨，比起沙皇流放包括列宁在内的革命者在西伯利亚的生存条件，不知野蛮多少倍。只是由于多年来我们在人的尊严上已经麻木了，所以会觉得称其为集中营太过了。咸宁是这些受难者物质上的补充站，精神上的避难所。那时去一趟咸宁县城、温泉，洗个澡、吃顿饭、买点补给品，匆匆地‘生活’一下，真是忘掉了一切。甘棠的小肉铺、理发店、小‘百货’店也着实让人流连忘返。至于绕大堤走几十里路到窑嘴去吃一顿餐，也是值得的。窑嘴有个水电站(?)食堂，给‘五七’战士方便，只要交一点粮票，就可以吃一顿很好的饭菜。有一次我为了抄近路去窑嘴吃点鱼，差点陷于沼泽地拔不出来。咸宁那时和全国一样贫穷，却无私心，默默地支撑着、满足着这几千人物质上和精神上的需要。咸宁人是我们的恩人，难道当年的‘五七’战士不应回报这块恩土、恩人吗？你们现在做的事情，受到当年‘五七’战士的欢迎，是理所当然的，你们什么都没有卖，你们是在向历史作贡献。/二、把个人的反思和对‘五七’干校的政治反思区别开来。‘文革’期间出现的‘五七’干校这种政治现象和历史现象，历史研究者正在进行研究，而且已经有一些论文发表。咸宁文化部‘五七’干校有它的特性，我们对它作

为一个历史的典型进行个案研究也是可以的。除此之外,我认为个人的反思也很必要。记得你第一次访问我时,我说了我是干一行爱一行。让我看水泵,我就利用节日去一趟长沙,直奔书店买了电工教程、农用水泵等书,回来后死啃了一气电工教程。其实看水泵用不上什么电工教程,只是说明我的干一行爱一行的修养,即使到干校仍是如此。我和你谈时,是作为知识分子钻研业务的精神来赞扬自己的。要反思,我就要从我的这种精神和修养反思。就是这种修养,使我在干校逆来顺受,随遇而安,以至怡然自得。当时我有小诗两首登在《五七战士诗选》上。抄录如下:《泵房生活两首》。其一《饮苗》:'机声隆隆马达催,出水汹涌白练飞。沟渠纵横忙运水,禾苗飞长粮成堆';其二:《读书》:'向阳湖畔长流水,碧流环绕泵房围。水路纵横鱼迷途,认真读书识真髓'——这是多么好统治的高级顺民啊!与文革中那些因抗争而捐躯的志士相比,我们这类知识分子不应该反思自己吗?知识分子忧国忧民的情怀哪里去了?我们的灵魂难道不是扭曲着吗?从我个人的思想和认识根源看,我受列宁的'党的螺丝钉论'和刘少奇的'党的阶级工具论'的影响太深了。如果都像我这样,还会有天安门的四五运动吗?我在我的一篇论文《文化大革命的理论对群众的掌握》中,分析了各级干部对文化大革命从不理解到'回到毛主席的革命路线上来'的思想历程(摘自我的《博物馆的沉思》第440页)。其中我回答了为什么干部对文革的拥护落后于青年,而对文革的否定又落后于青年的原因。其实,这正是党的思想建设上值得反思的一个问题。扯远了。/三、昔日的向阳湖与今日的向阳湖。我很同意你们以'中国向阳湖文化村'命名这块纪念地。我认为可以建一个陈列馆,有计划地保留一点遗址,更多的地方可以树牌标出这是某某旧地。总之,今日的向阳湖应该是明媚的,而昔日旧貌又依稀可见为好。"

北京丁宁先生寄赠书《银河集》(浙江文艺出版社 1992 年版)。

19991019

北京崔道怡先生14日来信:"国庆节后我才从青海回家,近日草成有关'向阳'的回忆,现奉上请正。/我手中有一批干校的照片,自以为颇珍贵,未肯示人(多次经验,照片拿出后就回不来了)。你如需要,我将复印奉上。"

上午,陈慧敏同学从深圳打电话来聊天,竟长达一个多小时。她问了同学和老师们,尤其对我看准了一件事,并干出成绩表示羡慕。又说相比之下他们打工赚一点钱微不足道,还说我现在工作舒适,家庭幸福,事业有成,是同学中的佼佼者,他日的影响尚未可限量。同学的过誉使我惭愧,我只不过抓住了开发向阳湖的机遇,一个劲干到底罢了。

19991020

北京胡海珠大妈15日来信:"谢谢寄来的国庆珍贵礼物,真是太珍贵了。/你想得真周到,从方方面面来展示原文化部咸宁'五七'干校那悲壮的历史故事,付出多大的劳动呵!这一组邮封定会受到大家的欢迎和称赞,更会扩大咸宁和向阳湖的影响。祝愿你把这项巨大的工程完成到圆满,也祝愿咸宁市在21世纪腾飞!"

北京郑苏伊寄赠书《时代风雨铸诗魂——臧克家文学创作评论集》(作家出版社1996年版)。

19991021

北京戴文葆先生20日寄来特快专递,送上他带病写就的9000字长文《怅望向阳湖》。我连夜拜读,感慨良多……

北京苏东海先生18日来信:"10月13日信谅已收到。/再补充一点材料,这是《世界名人录》第6卷刊出的关于我的介绍文字,是我的学生、助手写的,我未在家,也忘了。现找出复印一份供你参考。"

19991022

与北京冰心先生女婿陈恕、文洁若先生、周巍峙先生通话，均询问纪念封的事，都十分满意。陈恕说它的问世一定费了不少周折；文先生说看了萧乾画像很感谢，但她每天忙于译文，没时间回信；周老则说此套纪念封很有价值，他和王昆看了都很高兴，希望继续搞下去。

19991023

寄北京戴文葆先生信："你病中赶写我的约稿，让我不安，罪过，罪过！/《怅望向阳湖》一文最有价值的是后半部分，'向阳湖何处是'和'五七干校啥东西'两节思想深刻，文笔犀利，振聋发聩，定会为《向阳情结》下册增添分量。"

今日台历上有一则爱因斯坦《人的一生》中的名言："一个人只要以他的全部力量和精神致力于某一件事时，才能成为一个真正的大师。因此，只有全力以赴，才能精通。"录存于此，以为勉励。

19991024

通山县毛才奇擅长画钢笔画，今日路上碰见他，建议他也画画向阳湖的风光，一拍即合。他还表示，一定尽早参与向阳湖文化开发中来。又"扩招"了一名积极分子！

19991027

上午，北京王仿子、江秉祥、汪轶千、陆本瑞、李庭真等5人重返向阳湖。省新闻出版局、省新华书店有关人员陪同，市新闻出版局和市店的负责人邀我一同前往。我

王仿子等重返向阳湖

送了陆、李两位新朋友两本书，并建议市店经理去邮局买了向阳湖纪念封送给京汉客人。83岁的王老和江、汪二先生，我都在北京采访过。汪先生的专访尚未动笔，此次来咸正好选个切入点。

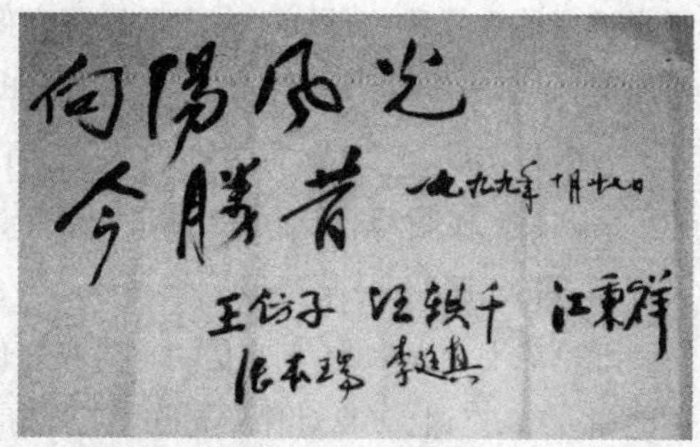

王仿子等题词

客人们在我这个“最佳向导”的带领下，先后参观了“向阳湖文化展”，寻访了13连、9连旧地，并留下了“向阳风光今胜昔”的题词。中午在甘棠吃甲鱼，下午离咸返汉，赶乘晚上回京的火车。我下午一回来，便赶出一则消息稿《著名出版家王仿子等重返向阳湖》。晚上送到报社，明天见《咸宁日报》一版。

19991028

北京牛汉先生24日来信：“纪念封早已收到，谢谢，印得甚为精美。蒙你将我列入第二组，十分感谢，记得曾寄过一册《牛汉诗选》给你，料已收阅。年来我的视力极为恶劣，几乎不能读写。近月才动手术，略有好转，可以写信、写点小文章了。我的经历较为不平顺，你当然晓得。近20年才又写些碎小的诗文，成就谈不上。我一直深深地怀念咸宁，我视她为第二故乡。/我这个月来开始写干校生活，部分写干校，还写其他别的经历，与武汉出版社约定，年底前交稿，书出版后一定奉上留念。/你是个热心人，做了许多好事。/你要的资料奉上，请审正。”

19991030

《咸宁日报》周末版今日消息，原中国作协“五七”干校部分同志拟定，明春集体重返向阳湖参观访问，咸安区委、区政府表示热烈欢迎。

据报道者陈大银称,两周前,在中国影视音像交流协会秘书长周明的组织下,原中国作协 23 名“五七”战士在香山聚会,其中有曹琳、谢永旺、王玮、吴文霞、李昌荣、黄文珍、张秋蕊、肖德生、许翰如、刘小珊、杨志一、王文迎、王树舜、阎纲、林绍钢、马肇元、王宏伟、柴鸿逵、周增勋、杨匡满、雷奔、张昭、甘棠惠等。

北京陈羽纶先生 24 日来信:“承送我一份国庆节礼物——向阳湖纪念封 6 个,至谢。/我对你铭记历史、弘扬文化,使向阳湖焕发出新的光彩,深感敬佩。/希望你再接再厉,努力不懈,以取得更为令人瞩目的成绩!”

北京冯金辛先生 22 日来信:“大札及文史资料季刊收到,十分感谢。/因病迟复,请谅。”

19991031

晚上去市委李书记家,长谈了一个小时。他对向阳湖文化坦率地谈了自己的看法,认为这是一段辛酸的历史,不值得过于张扬,从政治经济角度看,对咸宁正面的作用不大。比如辽宁并不宣传干校,江西并不宣传共大等等。我对此意见不敢苟同。李书记也说,这只是平等的同志式的探讨,他并不要求我转变观点,也知道我不会转变观点,而他的观点今后也许会转变,但目前不可能。党委、政府对此事如何重视并支持?因为他的身份是书记、市长,他的看法和前几任不大一样,也属正常。李书记又说我的文章他看了不少,对我的文笔和敬业精神表示钦佩。作为市委书记,他今天和我第一次认真地谈向阳湖,也算是给我交了一个底。看来他的态度是,既不肯定,也不反对,而我从我个人热爱的角度,可以继续将此事进行到底,做出更大的成绩。我将在有关报刊发表的文章留下,期望他今后能重视这项工作。李书记则表示,为发挥我的特长,拟调我到政协工作,主要搞文史(我猜测他的意思是安排文史委主任,行政上提半级)。我坦率地说,自己想到宣传部或宣传部下属单位,但由于职数问题都有难度。如果定下到政协去的话,面子上也应该安排个副秘书长,而且也有职数。李书记表示,会作适当考虑的。

北京丁宁先生27日来信:"寄你的旧书想已收到。/我的文章,近日可赶出,大约6000字左右。题为《长忆向阳湖》。原不想写,觉得向阳湖名人们写了不少,你也有大量访问文章,我写不出新的东西。经你再三催促,便沉入回忆,一写完又嫌长,好歹下午即挂号寄上,特先通报。收到后,可用与否,望来信。"

19991101

北京崔道怡先生25日来信:"来函敬悉,拙稿能为首肯,很为欣赏。/那是赴厦门笔会前匆匆草出的,回家后翻查照片及存物,发现稿中一处有误——/我在干校大会上朗诵郭小川的诗,原名为《长江边上五七路》。后来,他将此诗改写,题为《万里长江横渡》。前者重在'歌颂干校',后者重在'歌颂领袖'(我手中现存其最早的稿子抄件)。所以,此处应改为《长江边上五七路》。请代为改正。/最近,发生了所谓郭小川'黄昏恋'案件,引起我对这位诗人的更多回忆,拟将拙稿中关于郭小川、侯金镜等人的内容扩充,扩充后再奉上请正。但如你们收入《向阳情结》(下)需及早发稿,则不必等我的补正,毕竟此稿为写个人感受,对他人之回忆也可作另处理也。/遵嘱奉上两张照片:一、我在向阳湖大堤旁修建渡河的木架桥。二、我在稻田里打农药,前面的女士是中国作家协会的干部李昌荣,后面的是我。这两张照片无论选用否,均恳请一定退还给我。我手中无底片,无复件,此为宝贵之纪念也。/另有一组干校劳动及生活照,如:五连筛沙、人拉犁在水田中劳作、干校春节、湖间小息等。更恐收不回来,也不一定合你需用,这次就不寄了。今后如办展览,需要复制时,再奉上。"

19991102

北京臧克家先生之女郑苏伊10月25日来信:"惠寄的纪念封4套

已收到,十分感谢! /来信中所提请家父写字之事,已难实现,因他年高体弱,写字对他来说已是十分困难的事。现寄上家父签名的《臧克家诗选》一本,请收。从签名中可看出家父写字困难。/小文能收入《向阳情结》一书,十分荣幸。现将小传附后。如书出版,望能寄一册,以做纪念。”

19991103

到省里办事,顺便通过省妇联的朱瑛介绍认识了《知音》杂志的负责人胡勋壁和雷一大。分别送了书和纪念封,并表示《知音》发行量大,希望今后能宣传向阳湖文化,最好能开专栏。

北京李朝全先生寄来《世纪之爱:冰心》一书,内收我回忆拜望冰心的文章。我看了感到满意,回忆冰心的文章可谓多矣,而我“光荣入选”,说明编者的眼力不凡,此书无疑具有收藏价值。

北京崔道怡先生10月30日来信:“10月25日挂号奉上复函及我在干校的照片,想应收见?此后,我又将拙稿润色、补充了一下,现再奉上。如选用,或给其他报刊发表,请以此补正稿为准。”

北京王仰晨先生寄赠书《巴金书简——致王仰晨》(文汇出版社1997年版)。

19991104

上午,逛楚雄图书城,终于忍不住花1280元钱,搬回了一套《中国大百科全书》(简明版,中国大百科全书出版社1995年版)。一共12册,因新书打折,我一算划算,这大约是藏书史上所购价钱最贵的一套书,虽然花了血本,但一上架,精神享受唯有自己知道,查第9卷5149页,有“五七干校”条目,配发了一幅柳河五七干校的下放干部高擎毛主席像、高举红旗行进的老照片。其中介绍:“中央国务院所属各部委及豫、赣、辽、吉、黑等18个省共创办五七干校106所,下放的干部、家属达10余万人……”。

又购《左联辞典》(光明日报出版社1994年版)。

北京傅振伦先生夫人梁德英来信:“今收到你寄来的向阳湖名人风采首日封6个,谢谢您!/今日寄出您要的老傅著《蒲梢沧桑》一本。”

收北京郑苏伊同志寄来赠书《臧克家诗选》(人民文学出版社1986年版)。

19991105

上午,政协文史委开会,委员们介绍了前段的工作,谈了今后的设想。我预料自己可能担任文史委的主任,而旁人却不知晓。此时开会的心情和体会很不一般,要说热爱文史工作,的确是;要说从市委调到市政协工作,又有点阴差阳错。如果李明波书记的前任早些调走,我是不会自愿主动提出到政协搞文史工作的,兼职还差不多。但人生有许多预料不到的事情,顺其自然吧!

《中国大百科全书》
“五七干校”条目

19991106

《诗刊》社丁国成先生10月31日来信:“简信与6份纪念封都早收到,印制设计十分漂亮,美观雅致,堪称精品,确有保存、收藏价值。/谢谢您的热情关照!/您如此认真关照,让我都感到有些不好意思了,所欠文债,迟迟未还,常感不安。不过,我一直记在心里,忙完手头工作后再办。请您放心。”

19991107

今日整理了一下书房,瞩目一看,大部头的工具书竟配了不少。如《中国大百科全书》、《中国小百科全书》、《汉语大辞典》、《汉语大字典》《辞海》、《辞源》、《简明不列颠百科全书》及《国史通鉴》等,可以说工具书已基本够用。看来下世纪起,购书要降降温了。买书一多,也会为书所累,这是藏书多年的一点体会。

19991108

北京江秉祥先生3日来信:"随王仿老旧地重游,蒙您接待,十分感谢,见到30年前劳动生活的地方,心中激动不已。/在咸宁曾说起《无罪流放》,你没有此书。我也是大半年里去书店好多趟,只最近才碰到一本,可惜写咸宁的太少。特此奉上,供一阅。"

19991110

与北京王世襄先生通话,他一改前些时电话的态度,说自己对纪念封不感兴趣了。而上次他是既有兴趣,又答应重新写一幅字寄来的。我解释说,邮局已作计划安排,他才答应用旧的题字。有时大文化人的感情变化也快,尤其对咸宁的事,时而感兴趣,时而表示淡漠,这我也想得通。

今天刚收到中国作协吴桂凤同志5日来信:"中国影视音像交流协会处寄来《中国作家协会在干校》编委会的约稿函件,复印后寄上。/有事请告知我即可,我能办到的一定办。"我不可能要求北京的文化人都像她一样热情。但只要像吴主任这样的热心人始终占大多数,我的工作便可作出更大成绩。

19991112

在《传记文学》第11期发表《罗哲文谈王冶秋》。

北京涂光群夫人杜贤铭5日来信:"知道你正在编有关向阳湖的下卷,并且收入了我和我女儿的文稿,十分感谢。/很不幸的是,我10月份回乡探亲回来,得知在向阳湖中学共事的好友——俞士洪老师去世的消息,我内心十分伤痛。写了一篇悼念她的文字。/我觉得俞士洪同志在向阳湖中学的工作是非常认真的,许多学生和学生的家长也都很尊敬她……”

19991113

北京王仿子先生8日来信：“在咸宁一见，很高兴，因为这种机会已十分难得。我因年龄关系，再次游向阳湖已不太可能了。坦白说，也有点失望，‘四五二’，‘四六三’的旧貌被破坏，不复存在。这不是你们的错。听说我们离开后，农民就来拆房子，要木门窗和砖(一部分有砖，土坯房无砖)。可以想象，你到向阳湖时已看不到原貌了。/原来这里是一片丘陵地带，‘四五二’、‘四六二’是两个高地。现在成为一个村落，看不到原貌了。住在‘四五二’是文化部的干部(一大队)，在‘四六三’是校本部，有干校的领导班子成员，如文化部的聂鸣九、部队的李政委等居住、办公地方，还有政治组、后勤组等，后来又建医院、档案库。/档案库因为要长期保存文化部的档案(不是干校的档案)，既然砸烂文化部，当时有的人说，今后的文化部只留下一堆档案，所以建筑坚固，实心墙，水泥地，平顶，四合院。地点就在医院右前方不出200米的地方。今已不存在了。/除档案库之外，当时的建筑都是面朝南，取阳光，没有面对面的。因为是丘陵，所以一大队的几排房子不在一个水平线上。/离开公路，向右拐进去，走过二三百米，首先见到的是二大队(路左边)，右边是电站、邮局等。向右拐进去是四六三。二大队的地方，既不是‘四五二’，也不是‘四六三’。因为‘四五二’与‘四六三’只是两小块高地。及其周边，不能扩到更大的范围的。我想做一张图，把一大队、校本部等位置标出来，只是我也记忆模糊，而且不全知道，要征求几个同志意见后，再寄给你。/看过向阳湖文化展，感到太贫弱，很难吸引人。必须充实，趁现在有些人还活着的时候，赶快发信征集展品。包括用过的实物和照片。要让人舍得寄照片，就得说明，收到照片后复制留用，原件奉回。/第二件事，做一个各连队的位置图，分三大块，甘棠、汀泗、还有中华、商务、人民文学那个地方一块。

以上两事可丰富展览内容,让人感兴趣。/这次去干校,花在路上的时间多,不能坐下来谈谈。我因衰老,一天里能伏案工作的时间不多,手里又有几件事非做不可,等到有时间(可能在明年下半年),我可写一点干校的事寄你。”

19991115

到省里参加全省党委秘书长、办公厅主任座谈会,会议安排先后参观了东湖和武汉两个经济技术开发区。我这才发现,自己沉湎于向阳湖,今日才知外面的天地变化多大,咸宁的差距拉得多大。也体会到自己干文化事业,所付出的劳动有多大。

19991116

和省作协通电话,得知今日省作协举办《湖北新时期文学大系》(长江文艺出版社 1999 年版)首发式。我因为会议不得请假,未能前去凑热闹。但其中“散文卷”选入我的《向阳湖走笔》,这是值得记上一笔的。

19991117

上午,会议代表参观省博物馆曾侯乙编钟,我碰见省文化厅厅长周年丰。他对我的文章入选《湖北新时期文学大系》也表示祝贺,我则通过参观,对文物考古加深了一些感性认识,有助于今后写文物专家的专访。

会议上碰见东湖宾馆咸宁老乡袁义祥,他的朋友方平凡上月底在湖北《市场指南报》发了一整版的文章《向阳湖开发:争论与困境》,我看了比较满意,打算回温泉向《楚天声屏报》推荐转载,进一步扩大影响。

19991118

会议今天结束,上午省委杨副书记讲话,他的秘书胡玖明是通城人,我们十分熟。我建议他今后对向阳湖文化多宣传一下,同时又不免感慨，工作的单位大，环境好，机遇对人就是强得多。

19991119

北京臧克家先生夫人郑曼13日来信："您为营造向阳湖文化，想出各种各样的方案，并努力实践之，令人钦佩。克家同志的诗友胡世宗同志，看到《文艺报》上刊出文章中，提及咸宁市邮政局推出《中国向阳湖文化名人风采》系列纪念封一套。他几十年热衷于集邮，很想有这么一套纪念封，希望我们能帮他弄到。上次小女苏伊已麻烦您了，这次我受托去烦您帮助，实在对不起。谨致安好！克家同志嘱代候好！"

订2000年上半年报刊，734.92元。

19991120

北京吴桂凤同志16日来信："沈阳部队作家胡世宗同志向张光年同志索要咸宁'五七'干校首日封，光年同志问我能否替他向您要一份？"

武汉李晓祥政委15日寄来他的简历一份。他于1939年10月入伍，参加国民革命军第18集团军，29大队一营部当勤务员。1945年5月入党，8月转正。解放前后长期在部队服役。1967年12月在人民解放军一军政治部任干部处处长，1971年5月在湖北军区黄冈军分区任副政治委员，1973年8月，在咸宁军分区任副政委，1978年6月任咸宁军分区政委，1983年3月任恩施军分区政委。1986年6月离职休养，现住在省军区马房山干休所。

19991121

昨日，《咸宁日报》发了我访侯恺的专访《荣宝斋与向阳湖》。由于会议冲掉专稿，改了几次版，最后定下"采风"还是发，由于头天晚上微机又出故障，一版不能扫描照片及题字，我只好首次对采访者说对不起了。但临时才发现由于校对不认真，还错了两处。看来今后把关还得交给报社。否则,我一人操心过多,浪费时间过多不说,养成了习惯,本应由报社负的责任他们也不负了。

19991123

北京牧惠先生18日来信:“蒙赐书,十分感谢!草草看了目录,觉得这是很有历史价值的书,读后当撰文。/现呈上拙作两种。”

19991124

香港张初考先生10日来信:“将来若有机会,我还想重游咸宁,对干校的现状我会调查仔细一些,同时也采访您这位文化名人!”

北京谢永旺先生20日来信:“按电话中的约定,写了一篇回忆干校的文字,今寄上,请审阅。我在干校的生活很平凡,形象记忆又差,实在写不出新鲜有意思的东西。稿子是否能用,是否要删节修正,全由你做主。只在稿子收到后,得便给我一信即可。”

19991125

晚上和老柯一起去湖北少儿出版社徐鲁家聊天,我和徐是第一次见面,但兴趣相投。他对向阳湖文化的认识较高,相约适时到温泉我的书斋参观,可能也步老柯的后尘写写我。徐鲁是个地道的文化人,在同龄人中属佼佼者。撇开他出的十几本书不说,新近出版的《湖北新时期文学大系》几个分卷大都选了他的作品,可见他是个“多面手”。与他相比,我只有向阳湖文化一个“强项”,惭愧!

19991126

下午去楚雄图书城,购《说话的年代》(韶华著,春风文艺出版社1999年版)、《往事:1966写真》(百花文艺出版社1999年版)。意外发现辽海出版社今年出版的《一寸千思——忆钱钟书先生》,又收入我写的江秉祥《我是〈围城〉的责任编辑》一文,便毫不犹豫地买了来。要知道文章收入这个集子,同收入冰心纪念文集具有同等价值。晚餐在兰台邀老柯与元平小酌,《湖北新时期文学大系》“诗歌卷”选了二位的诗，还选有刘明恒、杨奔、李晚霞、叶向阳等人的诗，可谓鄂南诗坛的一道风景。而席间，元平乘着酒兴对老柯说："讲散文，城外坐第一把交椅；讲微型小说，你第一；讲诗歌，我还是老大！"我以为此言甚当，但又感到自己压力大，即使自己勉强得到大家认可，而"卫冕"也够再写多年的。

19991127

《咸宁日报》今日发表"采风"稿，题为《〈炼人学校〉的问世——访著名女翻译家杨静远》。

19991129

北京牧惠先生收到我寄去的书后，24 日寄来一篇评论《"文革博物馆"从这里开始》。我看了很对路子，拟收入《向阳情结》下册。

全国政协朱雨滋先生 23 日来信："收到来信和书，非常高兴和感谢。近复甚歉。《文化部咸宁"五七"干校史料专辑》读后颇感亲切、珍贵。联想起自己从 1969 年 4 月至 1972 年 7 月在向阳湖'经风雨'的情景，真是感慨万千，难以平静。谨对你们的辛勤工作，表示衷心的感谢和崇高的敬意。"

19991130

《咸宁日报》三版发表刘会林文《咸宁文化面面观》，最后一部分为"方兴未艾的向阳湖文化"，提出"武有古赤壁、文有向阳湖"，正合我意。

收北京罗立韵同志寄赠《邓力群文集》(1—3)、《我为少奇同志说些话》、《延安整风前后》、《〈红旗〉岁月》。

19991201

北京冰心先生女婿陈恕 11 月 29 日来信："寄来的两篇报道都已拜读，很好！是否还有很多人要写首日封签名，现寄回，请查收。"

19991202

北京戴文葆先生11月22日来信:“你们现在经营向阳湖,恐怕要投入,效益少。我有个小建议,可否与有关单位老干部处联系,在可能的时候,组织老干部旧地重游三五天,让大家花点钱,公家首先花点钱(因年年有旅游活动)。比如在咸宁住一两天,四周看看,参加者买票登车,几个地方统一收些钱,等等。暂不公布,你们那里设计一下。”

19991203

北京郑曼大妈11月26日来信:“谢谢您给胡世宗寄来一套纪念封,我代他再一次谢谢你的慷慨赠予。/读了你寄来的《咸宁日报》周末版上刊载的两篇访问记,使我忆起当年的情景,不禁怆然。子野同志多才多艺,是我们的好邻居、好领导,我们两家亲如兄弟,几十年来互相关心、砥励,至今我和陈今同志犹似姊妹。他们都是党的好儿女,可惜子野同志走得太早了。侯金镜同志虽不甚熟悉,读了海珠同志的回忆,亦不禁凄然!/遵嘱请克家同志在纪念封上签名,现寄上,请检收。/克家同志问你好!”

北京周绍良先生寄来题词:“向阳文化”。

19991204

《咸宁日报》今日发表采风稿《伟大寓于平凡——访著名版画家李平凡先生》。

19991205

北京平野先生11月28日来信:“关于向阳湖纪念馆之事,我以为由于现在的年轻人对老人一无所知,借他们的话是没有什么号召力的。我以为现在咸宁出牛奶与茶,应在这两样产品上动脑筋,搞出个有特色的名牌,才是出路。再加上‘五七’干校纪念馆,就可以增加一种吸引力。此外,我认为应有更多实物展览,如当时学员刻的竹筒,画家画的画,名人当时写的日记等,而且现在如不收集,老人死了,便收不起来。因此应花一些钱加紧收集才行。还有当时拍的相片的底片也应收集,以便以后放大用。/你为咸宁做了许多事,但是咸宁的工商业家们应该多为产品的市场效应多出力,为建纪念馆出些钱,否则,光凭你的努力,多写文章是解决不了问题的。物质第一,精神第二,不然的话,你的热情难以结果的。”

19991206

在《人物》发表《却话荷蓑弄竹时:王子野“干校”生活一瞥》。

19991207

北京谢永旺先生1日来信:“11月26日大函收读。拙文能收入‘情结’,甚幸,谢谢。关于我的简介,如下:谢永旺,1933年生,文学评论家,中国作家协会全国委员会委员。曾任作协创作研究室主任,《文艺报》主编、编审。著有评论集《当代小说闻见录》。”

北京牧惠先生寄赠杂文、随笔集两种。

19991208

北京杨静远先生2日来信:“顷接来信及《咸宁日报》4份,内有大作《“我为什么要写〈炼人学校〉”》,拜读之后十分感动。这是拙作《炼人学校》出版以来的第一篇也是最翔实的报道,非常感谢你对这个小书的赞赏。尤其要谢谢你对我的资料错误作了极重要的勘误,避免了不可挽回的遗憾。因为你说过这篇采访录将收入人文社的《向阳湖文化人采风》(下),我作了一些文字上的增删,请看行不行,有什么问题请来电或来信。/李辉已将这个稿子给长江文艺出版社的‘历史实录’文丛,书名改为《咸宁干校一千天》。因为河南人社的‘沧桑’三批已满,且已有我的一本。这样也好,湖北省出湖北省的故事,也许更感兴趣。我准备将你的文章交李辉转给他们。你和长江文艺有联系吗?能帮忙说上话吗?”

19991209

国家图书馆来信告知,郑效洵先生2日去世,享年92岁。我马上致信郑老的家属,对他表示深切怀念。这样的坏消息,近年来逐渐增多,明后年可能更多,我挖掘与抢救向阳湖文化的压力与动力更大。

19991210

武汉徐鲁兄来温泉,还带来省少儿出版社的几位编辑。他此行的目的之一,就是参观我的“向阳书屋”并采写我。我对这位已出书20多本的老弟自愧不如,相信他今后写介绍我的文章,会与元平和老柯写的一样精彩。

19991211

上午去希望读书社选书,其中不少盗版书和折价书,我一下子又选了上百元的书。其中有《文化大革命纪实》(上、中、下,师东兵著,远方出版社1998年版)和四卷本《周作人文选》(广州出版社1995年版),以及《红楼梦新证》(上、下,周汝昌著,华艺出版社1998年版)。算经济账是划得来的,实用价值也高,均可列入收藏之列。

《咸宁日报》发表采风稿,题为《“人生贵在不白活一回”——访著名翻译家王以铸先生》。

19991212

北京耿宝昌先生4日来信:“首先谢谢您多次寄来报纸,内容相当有风采。昨日收到刘三多同志寄来素描肖像一张,其艺术造诣很深,刻画的真神,为此复函致谢,同时亦向您表示谢意。/谨就此提点小意见,可能洗照片时按反面洗的,‘口边的黑痣是在左边’。这样也很好。上额下腮虚些更好。”

19991213

北京绿原先生7日来信:“2日来信获悉,值得出纪念封的人还很多。我如可不出，还是不出为好，请酌。附简历一份，供参考，实在要出，纪念封所需文字，请按简历摘编，切勿增添其他内容。题词不另写了，谢谢。”

北京吴桂凤同志8日来信：“您寄来的报纸收到了。谢谢！/光年同志已在首日封上签了名，现寄上。/有事常联系，祝一切都顺利。”

19991214

收到北京王以铸先生寄来《晚霞漫笔》一书，意外发现内有人民出版社几位老同志回忆干校的文章。其中庄浦明、刘毅然、马少展的文章较为精彩，拟选入《向阳情结》下册。计划通过熟人取得联系。看来已联系的京城“五七”战士不是多了，而是不够。多一个热心的人提供线索，便会呈几何级数增长。

北京李平凡先生10日来信：“收到你在《咸宁日报》发表的文稿，十分感谢。准备收入一册《文摘》，将来出版时再寄你。随函寄出一点资料，请过目。藏书票活动已成为我国艺术界的一个亮点，希望得到你的关注。附几枚藏书票，请收存留念。”

19991215

北京杜廼松先生9日来信：“今年上半年人民文学出版社曾寄给我稿费，想必是本人以前所写的有关向阳湖回忆的小文。出版社始终未寄书来。不知您可否在方便时，请他们能寄一本给予我？万分感谢！/欢迎方便时来京作客。/金兰向您问候。”

19991217

北京秦岭云先生13日寄来简历一份：“秦岭云，1914年2月8日生于河南省卫辉市，1938年毕业于国立艺术专科学校绘画系，现为中央文史研究馆馆员，曾任人民美术出版社编辑多年。编著有：《民间画工史料》、《中国壁画艺术》、《扬州八家丛话》、《写意山水画技法》、《秦岭云山水作品》……诸书。”附字云：“咸宁湖居三年，对她的诗情画意，有着深挚的爱恋。”

沈阳胡世宗先生寄来《当代诗人剪影》及续集,我初翻一遍,也是“文化人采风”,也写了几十人,感觉山外有山,天外有天。

晚上北京孙立峰还打来电话,谈及我写“采风”的风格应变一变,实在不行,还是应按自己的写作路数,将两本的下册续写完再说,反正探索的路还长。

19991218

北京闻山先生来咸安参加《向阳湖》杂志举办的笔会,托人通知要找我一晤。晚上我赶去时,邀孟绪龙同行,岂料会见不大成功。闻先生自我感觉太好,弄得我们很反感。不仅提前告辞,原计划明日陪他去向阳湖也自然取消。

《咸宁日报》发表“采风”稿,题为《“我们至今怀念王冶秋”——访著名古建筑学家罗哲文》。

沈阳军区政治部胡世宗先生10日来信:“寄去的两本《诗人剪影》收到否?请查收。郑曼大姐已把纪念封寄来。因这套书是您策划的,是刘三多设计头像,我想请您二位在第一封(即文化村图那张)空白处签名、盖章,不知能否应允我的请求?我是搞集邮多年了,想把这件事做得好些。恳请得到您的支持!/您的两本书,我已收到,印制得十分精美,作为选题十分独特,具有深义。报上的文章也读了,您做了件十分重要的工作。”

19991219

北京臧克家夫人郑曼15日来信:“我女儿苏伊给您寄去她父亲的诗选收到未?她要我问一下。便时望告,以免悬念。”

19991220

澳门回归,市邮协上午召集邮友小聚。我问集邮公司同志,有关向阳湖纪念封何时出第二、第三组。有的倾向明年春季出,有的倾向间隔时间长一点。两种意见，各有各的道理，但我提醒大家，时间长一点，恐怕去世的向阳湖老人就会多几个。

19991221

今天花时间将近些年发表的文章剪报，分门别类放齐，以便查阅。又清理登记了1995年以来有关向阳湖文化人的来信，到目前为止，竟突破了500封。再积累几年的话，编个集子恐怕不成问题。

19991222

开始着手写三年前采访中影公司原总经理胡健的稿子，为充实内容，需补充咸宁电影公司当年如何争取到胡健支持的事例。上午专门去咸安区电影公司找了施经理，明日准备找市电影公司原经理彭道楚。晚上市文化局何国强来，他明日去北京，找我要了两本书送国家文物局的熟人。我很乐意，今日整天都是为向阳湖的事忙。忽发奇想，可惜今年是在赤壁官塘驻村，如果驻向阳湖，我一定向上多争取资金，哪怕是建纪念碑，也是为当地搞向阳湖文化开发搞了硬件建设。更不谈一年时间可借机进京联系有关事宜了。

19991223

北京周汝昌先生寄来两本书《曹雪芹新传》(外文出版社1992年版)和《胭脂米传奇》(华文出版社1998年版)，在后一本题签时，将我的名字误为李城北，然后又改正过来。像这样的签名本，我已有好几本。真有点羡慕徐城北，哪一天人家为他题签，将城北误为城外，就说明向阳湖文化已深入人心啦。

19991224

晚上和北京陈早春、柴志湘二先生先后通话，汇报了向阳湖文化书系二种的下册可能要推至明年2、3月份才可能交卷，主要由于今年下乡，春节前才能结束。陈先生马上表示理解，并答应迟一点没关系，他会一如既往地支持，将两书出齐。我算是放了心，再抓紧时间保质保量才对得起他们。

《咸宁日报》发表“采风”稿,题为《“向阳精神,永志难忘”——访著名文物专家谢辰生》。

19991225

通城胡艳平同志20日来信:“先生致力于向阳湖文化的开发、研究、著作等等,声名远播,令人钦佩之至,如今像先生这样的人真是太少太少。我的那份关于开发向阳湖文化资源的建议案,只不过是为先生助威呐喊而已,而它竟然能受到先生的垂青,这是我所始料不及的事,诚惶诚恐之余,更增强了我为先生助威呐喊的勇气和力量。”

19991226

北京杨静远先生23日来信:“前上一函,想已收到。/长江文艺出版社重印的《咸宁干校一千天》(拟改为《五七梦回——咸宁干校一千天》,恐来不及改了),已来校样。预计明年一季度出书,书出后当寄上一本请指正。/你说过打算将其中的‘分配’收入《向阳情结》下册,不知是否已将稿寄给人文社,因文中有些修改,现将校样复印寄上,如来得及,请转寄人文社照此排印。”

19991227

北京杨伯达先生21日来信:“大作敬悉,谢谢您为李政委及军宣队说了几句公道话。这对正确估价文化部向阳湖五七干校的功过不无裨益。您在这方面已经做了大量工作,令人敬佩。”

19991228

香港张初考先生13日来信:“11月26日来信收读数天了,方平凡君大文《向阳湖文化开发,谁来帮一把?》读后令我心情非常沉重!同样感到无奈。鄂南是革命老区,往昔的咸宁县素以‘楠竹之乡’、‘桂花之乡’见称,文化资源、物产资源都是丰富的。但恕我直言,咸宁在香港的见报率可能比不上福建、广东的一个县城或县级市,向阳湖干校因您的两本书之发行及其他诸多原因在内地很有名，然在香港知道的人并不多。我今年发表 4 篇拙文，可能是香港报章唯一提及向阳湖干校的。今后尚要加大宣传力度。”

19991229

北京戴文葆先生 24 日来信：“烦您将拙稿《怅望向阳湖》寄还，因我匆匆写成，未能细思，只顾在承诺之日前寄奉，未能删正。收到寄还稿后，十天内一定挂号寄上，绝不食言，万祈容我修正一些考据失察之处。谢谢！”

深圳陈慧敏同学 27 日来信：“谢谢你的书，望能还有。/我们通山人为你纯粹的文学精神和开采文化金矿而骄傲，因值得骄傲的事情少之又少……”

19991230

市委常委会昨日上午研究干部，我被调任市政协副秘书长兼文史委主任。今天上午，张副书记和组织部程部长找我谈话，我表示满意，并感谢市委的关心，尤其是李书记用人公道，知人善任，把我放到了自己合适的岗位上。我到政协虽然是从“热门”单位到“冷门”单位，从“一线”到“二线”，但自己不会有什么失落感。因为自己热爱文史工作，并相信能做出出色的成绩。同时，我也提出建议，我搞向阳湖宣传，在京汉文化界的熟人不少，如果市委今后用得着效力，我当尽力而为。因为我原本还有打算另一个选择，想去市委宣传部干副部长。张副书记对我的表态十分满意。

19991231

明日是新世纪的第一个元旦，偶得一联：“龙潜向阳水，人跨世纪行”。准备春节挂出来，“龙”为生肖，亦寓本人，“潜”为退居二线，“世纪行”则正好是省政协的机关刊物名称。此联可谓今年的压卷之作。

卷之七

2000 年

春

20000101

上午,带熟了逛书店,发现两本好书。一是鲁光的《随缘笔记》,一是邵燕祥的《旧信重温》,均为武汉出版社 1999 年版,都对我写向阳湖有参考价值,便毫不犹豫地买回了。

寄北京文化人贺卡 100 份。

20000102

北京图书馆寄来一份“郑效洵先生生平”。

20000103

保康李修平兄寄来贺年卡,附言云:“愿新的世纪,向阳湖文化随着你的努力,成为文坛风景。”这种祝词是我最需要的,我也有这个信心。

20000104

商务印书馆总经理杨德炎先生上午打来电话,告知本周末将来趟向阳湖。我马上约好在家等待,一定陪同前往。也巧,我刚完成采访中华书局原总编辑傅璇琮先生的文章,下篇便计划写杨总的专访。此稿拖了 3 年半时间,实在不好意思。这次他来得正是时候……

20000105

北京单嘉筠大姐12月27日来信:“单老已故去两年,我在整理其遗稿、遗物时,拟利用他生前影响及名义,搞一个展室及传统文化研究会等相关文化团体。当然就我个人所为,难以进行,既没有经济后盾,又无社会影响。目前与我商讨这件事的不乏其人,都是意向性的,诸多原因一言难尽。人家戏言我抱着金碗不会用,不会吃饭,又不想要饭……现求教于您,请您不吝赐教,鼎力相助。/附寄单老文集首发式藏书票。”

20000107

上午,杨德炎先生来温泉,我先安排参观了我的“向阳书屋”,并送随行的几位每人两本书。杨总带来一套《中国文化史知识丛书》(1~100,任继愈主编,商务印书馆1998年版)相赠。中午,我和政协俞副主席一起陪同至向阳湖参观,叫了电视台刘家饶。1997年我们仨一起去商务看的杨总,一路上,我向杨总介绍了地方上领导层变化大,开发向阳湖正在“降温”。他表示理解,又鼓励我说,不管怎么样,我个人把它当个事业干下去必有价值,更有长远意义。

收南京陈虹大姐赠书《自有岁寒心——陈白尘纪传》(山西人民出版社1999年版)。

20000108

昨日没来得及去《咸宁日报》社校对周末的“采风”稿,结果今日登出的访汪轶千先生文——《“你们做了一件大好事”》,不仅题目压了照片,照片的说明文字“汪轶千”也错成了“汪铁千”。《咸宁日报》的个别编辑什么时候才能增强责任心呢?

《咸宁日报》“向阳情结”栏目今日起连载崔道怡先生长文《国庆中秋忆向阳》。

20000110

今日《咸宁日报》发出我写的消息稿《商务印书馆总经理杨德炎重游向阳湖》。晚上，咸宁电视台也根据此稿播了新闻。

20000112

今日获悉，散文《电大的“红丝线”》获省电大“我与电大”征文一等奖。

20000113

武汉徐鲁兄来信：“我刚从北京回来，收到大札及资料一叠，甚为愉快。前次我们一行到温泉，蒙你热诚周到地接应，十分感谢和感动。兄为人诚朴且有品位，皆因书香濡染所致，可见还是应该多读书。我的几位同事对你的评价极高且印象很深，不时在办公室里谈起。这使我想到古人的那句话：桃李不言，下自成蹊。/知你已调往市政协任职。我觉得应当祝贺(而不是慰问)！塞翁失马，焉知非福？‘终于如愿’，我觉得这应该是由衷之言才是。不必留恋其他，请老兄一定要相信西方的一句谚云：‘天下公爵千千万，贝多芬只有一个。’翻译成具本地特色的话可谓：‘地区专员、市长千千万，而在文化界声誉日隆的李城外却只有一个！’作家也好，诗人也好，学者也好，读书人也好，最终所拥有的应是桂冠，而非乌纱帽。因此，我劝你一定要逐渐地调整好心态，欣然地投入你既定的工作和计划中去，从长计议，你的失去不值得惋惜，而你将获得的却可能是难得的！何况，你现在仍然是有相当的‘名分’的。仍然比一般的文化人所处的位置要好得多。/我已着手清理和归纳我所拥有的有关你的资料和我对你所做的这番事业的感觉与判断。我觉得，要比较充分和从容地写出我对你及你的作为的感觉与评价，恐怕不是一篇简单的捧场文字所能完成的。因此，我初步打算，用一篇比较长的，带一点报告文学性质的文章来写你和你的向阳湖。争取能写到8000字到10000字。只有这样才从容和充分些。

我把这篇文章作为我2000年上半年的一个计划。请你容我再考虑成熟些。要写就写得好一些,像你为向阳湖的文化人立传一样,我为你立传,纵然是清记的片断,也很好。所以,你所说的有机会陪我去向阳湖一趟,我十分愿意和向往之。/拙作《书房斜阳》尚未出来,一俟出版,当奉上请教。我此段时间正应约为台湾一家出版社完成我的《美丽的香格里拉》一书。同时写我的欧洲五国之行的文化旅思(主要写我去拜谒一些名人故居、墓地的内容)。我最终会被自己所写的文字埋葬的,这是我的宿命。/匆匆写这些。盼不久再相聚谈。"

20000114

上午列席市政协一届常委会,通过了我的副秘书长任职。友人元平和老柯都议论我这种安排恰到好处。元平还调侃我:"如同前朝的老臣隐居起来"。我则自嘲说,自己现在是奉命撰修国史,乃千秋之大业也。

20000115

上午,市委李书记刚作完三级干部会报告,接着去刘三多家看画作,我一起参加。刘在介绍画作时,不时谈起我和向阳湖。离开刘家时,李书记说我调到政协,今后和刘老少配合,工作一定会有新起色,为政协增光添彩。我也对李书记知人善任表示了感谢。

20000118

元平又出了本散文集《船》。内收一篇《三侃李城外》,原文是《向阳湖中一尾鱼》,和人文社"采风"收入附录的版本有所不同,我以前修改过的一些文字,他又更正过来了,我表示理解。对照着看也有意思,朋友出书的速度亦是令我佩服的。

20000119

参加全市党委办公室主任座谈会,我作为特邀的政协代表"回娘家",正好和县、市(区)老办公室主任们辞行。中午和通城杨弃聊天时,他对我的调动也表示了理解,并玩笑道:“拿公家的钱,办私人的事,现在哪里还能找这样的好事?”此话说对了一半,我是食官家俸禄,但干的事业既是“私事”,更是于市于国有利的“公事”!

20000120

老柯为刘三多画展提前写好了我“布置”他写的“吹捧”的文章,晚上打电话叫我去提意见。我只补充了刘三多画向阳湖文化名人风采素描的内容。老柯解释说,人像是我照的,这其实是刘三多和我的合作,只提一人不妥,多提一人又不便。我劝他仅提刘三多无妨,只要宣传向阳湖就行。老柯采纳了意见,补充进去,果然分量重了些。回来我为后天准备去省参观刘三多画展提前准备了留言:“三分天才七分汗,多年媳妇今日婆”。

20000122

《咸宁日报》今日发表“采风”稿,题为《“向阳湖,魂梦常牵的地方”——访著名写意花鸟画家张世简》。

20000123

上午我约徐鲁兄来参观刘三多画展,在展览厅和刘一起谈起“向阳湖文化”,徐鲁也建议刘创作全景式反映咸宁干校生活的油画。我继续动员,以为此类题材其他地方难以发现,花此工夫肯定值得,若干年后传世是无疑的。

20000125

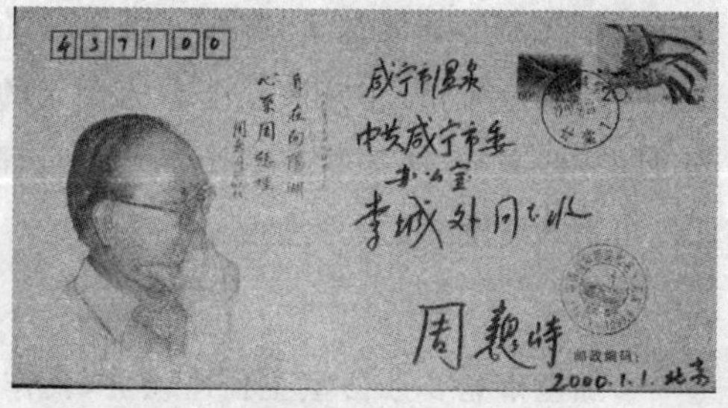

周巍峙签名封

全国文联主席周巍峙寄来一张千禧之年贺年卡,印刷十分精美,属全国文联专制赠送文联荣誉委员、全国委员的礼品。内芯为周巍峙先生像及手迹:“谨录诸葛先生家训意/做官应做好官,从医应当良医。”周老亲笔签名赠我。我曾寄他一张简陋的明信片,不料他礼贤下士,有来有往,还记得“城外同志”。

同日,北京王笠耘、林穗芳二先生寄来贺卡。

20000126

《咸宁日报》周末座谈会上,大家客气,称我和老柯为“大家”。我自己心中有数,离这种称号还有相当距离。这也提醒自己,今后在《咸宁日报》发稿,每篇都要力争有些分量。

20000127

北京胡德培先生22日来信:“不断收到你寄来的资料,实在感谢!/我已退休,以后联系请要写往家里。近日,我写了两篇关于干校的文字,今寄上一则:《车轮滚滚》,请正!可否在咸宁的报纸或刊物上披露?”

20000129

《咸宁日报》今日发表“采风”稿,题为《“咸宁适宜建干校博物馆”——记著名博物馆专家吕济民》。

20000130

周巍峙先生从北京寄来签名纪念封(“中国向阳湖文化名人风采”之四),至此,我策划的这套纪念封,2至6枚均有签名。再找机会找蒋祝平省长签第一枚,便是全国唯一的一套签名封了。

过小年,去温泉宾馆理发,何师傅是老熟人。他已早从顾客口中得知我的调动,认为我调“亏”了。我又问其他人的看法,他照样直言不讳地说,大多数人认为“划不来”。我解释道,各人有各人的看法,只要自己满意就行。这大多数人,大概都是站在官场的角度看问题的,以为到了政协,仕途便没有发展了。回到家里,碰巧又接到宜昌王承新打来电话,对我荣升表示真诚的祝贺。说我既是当年县委办公室同

事中级别最高的“官”,文史工作又对我个人再合适不过。因为我的性格耿直,已不适合在“一线”竞争。加之我曾是地委书记的秘书,引人注目。而这种安排则可向社会证明,我是凭自己的本事立身的。

20000131

北京谢辰生先生28日来信:“我去美国探亲刚刚回来,见到寄来的报纸,所述我的意见都是很准确的,只是提到我似乎把我拔高了些,甚为惭愧,有些提法可以再准确些,我做了一点修改,现随函附上,请予考虑为感。”

20000201

中央文献研究室李琦同志1月26日寄来明信片,附言:“贺卡收到,我已注意到有两个世纪的邮章,谢谢!”

购《文革史——告诉你一个真实的1966－1976》(师东兵著,内蒙古人民出版社1999年版)。

20000203

购《精神的光芒——一代人的心灵历史》(中国工商联合出版社1999年版)。编者在前言《世纪末的告别》中引用了一年前去世的两位向阳湖文化名人的话,发人深省。一是萧乾:“知识分子虽然有时可能使当权者感到碍手碍脚,其实,从长远来看,对国家只会有好处。倘若依照林彪,都成了盲目的歌德派,没有舆论,只有公告,国家势必死气沉沉,甚至走向灭亡。”二是冰心在《无士则如何?》中慷慨陈词:“我只希望领导者和领导部门谛听一下普通群众、普通知识分子的心声,更要重视‘无士’的严重而深远的后果。‘殷鉴不远’,只要回望一下十年大乱中践踏知识、摧残知识分子、大革文化命造成的灾难,还不清楚吗?”书中还收有文洁若先生《关于钱钟书先生二三事》,开头便提及我访钱不遇之事。

20000204

北京汪轶千先生1月20日来信："寄来关于访问我的文章、报纸、照片都收到了，十分感谢。了解您已到咸宁市政协工作，但希望关于筹建向阳湖文化村的工作不要受影响。上次在咸宁时，您曾要一份新华书店总店在1969年下放干校人员名单，经我与李延真同志回忆，已搞出来了，现寄上供参考。"

20000205

大年初一，向北京向阳湖文化人电话拜年，周巍峙、李琦、张光年、严文井等老人们都十分客气，让人感觉心中一阵浓浓的春意……

收北京李昌荣等"五七"战士贺卡。

北京戴文葆先生29日来信："首先向您全家祝贺新春康泰吉祥！/您在办公室工作，承上启下，每天一定十分忙碌，看你写字为飞草，就知道你的日常生活太紧张了。现在到政协文史委员会，可能较清静些，适于四处访古、访人，适合你的精神要求。不赘。"

20000208

关在家里忙乎了一整天，分封了几个月来《咸宁日报》周末版，明日寄北京文化人。以每人4张报纸计，120余份500多张报纸，加上书信，字都写得十分潦草。这大约是两书下册成书前，最后一次大规模寄信。也许收到的回信有可收入下册"附录"的。

20000209

寄北京周巍峙、张锲、沈鹏、宋木文、刘杲、臧克家、文洁若、陈早春、张慈中、柴志湘等"五七"战士信及报125份。

20000213

下午，和文史委副主任黎翠霞一起商量今年的工作如何搞。就我个人而言，现在的条件可以说是得天独厚，选题也可以随心所欲，"向阳湖文化专辑”自然是今年的首选。这种环境,这种心境都是极为难得的。

20000215

夜与北京涂光群先生通话,他收到我的信,说没想到我会调到政协工作,原以为我会在政界发展的。不过转过头来想,向阳湖文化的工程大,我基本上是一个人在孤军奋战,没有时间,实在辛苦。我说既然把这当个事业,其他方面就得做出牺牲。

20000217

上午,驻京办主任黎亚洪前来告知,京城有几位下放咸宁的“五七”战士子弟,要求重返向阳湖看看。可他联系了几家,政府接待办、宣传部乃至咸安区都没有对口接待的单位。我也如实相告,在市委那边还方便些,到了政协,今后北京来了客,最多只有当向导的微力。黎主任感叹道,办事真难,好不容易和京城有关人建立了关系,没想到地方上难配合!

20000218

北京刘炳森先生 15 日寄来自制贺年卡:“城外先生暨阖府诸贤龙岁嘉吉!刘炳森谨贺。”

北京牧惠先生 13 日来信:“拙文《‘文革博物馆’从这里开始》已发表,附上杂志一册。”

20000219

《咸宁日报》发表“采风”稿,题为《“感谢咸宁人民的厚爱”——访原中国电影公司总经理胡健》。

收北京李桂秋寄《海峡两岸著名学者——诗友录》(顾学颉著,人民文学出版社 1997 年版)。

20000221

北京杨德炎先生 12 日来信:“再访咸宁给我留下了深刻的印象。

感谢你热情接待，寄上照片，其中一些请转给有关朋友。祝你在新的一年中不断进步，事业有成。”

市政协一届二次会议上，文件已印出来，有两件高兴的事，一是我提议，文史委增补新闻出版局一位副局长为文史委员，获顺利通过；二是我提出调整自己的界别，从中共组调到文艺组，也如愿以偿，并被委任为召集人。

20000222

北京张慈中先生16日来信：“信、报收到，5篇‘采风’一口气拜读，放下报纸，写此复信。/侯、李、张和平都是我熟悉的友人，我和侯恺是当年(1950年)在同一单位——出版总署工作(咸报误写新闻出版署)，李平凡在干校的彩色装饰性写生画，我记得给过你一二张。/在干校举办美术、摄影作品展览，我当时负责布展工作，所以读到这一段文字时颇感亲切，勾起思乡、思湖情绪。同时马上翻阅旧照，发现其中有一幅记录了展览情景一角，现附上，让你过一下回忆镜头，中立者是邹雅同志，此照你翻拍后望退给我。纸短话长，后再续。”

北京傅璇琮先生17日来信：“几次接到大函及有关材料，十分感激。但我应台湾清华大学之邀，于去年9月初赴该校中文系讲学，至今年2月上旬始返京，故来函于近日才一并读到，迟复为歉。以后有关材料，请寄来，咸宁建设近现代文化名城，是极为有意义之举，应该坚持。我认为有必要，咸宁领导可举办一次纪念活动，邀请一些文化学者参加，也可扩大影响。/又，今年10月中旬，湖北大学与武汉大学联合，将承办唐代文学国际研讨会，届时将有近百位中外学者参加，台湾学者有10余人，规模不小，我作为本届唐代文学会会长，理当参加。拟抽空来咸宁‘五七’干校旧地一游，届时当与您联系。/去年上半年安徽教育出版社出版《当代学者自选文集》，共19人，我为其中之一。此书不知您处有否？请告知是否要寄。”

北京郑士德先生17日来信:“寄来的《咸宁日报》及贺年卡均已收悉,十分感谢你的关心。最近,我荣获第六届中国韬奋出版奖,谢谢你来信祝贺!/在你的不懈努力下,向阳湖文化得到开发和传世,其意义十分深远。可以说,你为20世纪的中国文化史,补写了不可缺少的一页,功不可没。从来信中得知,你已调政协工作,不知对开发向阳湖文化有无影响,但愿不会功亏一篑。/1972年7月,文化部‘五七’干校政工组编印了一本《向阳湖诗选》,我保留一本,不知你收集到没?如有需要,请来信,我可捐赠出来。诗选中编入韦君宜、路工等不少名人的诗作,有生活、有感情,现在读来仍不失为好诗。诗集的封面、版式设计和插图,是著名画家李平凡的杰作。封面是胶印的,内文由书法家梁天俊刻写。现在看来,已成为珍贵文物。我看,《咸宁日报》也可摘登,因为从来没有公开发表过。/文化部‘五七’干校于1969年4月,就派出4个连队作为先遣队进入向阳湖。从已发表的材料来看,对先遣的4个连队的活动反映不多,一般的都是反映1969年9月大批连队进入的情况。我们新华书店总店是4月进点的先遣连队,生活十分艰苦,人拉汽车冒雨进入甘棠公社专家湾。这后面的情况,我想写写,提供给你。在干校烧砖制瓦是三大队的任务,我想反映一下。”

收北京刘炳森先生寄《紫垣秋草——刘炳森散文集》(作家出版社1999年版),内收《云梦泽中之梦》,并配有一幅插图《甘棠阁的老铺》,系作者在干校时的钢笔速写。

20000224

北京林光先生19日来信:“来信及先后寄给的刊物、报纸均收到,十分铭感。祝贺你调动工作,现任工作也许更能发挥你的能力,为向阳湖的一段悲壮的历史写出更真实的画卷。/寄来的一份报上所报道的郭小川先生受诬事,北京一些报纸已有不少介绍,看了十分感慨。不过,郭先生还是幸运的,因为还有人为他争得公道。同一张报上登了咸宁发行萧乾纪念信封的消息,我看了也很有感慨。萧乾在文学上固然有点儿成绩,在文学史上也应有其适当地位。但是他的人品你了解吗?希望你在可能的情况下,不妨向当年干校十四连和北京版本图书馆翻译组的有关人士了解一下,也许会得到一个透彻、全面的印象。/附去拙文复印件二份,请赐阅并不吝指教。"

20000225

晚上中央一台"读书时间"播出王世襄与《锦灰堆》,我早知道,也准备看,但中途接到李专和刘家饶的电话,都转告这一消息。我不免有点感动,这件小事似可以急就一篇小散文的。

20000226

北京张惠卿先生 19 日来信:"寄来的《咸宁日报》均收悉,谢谢。您写的这些访问记我都仔细读了,很好。特别是最近这几篇,陈今、王以铸、杨静远和汪轶千,都是我很熟悉的人,您描述的都很中肯,很感人,特别是王以铸这一篇,对他这位一向淡泊名利、默默无闻的大学问家的特点分析得十分透彻,实在难得!/关于全国政协文史委员会是否已经落实把文化部干校列入征集范围,拟作如何安排的问题,年前我曾问及金冲及同志,他说这一届文史委员会因换了新人,确定这几年主要整理已征集的材料,建国后的资料征集工作暂不开展,他自己忙于文献研究室的工作,也没有过问。所以看来这个问题被搁置在那里,此事我已忘了是否告诉过您,反正很多事都是要靠人去做,没有人关心此事,只能搁置了事,别人只能徒呼奈何!/您调去咸宁市政协,又具体负责文史资料委员会的工作,是否和您从事开发这项重要的文化资源有关,工作起来是否会更方便些?/希望能够早日看到您的两本下册问世。"

20000229

回通山县购《回首文革》(上、下,张化、苏采青主编,中共党史出版社 2000 年版)、《思想史上的失踪者》(朱学勤著,花城出版社 1999 年版)。

20000301

收北京许觉民先生寄《人间风景》(山西人民出版社 1999 年版)。

20000305

北京庄浦明先生 1 日来信:“您寄来的《咸宁日报》早就收到,谢谢!我们虽未谋面,至少从我来说,与您神交已久。您寄给范用同志的报纸,他看后都交给我了。王以铸、杨静远二位 50 年代末曾与我在居庸关文化部绿化基地共同劳动。萧乾、王子野、王世襄、郭小川等,也都和我在一起劳动过。我是咸宁干校最后留守的十几个成员之一。1974 年 12 月 8 日,在武汉把最后一批‘五七’战士送上火车后,我又回到向阳湖,清点干校财物,并向当地移交,直到 1975 年春才回家。/我本拟对干校写三篇小文,一是写狗,即《我与黑子》;二是写人,题目是《我的同学》;三是写猪,题目是《我与养猪》(1957 年以后的一段人生经历)。我写的都是自己切身的经历和感受,实话实说,对发表不发表无所谓,只希望给后人留下一点真实的素材。/我不属于名人,而且是 50 年代的“老右”。不管您有没有兴趣,把已经写好的《我与黑子》寄给您看看,请指正。我一直把您当作家乡的亲人。我出生在江苏,15 岁离家,1949 年进京,除‘四清’、出差外,就是在咸宁呆的时间长。‘亲不亲,家乡情’,咸宁是我的第三故乡啊!以后来京,有便请到舍下聊聊。”

市政协一届常委会第六次会议通过任命,我担任文史资料委员会主任委员。

20000306

我在市政协一届会议上提出的《关于进一步重视和加强向阳湖文化史料抢救工作的建议》,被评为优秀提案。

20000307

上午,《湖北日报》张兴旺来采访我,因为是老朋友,我积极配合,提供了不少资料。下午,又陪他去向阳湖实地感受。正好通山县委书记马世永约我一起去看向阳湖,于是三人同行。参观“向阳湖文化展”时,马书记留言:“看向阳湖,思想得到升华。”他对向阳湖的兴趣不亚于程传忠等领导,马书记还建议马上成立向阳湖文化研究会,并出书刊报纸。他对我现在的安排,认为是最合适的。

20000308

北京杨静远先生寄来新著《咸宁干校一千天》(即《炼人学校》),由长江文艺出版社出版,印数 5000 册。增加的“引言”之二专门介绍了咸宁开发干校文化的内容,并三次提及我。本书系李辉主编的“历史备忘书系”之一。也算是巧合,我和李辉又遭遇上了。只是和杨先生比起来,他的境界差得多,洋洋洒洒的《旧梦重温时》,不少取了我文章的材料,却化为已有,只字不提我,而改称为咸宁一位文化工作者,殊不知,向阳湖文化开发,是绕不过李城外的。

20000310

上午去科委送电脑专家老廖两本书,希望他方便时,将向阳湖方面的内容上上网。虽然自己尚不会操作电脑,但迟早是要学的,暂且托人借助科技宣传向阳湖。

20000311

中餐,尹汉宁市长的秘书小雷和我一起去王庆明家小酌,虽然是第一次对酒,但还算谈得来。尤其是对向阳湖文化,他看得很重。我请他适时向市长宣传一下。私下又想,我已由当年的直接“操纵”书记,到如今间接“影响”市长了。

20000312

中央电视台影视部主任汪国辉来温泉,我动员他去向阳湖看看。

陪同他的市委宣传部周部长也主动一同前往,我在车上趁势宣传一通,以引起周的重视。她思路来得较快,途中也提出了利用央视宣传向阳湖,加强和北京文化人子女联系等好意见。

20000313

《湖北日报》张兴旺上午通过传真发来“社会写真”稿《李城外与向阳湖文化名人》,近3000字。我在电话里提了几处修改意见,该文总的说来平铺直叙,选材的角度与老柯、元平不同,文采也略为逊色。但现在如能在《湖北日报》上发出来,宣传效果还是难得的。

收北京吕济民先生寄《守望历史——吕济民与博物馆探识》(华艺出版社1999年版)。

20000314

北京谢冰岩老先生5日寄来一幅字,录的是宋朝曾几的诗句:“绿阴不减来时路,添得黄鹂四五声。”复信云:“一年前曾有位名×××的到我处,请我写了窑嘴街、甘棠阁、刊物向阳湖等牌匾和刊名及条幅两张。我曾请他带一张条幅给你。他说他知道你,一定可以带到。到现在你都没有收到,不知何故?/我眼睛坏了,不能多写。”我对谢老91岁高龄守电话之约赐字于我,深为感动。又为咸宁有×××这样的败类而气愤,此人我认识,还向他问过此事。他矢口否认,现在谢老有书为证,看他还说什么!

20000316

晚上尹市长秘书小雷打来电话,称尹正陪武汉市委宣传部部长叶金生。叶谈及向阳湖……小雷请我送书给尹和叶,我赶去时,叶表示应带人前去看看,向阳湖还可以“炒炒”。我向市长简要介绍了向阳湖,称北京还有许多关系,如需要联系,可效微力。

20000317

上午,内兄万立煌来,谈及市委宣传部周部长打算在京联系一下向阳湖人，并意向性在央视有关节目宣传一下向阳湖。我以为此动机很好，但实施起来谈何容易，因为近几年的酸甜苦辣我尝了不少。要想在向阳湖宣传上再取得实质性进展，非市委书记、市长重视不可，光一个宣传部长，只能拿计划，走一步而没有资金，寸步难行。我建议立煌先写一个纸上谈兵的计划，真正花时间到北京去联系，我看最好推至年底。

20000318

寄给全国政协文史委《纵横》编辑部的同志几套向阳湖文化书系和有关资料，扩大影响。到政协文史委才几个月，便陆续收到全国各地文史委寄来的资料。看来文史委的确是做学问的好地方，有书的来源，有看书的时间，有编书的乐趣，在如今的官场，实属难得了。

20000319

北京陈羽纶先生10日来信："你每次寄来的报纸，我都收到了，谢谢你的关注。你的'开发'工作做得很好，很有特色，精神可佩。你的文章也写得很好。但恕我直言，如仅由你的书法来看，是真想不到你办事那么干练，文章写得那么好的。"

武汉徐鲁兄15日来信："大札及新一叠材料收到，谢谢！你要的这一份材料我已复印留下，原件璧还。《咸宁干校一千天》我已注意到了，会去要一本的。我写你的文章里肯定要涉及这本书的……写你的文章我已胸有成竹。什么时候写出来只是时间问题。我想最迟不会过今年上半年。此间如有新材料，麻烦请继续惠赐。我将总其大成，尽量写充分，写饱满些。/也望兄尽可能利用一切时间完成你计划中的编与写，它们的意义是长远的。你有自己一个比较完整和独立的书斋，所以社交、生活方面应尽量简化，集中精力投入你所热衷的课题之中。向阳湖才是你安身立命的精神家园。"

20000321

省政协文史委来函,要求推荐去年《湖北文史资料》(共4期)"好稿件"。因为其中一期是"文化部咸宁五七干校史料专辑",我推荐了萧乾、陈早春、张惠卿三篇好文章稿;整编稿两篇,李晓祥《我所知道的咸宁"五七"干校》和我撰写的《全国政协八次五届会议关于向阳湖文化开发的由来》。为了进一步扩大向阳湖的影响,也就顾不上"谦虚"了。

20000322

上午,作为政协分管宣传的副秘书长参加全市对外宣传工作会。中途,市委宣传部的同志建议我上台作个表态发言,我婉言谢绝。晚上温中闻校长打电话邀请我近期去学校对45岁以下的年轻教师讲讲向阳湖,我也以近期赶稿为由推辞。总之,为了尽快完成两书下册的编写,得少抛头露面,少占用时间干编书以外的事。

20000325

北京林光先生18日来信:"3月19日来示敬悉。/你要的文章不甚好写,虽说都在提倡说真话,忠言逆耳却是千古不变的真理。说真话难免得罪人,不写也罢。倘有可写者,自当寄呈,请予赐阅。/上次去咸宁,本想找你介绍住招待所,无非是想省几个钱。不料(也在料中)你太忙,打了几次电话,均未能谋面。只好去找在干校时结识的老乡朋友。这位小友(现在也有四十多岁了)名李亨达,靠自学和当地干部的培养,现在是有执照的农村医生,住咸安区广东畈。他曾带我去甘棠参观干校旧址,可惜那日恰是星期天,管理人员进城度假,许多情况均未能了解。"

20000326

北京傅璇琮先生17日来信:"元月12日来函敬悉。谨奉上拙著一册,敬请教正。据安徽教育出版社告知,此书已获得安徽省1999年优秀图书一等奖,实出意外。/10月中旬赴武汉大学参加唐代文学国际研讨会，届时拟偕妻子同来咸宁一游。我妻子亦原中华书局编辑，1969～1972 年亦在向阳湖劳动。”附赠书《当代学者自选文库·傅璇琮卷》。

B2 特别关注

李城外与

向阳湖文化名人

《湖北日报》张兴旺文

20000328

张兴旺撰写的《李城外与向阳湖文化名人》今日见《湖北日报》，发表在第六版“特别关注·社会传真”栏。不仅是头条，而且题目特别醒目，还配发了我采访臧克家先生的照片。可以预料，在鄂南的影响还是有的。这也是我调政协后，第一次在主流媒体上有宣传文章，也是一种价值的证明。我也庆幸自己以往交了一些文人朋友，现在到底这些人留恋“旧情”。

20000329

《咸宁日报》本月因为挤稿，“采风”和“情结”栏目均未发稿。我下午去问新任陈总编，今后的向阳湖文化如何宣传。他个人看法，前一个专栏继续开，后一个专栏可停办，因为重复的内容多，而且缺乏新闻性。我谈了自己的看法，认为名人的约稿难得，应保留一席之地，间隔发表的时间可长一些。内容可选择，但丢失这块阵地可惜。我个人还觉得，《咸宁日报》应将这个栏目推出去，争取在省里得奖。

20000330

与《人民政协报》编辑朱奕通电话，他已收到我寄出的访罗哲文、谢辰生二先生稿，计划均在周末版发。他还为我调到政协而成为“一家人”而高兴，欢迎今后多联系。

中国国家图书馆(原名北京图书馆,咸宁五七干校 24 连)

2000 年

夏

20000402

寄武汉徐鲁兄信，云："尽管如今通话十分方便，我还是宁可多选择笔谈，以便获益更多。"这番话是针对他今年来的两封信讲的。

20000403

北京陈安钰兄来温泉，晚上我陪他小酌后，他的一帮同学纷至沓来，都是我的熟人，对我调到政协亦有不同看法，或以为"对路"，或以为"亏"了。安钰兄则安慰道："暂且韬光养晦几年。"他私下又对我说，向阳湖要继续写好，但仍是"副业"而非"主业"。在当今社会，没有一定的权力，是不好办事或办大事的。

20000404

和安钰兄一起到双溪，他为其父扫墓，我则顺道去瞻仰沈从文先生在双溪的故居。准备今后抽时间写一篇散文，题目且作《清明去双溪》或《遥想双溪当年》。

20000405

《咸宁日报》开向阳湖栏目已经几年，新任陈总编有暂停之意。我也不打算勉强，已打算将此栏目"转让"给《楚天声屏报》"视点"栏。也许开辟一块新园地意义还大些，因为大报的向阳湖宣传毕竟已深入人心，小报再加强一下，相得益彰。至于"向阳湖文化人采风"栏目，我也

做两手准备，能在《咸宁日报》发便优先，否则在其他报刊发也一样。

20000406

晚上收到昨日的《楚天声屏报》，三版“社会视点”登了成果兄的《流放向阳湖的诗人郭小川》，长达7000余字，占了一个整版。推荐发这篇文章的另一意义还在于，向读者介绍李城外的兄长也参与到向阳湖文化开发的队伍中来。

20000407

香港张初考先生25日来信：“3月17日来信诵悉。荣升市政协副秘书长诸职，可喜可贺！文史资料委员会主任之职也甚为适合您，于向阳湖干校开发有利之至。我也喜爱散文，喜欢收藏，这是你我的共同爱好，见面之时当有共同的话题，并盼有趋前领教之良机！/向阳湖干校开发有何新消息、新成就，便中敢请一告。”

20000408

上午，市工行罗勇邀至咸安区，采访原向阳湖工作过的老同志。又去老咸高，实地询问了一些勇进评剧团的情况，拍了几张照片，收获不小。最可喜的是，找了几个新的线索，在温泉还有可访之人。今后写报告文学时，可再找时间详细挖一些素材。

20000409

购长江文艺出版社今年版《林昭，不再被遗忘》(许觉民编)、《武训传批判纪事》(袁晞著)。

20000411

北京杜惠同志6日来信：“你在采访中，如果还有别人提供的有郭小川在内的照片，望一并借我一用，谢谢！”

20000412

寄武汉徐鲁兄信：“仿佛是步兄之后尘，今年清明节我专程去双溪，访问了沈从文先生的故居，见到的是一片断壁残垣，顿生无限感慨，遂向陪同我的乡镇负责同意建议，那里应树立一个标志，以便人们向往。可惜他们并不知道文学大师的分量，只是简单应付一声而已。/回家后找出兄之大作《载不动，许多愁》重新拜读，除佩服兄早在80年代就先行一步，到双溪怀古外，亦遗憾地发现可能由于为文匆促，兄误将向阳湖和双溪两处相隔几十里的地方混为一谈。实际上，文中提到的人物，无一到过双溪。陈白尘诸君都在干校的总部向阳湖一带劳动，而文中渲染的钱钟书、廖沫沙、吴世昌诸贤则住其他干校，根本没到过咸宁(当然，这主要是黄永玉先生的一篇文章误导所致)。惜乎，兄之美文多矣，选家何以独将此文收入《湖北新时期文学大系》，难免以讹传讹。我猜想兄乃闻过则喜之君，这里便不揣冒昧，建议找个机会用个适当方式更正，以防将来授人以柄，冤枉兄为文不够严谨也。”

20000413

上午，《咸宁日报》社陈总和我商量，周末版再发“采风”稿，每篇应限于1500字左右。因为报纸改版，文章宜短不宜长。我考虑陈是新官上任，应支持他的改革，这也可“逼”我把文章尽量写短一些。便同意合作，反正在其他地方发，或收入集子中，照样可以拉长，尽量多积累一些素材。今年在《咸宁日报》发稿还有10余篇，这个阵地不宜自动放弃。今后，为文处世应似这样灵活一点，不宜一成不变。

北京朱雨滋先生7日来信：“2月10日来信和所附报刊均已收悉，很高兴。访问吕济民、谢辰生等同志的文章，读后颇感亲切。往事历历在目，耐人寻味，知你到政协工作，也很高兴。/现将我的简历奉复如下……”他从干校回京后，先后任国家文物局办公室副主任，全国政协秘书长齐燕铭的秘书，全国政协副主席刘澜涛的秘书，全国政协办公厅副主任，副局长、局长等职，1994年退休。

20000414

今天将戴文葆先生手写的长稿《怅望向阳湖》打印出来,连同月内打印的佟韦稿《向阳湖里向阳人》和郑苏伊的《三见爸爸臧克家》,都准备编入《向阳情结》下册。同时,收入《咸宁文史资料》第二辑“向阳湖文化专辑”。有什么比这种“公私兼顾”带来的愉悦更大呢?

20000415

“采风”下册拟收专访60篇,已完成48篇,还剩12篇。现在开始最后冲刺,计划每周两篇。下月中旬全部完稿,今日一突击,竟然一天便完稿一篇。如此坚持下去,任务可提前完成!话说回来,也不值得“表扬”自己,下册这批文章,实在时间也拖的太长了!

《咸宁日报》发表“采风”稿,题为《“真想再回向阳湖看看”——访原中华书局总编辑傅璇琮》。

20000416

下午金礼山来谈,他准备在《楚天声屏报》“今日视点”上全文转发张兴旺写的《李城外与向阳湖文化名人》,因为要登一整版,需配四五张照片,我让他挑选了几张向阳湖文化名人的照片。但他执意要一张我采访时的照片,只好在咸宁读者面前再露一次脸。

20000418

北京郑士德先生10日来信:“3月12日来信敬悉,谢谢你的关照。/随函送上拙稿《情结鄂南》,文字长了一些,如能刊用,请你删节或改写。我把这篇稿子送给梁天俊先生审阅。他很感兴趣,把文末的那首诗,用硬笔书法写于另纸,能否发表,请你酌定。梁先生的硬笔书法很有名,北京的中华书局、社会科学出版社等单位,纷纷请他用硬笔抄写一些研究甲骨文或汉语方面的书稿。他写成后,直接照相制版出书。他已抄写10多部书,迄今仍应接不暇。请他抄书的出版社要排队。/在我未获韬奋出版奖的去年9月,《出版广角》杂志‘庆祝建国五十周年专号'，已把我推选为影响新中国50年出版事业100人之一，并发表了专题介绍。中国韬奋出版奖是全国出版界最高奖，从80年代初期起，已评选6届。/随函寄上《向阳湖诗选》。本书93页《在光辉的五七道路上》，署名十一连文艺宣传队，实际上是我写的。按该诗情节编成舞蹈，曾在全干校文艺晚会上演出。70～71页《割稻散歌》也是我写的。几年前，我借给你的那套干校活动照片，就算送给你了，不必还我了。/我女儿在中国电力出版社工作。当年曾作为知识青年随我一同下放咸宁文化部'五七'干校。她也表示要写写回忆录，因工作太忙，迄未动笔。她看了我写的这篇文章，也准备抓紧撰写，将另行寄上。"

同信附上梁天俊先生15日信："谢谢寄来的书和报纸，我很珍惜，都一一阅存，收益匪浅。/老郑同志的大作很实在，他的诗情也很感人，我有时间一定写写寄去，好，多联系，遥问安康！"

20000419

北京庄浦明先生15日来信："收到您寄来的书两册，谢谢！杨静远同志的《炼人学校》，改名后已由长江文艺出版社出版，我想您一定已经看到。/随函附寄简历和老照片数张，后者是干校收摊时我去某一宿舍地上捡得的，都是当时干校生活的实录，不知有无用处？我家里现在存有两件旧物：一是在干校穿的军用橡胶雨衣，上面有'又黑'('黑子'的第一任夫人)咬的牙印，其故事涉及电影界名人苏里；另一件就是从汀泗桥竹器厂购回的一把竹椅，虽已破旧，但我现在还把它当作餐椅，一日三餐都离不开它，冬天铺个棉垫子，夏天坐着透心凉，特别是见到它就想起在咸宁5年多的生活情景，睹物思情是也。你如有用，我都可以奉献。"

商务印书馆毛永波兄12日来信："前次随德炎同志重访旧地，蒙您导引，铭感至今。/兹遵德炎同志之嘱，将验定的职工名单寄上，打问号者是否去过干校,当事者已尘烟过往,记不清了,只好存之阙如。/读您的书,使我们又忆起过去的事,我们不曾经历的事。我们很受触动。感谢您!"

20000421

下午去《咸宁日报》社校对明天发"采风"稿——访杨德炎先生,我自己删了文章,控制在1500字。可是让步到这个份上,报纸编辑又擅自作主将栏目从一版移至四版"休闲时光",而且排的不是头条。本想提点意见,又退一步想,无所谓,文章已非全貌,还计较发在什么位置上干什么。晚上看"读书时间"的电视节目《我们只有一条长江》,很可惜,报社的编辑还没有意识到,咸宁只有一个向阳湖。

20000422

夜餐后散步,去胡秘书长处聊天,很投机,一谈一个多小时。他建议我到政协后要适应新环境,毕竟与市委那边工作性质、服务对象和权力的"含金量"都不同,工作节奏快不得,秘书长代替主席做主不行,到部门到基层不宜多等等。我表示安心搞文史,只是他这个班长应把我当个文化人看待就行。他倒是谦虚地说,像对待刘三多一样为我服好务。

20000423

购《我亲历过的政治运动》(萧克、李锐、龚育之等著,中央编译出版社1998年版)。

20000424

北京戴文葆先生19日来信:"报纸及复印件收到无误,至谢!/我遵嘱勉强提笔,如承诺期限奉上,反而给您添了许多麻烦。由于我未在'文革'中到咸宁,我只好装门面,写点咸宁沿革,一发而不可收拾。当然应遵乞另外,只就题重新写一点,把最后几页彻底修改,再请审阅。"

晚上劳动局余进和工行刘胜华来，商议上网宣传向阳湖文化的事。小刘经他们罗副行长动员，拟将“网上咸宁”网站设向阳湖专页，我支持此事，但涉及版权问题还需谨慎。

20000425

访顾朴先生一文写了2700字，按《咸宁日报》社陈总的要求，每篇限于1500字，但我考虑顾老是聋哑人，是特殊情况应特殊对待。上午便去找陈总“说情”，既为顾老，又为自己，好容易才同意了，我满足之外又有遗憾，什么时候自己和报社的位置不知不觉地颠倒了。原本是应由陈总找我的呀。

20000426

上午去省政协文史委，这是我上班后第一次到上级机关报到。文史委工作我是新兵，但已经上路，由于向阳湖的宣传，在“圈内”已有了知名度。这是其他地方文史委主任难以赢得的。中餐喝酒时，省文史委的同志讲，有些地市州的同志干文史工作20多年，到退休才落实个副主任待遇。我说我已很知足了。

20000427

下午与北京金冲及先生通电话，他得知我调政协文史委工作，说自己在全国文史委兼了个副主任。我说正好他是我的“顶头上司”，并请他今后在国内多宣传向阳湖文化史料的意义。他说：“我对回忆干校兴趣不大，因为自己一直受审查，但对你近几年抢救向阳湖文化的精神十分佩服。”

北京侯恺先生寄《荣宝斋》1999年10月创刊号；涂卫群寄《普鲁斯特评传》(浙江文艺出版社1999年版)。

20000429

访顾朴先生一文今日四版全文见报，题为《“历史不能再开玩笑了!”》。可惜因为印刷原因，配的顾朴照片一片模糊。我对《咸宁日报》社管理不严，某些人责任心太差无话可说，只好打算做些技术处理，再复印寄给顾老。

20000501

晚餐与刘三多老师陪鄂州市政协副主席吕克克，席间吕得知我曾担任地委书记的秘书，感叹这是他第一次碰见从市委调政协搞文史的年轻人。又谈及鄂州政协的秘书长调市委任副秘书长兼办公室主任。我对刘老师玩笑道，看来以后回市委办工作还有希望。刘说就是市委安排，估计我也不愿去了，因为政协的时间和环境是不可多得的。

20000502

晚餐政研室王民邀我陪他的同学《今古传奇》编辑胡沙岸，酒后王民对沙岸说，他估计我调政协是暂时过渡的，而我在官场是难得的好官，和我打交道有一种安全感，不害别人也不提防别人。我说此话正合我的追求，我正在写曹辛之先生夫人赵友兰的专访，就提到："做人要做这样的人。"

20000503

晚上与北京孟庆江先生通话，催促他寄有关资料和回忆文章。近几年同一话题的电话已打过十几次，每次他都答应得好，而且十分热情，但就是忙字当头，而且拖至今天没回过一封信。但我还是不甘心，因为他在干校写下全过程的最完整的日记。和他一人保持长期联系，无疑是必要的。

20000506

《咸宁日报》周末版发表"采风"稿，题为《"忆咸宁，想咸宁"——访故宫博物院副院长杨新》。

20000508

北京故宫杜廼松先生寄来特快专递，补充了一些他本人的资料，以便我写好专访。晚上他又打来电话，谈了半个多小时，对我的工作多有鼓励。我表示除认真写好这篇专访外，这份有价值的工作会坚持不懈地做下去，努力取得更多成果。

晚上散步，遇电视台新上任的刘台长和冯总编，我对两位说，向阳湖文化的栏目应继续办，不应让北京的录像带躺在库房里睡觉。两人都表示积极配合。

晚上成园弟从鄂州打来电话，谈向阳湖开发事，建议我从向阳湖研究专家这方面努力，一心一意做好文史的学问，至于旅游开发、经济开发不是个人考虑的事。我深以为然。

20000510

上午，市政协副秘书长徐壮立告诉我，程主席让他转告我，尹市长看了我的书，对向阳湖文化十分感兴趣。想通过旅游在这方面做文章，尹还要约时间找我谈谈。

20000513

《咸宁日报》四版今日发表“采风”稿，题为《“可惜我在向阳湖没做诗”——访著名书画家、诗人林锴》。

20000514

购《'99 中国年度文坛纪事》(白烨选编，漓江出版社 1999 年版)。

20000515

晚上去工行，刘胜华和余进在自办的“网上咸宁”网站上，已将我的向阳湖文化正式上网。主要是介绍我的书及有关评论。

订下半年报刊，562 元。

收北京金冲及先生寄《毛泽东传(1893～1949)》(上、下，中央文献出版社 1996 年版)。

20000517

北京王以铸先生 12 日来信：“《咸宁杂记》七则，想到一点记一点，然后归纳整理,大概万把字,想再誊一遍,估计一周后可以最后完稿寄上。这个稿子拖了很久,尽管有各种原因,但还是感到十分抱歉!/年纪大了,杂事又多,除了还旧文债之外,最近还要给三部书写序(都是情不可却,又义不容辞的),此外又得准备一所高校的讲课提纲。我是最怕出头露面的,情况尚且如此,那些社会活动多的名人,可以想见就更没有时间坐下来做点事情了。稿件寄到后,是否可用,由您全权处理。有什么问题请再联系。”

20000518

下午下班路过广电局,遇见省广播电视厅副厅长黄运全,临时被拉去陪他喝酒。黄对我开发向阳湖评价甚高,以为一人经营而初具规模,实在难得。

购《荆棘路——记忆中的反右派运动》(牛汉、邓九平著,经济日报出版社 1998 年版)。

20000520

《咸宁日报》四版发表“采风”稿,题为《“忆干校不能忽视个人反思”——访中国革命博物馆研究员苏东海》。

20000521

上午省政协《世纪行》杂志编辑打来电话,称第 6 期“回眸名人”栏目发表我访问臧克家先生的专访。我自然高兴,毕竟初到政协,便和《世纪行》挂上了“钩”。

20000522

上午向社科联写了《咸宁市政协文史委关于成立向阳湖文化研究会的请示》。下午拟出“向阳湖文化研究会章程”和“领导成员名单”,明天找市民政局批。研究会早成立比晚成立好。

20000523

社科联上午批复了我的请示,下午填市民政局提供的有关表格,办社团这是第一次，学了不少东西，看来还有个筹备过程，并不如我想的一步到位。我今天列出领导成员名单，开始征求有关人士的意见。去文化局时，董思宁表示支持，何国强表示要出大力，严桂秋表示出微力。可我晚上去征求孟绪龙的意见，请他作为共同发起人参加研究会的“班子”，他声称可以参加幕后的策划，至于出头露面的事，不干。我尊重他的意见，但必须让他挂个理事的名，使大家知道他曾经为向阳湖文化作过贡献。

20000524

上午去市社科联找龚炳南、潘鸿敏，询问了有关建社会团体的注意事项。随后去市民政局社团科办手续，事有凑巧，科长便是1970年下放向阳湖的兵；分管的副局长也是过去地委办的同事，马上答应下星期办好一切手续。真是一帆风顺。

20000525

昨天上午和胡秘书长、程主席通了气，创办研究会得到支持。程主席建议，俞副主席和刘副主席任名誉会长，我只好打消了请市委、市政府领导挂名的念头。

今日分别向北京几位我邀请担任研究会顾问的文化名人通话，征求意见。张光年、张慈中、严文井、陈原、谢永旺等先生都表示热情支持。还有几位未挂通电话，待日后再联系。

20000526

下午，在办公室与胡秘书长谈，他对向阳湖文化的价值十分敏感，提出政协应该专门把向阳湖文化的宣传抓在手里，搞出影响，这也许比宣传刘三多的画花钱少，收益更大。

20000527

上午与北京周巍峙先生通话，他对向阳湖文化依然十分关注，近日又将我采访他的文章作了修改，正准备寄给我。他同意担任我会的顾问,这是对我最大的支持。接着又和中国现代文学馆周明先生通话,他激动地向我介绍前天江总书记参观文学馆的经过。我对向阳湖文化的研究情况作了简介,他还是像以往那样热情鼓励我。感慨地说,坚持到今天,真是不容易!

《咸宁日报》四版发表“采风”稿,题为《“采写文化人要一视同仁”——访著名文物保护专家胡继高》。

20000528

昨夜和今夜都加班,修改“向阳湖文化研究会章程”,敲定顾问、名誉会长、会长、副会长、理事会成员、会员名单等。白天都去打字室打印修改,工作量真大。一陷进去,逼得自己不得不思考一环套一环的进展情况。初步计划等明日民政局正式批准后,下星期二端午节举行成立大会暨首届理事会。整个会务工作是我一人一手在操办,日前征求了副会长老柯的意见,近几天再多找几个人协商。

20000529

市政协“三讲”今日下午总结,最后县级干部每人又交了一份思想总结。我写了五个部分:1.进一步坚定理想信念,政治理论学习更加重视;2.进一步增强宗旨意识,当好公仆的意识更加牢固;3.进一步加强自我修养,认真整改的行动更加自觉;4.进一步强化组织观念,转岗换位的步子更加快捷。5.进一步转变工作作风,负重争先的目标更加明确。我在最后一点提到:“积极准备发起成立咸宁市向阳湖文化研究会”。

20000530

北京孟庆江先生26日来信:“寄上国画一幅,请查收。《情系向阳湖》我列出30篇,现只写15篇,先寄上,如有点意思,往下再写,我将题纲一并附上,供参考。/很忙,耽误你的工作了,抱歉!”国画为《屈原天问图》,这令我感动。研究向阳湖文化,每日望一眼流放文人屈原的画像，可谓最好的激励。

20000531

成立咸宁市向阳湖文化研究会的批复，市民政局前日已下达。今日发了“社会团体登记证书”，业务范围是研究、交流向阳湖文化。我是法人代表，准备下星期二举行成立大会。

20000601

夜餐和市电视台长、总编等谈及向阳湖电视专题片的制作。我把这作为向阳湖文化研究会的一项重点工作，这几天和几个朋友一起，讨论向阳湖文化研究会的“人事安排”。我自己一人将方案修改来修改去，来回好几道，体会了当“组织部长”的滋味。既要讲合理，又要讲平衡，要想让人人满意，还真不容易。

20000602

上午，与北京朱家溍、秦岭云、陈羽纶、文洁若、杨静远等先生通话，都同意担任研究会的顾问。特别值得庆贺的是，全国政协常委、中国书法家协会副主席刘炳森还应请答应为“咸宁市向阳湖文化研究会”题匾，并为《咸宁文史资料》题写书名。

20000603

上午邀何国强谈研究会成立有关事宜，我请他出任副会长，理由是我俩最早一起上北京关注向阳湖文化，而且研究会会员中文化局下属单位的人不少，他作为副局长有点号召力。副会长除了工行罗副行长和财政局高副局长外，老柯和元平都是挂名的，没有更多的时间和精力操心，估计依靠他和金礼山做具体事多一些。

《咸宁日报》四版发表“采风”稿，题为《亦苦亦乐向阳湖——访著名书法家王景芬》。

20000604

下午又去老柯家征求研究会成立的意见。我准备请他当主持人，时间是后日端午节,他明天出差去汉,答应后天上午9时一定赶回,但建议换个主持人。我以为有理,周密起见,请名誉副会长王同杰主持好了。

20000605

准备了一天会议材料,校对、打印、装订,打电话通知,晚上忙到11点。明日研究会成立暨首届理事会召开,为烘托气氛,我特安排制作了醒目的会标:“咸宁市向阳湖文化研究会成立暨首届理事会”。忙了半个月,一件大事总算完成。

咸宁市向阳湖文化研究会成立大会

20000606

上午的会议开得很成功,通知到会的无一缺席。政协小会议室座无虚席,理事中,除因事出差外,连师专的两位教授也赶到。名誉会长刘三多,名誉副会长王同杰、卢克清、陈鸿驰、胡启旭、胡昌泰均应邀到会。报社、电视台都来了记者。我首先汇报了研究会筹备情况,市民政局的同志宣读了成立批复。会议宣读了中国现代文学馆副馆长周明的贺信，北京文化人顾问名单和名誉会长、名誉副会长名单；讨论通过了章程，表决通过了首届理事会组成人员；选举产生了会长、副会长、秘书长；市社科联的卢克清发表了热情洋溢的贺词，市政协程主席中途到会讲话。不少同志为办好研究会，提了很好的意见。身为会长，我作了总结讲话。会议气氛十分热烈，人气很旺，“士气”高昂。直至12点才结束。中餐又在兰台酒店聚集畅饮……

北京周巍峙先生31日来信：“您写的文章（注：《不管风吹浪打，胜似闲庭信步——周巍峙抵制‘四人帮’的部分记事》），我作了较大的改动，补充了不少材料，不知您是否合意？请告（如有意见请注明，或即在稿上改了，退我）。”

20000607

上午《咸宁日报》头版发了会议消息，晚上咸宁电视台播出了新闻，“咸宁市向阳湖文化研究会”开始走进千家万户。市委的信息也作为“重要动态”报道，传递到咸宁的决策者手中。我这个会长还先后往省里和北京发传真，尽量多宣传出去。

20000608

余兴未减，仍沉浸在成功的喜悦中，但不光是陶醉，得马上开始务实，联系新的京城文化人。上午和北京勇进评剧团负责人徐海南、徐恺父子取得联系，并约稿。下午又和《中国文化报》记者孙燕聊天，电话里她对我的工作进展如此之快，十分钦佩。

“网上咸宁”正式建立“向阳湖文化网站”。

20000609

心里牵挂着研究会的下一步工作，今天找几个熟人畅谈办会的思路，受到不少启发。晚上还布置金礼山写成立大会的侧记，以备忘。还提示他，身为秘书长要敏感，为今后写有关小说和电视剧提前作准备。

20000610

下午去金礼山家谈《向阳湖文化报》如何办。晚上去工行与刘胜华讨论,“网上咸宁”向阳湖文化专栏该添加哪些新的内容,忙到近12点才回,这才发现当了个会长,今后不光是写文章了。

今日《咸宁日报》四版转发张兴旺写的通讯《李城外与向阳湖文化名人》。

《人民政协报》、《中国文化报》、《湖北日报》、《文艺报》近日均发表研究会成立消息。

20000611

全国政协副主席张思卿在赤壁游览了几日,今日参观咸宁“星星竹海”,上午和刘三多一起前去等待时,碰巧尹市长也赶到,等客人来还有半个小时,我便汇报了研究会成立的事。尹市长就向阳湖的话题谈了不少,看样子向阳湖又有希望重新“热”起来。根据市政协的安排,明日张思卿一行去向阳湖参观,这是值得研究会做做文章的。晚上,省政协副主席杨斌庆在市委张副书记的陪同下,来我的“向阳书屋”参观。我请他看了名人字画、书信及老照片,杨兴致盎然,赞不绝口,由衷地说我为咸宁作了贡献,市委应提拔重用。我对此事兴趣不大,但求今后在向阳湖文化研究上多做点成绩。杨说我主动要求到政协是“英明决策”,他还现场献艺,为我留了一幅书法:“开采金矿,百练成金”,并鼓励我今后多写文章,在向阳湖文化上积累,力争出大作品。

张思卿参观向阳湖文化展

20000612

上午，张思卿等领导参观“向阳湖文化展”，他在展厅问我，向阳湖文化的内涵是什么？强调关键要定好位。我解释了几句，他不十分满意，游兴顿减。这倒引起我的深思，晚上回到温泉我去张主席房间讨教，他送了我一幅书法，写的是“勤思”二字。

20000613

到汉开会，晚上和老柯去徐鲁兄处，徐鲁对向阳湖文化研究会成立表示祝贺，并说自己写我的文章火候快到，胸有成竹。

20000614

下午去省政协宣传处，下期《世纪行》发研究会成立的消息。《湖北日报》昨日C版已发，武汉的几个朋友都看到了。

20000615

购《往事随想》(萧乾著，四川人民出版社 2000 年版)、《二流堂纪事》(唐瑜著，安徽文艺出版社 1997 年版)、《百年百种优秀中国图书(1900—1999)》(人民文学出版社 1999 年版)、《欧阳修文选》(杜维沫、陈新选注，人民文学出版社 1997 年版)、《苏轼诗选》(陈迩冬选注，人民文学出版社 1997 年版)。

昨天从汉回来看了报纸和电视，关于张思卿考察咸宁旅游的新闻，《咸宁日报》昨日发的头版头条，是我以特邀记者的名义报的，可惜写短了一点，以致电视台照搬时画面太少。其中在向阳湖考察的镜头也只是闪了几下。

20000617

上午去工行与研究会副会长罗勇一起观看“网上咸宁”向阳湖文化专栏，具体操作者是小刘，这种传播的效果的确不错。中餐常务理事潘德汉请我和罗勇一起小酌，我说研究会有一帮朋友的支持，我这

个会长虽然累点,但心里甜。

《咸宁日报》今天四版发表"采风"稿,题为《"向阳湖的经历像一出戏"——访著名画家张广》。

20000619

北京谢永旺先生14日来信:"寄来的材料,都收到了,谢谢你的热心。向阳湖文化研究会成立,定能做出更多的成绩,谨表祝贺。我忝列顾问,则实实有愧,只是从命罢了。《四季拾零》校读一遍,略有小改,请审阅。"

20000620

约徐全利写有关向阳湖的文章,他今日交了稿,题为《湖边乱谈》。上午看了,写得还可以,但不如我想象中的深刻。此稿留用,但建议他再写篇新的。

20000621

温中成立"咸宁市外国语学校",想请《英语世界》主编陈羽纶先生题匾,闻校长找我帮忙。我下午挂通了北京的电话,陈老满口答应。晚上我还与北京刘炳森先生挂通电话,催促他上次应允为《咸宁文史资料》题写书名,他回答马上寄来,并叫我重新报了邮编。电话里,他还由衷地对我赞叹道:"咸宁谁人不识君!?"

20000622

金礼山托我与北京胡德培先生联系,为他的中篇小说集写个序,上午我便挂了电话,胡先生很给面子,承诺收到稿子后马上写。我对金礼山玩笑道:"会长为秘书长服务"。金表示,今后为向阳湖文化研究会效力当不遗余力。

20000623

上午,两位通山老乡来文史委闲谈。金礼山说我现在与向阳湖到了水乳交融的地步，注定今生与向阳湖“相恋到底”。李厚平则羡慕我从市委到政协的选择正确，真正找到自己人生的定位。而他自己，现在还是个未知数。

20000624

晚上拉出“采风”稿——访刘杲先生一文，这是本月的第一篇文字。因为忙研究会的事，上月完成“采风”下册的计划又往后推，但再推也不能超过7月初，还剩4篇，得实行“倒计时”，一定如期完成。

《咸宁日报》今日四版发表“采风”稿，题为《“我为李政委说句公道话”——访著名文物鉴定专家杨伯达》。

购《求索中国——文革前十年史》(上、下，红旗出版社1999年版)。

20000626

在《人民政协报》23日发表《罗哲文：忆向阳湖》。

上午去工商局咨询了一下向阳湖文化注册商标事宜。预测向阳湖文化将来的影响，此事得提前考虑，迟早要办的。

20000627

上午去市新闻出版局申报《向阳湖文化报》刊号，经办的老王建议，申报省里的内刊号比市里的规格高些，但审批慢一点，不妨等一等。下午又去文化局向何国强建议，要着手将向阳湖申报省级重点文物保护单位，然后逐级升格。

20000628

成果兄上午带师专校报的负责人来谈，拟在师专报刊开辟“向阳湖专栏”。我自然表示支持，以为这也是向阳湖文化研究会成立后要办的事之一。无论怎么说，大中专院校是宣传向阳湖文化的重要阵地。

20000629

北京戴文葆先生6月24日来信:“遵命奉上拙作《怅望向阳湖》,其中一字一句,我均负责;我的亲历,完全真实。请审阅、照排。将来出版者如有什么意见,请他找我。‘Allornothing’全用或不用。/关于我的情况,不赞成多写多吹……/出版界有些中上层行政人员,混子多,不能编书干实事。不要为我写多少衔头。我编的书具在,署名未署名都不会从书架上拿下来。请原谅我的固执。谢谢。”

2000 年

秋

20000701

上午与北京周明先生通话，他出访台湾等地才回不久。我汇报了向阳湖文化研究会成立大会开得成功，感谢他的贺信。他既是顾问，马上提出了一条建议，干校的老照片，研究会可以搜集起来出一本书。

20000703

北京郑士德先生 6 月 28 日来信："我于 4 月 13 日给你寄去拙稿《汗洒鄂南情相系》以及梁天俊先生的硬笔书法抄录拙诗，不知收到否？我是挂号寄出的，谅不会收不到。能否利用，全无关系，只希望拨冗给我个回音。该文，我花了不少时间，改写了几次，仍嫌太长，如能利用，请你任意压缩。如无法利用，盼能退给我。因为我未留原稿。/我还寄给你一本《向阳湖诗选》，不知收到否？/今后，如有机会来京，欢迎来我家做客。"

20000704

晚上与北京柴志湘先生通话，联系出版两书下册的事，由于距离上册时间长达 3 年，人文社换了主职领导，给责任编辑增大了不少工作量，我现在只有顺其自然，书出齐了就是胜利。

20000705

上午去市新闻出版局递了申办《向阳湖文化报》的申请，顺便询问

“向阳湖文化”及有关文图的版权登记事。华局长留我和金礼山小酌,说来也巧,原来县委办的同事现在又走到一起。华说我路子走得对,而他自己则根本没想到从事文化事业。

20000706

晚上和北京胡德培先生通话,他受我之托,在读金礼山寄去的小说集,并准备为之作序,我见朋友的成果即将推出,马上告知,金自信心大增。我则计划两书下册完成后,报告文学《向阳湖——文化部“五七”干校纪实》应早点动手。

20000707

在党校参加市直县级干部法律知识培训班,中途抽空去校图书馆浏览报刊,发现藏有 1977 年至今全套的《全国报刊索引》,大喜过望,因为人熟,管理员徐老师破例全部借给我回来攻读。下午,去辆小车拖回了十余捆,共 270 余本。搬到文史委,准备逐一浏览,积累一些文史资料,做些“索引”,这样可以逼自己抓紧时间读书。大量读一种书报刊的系列,是我长期以来的习惯,仍应坚持下去。

20000713

北京王以铸先生 9 日来信:“《杂记》三则先行寄上,请审阅酌定,所以未誊清是因为拖累太久了,誊清后免不了又要改动,时间又要拖下去,所以只好把比较乱的原稿寄上,请鉴谅。其余数则,二三日内一定寄出,请放心。”

20000714

刘三多老师在九宫山搞画展,需印请柬,上午在厂家校对稿及印宣传单,我建议他的个人简介加上“咸宁市向阳湖文化研究会名誉会长”。他点头之后由衷感慨,我宣传向阳湖文化,可谓是无孔不人。

上午抽空去省作协,创联部童志刚留我小酌,请来徐鲁作陪。老童放下《今日名流》的主编不当,主要为图个心情舒畅,和我转行有相同之处。徐鲁向我推荐了几本书，美国马尔科姆·考利《流放者的归来》，奥地利茨威格的《人类的群星闪烁时》和《昨日的世界——一个欧洲人的回忆》。徐鲁建议我写报告文学以前认真读读这几本书。我感到惭愧，近几年由于忙，几乎没有认真完整地读一本外国名著了，正好补补课。

下午逛楚雄图书城，购《冰心全集》(1－8，海峡文艺出版社 1994 年版)、《路遥文集》(1－5，陕西人民出版社 1996 年版)、《臧克家传》(孙晨著，山东大学出版社 2000 年版)、《冯雪峰评传》(吴长平著，上海书店出版社 1995 年版)、《叩问作家心灵》(杨义著，中国社会科学出版社 2000 年版)。

20000715

《咸宁日报》四版发表“采风”稿，题为《“难忘向阳湖畔的日日夜夜”——访李季夫人李小为》。

20000716

请陈羽纶先生为“咸宁市外国语学校”题匾，今日转交闻校长。晚上他请我和黄胜、老柯等小酌。明天，《咸宁日报》发陈题匾消息。这算得研究会成立后，我利用向阳湖“资源”为地方教育事业办的一件实事。

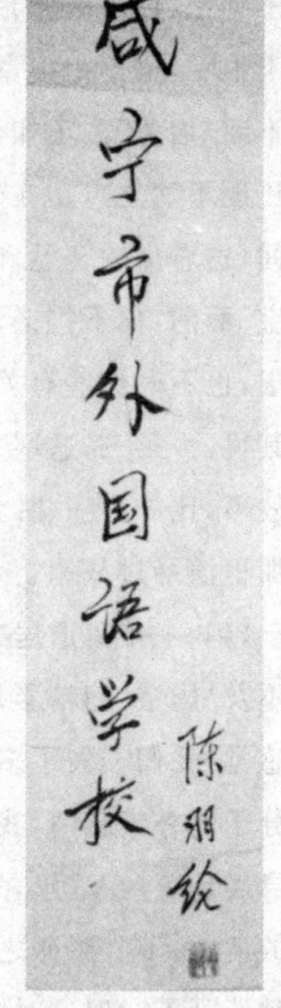

陈羽纶题写
“咸宁市外国语学校”

20000717

《湖北日报》胡道宏先生来电话，谈市政协《“入世”》稿件宣传的事。我嘱咐他，文章登报不要只带上我的名字，还应带上王亲贤和郑光勇。他们上省报一次不容易，胡满口答应，并准备日后要采写一下我与向阳湖。他说我放弃仕途走文坛辛苦的路,使他感动。

20000718

上午去省新闻出版局,申报了《向阳湖文化人采风》版权登记。

20000719

广东周鸿雁先生14日来信:“最近,我在读了‘采风’后,我的第一感觉是:你是咸宁地区的第一精神首富。这种‘富’,不怕偷,不怕抢,不怕亏,也不怕损,相反,它只会随着时间的久远,不断增加‘含金量’,不断‘增值’。正如名人们所说,‘意义深远’(有些价值或许我们一时还说不清楚),功在千秋。/第二感觉是你的专访文章写得好。字里行间,透着你的智慧和才气,涉猎面广,知识面宽。在这些国家级的‘国宝’面前,你不拘谨,谈吐自如,时不时还幽默一回,既不失小字辈的谦虚,也不时作些有关学识的探究。尤其文笔流畅,读着文章,有如身临其境。/第三,这些文章可读性强。他们是在我们熟悉的地域发生的故事,比如窑嘴、甘棠、咸宁、汀泗桥等等地方,我都十分熟悉,也曾在那里演绎过故事。我乃武汉人氏。‘文革’前支边去云南,73年调咸宁,到93年我退居二线来广州,在咸整整20个年头。我的故事,自然不及‘国宝’们精彩。但看到他们在咸宁的遭遇,我的心时常有颤抖的感觉,我们损失了多少宝贵的精神财富啊!尤其他们说到农民对知识分子的朴素感情,我是深有体会的,以后在适当时候,我将写写我的亲身经历。/在这里,先跟你挂个号,两册书的下集出来后,还望得到你的馈赠,不胜感激之至。/开发向阳湖文化资源的意义及作用,几乎大都谈到了。但这对咸宁来说,还只能算是‘软件’,要开发这个金矿,光‘软件’还不行,还必须加强‘硬件’建设。这说起来容易,做起来却不简单。至于这方面的意见,我认为说得最集中最实用针对性最强的,要算湖北文联主席周韶华的一番见解,那几乎句句都说在点子上,很值得参考。”

20000720

上午，金礼山来长谈，他说胡德培先生已为他的中篇小说集作序，感谢我从中牵线。我说此乃会长举手之劳，是应该的，不足挂齿。

20000721

花了一整天在办公室翻阅《全国报刊索引》，专摘报告文学及人物类。一本一本地看，一本一本地查，竟然完成了60本的定量。如此下去，下星期便可将借来的274本全部翻完。做学问的苦工夫、笨工夫还得下。

20000722

上午约孟绪龙来文史委谈，他看了我的两本书下册已定稿，表示祝贺。见了我借阅的《全国报刊索引》，他与我议了一下以后向阳湖报告文学的基调、思路和构想。我表示自己以责任感、使命感写好向阳湖，任何时候都义无反顾。

20000723

北京吴桂凤同志来信提及马上去中国作协拿申请表，介绍我入会。我的体会，办什么事都当做则做，不宜久拖，包括我今后报告文学创作也是如此，其他如想写书话之类，应为之让路……

20000724

下午与金礼山去农发行办了研究会成立以来的第一批赞助款，王行长签批3000元，支持办《向阳湖文化报》，办得很爽快，开了个好头，心情特别舒畅。

20000725

北京佟韦先生如约寄来题写的《向阳湖文化报》报头。

20000726

北京吴桂凤同志21日来信："申请入会的事，过几天送表过来，我再寄上。/阎纲、谢永旺他们编的干校书籍,待出版了,我再向他们要。”

20000727

与北京周明先生通话,汇报准备加入中国作协。他答应一定当介绍人,并对我坚持研究向阳湖文化至今,大为感佩。

20000728

下午去《咸宁日报》社校对访金冲及先生文,题为《“抢救向阳湖史料大有可为”》。幸亏对编辑不放心,粗心的周末版编辑竟然将文章掉了一大段,文章无尾也没有发现。版面却用毛笔写上了“清样”。我及时更正了过来,同时觉得“采风”稿发完后,是得和《咸宁日报》稍稍保持距离,不可太亲密了。

20000730

晚上和北京柴志湘先生通话,他告诉我,出版两书下册的报告已报上去。而且陈早春先生签了字,我这下吃了“定心丸”,就等社里最后定在北京还是定在咸宁印了。这件大事一完成,今后深入的工作将会更加顺利。

北京林锴先生夫人宋雅芬25日来信,催促迅速寄还《苔纹集》一书。

20000731

上午,北京吴桂凤同志专门打来电话,告知已和中国作协联系介绍我入会的事,创联部马上会寄表格来,但今年计划已不再发展,最早也得明年上半年。这样也好,到时两书下册出齐,更有说服力。

20000804

收到中国作协寄来的登记表,这是一份最好的生日礼物。看了登记说明等,方知入会并非硬性规定,非出两本书不可,只要作品有一定影响就行了。明年入了会的话，我的向阳湖的报告文学得考虑着手了。

20000805

上午参加“九宫山笔会”，与省作协方方老师谈了一阵。她虽个子矮小，但绝顶聪明，说话快人快语，如称向阳湖的东西看了不少，但其中赞美的成分多，她个人则认为应以反思为主。又如，她对九宫山的文学爱好者介绍我是咸宁最有名的文化人，我说愧不敢当。合影时，她自嘲道：“和你一比较，方知自己这么矮。”又笑问我：“你为什么不到县里当官？”

20000812

《咸宁日报》四版发表“采风”稿，题为《“向阳湖是一根感情的纽带”——访原新闻出版署署长宋木文》。

20000815

北京徐海南先生12日来信：“遵嘱将勇进评剧团在咸宁‘五七’干校的情况写好寄上，请指正。/文章是我团著名剧作家徐彦先生撰写的。徐彦先生随团参与了干校劳动锻炼的全过程，所述情况属实。”

20000819

《咸宁日报》今日发表“采风”稿，题为《“想起了陈翰伯的一句名言”——访中国版协副主席刘杲》。

20000820

北京张慈中先生寄来精装小册子《心灵与形象——张慈中装帧设计》，令我大饱眼福，可惜选用都是他设计的精装书。如果是平装，大约会选入为我编著的两本书设计的封面。今后向他建议。

20000822

市委一届三次会议扩大会议讨论《咸宁市走向21世纪的战略构

想》,我在分组发言时,建议旅游业应在“九宫山”、“赤壁”后,加上“向阳湖”的内容。

20000824

北京林锴先生19日来信:“《咸宁日报》时时收到,谢谢你!这一期登了访我的大文一篇,写得很实在。有几处,我提一下:1.不是“患肠癌”,是“膀胱癌”;2.我儿子去干校时不满13岁;3.“踏惯长安十丈尘”,不是“十万尘”;4.我早年写旧诗,解放后觉得旧体诗不易表现新时代,荒废了20多年,大约1976年才开始又写,干校那一段,正好空过去,未写诗。你真了不起,写了那么多篇向阳湖的趣事。”

20000825

下午去邮局商量发行纪念封第二组的事,意外得知他们还准备搞“九宫山风光”明信片。我建议搞一组“向阳湖文化名人”邮资明信片,他们答应出,但时间要等到明年。我也正好明年才有时间考虑邮局方面的事。看样子,这辈子如果在温泉不调动的话,关于向阳湖的事是干不完的。

20000826

香港张初考先生16日来信:“久疏问候,甚为想念!因要说的话是一样的,恕我未能一一致信。我要谈的还是向阳湖文化村开发的事。要开发就得要有钱和人力,人力有的是,钱则不太好办。钱的来源不外是国家财政拨款,地方财政拨款,社会贤达捐助,舍此似乎没有别的办法了。/我只能就争取香港社会贤达捐助,略陈鄙见。/一、是否可以文化村或别的什么名义来香港搞一次画展兼义卖。二、若文化村画展等类活动真能在香港进行,要多给社会贤达邀请信。三、所有活动打正旗号为文化村筹款。/恕我直言,向阳湖文化村在香港尚欠知名度,我最近被推举为‘香港政治经济文化学会’常务理事,我也常参加香港作联的活动,这批文化人都不知文化村开发之事,我作了点口头宣传，又有何用？/1998 年 12 月我重返向阳湖参观时，委实太来去匆匆了，承诸位盛情关照，永不忘怀！惜未能作深入之商谈。”

《咸宁日报》发表“采风”稿，题为《“父亲留下的遗产是什么？”——访司徒慧敏之女司徒新蕾》。

20000828

《咸宁日报》今日全文发表《咸宁市走向 21 世纪的战略构想》，其中开发旅游业部分强调，要加快“向阳湖文化村”的旅游开发建设。这是 8 月 22 日市委一届三次全会上审议通过的。中餐在阳光酒店和元平、老柯、金礼山、李专等小酌。席间，还有党校副校长邓如松在座，他说我的贡献是，一个人几欲创立一门学问。

20000830

将 1977 年至今的《全国报刊索引》逐一翻一遍，主要查找“文学类”和“历史类”之“人物传记”。摘了不少笔记，以备他日之用。

20000902

《咸宁日报》今日发表“采风”稿《“辛之总是割不断咸宁情”——访曹辛之夫人赵友兰》。

晚上和北京柴先生通话，他告知人文社聂震宁社长已在他的报告上签了字，同意继续出下册，而且交给他继续负责到底。柴先生这才放心，叫我开始送稿子进市印刷厂打印。他不知道我早已送厂打印好了。

20000903

市旅游局打电话来，说中央电视台有两位同志拍向阳湖，请我去作陪。我没时间去，但还是向向阳湖奶牛场的负责同志打了电话，叫安排陪同参观。但不料客人从向阳湖返回后，旅游局再无下文。今后这类“服务”，还得看对象。

20000904

下午去党校还了《全国报刊索引》，向管理员徐老师致谢时，她反倒说我完全是为了咸宁的发展，做了别人不愿做的事，应该大力支持，何必言谢。下午，党校还约我抽时间去讲向阳湖文化，并专门派人上门来请，我因编书紧，时间大约要往后推移。

20000906

向阳湖两书下册的校对稿全部定稿，都在300页左右。上午，用软盘复制了一份去工行“网上咸宁”留待上网。操作电脑的小刘建议我自己学会早日上网，可我至今还不会打字。我很悲哀地发现，自己已“落伍”，再不及时“换笔”的话，只能算所谓的“知识分子”了。

20000907

上午，金礼山来，共同策划第一期《向阳湖文化报》如何组稿及版面安排，拟定本月26日出版。四开四版小报，因为省里在整顿报刊，内部资料刊号停批，只好暂且用市里的内部刊号再说。

20000908

上午，咸安区委宣传部王清炎来，建议我将向阳湖的专栏搬上“新浪潮”互联网。但需要经费，暂时不能付诸实施。老王又说，咸安区开发向阳湖的班子还在，由文化局一位副局长分管，每年区里还有5万元的专款下拨，大约用完花光算数。我可以想见，这不是几个办事的人。因为他们除了游山玩水外，从不出去招商引资。连我这里也不来“请教”一下。

20000910

将《向阳湖文化人采风》一书下册的“后记”拉了出来，几易其稿，最终以《我的“向阳湖情结”》为题，写了3400多字。晚上请致婷修改，她毫不客气地说第一印象是太长，第二是说话过于直露，第三是有的提法欠斟酌。我及时采纳了意见，压缩了1000多字，感觉强了一些。

20000912

中秋节晚上，北京陈安钰兄特地来电话问候，我也介绍了向阳湖两书下册完稿之事，他表示祝贺，并说干一桩事业，有成绩便体现了价值。在官场上混，不一定就比这影响大。

20000914

向阳湖两部书稿下册终于校对完毕，今日全部出好清样，明日寄北京送人文社，请责任编辑柴志湘先生终审。总算舒了一口气。

20000915

开始着手下一步工作，出版《向阳湖文化报》，主要是和金礼山一起操办。他今日来政协一起划版，计划26日如期出版。成立研究会，主要靠好帮手，金是个干事的人。

20000916

在家认真修改金礼山写的《向阳湖文化报》"发刊词"，还真费脑筋。发现自己写纪实文章还马虎，但抒情的不内行。有个初稿的"底子"，才能更好地斟酌……

20000917

连续几个月没有大批量给北京文化人写信了，自研究会成立来，连顾问们都没有时间寄资料过去，一拖再拖，实在太忙，今日总算挑选了20来人寄上有关资料。准备26日《向阳湖文化报》出报后，再恢复一次同100多人的联系。

20000919

北京柴志湘先生寄来他于7月28日写给人文社聂社长暨社务会的信，内云："97年秋社领导征询我责编《向阳情结》、《向阳湖文化人采风》两书的意见，由于我较熟悉那段生活，并怀有感情，就应承下来。/

这两本书的作者和编辑者是当时咸宁地委办公室干部,是个年轻人,他不辞劳苦地遍访在京有关名人名家,执著地利用业余时间写作,其工作精神令人感动……”陈总编当日便在信上批示:“向阳湖干校文化独步全国,其中不少人和事都出在我社,所以我社决定无偿提供书号……”聂社长于8月22日签了意见:“同意出版,请柴志湘同志继续任责编。”这对我来说无疑是个好消息,录以备忘。

20000920

开始为创刊号的《向阳湖文化报》定稿,请金礼山、王亲贤作责编。我担任总编辑。大家心往一处想,写稿、编稿、画版,出了不少好主意。尤其是“发刊词”,几经推敲,终于满意,不免自我陶醉一番。

20000921

上午出差到通山,抽空去图书馆看了馆藏文献。那里已将我编著的向阳湖的书摆在突出位置,我感到一种莫名的满足,以为这并不亚于通山人在外地当了什么大官。

20000922

《向阳湖文化报》开始在《楚天声屏报》排印,我今天一整天都泡在那里没上班。主要因为是第一期,讲究质量第一。

20000923

《咸宁日报》今日发表“采风”稿,题为《“干校三年,因祸得福”——访中央美术学院教授张立辰》。

下午加班校对样稿,和金礼山边谈边校,我对创刊号的报纸充满信心,以为一定会引起反响,并计划印3000－5000份。除寄北京外,市直单位和县市会员均赠送,留存一小部分。

20000925

北京郭小川夫人杜惠20日来信:“信报收到,谢谢!/你真是忙人多忘事，半年前我的信中，特别请你告诉我：报上那张郭小川照片的来源，谁人所摄，你有无底片？这张照片对我们十分重要，我急需借底片或照片来一用。/盼抽空回一信。”

北京杨静远先生 21 日来信：“两份报样和向阳湖文化研究会的各种文件均收到。向阳湖文化研究会的成立，标志着向阳湖文化开始又上到了一个新的高度，令人欣喜鼓舞，并表示祝贺！这都是你和咸宁的领导和同志们锲而不舍努力的结果。对你们的精神我由衷钦佩。承看重，将我的名字列入研究会顾问名单，实不敢当，只好愧领了，谢谢！”

北京崔道怡先生 21 日来信：“已将拙稿校阅一遍，现遵嘱退还。其中有些错处，请予改正。/原稿反用‘空穴来风’一语，虽系人物语误，也以改正为好。/等待着书出来，等待着《向阳湖文化报》。”

20000926

《向阳湖文化报》交《咸宁日报》印刷厂印创刊号，上午如期问世，外观和内容都拿得出手，我个人颇有点成就感，在向阳湖文化研究与开发上又办了件大事。

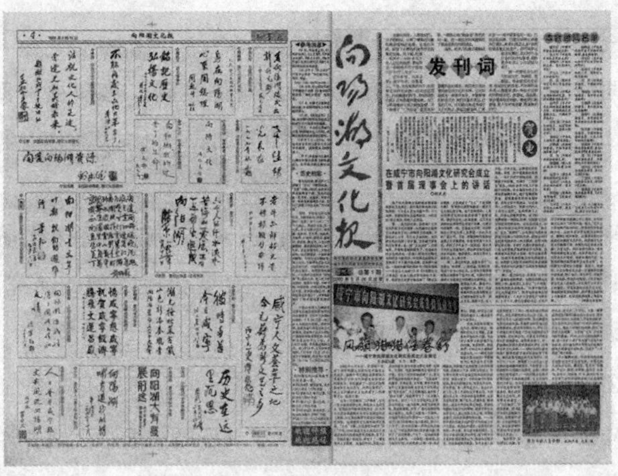

向阳湖文化报

发刊词

在咸宁市向阳湖文化研究会成立暨首届理事会上的讲话

《向阳湖文化报》创刊号

北京谢永旺先生22日来信:“寄来的材料都收到了,谢谢!/你在整理、宣传向阳湖文化方面,做了非常多的工作。在全国系统地搜集‘五七’干校旧资料,也是唯一的吧。向你致敬意。/拙稿又通读校改一遍,有三个错字,请改正。冯牧同志照片,据家属说,已寄上,想必近日收到了。”

北京傅璇琮先生22日来信:“近日来信及有关材料均收到,今遵嘱将尊作记鄙人一文阅后寄还,十分感谢您对鄙人的关怀。/您处成立向阳湖文化研究会,实是高瞻远瞩之举。此事最好有一个计划,征求有关专家意见。如方便,或来北京,请在京的一些顾问开个会,议议。”

20000927

《向阳湖文化报》印了3000份,市直单位和研究会会员共发了1200份,计划寄出三四百份,留有的1000多份随《咸宁文化报》和《学习生活》等报刊分赠外地,所剩无几。于是再决定加印2000份,以备今后不时之需。

20000928

北京佟韦先生23日来信:“大函及稿件收到。热烈祝贺您当选咸宁市向阳湖文化研究会会长,并祝贺《向阳湖文化报》创刊。/此稿已校,寄上,请查收。”

北京郑士德先生24日来信:“祝贺你当选向阳湖文化研究会会长,我相信这个研究会在你的主持下,一定会获得丰硕的研究成果,彪炳文化史册。”

20000929

去徐鲁兄那里,他送了我一套《严文井文集》(1－4,湖北少年儿童出版社2000年版),并在扉页上留字:“城外兄潜心研究向阳湖干校这段历史,做的是打捞沉船的工程,严文井先生也是沉船中的人物,想必此书对城外兄会有用处。”徐鲁还看了新出版的《向阳湖文化报》和我复印的“向阳湖书简”，表示他写向阳湖文化的文章一定会使我满意的。

20000930

北京谢辰生先生 24 日来信“来函及稿件敬悉，首先对向阳湖文化研究会表示祝贺并预祝研究会取得丰硕的成果。现遵嘱将稿件退还我，把学术秘书的学术二字删掉了。因为那时我实际只能算个郑先生的学徒而已。王冶秋同志照片，我无个人单照，这张照片是他和总理与蓬皮杜在大同的合影，不知可用否？”

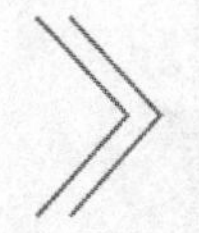

2000 年

20001001

花了一天时间，又一气写了 200 余封信，千篇一律：“寄上小报，盼指正”。又让致婷屈尊糊信封，晚上一清点，寄北京的 230 封，其他地方包括市内 101 封，是寄信最多的一次。

《咸宁日报》副刊发表徐全利《湖边思絮》，其中第一组“湖里淘金”云：“捧读向阳湖文化人采风，我深感作者乃是湖里淘金者，其所得亦非金可比。”

20001002

成园弟专门从鄂州来教我学电脑，国庆的假长，正好下决心学熟。他聊天时一个劲地强调：“向阳湖的事，一个劲地写，对你来说，比什么都重要，杂事要少搞。包括研究出了大成果，人家自然要研究的。”我则解释，成立研究会也是必要的，有块阵地开展工作也要便利些，影响也会更大的。如一张报纸会产生广泛的影响，收到的反馈信息也是大量的，无疑会有助事业的发展。

20001003

在《传记文学》第 10 期发表《侯恺与向阳湖》。

20001004

《楚天声屏报》明日出新的一期，我叫金礼山发了一条《向阳湖文化报》问世的消息，尽管内部报纸不宜在公开报纸上发消息，但我启发金要处处为向阳湖文化的宣传着想。打这样的“擦边球”也不会有人追究的。

20001007

看了电影《生死抉择》，感慨良多，致力于向阳湖文化研究有年了，也应向张平学习，敢于涉足大题材，反映历史的大场面，写出有分量的、深受广大读者或观众欢迎的作品，为咸宁精神文明建设作出应有的贡献。

《咸宁日报》发表“采风”稿，题为《“弘扬向阳湖文化贵在坚持”——访著名青铜器专家杜廼松》。

20001008

北京张姗姗 9 月 25 日来信：“十分感谢你前次将我的回忆登在《咸宁日报》上，使我得以和失散多年的同学取得联系。她们现在都在咸宁教书，她们让我问候你，谢谢你。/文章我已看过，个别字修正。”

北京周明先生 9 月 26 日来信：“寄来的报纸、资料均已收到，谢谢你了！/校样已阅。个别地方改了改。”

20001009

早晨与北京柴志湘先生通话，他国庆节期间在赶读我的书稿，我问感觉如何，他很实在地说，觉得比上册写得好，更有分量了，还建议下册要想办法多印一点。他又附带告诉我，陈早春先生已于上月 20 日卸掉总编辑职务，退了下来。我内心对这位向阳湖人深表敬意和谢意。

北京陈早春先生 9 日来信：“由于我已退居二线，不常去机关，你 9 月中旬的信今日才拆阅。/稿样改了几个字，奉还。/前曾提到印纪念封的事，你们印就是了。这信聊且算是授权吧。”

20001011

到荆门市参加文史工作会。上午,会议搞《参政议政竞风流》一书的首发式,内选了张兴旺写我的文章《打捞向阳湖历史"沉舟"的人——记咸宁市政协副秘书长李城外》。

20001012

在荆门购《荒野灵音——名人在北大荒》(赵国春著,北京文艺出版社2000年版)。

20001013

返程顺道去沙洋县逗留,县政协的同志陪同去了沙洋监狱管理局,查了《沙洋农场志》等档案,并访问了小江湖农场的负责人邹场长,了解了沙洋农场的大致情况,准备写一篇散文,建议沙洋也应开发"干校文化"。

20001014

收北京来信多封:

1.任继愈先生6日来信:"今天要到外地去开会,行前收到你寄来的《向阳湖文化报》,谢谢。/此致,敬礼。"

2.顾朴先生6日来信:"喜见《向阳湖文化报》创刊号。以往常收到咸宁日报和其他刊物,名人风采信封,你的亲笔信。感谢你的辛劳。/惟有访我的报纸没有收到,也没有看到。麻烦你找出这张报纸寄我一份。"

3.胡海珠先生7日来信:"收到清样和报纸,因为很久没有联系,忽收来信,很是高兴。你的'向阳湖情结'经过5年的耕耘,如今是开花结果——花开得越来越艳丽,果结得越来越硕大。功夫不负苦心人,你的辛勤付出,换来了大收获。如今向阳湖文化和李城外的名字分不开了。这是北京6000文化人和李城外、北京和咸宁的一种缘分吧!/我祝愿向阳湖文化和这份报纸越办越好,祝愿咸宁的各个领域在新世纪到来的时候腾飞。”

4. 丁宁先生7日来信：“谢谢你寄来的《向阳湖文化报》，咸宁市成立向阳湖文化研究会，很有意义。你发掘咸宁‘五七’干校那段不寻常的历史，做了大量工作，很有成绩。我祝贺研究会成立，也祝贺你取得的丰硕成果。/寄上校稿。”

5. 庄浦明先生8日来信：“收到《向阳湖文化报》，并一口气读完。此报虽小，但内容很充实，编得很好。希望坚持办下去，非常感谢您和您志同道合的同志们！您现在再不是孤军奋战了，不但扩大了队伍，还建立了基地，并且有了舆论阵地——向阳湖文化报。您的‘向阳湖情结’前一阶段重点在于抢救，这个方针是对的，但从长远看，今后还要适当注意开辟新的领域。我只举一点，即当时随父母来干校的孩子也有数百人，他们今天分布在海内外，许多人都已经很有成就，他们对向阳湖也是很有感情的，希望小报的发行和组稿范围把他们也放在视野之内。/对拙文作了校正，现退回。”

6. 戴文葆先生8日来信：“很对不起您，您于10月1日来示，今日才由东总布胡同取回，立即读了几遍，遵嘱改动几处，现用特快专递寄上。虽然耽搁了一周，我会去三联请赵学兰同志回去向她爱人老柴说明。届时看情况，我或请老柴另给我一份样子，改了给他。如您与老柴通话，说明一下。/我在8月12号，从北戴河回来，就忙着搬家。本来7月底已开始动作，因为党中央、国务院约了全国文化界51位同志去北戴河座谈和休养，给予‘优秀文化工作者’美称。51人怎么能摆得平呢，虽又加了代表二字，510人也代表不了什么！所以只在报端披露座谈一事，其他就不宣布了。此次活动，我也滥竽其间。江、朱等15人接见，都很亲切简单，平平常常，不摆什么场面。/我的书太多，一生为书所累，搬家太累太苦。新建道路又时通时挖，到半个月前才入住，而煤气现在才接通。生活极不安定，我体弱，心境又烦，虽然儿子、女儿都大力帮助，可是大家皆十分吃力。我来此新居，邮寄、复印等皆不方便,现在书籍都成堆放着,还未淘汰、上架,什么事不能做。古代和尚遵守规定,树下只能三宿就要离开。我在西总布蜗居住了14年,虽是享福,但无优点,离开不胜依恋。现住处比东单大一倍,交通等不方便,我至今思想还未住进来,'四至'也不了解。今天女儿去东总布,才取信回来,我立即展开校样,按您指点改动一些字样。想您最后要交给老柴,请您信上说明一下,我星期一去与赵学兰说。(我在三联从人民出版社独立时,借给该店用了9年,才又回'人民'工作和离休)。50年初,我与陈原同志共同负责在人民出版社内、按中宣部及胡乔木建议成立的'三联书店编辑部'工作,他们都认识我。请您说一下,我去和老柴联系。《怅望向阳湖》写得不好,不容易写好,不能说的太真切了。我竟走脱了苦刑,一定程度上逍遥自在了。一家人未死未伤,孩子都有发展,现在不应'吃肉骂娘'。不过,这给国家民族创伤太深了,'决议'还很不够!我们现在仍不好说,许多比我们高明百倍的人都无辜地惨死了!回顾与展望,至今仍不寒而栗!/和您通过电话,又写过不少信,仍未晤面,随稿奉上拙影四幅,以代来咸拜望。"

又,武汉王桂华兄8日来信:"信及《向阳湖文化报》收到,你的大作我已拜读,非常高兴,你又办了一件好事、大事。我有时间一定为你写点小文章,你有什么困难,你尽管说,只要我能办的,我一定尽力帮助。/我的一本小册子在作家出版社印,旧历年可望问世,届时请你指教。"

20001015

《英语世界》第10期刚到,"简讯"一栏登有向阳湖文化研究会成立的消息,向海内外介绍向阳湖文化……第99页破例用了一个页码的篇幅(翻译成英文)。我自然大喜过望,立即让致婷翻回成中文,自己又去邮局买了两本留存。

四川黄葵先生9日来信:"校样奉悉,谢谢!/遵嘱校阅一遍,奉上请审阅！/为不影响版面，我只改动了个别文字，未作大的更动。/朝思暮想，盼望有机会看看向阳湖，看看故土变化，看看像您这样的挚友，看看我爱人家乡的亲人！/《向阳湖文化报》创刊了，我由衷祝她越办越好！”

北京郑苏伊同志9日来信：“信及报纸等均收到，谢谢！/拙稿校对了一遍，有些删改。当时写得太仓促了，现在看来，可改处甚多。但看到稿子已校得差不多，不便大修改了。否则给你和出版社添麻烦。看了庄浦明同志的文章，甚亲切。‘黑子’的形象仿佛历历在目。现寄回，请收。/家父、家母向你致候！”

北京丁国成先生9日来信：“信、报都收到。/谢谢您的热情关照！果核的诗作《向阳湖，那一排排苍凉的树》，遵嘱已复印荐给《诗刊》，能否发表，尚不可知。如发不出，我将转荐给《新国风诗刊》(双月刊)，只是得到明年才能发出——今年已编完了。/在贵报介绍我的情况时，有不准确处，即我从未担任过‘诗刊主编’，我只做过‘常务副主编’，已于去年12月退休。现任中华诗词学会主办的《中华诗词》副主编和中国毛泽东诗词研究会、萧军研究会联合主办的《新国风诗刊》三主编之一(另二位主编是刘章、王恩宇)。万望予以更正，以免冒充之嫌！/我在向阳湖生活了5个年头，等于读了一次社会大学本科，十分怀念给过我们温暖和教育的咸宁人民！”

北京胡德培先生寄赠书《瞩望星河——近二十年中国长篇小说艺术》(人民文学出版社1999年版)。

20001016

北京杨新先生9日来信：“寄来的采访稿收到，文笔好，又精炼。每次寄来的报纸，我都仔细读，这是一段难忘的经历，不只是我们这些亲历者，关系到这么多老少三代中国文化人的命运的‘大放逐’，这在历史上是空前的，也会是绝后的，历史如何会忘记？/本来我也想写点回忆什么的,由于诸事缠身,一直未能下笔,我在干校也曾被怀疑为‘516’,属‘帮扶’对象,其中也有不少酸甜苦辣,只是我当时较年轻,又无证据,还可‘控制使用’,加之又是一个随遇而安的乐天派,所以回忆起来‘甜’多于‘苦’。/看了成立咸宁市向阳湖文化研究会的报道,特别选的日子很有深远意义。我祝贺研究会取得丰硕成果。”

北京王以铸先生12日来信:“校样看完,作了少许改动,请即以这次的改动为准。/《向阳湖文化报》全文转载了老庄的文章,我要替他感谢您!”

北京孟庆江先生10日来信:“收到报纸和清样稿,谢谢。遵嘱将稿子寄还。请查收。/成立向阳湖文化研究会,很好,表示祝贺。也感谢贵会聘我为‘顾问’,今后有什么事需要我来做的话,当尽能力。不过,我还冒昧提点意见:姜维朴没去过咸宁干校,当贵会‘顾问’是否合适?因为你们在报上已注明‘以上顾问均下放原文化部咸宁干校’。你们要搞‘名人效应’的话,干校6000多文化人,有的是名人。你们过去还提过沈鹏,他也没去咸宁干校。希望该研究会维护自己的真实性、可信性,不至于背后让人家说三道四。意见太直截了当,请原谅。”

20001017

北京苏东海先生10日来信:“《湖北日报》及《向阳湖文化报》收到并已拜读。/祝贺你当选向阳湖文化研究会会长。/专访我没意见,谢谢。”

20001018

夜与北京柴先生通话,他将两书下册的稿子已经读完,感觉很好,表示要为它的顺利出版继续不遗余力。

北京陈羽纶先生12日来信:“关于‘咸宁市向阳湖文化研究会’的一则简讯已发在《英语世界》第10期第99页。兹随函奉寄二册,请查收。/寄来的几份报纸已收到,谢谢。几篇文章都写得很感人。/未用毛笔写字,所以我写的校名书法,实在不够好。如尚未制成牌匾,我倒想可再写一次。”

北京杜廼松先生 12 日来信:“国庆上班后,见到来信所寄的《向阳湖文化报》和大作校样。谢谢您。/今随信寄四小样,个别处稍有改动,敬请参考为荷。/望发表后,方便时请寄我为荷。又:大作是否可在《中国文化报》、政协报、北京报上刊用,可便更多人一起弘扬向阳湖文化。/您事业心强,平日也一定很忙。最近几个月我外出较多,会议也不少。争取第四季度能多坐下来。正在加工的一部书稿,或许明年可发表,届时一定寄上一本。/望有空儿时来京作客。/金兰向您问好!”

20001019

市委党校常务副校长程群林计划在校内搞一个“向阳湖文化书院”,打向阳湖的品牌,找我支持,我自然表示积极配合,下午去实地看了一下。但又感觉光凭热情是不行的。我现在不在党委政府部门工作,任的是闲职,最多是在“软件”建设上多提供一些复制品而已。

20001020

青岛鲁原先生 13 日来信:“信稿收读,并做了校阅。每读到向阳湖的文字,心里总难以平静。足见您工作的意义。恰好前两天又写了一篇短文《千里桂花香》,寄给您批评。亦可上咸宁报刊,以答谢那里的乡亲们。”

下午,市委政研室王勿宁来长谈,他对我的处境表示羡慕,但又说:“不是羡慕你正县级,而是羡慕你在向阳湖文化研究领域取得如此丰硕的收获。”他建议我今后有机会还是往省里调,照样可以研究向阳湖。

20001021

傅璇琮先生在武大讲学,明日特地来向阳湖重游。同行有夫人徐

敏霞及宁波大学教授金涛。我和程主席、刘三多联系好，明日去陪。我去火车站接，并通知金礼山同往。安排十分顺利。我写傅先生的专访题为《“真想再回向阳湖看看”》，看来马上要圆他的梦了！

订 2001 年上半年报刊，747.46 元。

20001022

今日去向阳湖，金礼山因儿子临时弄坏了录像机，他以记者身份同行便没有了武器，赶修耽误了时间，没赶上程主席的车，但他为了对我负责，毅然打的从温泉赶到现场，这使得原打算批评他的我大为感动。刘三多老师也说：“铁杆朋友才会这么做”。傅璇琮先生寻访了干校中华书局十六连旧址，并在向阳湖文化展览留言簿上写道：“情系向阳，心向咸宁；历史文化，千载知音。”金涛留言：“难忘向阳湖，文化传千古。”程主席对傅先生 3 年前在全国政协会议上参与提案推介咸宁表示衷心感谢，并介绍了我市改革开放以来取得的新成就。金涛指出，开发研究向阳湖文化应逐渐从宣传老一辈转向联络第二代第三代，共同为振兴咸宁出力。傅先生建议市委市政府在条件成熟时邀请一批知名向阳湖文化人重返咸宁参观游览，或进京宣传，吸引更多的“五七”战士关心咸宁，宣传咸宁，为鄂南两个文明作贡献。送走客人，我马上写出消息稿，晚上送到报社，明天见报。

陪同傅璇琮游向阳湖

北京图书馆冀淑英先生 16 日来信：“承惠寄《向阳湖文化报》一份，十分感谢。得悉咸宁市向阳湖文化研究会成立，深为感动。你们为开发向阳湖文化资源，做了很多开创性的工作，尤其是通过您的辛勤劳动，编写出版

《向阳情结——文化名人与咸宁》和《向阳湖文化人采风》，深深打动了曾经生活、劳动在向阳湖的人们的情结。向阳湖文化研究会在弘扬历史文化事业中是出色的一支队伍，前程似锦。谨致祝贺之忱。”

20001023

下午去工行看“网上咸宁”向阳湖文化专栏，意外发现从搜狐等搜索网站点击“向阳湖”和“李城外”，均可查询不少资料。看来网上已被别的热心人营造了一块宣传阵地，今后唯有多写文章和网民见面，才对得起这种“友情赞助”。

20001024

北京杜惠大妈 19 日来信：“谢谢你寄来的小川同志照片。这大概可算他在干校时期最好的照片，十分难得，十分珍贵！”

下午去人事局与毛局长谈向阳湖，他提及此项工作的影响大，建议我报一下享受市政府津贴。

20001025

市社科联第一次代表大会召开，副主席大都是有钱单位的负责人，我只挂名委员，但卢主席在预备会议上又说：“我们向阳湖文化研究会虽然成立时间短，影响却波及全国及海外。”社科联的考虑可以理解，而我会关键还是多出成果才是最有说服力的。

购《百年国士》（1－4，王大鹏选编，中国文联出版公司 1999 年版）、《流亡者文丛》（1－7，林贤治主编，贵州人民出版社 1999 年版）。

20001026

下午会议选举社科联委员，卢主席得唯一的满票 119 票，我是 118 票。省社科联陈昆满主席特意向陪同的市委张副书记和宣传部周部长介绍我为向阳湖文化作出了重要贡献。这种评价，是其他卢主席圈定的副主席享受不到的。

电大 20 周年校庆下月 18 日举行，电话联系晚上要采访我并录像。我简单说了几句:“十几年来我一直为自己是一名电大毕业生而骄傲,从不为因为没有上名牌大学而感到低人一等。我一直认为,一个受过高等教育的人的价值如何,不在于你读的什么大学,而要看你对社会做出了什么贡献。因此,几年来我一直潜心研究向阳湖文化,坚持不懈,埋头苦干,出了几本专著。今年6月还发起成立向阳湖文化研究会,创办了《向阳湖文化报》,产生了一定的社会影响。这些成绩的取得,和在电大读书时打下的基础是分不开的……”

20001027

北京周巍峙先生20日来信,对我写的《不管风吹浪打胜似闲庭信步——周巍峙抵制“四人帮”的部分纪实》作了第二次修改。他复信云:“此稿我又改了一点,如同意,即可照此发了。”

《咸宁日报》今天发表“采风”稿,题为《“向阳湖情结牵动我的心”——访著名画家孟庆江》。

20001028

广东黄伟经先生23日来信:“从报刊上得悉,你编印了有关咸宁干校的三书:《向阳情结——文化名人与咸宁》、《向阳湖文化名人采风》、《湖北文史资料——文化部咸宁五七干校史料专辑》,很是高兴。烦请告知这三本书的书款及邮寄费,以便用信封夹寄上款项,劳你代购。不知可否?”

20001029

北京林光先生24日来信:“承惠寄《向阳湖文化报》创刊号一份,多谢! /研究会顾问名单所列20多人,商务印书馆竟占有3人,在下深以为脸上有光。/第2版庄浦明先生文章中写的是小狗黑子,杨静远女士也写过,两文都写得情深意切,各有感人之处。/读了《我的向阳湖情结》,得知你为向阳湖即在向阳湖生活过的人们所做的一切,深为感佩。读了此文,才明白读阁下来信几乎都像猜字谜的原因。/另,说一句多余的话。报上把挖掘向阳湖畔的历史叫做'淘金',请问谁是金子,又谁是沙土呢?这个问题未必容易回答,望予考虑。这个问题回答好了,也许比别的问题更有意义。未知阁下以为然否?”

20001031

北京佟韦先生24日来信:“《向阳湖里的向阳人》一稿,最近周巍峙老改了一下,主要是主张把一些勉强加入的人名删掉,这意见很对。本来这些人名在初稿上是不存在的,因主编考虑到一些人名应提一下,故嘱加入。现在按周老意见就还原了。如你作品集还可修正,就按此稿修改,如来不及就算了。麻烦你了!”

北京鄂力君24来信:“寄上一份报纸(《广东工商报》16日),上面有牧惠先生的《'文革博物馆'从这里开始》,是写咸宁的,留在您处比留在我处更有用!”

20001101

上午向程主席汇报我申报市政府专项津贴的事,他听我说,主要是强调在向阳湖文化研究这一方面的成果,表示认可。而且我是以研究会的名义报,不存在政协机关内部讲“平衡”。

和报社定好周末版推出《向阳湖文化专栏笔谈》专版,对1995年以来周末版开辟的“向阳湖文化”两个专栏做个总结。我自己组稿选了5篇文章,作者分别是牧惠、阎纲、孙立峰、张初考、王自力,形成了一串“集束炸弹”。

20001102

《咸宁日报》今日2版发表《牵动牛鼻子,带动全局活——访向阳湖奶牛场党委书记陈新开》,记者在文中指出:六七十年代的向阳湖曾因6000文化人在此劳动和生活而名扬华夏,80年代初在这片土地上建起的、如今已更名的向阳湖奶牛良种场又以什么为根基,振兴经济发展大业?文中提到,该场拳头产品向阳牌全脂奶粉曾两获省优、部

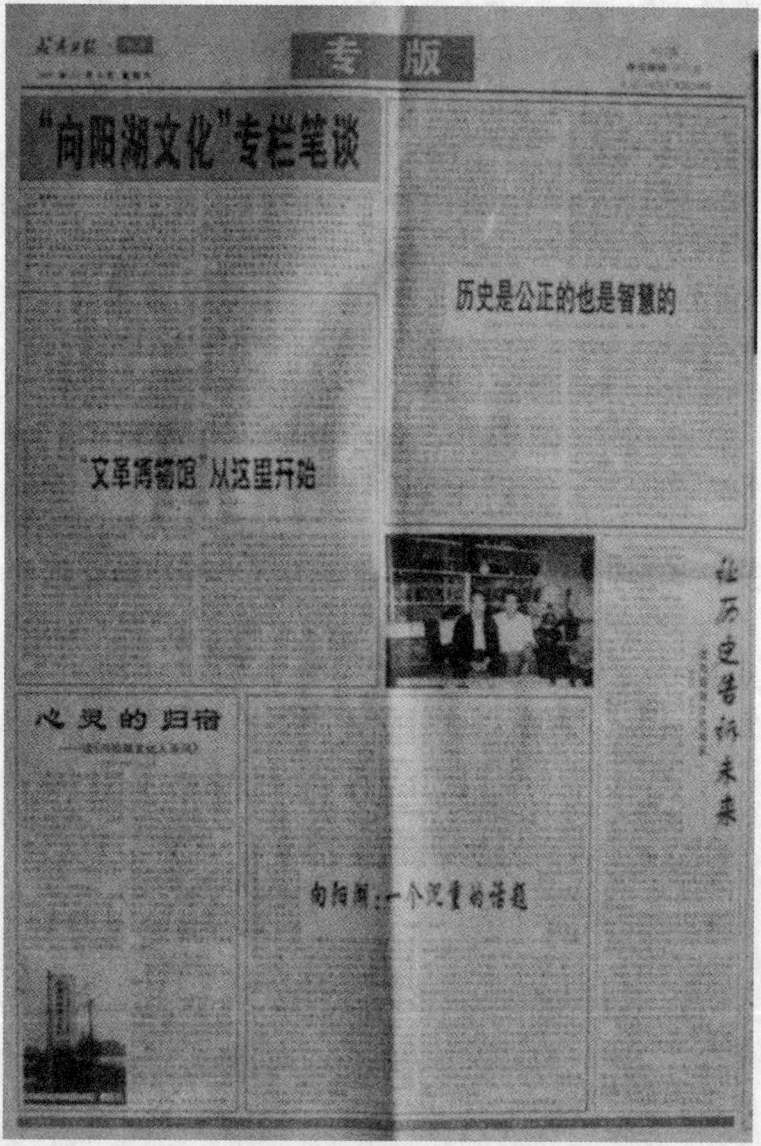

咸宁日报

专版

“向阳湖文化”专栏笔谈

历史是公正的也是智慧的

“文革博物馆”从这里开始

心灵的归宿

向阳湖：一个沉重的话题

让历史告诉未来

《咸宁日报》“向阳湖文化专栏笔谈”

优产品称号，并获得首届中国食品博览会金奖。

20001103

北京朱雨滋先生10月30日来信："10月1日来信敬悉，迟复甚歉。/谢谢您给我寄来了《向阳湖文化报》创刊号，读后倍感亲切，愉快。特向你们表示热烈的祝贺和衷心的感谢。这份创刊号，我将妥为保存，留作纪念。希望《向阳情结——文化名人与咸宁》、《向阳湖文化人采风》两本书的下册能早日问世；祝愿《向阳湖文化报》越办越好。"

20001104

下午，请来刘三多、卢克清、龚炳南、王自力、江行元5位副高以上职称的专家，评议我申报市政府专项津贴。会议由市政协胡秘书长主持，研究会金秘书长记录。会议开得很成功，大有未申报省政府津贴而可惜之慨。我心里有数，还是一步一个脚印的好。

北京程小玲1日来信："听谢永旺先生说，您至今尚未收到我寄的照片，不知何故？怕影响您出书，也为保险起见，这次挂号将照片寄您，虽慢一点，但至少能保证使您收到。/由于我的粗疏，给您带来了不必要的麻烦，还望您能谅解。/不多写了，收到照片后，便中烦通知我一下，可以吗？照片用后，望能退我，谢谢。"

20001105

刘炳森先生终于寄来我约请的两幅题字："咸宁文史资料"和"咸宁市向阳湖文化研究会"，观赏墨宝，真让我喜出望外。要知道我打了十几次电话，他实在太忙了，但按礼节本应是上门求字的，而他恪守承诺，一次性寄来了两幅！晚上马上送了篇消息稿去报社，明日1版见报，题目是《著名书法家刘炳森情系咸宁赠墨宝》。

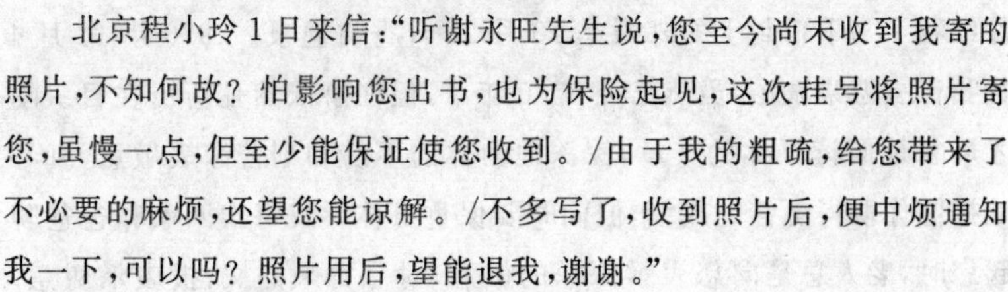

刘炳森题字

北京陈羽纶先生来信:“你寄来的几份‘小报’,我都浏览了一遍。其中《李城外与向阳湖文化名人》一文对你的介绍给人以很深刻的印象。你今年才38岁,换句话说,我们下放咸宁时,你才6、7岁,而你现在能独树一帜挖掘向阳湖文化,很有创见,并已取得很大的成绩,确实是很值得称赞的。”

20001106

下午与胡秘书长谈心,他看了“向阳湖文化专栏笔谈”专版和刘炳森先生的题字,对我到政协后抓宣传工作影响大表示赞许,我则对政协这种环境一则以喜一则以忧,喜的是时间多,自由度大,忧的是不少人不思进取,成天打牌……

20001107

北京王又全先生1日来信:“非常高兴地收到您来自咸宁的来信,仔细看了一下信封上的邮戳是10月28日寄自温泉。1970年10月4日我曾去温泉洗浴,虽然已经有30年了,但往事依然是历历在目。刚才反复地阅读了你的文章,深深地为你的不易和刻苦深表敬意,真心地祝愿你取得更佳的成绩,但同时要保重身体。我每次回家和爸爸聊起您时,老人总是向您表示深深的敬意,对您寄来的文、报表示谢意。看您如有什么困难,只要能帮忙,我尽力而为。您在《英语世界》杂志上的向阳湖小文之英文稿我已让我的女儿王欣宇译成汉文,转给了她85岁高龄的爷爷。/祝愿‘向阳湖情结’和‘红楼梦情结’、‘敦煌情结’和‘长城情结’一样,永远和历史并蒂芬芳!”

20001108

上午去人事局,交了厚厚的一本申报市政府专项津贴的材料,算是在较短时间完成了对自己的一次近年的成果总结。人事局的同志说我的成果够格,但是县级干部到讨论时还得作解释,是以向阳湖文化研究会的名义报的。我交了卷就是,不辜负人事局的一片好意,难得对自己的价值作个评判，不管结果如何，自己对自己的估价是公正的。

20001109

《随笔》杂志原主编黄伟经先生1日来信："惠赐《向阳情结》等三书及两张报纸，已收到。很是感谢！/这些书都是我需要一读的好读物。/送上一小册子。我已无其他译著或散文存书，只好以此书供你览正。/'向阳湖'有一天也许会成为巴金老人所说的'文革博物馆'的一个部分，愿你们朝这个方向作出更大贡献。"随函回赠一本《文学路上六十年——老作家黄秋耘访谈录》(广东教育出版社1999年版)。

20001113

北京郑苏伊5日来信："信收到。/您来信中提到的《逝水落华集》，是1998年我为家父编的一本散文集。因为是炒冷饭，所以出版后我们并没买几本样书。此次迟浩田将军来访，我们已将最后一本送给他，所以手头已没有书可送了，非常抱歉！此书是黑龙江人民出版社出版的，您可去函向该社询问一下还有没有存书。"

20001114

连续几个晚上去杨敏家里，排印两书的彩印和黑白插页，均忙到转钟。今日完工，自己还比较满意，至此两书的收尾工作全部结束，下一步可划一个圆满的句号。

北京柴志湘先生9日来信："我在二书中作点改动，若觉不妥改回亦可。/工厂改完后请与封面打样，插图版样一并寄来，以便定价。/二书的书脊厚度与上卷同。"

20001115

北京傅璇琮先生5日来信："来信及照片、《咸宁日报》均已收到，谢谢您的热情接待与关注。关于中华书局来干校的名单，我一定收集，已约几位同志分头执笔，因为时隔30年，有些名字已记不起来，光靠一个人不行。/四川黄葵同志的文章,何时能够印出?希望早日能够寄到。/请代向咸宁市政协领导及机关内同志问好。希望以后有机会再聚谈。”

湖北电视台社教中心柯泽主动找我联系,要拍一个有关向阳湖的专题片,他上午去了向阳湖,下午邀我小酌时,介绍自己是学现当代文学的研究生。

20001116

临时被程主席派了趟差,返程时因为人熟坐上了尹市长的车,顺便向他汇报了向阳湖文化开发的事。尹市长主动对我说:“我向人事局打了招呼,凭你的成绩可以报省政府专项津贴。”其实我从未上门向尹市长汇报过,但他一直关注向阳湖文化。

20001117

北京傅璇琮先生10日来信:“前曾奉上一信,今寄上照片三张,请阅存。/关于中华书局下放干校人员名单,正在筹集中,一定寄上,请放心。/请代向市政协领导问候。”

20001118

北京杜惠大妈13日来信:“来信收到,谢谢你告诉我袁庆慰同志的地址,我已去信。/郭小川被诽谤案,我曾委托陈大银在咸宁做了大量调查访问工作。《真相》一书出来后,我是整批(20册)一次寄给他的。不可能单独专寄给你,这点我想说明后你是会理解的。他不能及早送给你,这是他的疏忽,我想你也会谅解他的。/《郭小川全集》是广西师大出版社自已投入五、六十万元出版的,没有要我们出钱,也就没有向我们支付稿费,所以我们也送不起人。/我们家里现在也没有多的存书。如果您需要购买,请直接与广西师大出版社联系。”

北京柴志湘先生寄《人有病,天知否?——1949年后中国文坛纪实》(陈徒手著,人民文学出版社2000年版)。

20001119

又花了将近一天时间，将“向阳湖文化专栏笔谈”专版分赠京汉108位文化人，一人干了四道工序：写信封、写信、装报纸、封口。致婷为此大受感动，说我身为会长还干这么多具体事，我也笑问她，难道不知道我身上有许多美德么？

20001120

今天出差到武汉，邀了刘三多老师和金礼山同行，去省政协文史委争取“向阳湖文化专辑”作为《湖北文史资料》增刊出版。

20001121

鄂州成园弟12日来信：“向您提一点建议，今后的重点，应放在‘写’的上面。要发挥您所具有而别人所没有的优势，多与文化人交谈、接触。近年来没抽空上北京采访的状况，在您编著的向阳湖文化书系两本下册出版后，应有所改变才好。我认为，钱钟书纪念文集和冰心纪念文集，以及《湖北新时期文学大系》等书收了您的散文，正是您以往抢救性采访、写作结出的硕果。因此，您应尽可能减少应酬，以集中精力，写出有传世价值的报告文学来。/阿妈身体很好，勿念。”

20001123

寄上两书下册的终审稿给责编柴志湘，附信云：“为这两本书，你和赵大姐费了不少心……北京的工作全靠你一人做。/几年来，我付出了所有业余时间，也贴了不少费用，目的只有一个，让向阳湖文化的影响更大些。”

北京阎纲19日来信：“感谢您对小女阎荷的悼念。她生前一再叮嘱大家——珍惜生命。/此信收到多日，忙于茅盾奖评选，迟复为歉！/此文已收入新出的拙作《座右鸣》（广东人民出版社出版），比现在的短，是我匆匆砍的。现在恢复，并将在报纸再发。”

20001124

市委一届四次全委会讨论通过“十一五”规划，里面照例还是谈及“向阳湖文化村”的建设，而且李书记下午的讲话中，还提及有人到向阳湖投资。我听了颇感欣慰，更加坚信有朝一日向阳湖会成为投资热点的。

20001125

寄北京阎纲先生信：“读了你怀念女儿阎荷的文章，她生前留言‘珍惜生命’，读后令人难以平静。我和她是同龄人，虽然还算勤奋，但因为身体健康，才没有这种感悟，这一番话对懒惰时的我将不失为一种清醒。”

20001126

宁波金涛先生16日来信：“寄来的报纸及大札收到。谢谢！咸宁之行，令人难忘。十分感谢你们的热情接待。/回忆文章待我手头稍空时，翻翻箱子找一点材料再写。先寄上照片三张，两张请转呈二位主席。”

20001127

张慈中先生寄来特快专递，将两书下册的封面设计附上，并对印刷排版做了周密的说明。我十分感动，晚上和他通话时，他还答应为我设计向阳湖文化研究会的会徽呢！

20001128

省文联党组书记潘涛到温泉，特地邀我一起小酌，席间谈及向阳湖文化，十分赞赏我近年所做的工作，潘书记还深有感触地说，我已正在向文化这方面转移，早点转比较好，搞行政工作“一张纸”，到头来，一张纸通知你退休，自己什么成果都没留下。他对这点体会太深了。

20001129

到崇阳县又遇人大黎主任，他滔滔不绝地赞叹向阳湖文化近年取得的成绩，我更感兴趣的则是，他在干校当军代表时办过郭小川和冯雪峰的专案，看样子有必要专门抽时间再来此地采访。

20001130

为《咸宁文史资料》"向阳湖文化专辑"的事，请刘老师设计封面。他采纳了我的建议，封面整体排列向阳湖20位名人素描图像。

《湖北文史资料》第四辑发表《我的"向阳湖情结"》。

20001201

晚上看报，致婷发现上月28日的《作家文摘》发表了我在《今日名流》第11期上写绿原的文章。我自己浏览时倒错过了！

20001204

北京阎纲先生寄来他的新著《座右鸣》，内收《向阳湖"金矿"》，和我收入《向阳情结》下册的《历史是公正的也是智慧的》，同文不同题。

20001205

北京胡海珠大妈11月30日来信："28日收到来信及报纸，谢谢。/所著《夫妻团员》，编辑疑为《夫妻团圆》，是对的，这是我在1947年土改中所写的一个秧歌剧，就请改为《夫妻团圆》吧。/阎纲等同志又编了一本《中国作家协会在干校》的书，约请了许多同志写文章，听说已经发稿，不知何时能出版，想他会告诉你的吧。他又要我写一篇关于侯金镜同志的文章，我只好勉为其难地写了一篇。"

20001206

北京涂光群先生寄赠书《人生六语》(汉语大词典出版社2000年版)。

20001208

上午同北京柴志湘先生通了电话，他正积极办北京方面的手续，争取两书下册本月在咸宁开印。

20001212

上午集邮公司打电话来,说向阳湖纪念封第2、3组的发行,我应想法包销70%方可印行,我马上表示不同意,说他们颠倒了关系,本来是我帮他们的忙,却以此为条件实在不应该。通过此事,我感到自己对向阳湖宣传热情过高,今后应适当降温,有些事应让别人来找我,一味主动,颠倒了主次,自己花费了大量时间、精力不说,还"倒贴"不少。

20001215

北京戴文葆先生9日来信:"收到了寄来的《咸宁日报》周末版,好久没见林文山(牧惠)文章了,'文革'博物馆从咸宁开始,这个想法很好。他在《求是》院子里敢想敢说。/您这几年锲而不舍,发扬向阳湖文化,编向阳湖文化书系,以及倡建向阳湖文化村,意义深远,思路深刻。倘若现在有人发动新'文革'(原说7、8年再来一次),现时不见得没人踊跃建功,这个博物馆还有点教育作用。/尽管您的工作岗位有所变动,我觉得,可能的工作范围与条件,不是收缩,而是扩大了;接触的地方开明人士增多了,能做的各类社会活动将以多种样式扩大了。我真正踏上咸宁土地只有一个多钟头,而咸宁可发掘的历史文化上千年。您可能做出许多有益的工作,耐心沉稳些,会做出成绩来的。而且,您已经做出成绩来了。"

20001217

北京柴志湘先生寄《锦灰堆——王世襄自选集》(1－3,三联书店1999年版)。

20001219

《咸宁文史资料》"向阳湖文化专辑"稿子已定,送开元印刷厂印刷。其中有一篇《向阳湖文化开发的回顾和现状》,作者方平凡。文中提到,"原咸宁地委主要领导"提出"五个一",我恢复为原地委书记万维东,算是尊重历史,也包含对万书记关心向阳湖文化开发的感谢。

20001225

《咸宁文史资料》"向阳湖文化专辑"已经付梓，遗憾却总是有的，没有想到收入金戈和王亲贤写的《风旗猎猎任卷舒——咸宁市向阳湖文化研究会成立侧记》，可惜弥补来不及了。

20001227

市文代会上林主席的工作报告专门谈及向阳湖一段，张副书记和周部长的讲话也论及向阳湖。成果兄调侃道："文代会可能有代表不熟悉李明波，但一定不会不知道李城外。"

20001229

《咸宁文史资料》"向阳湖文化专辑"今日面世，我叫金戈昨日已在《楚天声屏报》发了消息，声称"这是向阳湖文化研究的一个重要收获，也堪称我市21世纪末文史领域一部分量厚重的压卷之作"。

《咸宁文史资料》
"向阳湖文化专辑"书影

20001231

将刘炳森先生为"咸宁向阳湖文化研究会"的题字制成图章，今天买了300余份贺年卡，一一盖上，然后分寄北京及外地文化人，自然又忙乎了一整天。晚上送到邮局，那里还加盖了今明两天世纪之交的两枚纪念戳。如此批量宣传研究会，为的是新世纪做出更新的成果。

购《英雄辈出——中国电视人独特的心理视角》（杨君主编，中国广播电视出版社1998年版），其中第一篇"文化篇"收入《遥远的牧歌》，系央视"万家灯火"栏目播出画家张广重访向阳湖的专题，对向阳湖文化研究会而言，颇具"存史"价值。

中影集团、中央新影外景(咸宁五七干校第 5 大队、17 连)

卷之八

2001 年

春

20010101

上午去市委李明波书记家小坐，送去一本《咸宁文史资料》"向阳湖文化专辑"。他翻了一下，说我干文史有成绩。我本想请他重视一下向阳湖文化研究工作的，并打算如果他的态度和以前一样保持沉默的话，我会以他的家乡为例，说黄州也是因为落魄文人苏东坡受贬于彼才传世的。可惜他要准备看一个报告，我便主动告辞。

20010102

写了份市政协文史委去年工作总结和今年工作安排，下午召集委员通过。大家对我的工作纷纷赞赏，我则以为，仅花十分之一的时间和精力就能干好一年的工作。而且可以在全省市州创一流。

20010106

上午与人民文学出版社柴志湘先生通电话，他说，向阳湖两书下册办准印证还得等上十天，这样春节前准备付印便难以实现。我想既然拖到了 2001 年，不妨再拖两月。

20010107

省作协方方老师寄来一本《乌泥湖年谱》(人民文学出版社 2000

年版),我一气读完,准备日后和她交流心得。因为我将着手写的报告文学大约也算得一本"向阳湖年谱",开笔之前得大量读书。今天开始重读邓贤的《大国梦》(人民文学出版社 1992 年版)和《中国知青梦》(人民文学出版社 1993 年版)。

20010108

北京周巍峙先生寄来贺卡,附上几行字:"我感到对'五七'干校的看法,一直存在着分歧,因而常有显露,以后再说吧。"看来,今后有机会得专门和周老交流交流,估计他收到《咸宁文史资料》"向阳湖文化专辑"之后,会改变一点看法。我个人以为,其实并无分歧。

20010109

近几日忙里偷闲,请政协几个年轻人帮忙,分发 200 多本向阳湖文史资料,寄北京及各地文化人,顿时有一种轻松之感。尤其是明日开市政协一届三次会议,每位政协委员将人手一册,我又会有一种成就感的。

20010110

北京文洁若先生 4 日来信:"谢谢贺卡。/今年年底或明年年初,我得赴美,照料小孙女文棣。在 2008 年之前,得两头跑。在京期间为萧乾编创作全集、翻译全集。不在期间,一切事由我弟弟文学朴代办。"

20010111

上午文化局严科长到政协会场来找市委宣传部周部长陪客,她说全省市州图书馆馆长会在温泉召开,今日散会。我马上想到,政协委员人手一册的向阳湖文史资料,也可作为礼物送给各位图书馆长,我对严说,图书馆是它最好最恰当的存放地。

20010112

北京冀勤先生 6 日来信:"谢谢寄来的贺卡。/让我以同样的心情为你的新世纪祝福，希望能有更大的收获，让向阳湖文化开出更美的花。/成立向阳湖文化研究会很有必要，但近年来，我们很少了解到这方面的进展情况，在京的向阳湖同学见面时也少谈及了，不像前几年大家关注得很。近来又出过什么有关的书？”

20010113

和《咸宁日报》原总编辑王同杰一起召集政协文化艺术、新闻出版体育界委员讨论，刘三多在发言时，谈了自己几十年从艺的历程，说自己是个幸运者。我倒觉得幸运是一个方面，关键是他从未放弃自己对艺术的追求，即使在再困难的处境下也是如此。而我自己呢，好像顺境多于逆境，这就有个如何把握有利条件，认准目标干到底的问题。

20010114

上午去195医院与司有植兄谈，司对“文革”有许多思考，敢于说真话，对我很有启发。尤其是他和干校人有交往，有些经历鲜为人知，我建议他写出来，为我提供素材也行。

20010116

陪北京王春瑜先生和《湖北日报》刘庆林主任至通山。夜间闲聊，刘说开发向阳湖已经初见成效，基本上是我一个人在唱戏，可以告一段落，休整一下了。王先生则总结道：“向阳湖开发，最大的受益者是李城外。”我自然同意此说，便补充一句，受益最大的还有咸宁的文化事业。刘、王都建议，我在政协不宜久待，有点实权毕竟有利于搞事业。

20010118

北京陈羽纶先生15日来信：“来信和年前寄来的《咸宁日报》、《湖北日报》及《向阳湖文化报》等收到，谢谢。/‘向阳湖文化’两个专栏的刊载于2000年11月底已全部结束，创下了‘四个最’纪录，并获京汉文化界资深人士的普遍好评和对作者的嘉奖，以及获得了其他一系列

的成果,可喜可贺! /承你关照,我也忝列'咸宁市向阳湖文化研究会顾问',并发表我为'咸宁市外国语学校'题匾事,谢谢。/你写的《我的'向阳湖情结'》和张兴旺记者写的《李城外与向阳湖文化名人》,以及李回雄责编'向阳湖文化'专栏笔谈等都写得很好。对你慧眼独具,抓住文化界人士下放'五七'干校机遇和名人效应与地理环境而作出了'大文章'——促进咸宁向阳湖历史文化的发扬光大和今后的可持续发展,以及实现其他诸多效益作出的无私奉献,至佩。/此一成就,主要在于你具有开拓创新的意识和拼搏进取的精神,值得珍惜,并望在此基础上继往开来,再创辉煌! /专刊办得不错,有重点,有特色,有品位。/专刊《心灵的归宿》正文倒数第三行的'醮'似宜作'蘸'。虽说宣传媒体是语言文字的检验仪,但在实际操作中,编、校人员的疏忽在所难免。广播电视台的播音也曾将'处女'、'处理'中的'处'字念走了声。这就未必是由于疏忽了。"

20010119

北京佟韦先生13日来信:"感谢您寄送的贺年片。/值此新春之际,谨祝万事如意,有更多更好的作品问世!"

北京任继愈先生14日来信:"寄来的向阳湖文化专辑,收到了。多谢。/新年刚过,新春即传消息。祝好!"

北京杜惠大妈14日来信:"年卡,文史资料均收到。文章看了几篇,论坛全都读了。书编得好。/祝新的一年,更有所成! /拍照者,我按你说的地址去信,至今无回音,不知何故。"

20010120

上午参加市春节团拜会,市四大家领导和市直部门负责人参加,遗憾的是尹市长病了,缺席。说来我离市领导的距离渐远,但对尹的好感不一样,市里领导就数他最重视向阳湖文化。

北京丁宁先生15日来信:"收到贺年卡,又收到新出的《咸宁文史资料》(总第二辑),很是感谢。/该‘资料’一书,感慨良多。你与咸宁文化界同志花去大量心血,汇集与撰写当年‘五七’干校丰富的历史资料,弥足珍贵。/我写的回忆文章,内中提到的同志,有的可能未得此书,可否再寄我一、二本,至为感激。/春节将至,祝你以及编辑史料的诸位同志事业顺达,吉祥如意。”

20010121

北京王戎笙先生16日来信:“你好。接到新年贺卡时,正卧病在床,未能及时函复,甚为抱歉。”

20010122

北京吴桂凤同志上午来电话,我不在家,下午又来一次电话。她说没别的事,一是告向阳湖文史资料已收到;二是拜个早年。我的心头一热,和众多北京人有联系,但客观地说,像她这样以平等身份,相互问候的还真不多。

20010123

今天除夕,门前贴出了自撰的对联:“人心知足蛇亲象,世纪向阳旧让新”。本来有横批:“二线赋闲”,但恐被人视为发牢骚,还是免了。

20010124

大年初一便开始考虑写报告文学的事,为了做好“外围”工作,拟边写边编好几份资料。1.向阳湖大事记;2.开发向阳湖文化资源大事记;3.向阳湖人物志;4.干校各连队人员名单(包括军代表);5.本人发表文章目录;6.有关评论目录;7.向阳湖人联系地址;8.向阳湖人来信目录。1至4项工作量大,5至6项已有基础,今年内完成。亦可为编《向阳湖文化志》准备稿件。

20010125

打了十几个电话,向北京文化人拜年。这种联系是必要的,又获得不少新的信息,得到新的鼓励。如王益老先生在感叹我在近几年做出很大成绩后,竟然还说,他觉得我的“能量”还没完全发挥出来,今后还会有个“爆发”。

20010126

北京丁国成先生20日来信:“《咸宁文史资料》(向阳湖专辑)收到。/谢谢您赠书给我!/也送一书给您,聊表谢意!”

上午,向庄浦明先生电话拜年时,他热心相告,已在收集海内外第二代向阳湖文化人的名单,并计划还写一两篇向阳湖的回忆文章。我又向人美社的孟庆江、故宫的杨新先生等求援,请二位提供干校连队人员名单,都得到爽快答应。看来北京方面有空应常联系。

20010127

四川黄葵先生19日来信:“文史资料二辑收悉,谢谢!/您有眼光,亦甚勤奋,卓有成绩,令人钦佩!为了文化事业,您的奉献,将永载青史。祝您新年新努力,再获新收获!/咸宁,我的第二故乡,真想回去看看,寻找失去的梦,欣赏今日美景。好在我已退休,是个闲人,准有机会前往。/您若有机会莅蓉,可以促膝长谈!许敏歧去年到寒舍住了一夜,今春还将来。寒舍条件差一点,尚可度日。倘仁兄至,将清宫除道,迎接大驾!”

晚上社科联龚炳南来,我向他介绍《今日名流》今日刚发表我写的《寻找〈人民日报〉的源头》,并预料北京的报刊一定会转载。龚于是感慨道,如果我不是行政干部,便可以评职称,我目前发表的文章和出版的专著,早就可以评高级职称了。

20010128

上午与武汉大学陈顺智兄通话,他称我去年向阳湖文化研究成果迭出,这条路子走得好。我却不好意思说,自己潜意识里还受周围人的影响,有“跳槽”之念。看来在有权的单位要抵制权力的诱惑容易,在无权的单位抵制权力的诱惑较难。

20010129

晚上和北京罗立韵同志通话，罗阿姨说，向阳湖如果不是我热心，这段历史也许被淹没了，因此对我的辛勤工作表示敬意；和史树青先生通话时，他对我在向阳湖文化研究上花费这么多精力，做出一定成绩表示鼓励和继续支持，准备找找干校诗寄给我。

20010130

北京叶惠元先生22日来信："每次收到你寄来的书报，我和含真都仔细看了，非常感谢。同时，我们也有一点内疚，因为实在没有为咸宁朋友做什么事，只待以后再努力吧！"

20010201

上午政协秘书长会议讨论分工，安排我今年担任农村工作队队长。我本来想借故推辞，但因为联系点在汀泗桥，便还是接受了，因为那是人民出版社昔日下放的地点，我正好有必要去实地考察考察。

20010204

读编各地文化人有关向阳湖的来信目录，自95年至今已达668封，如果有时间加以选编和注释，是可以编一本小册子的。

北京刘含真同志寄来画册《刘含真画荷》。

20010205

北京冀淑英先生1月30日来信："承惠寄《咸宁文史资料》一册，领到了，谢谢。当年生活、劳动在向阳湖的情景，又重现眼前，由于您的勤恳劳作，使向阳湖文化事业得以发扬，谨向您致敬并致深深的感谢。"

上午去市集邮公司，得《咸宁集邮史》。

20010206

香港张初考先生13日致尹市长信，今转至我这里，其中云："恕我唐突之至,为百忙中的您写这封信。在下原为贵地向阳湖‘五七’干校的学员,后由干校调至湖北化纤厂搞政宣工作2年,1979年1月移居香港,迄今已逾20余年。1998年我偶读《人民日报》海外版,从李城外君的一篇文章中,得悉贵地的市府正在开发向阳湖文化资源,我便于同年的12月下旬重访了向阳湖。/今我给您写这封信的目的,是年前接李城外君一信,中有‘新来的尹市长对向阳湖文化开发很重视’一语,因而我萌发向市长阁下略尽微言之意。/向阳湖干校已在内地很有名了,但恕我直言,在海外则甚欠宣传声势。因而我曾向城外君建言,为了打响咸宁在境外的知名度,为向阳湖的开发伟业筹集资金,可否来香港搞些招商引资或书画展览的活动。鄙意认为这一步迟早都得跨越,深圳特区今日之辉煌,争取境外资金投入共谋发展起了关键性的作用。/当年北京文化部那么多文化名人集中在向阳湖,湖北省以及咸宁市也人才济济,若来香港搞个画展,进而拓展其他应是可行的。……当然此中尚有许多具体事项值得商榷。/去年11月香港成立了《香港中华文化总会》,其会员3000多人,都是香港文化界爱国爱港的精英分子,《人民日报》海外版有过报道,北京统战部、文化部亦都派员来港祝贺。只要贵地向阳湖的开发事业,能跟文化部、湖北省挂钩,来港举办各种活动,应不愁寂寞,即应能大展拳脚。/拉杂写就,纸上谈兵,字迹潦草,万祈见谅。/为了向阳湖的开发,若你们认为方便的时候,我极愿意再访向阳湖,这样也许更能具体商榷,且加深了解。”

20010207

上午、晚上在文史委分别与两友人长谈,先是金戈,我布置了一下《向阳湖文化报》第二期还得准备出,他得从繁忙的事务中抽出时间来,对向阳湖这项事业应有点奉献精神,并开始准备着手写有关小说。后是孟绪龙,他依然孤身一人,尚未成家,好在他对向阳湖的热情还未冷却,表示会永远关注。

20010208

今日终于收到柴志湘先生办好两书下册付印前的一切手续，如准印证之类。下午，马上去厂里联系了开印事宜。

20010209

和开元印刷厂洽谈好，终于定下一个印刷厂可以接受的价格，总算为此事划一个圆满的句号，也说明将下册留在咸宁印的决策是正确的。

20010210

市旅游局遵市政府命，请湖北大学城建规划院的几位教授来咸宁考察旅游规划，并设计长远规划。上午去了向阳湖。下午旅游局的负责人请我为他们提供一些材料，本来上次中央电视台来人，旅游局的负责人无知，得罪于我。我不再想与之打交道的，但从事业出发，我还是去与客人见了面，送去了资料。果然规划者听我介绍后，都对向阳湖颇感兴趣，表示回去后一定认真拜读我写的东西，并将向阳湖纳入规划中详述。

20010211

成园弟又来一信，指出又校对出向阳湖两书下册的一些错误，并附言道，这是精品书，请一定注意印刷质量。我因此对致婷玩笑道："兄弟还是兄弟，比老婆还负责。"致婷知道我是批评她腾不出时间来为我看一遍稿子，笑道："封面及内封选用的两张照片，都是我看中的。"

20010212

上午市农村工作队下乡，我和人大、统战部的同志来到汀泗桥镇，了解了一些初步情况，感到驻汀泗点对我来说肯定会大有所获。一是可以找当地人了解干校十三连情况；二是熟悉这块著名土地的历史；

三是可以参加纪念汀泗桥之战75周年活动。

20010213

长沙向继东兄1月31日来信:“文革中,咸宁‘五七’干校是赫赫有名的,多少文化名流都在咸宁‘改造’过。我估计你们出过此类专题文史资料。如出过,盼能寄上一本,非常感谢。如尚未出过,但文史资料中凡涉及到咸宁干校的文字,亦望寄赠为盼。/我是湖南省政协机关报的副刊负责人,并主持文化副刊。如有适合的稿子,我们也可以发。/盼复。”

20010215

沙洋张德宝先生6日来信:“十五未过,还是给您拜年,祝您全家福寿双全,吉祥如意!/年前您寄来之佳作,我已拜读,受到很大启发。由于年前杂事太多,又不会巧安排,所以来信近复,望请谅解。/现寄来县志之《沙洋概览》,望您笑纳,恳求赐教!”

通城县黎时忠先生来信长谈向阳湖文化的意义和价值,列举自己在崇阳分管文化时曾说:“近期看经济,长期看教育,永久看文化”。被省文化部门到处宣传。信中说:“你在春节前向我寄的文史资料——向阳湖文化专辑收到了,春节期间我进行了拜读。我觉得这本书编得太好了,这不仅在于篇篇文章写得好,选得好,更主要的是把文革中文化部大批文化名人在向阳湖‘劳改’的历史保存下来了,为后人留下了宝贵的历史遗产,十分可贵,十分可钦。在这方面你是有心人,具有远见卓识,作出了不可磨灭的贡献。/我看你作的这项文化建树,不,应该是文化历史建树,将会永远放出光芒。我向你致以热烈祝贺。/我看了专辑后,觉得为了把向阳湖文化抢救工作搞得更好,抢救者(包括你们和当时代向阳湖的文化名人、管理干部、勤杂人员等)都有一个进一步解放思想的问题,硬是要再现当年集中营景象,既要有各种数据归纳文字,又要有个人受折磨等多方面真实情况的表述,绝不可站在美化的角度，来叙述当年，否则，回忆出来的材料肯定是不真实的，价值也是不大的。同时，最好不要旁敲侧击当年，应当单刀直入，才更有说服力，具有真实性。至于文化搭台，经贸唱戏，这都是次要的，可搞可不搞的事。把抢救搞好了，就达到了目的。真实的抢救搞不好，其他的搞好了也是空的。我的看法不一定妥，也不一定通得过。实际上你们做得很好。仅供你参考。”

20010217

向阳湖两书下册清样，印刷厂已出了硫酸纸，校对工作似乎结束，我还不放心，一面安排政协两位年轻人再看一遍校对稿，一面自己最后校一遍硫酸纸。前几日，王亲贤在“采风”稿还找出一书眉出错，而我今天浏览一遍“采风”，仍有十余处可改动。世界上怕就怕“认真”二字！

20010218

没有想到今日看“情结”硫酸纸稿时，又发现一些明显的错误，“收获”大大的。又花了一整天，轻松了许多。同时，不由得“埋怨”柴先生作为责编，最后一稿可能没有仔细看了，幸亏我没放下心。

20010220

我和金戈商量，《向阳湖文化报》第二期初步定在3月12日出版，中午他送来了草拟的《相邀新世纪》，作为“新年献词”。我看了一下，因过了春节，题目似乎要改一下。好在文章写得还可以，稍加润色便可刊发。

20010221

汀泗桥镇今日开镇直机关负责人动员会，迎接市文明卫生大检查。我应邀讲话，顺势宣传了汀泗桥系文化部向阳湖干校十三连的旧址，并表示将来会以此为题，作文鼓吹一下的。

20010223

北京金敏之先生18日来信:“多年来由于您的积极努力,向阳湖文化得以传播发展,舒展老一代知识分子的心怀,请接受我——一位向阳湖老兵的敬礼、致谢!/你主编的《向阳情结——文化名人与咸宁》、《向阳湖文化人采风》均无缘拜读,近从老战友处读到你主编的《咸宁文史资料》(向阳湖文化专辑),使我回到向阳湖,忆想当年,真不胜感慨。/我原是文化部所属人民出版社的老人,1950年元月入出版总署编审局工作,同年12月转入即将成立的人民出版社,直到1997年12月离休,一直工作在出版社。1969年9月赴咸宁文化部干校,先在汀泗桥凤凰山,后转赴‘四五二’校部,在凤凰山从事建营房劳动,垒石砌坯,上梁铺瓦,打制窗门,既是瓦匠又是木匠。其后去‘四五二’建通向阳湖大石桥,全做石工砌石头。当第一辆拖拉机过桥,真喜出了泪花,这是我生平第一次。自此,我落户‘四五二’,又搞起食堂工作,直到1974年4月结束干校工作。5月返回人民出版社,1997年离开《新华文摘》办理离休。在离休前,1979年党恢复民主党派工作,我于1979年9月任中国民主同盟北京委员会组织部副部长,其后任部长,常委、副秘书长、民盟中央委员,直到1997年12月离开民盟工作,现仍为民盟北京市委顾问。民盟在咸宁有市委组织,惜无接触。为保留向阳湖的资料,我恳请你为我代购《咸宁文史资料》(向阳湖文化专辑)一册,所需资费当于收书后寄上。谢谢。”

20010224

7日,《中华读书报》发表一篇由鄂南作者撰写的《沈从文的下放生活》,在未征得我同意的情况下,擅自将我采写沈夫人的专访《双溪向阳永流芳》与徐鲁所写《沈从文在双溪》的文章“拉郎配”拼凑而成。文章沿用徐文错误,说钱钟书下放咸宁。21日《中华读书报》发表中国社科院冯传哲先生文,指出钱钟书并未下放咸宁。读毕不禁感到有必要撰文说明一二了。因为沈从文下放干校一文后有注云："写作本文时，选用了李城外、徐鲁先生的材料。"我对作者的轻率表示不满，这无疑是让我无辜代人受过。

购《五四文坛鳞爪》，陈漱渝著（中国文史出版社 1998 年版）。

20010225

下午到汀泗桥镇，趁空考察了原十三连子弟学校——汀泗桥小学、汀泗桥东西街、北伐遗址，并走访了汀泗中学与秦岭云先生有过交往的尹文武老师。还受了张慈中先生之托，打听到他当年的好友——供销社主任何功甫，此君已于去年去世。准备下一步在赤岗村十三连旧址凤凰山实地采访一下。这才是驻镇工作队工作中最吸引我的地方。

20010226

北京李昌荣同志 20 日来信："名单终于凑齐了，我觉得差不多了，现寄给你。以后如有什么改动，我再告诉你。"

20010227

广西许敏歧先生 20 日来信："找了一张照片，今寄上，不知合用否？在向阳湖曾照过照片，但一直找不着，您要的材料，也一时找不到，等今后吧，如找到了再寄去。/您在做的工作很有意义，保存了不少珍贵的史料，祝您取得更大成功！/留有《狗》的报纸，前次被一研究生借去，至今未找到，所编的一本集子还要收入，您那里还有，请寄我一份，谢谢！如有机会，请来桂林作客。"

市政府督办室转来张初考先生 1 月 13 日至尹市长的信，建议通过招商引资开发向阳湖。尹市长 14 日批示，请永生同志对张初考先生的建议进行研究……同时，送李城外同志阅。遗憾的是，林"踢皮球"，签上一句："请咸安区王玲同志研处"。我高兴之余还有什么话可说，也只能用"已阅"作为回应。

20010228

私下做出一个重大决定，将文史资料“向阳湖文化专辑”，寄全国各级政协文史委交流，以迅速传播向阳湖文化。上午，专门刻了一个“内部赠阅，欢迎交流”的印章，又专门印制了几千个信封，布置王亲贤、郑光勇“封面题字”。这是一项大工程，估计本周内加班加点才能完工，力争下星期一寄出。

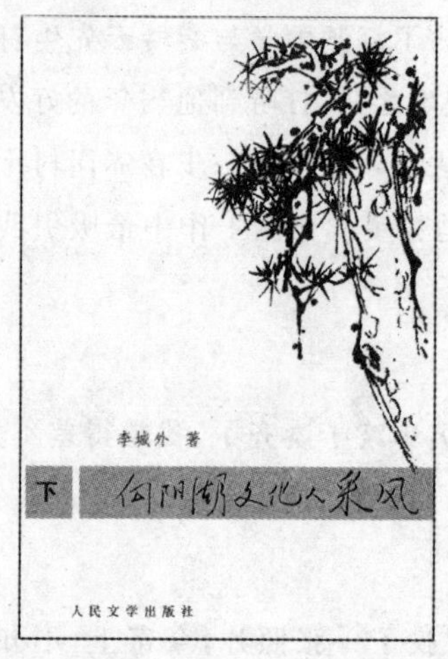

“向阳湖文化书系”下册书影

20010301

上午，市人事局刘树民科长打来电话，告知市政府已批准我享受政府津贴，明日下午在潜山会议厅开会颁奖。人逢喜事精神爽，马上决定消息稿《人民文学出版社出齐向阳湖书系二种》提前发表。晚餐后送到《咸宁日报》社，明日见报。

20010302

下午参加全市人事编制工作会议，会上为一名享受省政府专项津贴和10名享受市政府津贴专家颁奖。我是第一次身披大红绶带，上书“享受市政府专项津贴专家”。证书云：“为了表彰您对我市文学工作作出的突出贡献……”

20010303

请来金戈、郑安国来办公室加班，分装待寄全国各级文史委的“向阳湖文化专辑”。着实忙碌了一天，晚上 11 点多才回，准备明日再加把油，力争按期下周一寄出。本会长亲自带头干，秘书长和会员都自觉干，都是在默默为向阳湖文化作贡献。

20010304

长沙向继东兄 1 日来信：“您寄的书收到，谢谢。如能将他们文末都注上写作时间就更好了。读牧惠文章知您编了三本书，如有可能就送上一套，届时我给发几篇文章，损失就补上来。不便，就算了。”

20010305

下午终于将 3046 封《咸宁文史资料·向阳湖文化专辑》及《向阳湖文化报》送上邮局，并马上邮出。找熟人打了七折，仍花费 2000 多元邮费。我因此又创了一个“全国之最”，估计到目前为止，全国还没有一家政协将自己的“文史资料”寄往全国省地县三级的。我想在文史委有个夯实基础的作用。一方面可以收到回赠的大量文史资料，建立“咸宁文史资料库”，另一方面又可以结识全国各地同行朋友……

20010308

《南鄂晚报》一版明天将发研究会秘书长金戈写的简讯《向阳湖文化书系二种大功告成》。稍感遗憾的是，头版控制字数较严，编辑审稿时，砍了一半文字。我才意识到，当年在《咸宁日报》周末版发稿随心所欲的年代已经过去，也该“寂寞”一段时间了。

20010309

《向阳湖文化报》今年第 1 期（总第 2 期）今日开始在咸宁印刷厂制版，熊厂长和我熟，说了一句话令人感动，宣传向阳湖文化，我们印

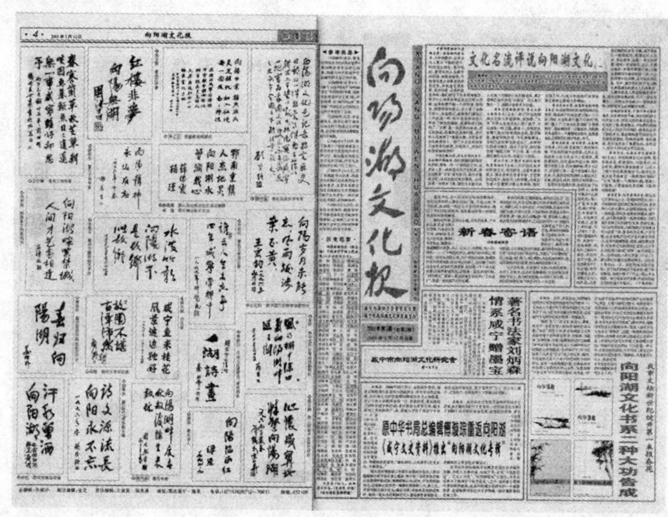
向阳湖文化报

文化名流评说向阳湖文化

新春寄语

著名书法家刘炳森情系咸宁赠墨宝

原中华书局总编辑傅璇琮重返向阳湖

向阳湖文化书系二种大功告成

《向阳湖文化报》第二期

这报纸不谈盈利，赚钱不靠赚你这一点，亏本也不在乎你这一点，而且表示要拿出最好的新闻纸，出胶片印。比上次出硫酸纸效果肯定好些。

20010310

金戈奉我之命，为这期《向阳湖文化报》写了“新春寄语”，大框架可以，但一些字句还需要认真斟酌，晚上改了两小时，自己还算满意。这种文章代表研究会的水准，会长非亲自动手把关不可。

20010311

北京王仿子先生 6 日来信：“寄奉文化部咸宁‘五七’干校各连分布图复印件，是当年在干校时的旧物的复印件。其中有‘452 高地’，是一大队所在地；‘463 高地’是校本部所在地，包括政治部、后勤部、档案馆、医院等。小卖部也在‘463’。”

下午和晚上与金戈一起在报社校对报样，他“埋怨”我办事过于仔细认真，我则解释，半年出一期报纸，而且读者对象大多层次高，标准不高怎么行?

20010312

为了保证质量起见,《向阳湖文化报》出版日期定在今天。但晚上才付印,明天面世。白天又腾出时间请郑光勇、王亲贤再帮忙,各自再校对一遍,果然又找出了不少错字。晚上我和金戈清校时,感觉又完成了一件大事。版面和组稿都自我感觉良好,估计会产生应有影响。

20010313

《向阳湖文化报》上午出来,马上送邮局1000份,分赠市直各单位。晚上读报,自己表扬自己:"你这个总编辑还算称职。"

20010314

上午与刘三多老师谈,他看了我新出的两书下册和新出的报纸。赞不绝口,口口声声要向我学习,并说我心想事成,所走的每一步都是踏实的脚步,落实计划的。但又提醒我,越是出成绩越是要谦虚谨慎。我自然知道,而朋友的话也不是多余的。

20010315

上午,文友老贾来借几个县的县志,准备写一组文章,找材料。他为我一人独领向阳风光羡慕不已,说在向阳湖这个领域,在全国是无人会超越的。仅《向阳湖文化报》,一张小小的报纸,就占了一个"全国之最":唯一一张研究干校文化的专业报。

20010316

下午去市委李书记办公室汇报文史工作。他对向阳湖仍然是过去的态度,既不欣赏也不反对,但对我的工作成果赞赏有加。对今后搞李自成、赤壁的研究选题很欣赏,很赞同。还建议我重视汀泗桥的宣传。谈了10多分钟,十分融洽。

20010317

北京孙耀中先生11日来信:"贺年片收到了,因病缠身,迟复为歉!/咸宁五七干校的老同志返京以后,各回各的岗位,很少互相往来。亏您到处走访,登报著书,多有珍贵纪录,功德无量。我得视报书,回味无穷,感谢您的辛勤劳动。有时间到北京来。"

一鼓作气,一人连续加了几个夜班,关在办公室里写信封,并附上信件,将两本书下册提前送人。至今夜止,忙到转钟一点半。共完成260余份。此间乐,寸心知。

20010318

夜与北京柴志湘先生通话,建议向阳湖二书出版后要策划一下宣传,我总觉得上册宣传力度不够大,柴先生则平静一些,他认为一则人文社出书多,二则不过是自己完成了一桩"任务"罢了。

作者和"向阳湖文化书系"责编柴志湘

20010323

晚上和北京陈早春先生通话,感谢他为向阳湖二书的出版的关心。陈社长说总算完成了一桩大事,反倒对我的辛劳表示谢意。

20010324

填好了申请加入中国作家协会的表,其中最近的文学工作计划为:1.创作长篇报告文学《向阳湖——文化部咸宁"五七"干校纪实》;2.办好咸宁市向阳湖文化研究会会刊《向阳湖文化报》;3.编辑出版关于"向阳湖的书简"及老照片等。表格寄给介绍人吴桂凤同志,另一位介绍人乃周明先生。

20010325

北京吴桂凤同志21日来信:"您好,惠书收到,致谢。/我们创联部原来的《作家通讯》编辑陈国华(笔名陈徒手)编写了《人有病,天知否》，原想去买一本寄给你，电话中知道文学出版社已赠给您了。陈国华送我书后，我一口气读完了，觉得资料查找仔细，尚且有研究，有自己的独到见解。这是一件很有意义的事。我们对过去了的事当然要用历史的眼光去分析，许多人的言行、处事都与他当时所处的地位分不开。环境对他们制约做出一些现在人看来不合情理的事，对这些事应有分析、有见解。《湘泉之友》(这刊每位作协会员都有)上登了一篇萧乾写的《吾师沈从文》，当时的复杂心态，人与人的关系，文中写得很清楚，我们看了就好理解了。/我到作协，小川已经调走，虽然在作协二十几年，对郭小川却无所知。只知《一个和八个》、《望星空》受批判。看了陈文知道得详细了。/寄上《吾师沈从文》，请一阅。您是研究知识分子文革遭遇的专家。此文也许对您有用处。”

20010328

四川黄葵先生 22 日来信：“惠寄情结、采风下集收悉，谢谢！/向阳湖，当年文化部人们的避难所，第二故乡；北京当年文化人与它结下了不解之缘。沟通者，乃阁下也。我们向阳人由衷感谢您！/前次所赠‘文史资料’二集，亦载拙文，京中原中华老人，见文亦甚感兴趣，我曾复印几份分寄刘起钎、王榛(赵守俨夫人)、冀勤等人，他们都十分高兴。/文革中的文化人，可编著《儒林传》，兄编二书可作素材。兄年富力强，又熟稔史料，笔下行云流水，似可创作一部‘新儒林外史’，不知阁下日后又有何打算？总想回咸宁寻梦，一时难以成行，将来定要回去看看向阳湖，看看您这位朋友。”

20010329

上午，市委宣传部邀请部分学会的人座谈，我谈了最年轻的向阳湖文化研究会。介绍了研究会的成果，主要是做广告，引起重视；并向宣传部提一点要求，应有一名副部长联系此项工作，我们好汇报。

20010330

上午，统计局副局长魏自豫邀请我去双溪，访沈从文故居和大屋周村。又有一些新的收获,拍了不少照片作为资料备用。只要专注于一项事业,总有做不完的事。

20010331

国家图书馆冀淑英先生25日来信:"承惠寄《向阳情结》、《向阳湖文化人采风》两书和《向阳湖文化报》等,多谢,多谢。更为感动的是您的敬业精神,加上不懈的辛勤劳动,使向阳湖文化资源的开发,结出了丰硕的成果。这批珍贵的历史资料,不仅在当代,将来也仍是有历史价值的。感谢并敬佩您的工作毅力和文学素养。"

2001 年

夏

20010401

晚餐去咸宁师专，成果兄邀了陈有恒教授和研究当代文学的万国庆作陪。席间，两人提出适时聘我为咸宁师专客座教授。我则说看中师专这块土地，原因有二，一是它曾是向阳湖干校的中转站，二是它是传播向阳湖文化的极好场所。

武汉吉学沛先生 3 月 29 日来信："'情结'及'采风'下册还有咸宁报均收到，非常感谢你的好意。向阳湖虽然已成历史，但那里所发生过的一切，都能给人启发和反思。我作为一个过来人，尤其感到亲切。对你所做的工作，表示感谢和钦佩。"

20010402

北京丁宁先生 29 日来信："收到两书，很高兴。这一年，你勤奋开发向阳湖文化，积累大量资料，短短时间，出版 4 本书，可喜可贺！/据我所知，这书在文艺界、知识界很有影响，你和咸宁其他几位同志同心协力，把一个特殊的历史时代一种独特的文化现象，犹如开采了一个无尽宝藏，把大量的'文物'展示在世人面前，这是令人感佩的了不起的贡献。再一次祝贺你的成功！"

北京阎纲先生 29 日来信："向阳湖二册（下）收，收获不薄，谨贺！/你要的有关向阳湖拙稿，转载者寄上，赠先生的近作《座右鸣》中

亦载刊。/《中国作家协会在干校》最后几篇耽误了时间,大都已三校。《前言》随信寄您。谢谢关注。”

北京吴桂凤同志 3 月 30 日来信:“今年 4 月,要召开全国青创会,所以春节一过就开始办发展会员事。先分文学门类召开专家咨询会,然后又分别征求分会意见。现在,各地作协已经将他们的意见反馈回来了,单等书记处安排时间审批了。/另有一事相求,北京图书馆的研究员焦树安是我天津二中的同学,他也去过咸宁干校,焦和夫人邵琴和我老伴赵秉欣,我们都是天津二中校友,我们男女合校不合班,焦与我是同届同学。他夫妻二人现在是法国客座教授,邵仍在北大经济学院带研究生,如您编的书手头尚有余额,能否寄焦一套?我知道,这次第二辑一出,您寄书的工作量很大,尤其是上次我推荐的几位,承蒙您还想着,又寄了第二辑。令人感动。/召明来电话,说书已收到,她会向您致谢的。”

20010403

北京王仿子先生 3 月 29 日来信:“书两册收到,谢谢。/文化部‘五七’干校分布图已寄出多日(是寄文史资料委员会的),未知现已收到否?/现在既然成立向阳湖文化研究会,我觉得应该趁现在许多老人还在,赶快征集文物史料。如果在 10 年前,我还保留着从干校带回的劳动工具(扁担、镰刀等,扁担上有姓名)。在干校劳动时穿过的衣服也很有特色,如能收集到,将是十分珍贵的文物。照片也要趁早收集。/上次在向阳湖畔看到的展览室实在太贫乏,引不起兴趣。就是照片,也很欠缺,而且没有放到足够的大,不吸引人。如想办成一个吸引人的地方,一要有投入资金,二要投入人力。最要紧的是充实,要有更多的文物史料,包括照片。至少要有一个地方,比如说 463(校部)恢复原貌。/463 包括校本部(政治部、后勤组、医院、档案馆等),占地不多,医院还在,所以恢复起来花费不大,不太艰难。/如果下决心,也要抓紧。曾经在干校住过的人，已有说不清档案馆的地位，再过若干年，还有谁能把463几幢建筑物的地址说清楚。/我在463后勤组的会计处工作3年，所以对于463几处建筑大体说得清楚的。/专此敬复。”

20010404

北京杨静远1日来信：“《向阳情结》(下)等两书收到，非常感谢。/至此，你历时数载为向阳湖文化留史的艰苦奋斗，有了一个圆满的成果，特向你祝贺，并为我自己得以跻身其间而倍感荣幸。/你和咸宁同志们的向阳情结还会继续发扬，为建设‘向阳湖文化村’而努力。忝为顾问的我，却无力做任何奉献，惭愧。但我心中一直牵挂着这项事业，祝愿你们不断取得进展，正如一位向阳湖文化名人说的，向‘文革’博物馆的前景迈进。/我常想到的一点是，几十年来，有那么多的知青文艺和影视，却没有一部‘五七’干校的影视，这究竟是因为什么？政治原因吗？你们考虑过用这个题材拍一部影视吗？

20010405

武汉涂怀章先生1日来信：“寄赠给我的《向阳湖文化人采风》和《向阳情结》下册均收到，‘采风’中录入我的信，我也读了，很高兴。/随着时光的流逝，愈到以后，愈显出您工作的价值。你出的这几本书和手中的资料，确实非常珍贵。/我以为，你以后的工作可以有两个发展方向：一是创作一部以向阳湖特殊历史、特殊人物为内容的传记文学著作(史诗、评传均可)，或倾于纪实及理论分析，或虚构成历史小说亦可。二是放开思路，以收集向阳史料为起点，然后朝周围扩大，收集你能获得的文学人事资料，那么，你的书房就会成为一座特别的文学史馆。然后提取有规律性的东西著书立说，也会富于特色……”

20010407

北京倪子明先生2日来信：“承寄《情结》下册及《向阳湖文化报》3期均收到，两部共80万字的大书均已告竣，可喜可贺。98年收到上册曾致信答谢,已记不得说了些什么。此次蒙收入附录‘书简’,才看到当时我认为这部书是写干校的‘典型著述,迄今还是仅有的’。现在看来,仍然没有哪一部新著可与之比肩。你在《向阳湖文化报》发刊词中说:‘……6000 余名文化人记忆的涟漪,便映照出一部特殊年代中知识分子的心灵史。’概括得极好,我以为用这段话语来评价这两部书更为恰当。你把研究开发向阳湖文化当作毕生的‘主业’,是‘营造自己的精神家园’,我对你这种选定目标就一往无前锲而不舍的精神,实在心向往之。/《情结》(下)发表了我的老友戴文葆兄的《怅望向阳湖》,是一篇有趣而精辟之作,读之感慨良多。他曾被放逐外地多年,‘青春已过乱离中’,无缘接受咸宁干校的‘洗礼’。可是,他却从顾祖禹、谭其骧等前辈学人对古云梦泽研究的成果,以及今日对向阳湖名称由来的叙述材料中,条分缕析,把古云梦泽演变至今‘向阳湖’的历史过程讲得丝丝入扣。原来‘向阳湖’是由于要建干校才命名的。‘向阳’者,‘葵花向太阳’也,含有‘效忠’、‘献忠心’的深意。‘云梦’古典,‘向阳’今典,可谓时空交错,相映成趣。戴兄之文,开我茅塞,获益匪浅。/1969 年 9 月,我初到咸宁干校时,见一片粼粼湖光,想起孟浩然‘气蒸云梦泽,波撼岳阳城’名句,也曾以为此地大约即古云梦泽的一处遗存吧,但未能深究。那时我忝在‘被审查对象’之列,每天劳动革心,力竭之余,还要交代又交代,检查复检查,确也无暇他顾。只记得某日下午工休时,曾在 452 高地小憩,立观山景,随着黄昏夕照向南眺望,紫雾迷朦中隐约见一峰耸立,身边一校友指点说:那里就是李自成战死的遗址,湖北通山县的九宫山。闻之不胜沧桑之感。后来,对李自成是战死还是出家为僧曾有一番争论。巧得很,通山是你的家乡,对这段历史公案,一定也曾注意及之的。年老眼花,手颤,书不成行,就此匆颂。”

20010408

与北京倪子明先生通话,建议他对向阳湖文化书系做一书评。他声称自己不是写评论的，再说年已80多岁，心有余而力不足了。

北京冀勤先生2日来信："收到您赠送的大作，急着拜读，故复信迟了。谢谢您又编了这样两本好书。/最近又想写点有关干校的文字，待写成后再说吧。"

北京陈羽纶先生3日来信："谢谢你前后送给我好几本你编写的表现出你努力成果的新书。/你和我们这些在'文革'期间受到无情冲击的老一辈人相比，应当说你是很难体会其中的艰苦的；但你能独具慧眼，把它作为一种文化遗产，锲而不舍，全力以赴地深入发掘，做出显著的突出成绩，这不能不令人感佩。"

20010409

收到北京柴志湘先生寄来《人民文学出版社社庆50周年的纪念册》，其中"签名祝贺栏"我也忝列其中，作为一种历史，他给我的快感不亚于在大报发表一篇作品。柴先生还寄来一本纪念文集《我与人民文学出版社》。我连夜浏览一遍，以为自己心中早已写过一篇，只是尚未发表而已。

20010410

省新闻出版局分管期刊的黄国钧副局长来咸宁，市局通知我去汇报《向阳湖文化报》申请省内刊号的事。黄建议我将报纸改为刊物，虽是擅自做主，我转头一想，也好，反正是要慢慢过渡的。

北京王戎笙先生4日来信："有关向阳湖文化的著作两种拜领。你和你的同事们，为保存中国现代史上一个特殊历史时期的珍贵资料做了非常重要的贡献，中国社会科学院(当时称中国科学院学部社会科学部)也去了干校，也有大批文化名人，也有许多极其珍贵的资料。只有钱钟书等少数文化名人写了少数札记外，无人做此工作。今后将永世湮没无闻。"

北京傅璇琮先生3日来信："今日又收到新著两册，阅后倍感亲切。文革中‘五七’干校,应是20世纪政治中的一件大事,牵涉面很广,特别是文化、教育界。据我所知,如现在的中国社科院(‘文革’中称中国科学院学部),其干校在河南南部,北京大学,其干校在江西鄱阳湖附近。但除了钱钟书先生夫人杨绛有《干校六记》外,其他文人、学者集中之地的干校,都没有像咸宁那样编印好几部极有历史文化价值的回忆录、采访记。咸宁同志确有历史见识和文化眼力。下一步如何把咸宁作为历史文化名城办得更好,还可以再考虑、商议一下。”

20010411

收到9日出版的《文学故事报》,第18版(广告专版)竟以半个版的篇幅刊登“人民文学出版社出齐向阳湖文化书系”的广告,称两书既是鄂南向阳湖文化研究的开山之作,又是我国“干校文学”不可多得的著述,并配发了两书下册的封面。据说,如果按价收费的话,得1万元!晚上,我向责编柴志湘先生通话表示谢意,他告诉我新任社长聂震宁收到我寄出的下册后,对他说很有意思,并要他配齐上册。

文学故事报

人民文学出版社出版 国内统一刊号:CN11-0052 2001年4月9日 第15期 总第820期

18 专版 文学故事报

人民文学出版社出齐

向阳湖文化书系

《向阳情结——文化名人与咸宁》(下)收入了沈从文、陈白尘、萧乾、张光年、韦君宜等人的回忆和回忆录31篇,定价15.90元。

《向阳湖文化人采风》(下)共收入作者采写我国文化界名人访问记60篇,定价16.80元。

两书既是鄂南向阳湖文化研究的开山之作,又是我国“干校文学”不可多得的著述。

向阳情结

《文学故事报》刊登

“向阳湖文化书系”广告

20010412

团市委副书记黎翠霞告诉我:“想推出你这个名人!”按条件申报“湖北青年五四奖章”,年龄要求40周岁以下,我刚刚在线内。因为申报市政府津贴有材料,一切都是现成的。加之胡秘书长很开明,爽快地签上了“同意上报”的意见。又请示程主席,自然也没有异议。我的态度是重在参与,但同时自信还是有较强实力竞争的,于是又打电话给黎翠霞，玩笑道："本以为在政协已加入老同志行列，谢谢你又让我回到青年队伍中来，让人感到青春焕发。"

20010413

受聘担任市首届杰出文化人才和文艺精品评委。

北京林光先生6日来信："寄赠的《向阳湖文化名人采风》(下)、《向阳情结——文化名人与咸宁》(下)、报纸4份，收到多日，十分铭感。/书中写到的王以铸、曹辛之、孙绳武、傅璇琮等人，都是我的老师或好友；通过他们的经历，我又想起了向阳湖生活中的一些或可喜或可悲之事，令人感慨系之。/《向阳湖文化人采风》这个书名，我想了很久；收到上册时起，我就感到不妥，但未敢提出。我认为，采风者是李城外，不是文化人；再说，采风之前用地名或作者名才是普遍的搭配，从采风一词的本义或转义说，都是说得通的。现在这个书名值得商榷，不知足下以为然否？"

收北京陈原先生寄赠《界外人语》、《遨游辞书奇境》两书，均为商务印书馆2000年版。

20010414

致婷、熟了母子近些时都在看电视《笑傲江湖》，我偶尔也受影响看几集，脑子里却想的是写《笑傲向阳湖》。

北京胡企林先生10日来信："读了你写的《我的'向阳湖情结'》一文，深切感到你为传播向阳湖文化，艰苦创业，辛勤耕耘，花费了近2000个日日夜夜的心血，取得了丰硕的成果，可敬可贺。作为昔日'五七'战士的一员，我也要向您表示深切的谢意，没有你和其他一些同志对'向阳湖文化现象'的不断深入的探索，我不可能对那1000多个日日夜夜的日子有比较深刻的反思和思想上的升华。"

北京杨寿松先生10日来信："承多次寄赠大作及咸宁文史资料，殊深感谢。兄对文化部咸宁'五七'干校的研究，锲而不舍，埋头苦干，终于初结硕果,可喜可贺。/读《向阳湖文化报》,觉得编得很好,图文并茂,可读性很强。/关于干校的机构和编制,还有各连的任务及驻地,最好请健在的原校部有关领导及经办者写一篇文章,以便留存匡正其他误植,并作为历史资料永久保存。/您事务繁忙,望多保重!"

20010415

香港张初考先生3月27日来信:"多承盛意,寄我《向阳湖文化人采风》及《向阳情结》两本大作之下册,连同1998年寄我的上册,珠联璧合成一套,我将永远珍藏之,先此申谢!并期盼您再接再厉,继续在向阳湖内外梳耙耕耘,结出更灿烂,更芬芳的文苑奇葩硕果!/我自离别文化部咸宁干校,调到襄樊太平店湖北化纤厂工地搞政宣后,再未跟干校的同事有任何联络。在干校期间,囿于当时特殊的政治气氛,人与人之间的关系甚为疏离,有时且甚为紧张,即使同一连队的'五七'战友,也仅是同睡同吃同劳动而已,对别的连队生活工作情况更不甚了然。我调离后,对仍苦战在干校的'校友'命运如何,更是从未听闻过……/未读您的大作之前,对很多文化名人,我也只是久仰其名,或读过他们的作品,或听过他们谱写的歌曲,或欣赏过他们的书画,虽同在咸宁干校,除第一大队的人员之外,对其他连队的,也难以见上一面(因几乎天天要下湖劳动),如今却能借助您的两部书,坐在香港的家里,便能了解到当年的'校友'们的来踪去迹,以及前辈文化名流的高风亮节,处变不惊的斗争艺术……令我真真正正接受了一次'再教育'。行文到此,不得不再次向您道声:'谢谢!'。/创刊号及第2期《向阳湖文化报》我均仔细读了,'唯楚有才'四字(忘了出处),可借用来表述我的读后感。咸宁素以'楠竹之乡'、'桂花之乡'闻名于海内外,随着向阳湖文化、经济的进一步开拓,它也将成为享誉世界的文化名城。/我对向阳湖的开发充满信心,你们手中有真货色(可供来港展卖的上乘书画作品),市政府也能拿出好的开发项目。我真诚地企盼着有一天我们相会在香港……”

20010417

购《王蒙讲稿》(上海文艺出版社 2001 年版)。

20010418

成都黄葵先生来信:“《情结》(下)等二书收悉,谢谢!又见文化报,甚为高兴。自‘后记’看到,令夫人为开发向阳湖做了许多奉献,使人钦佩。/我们向往向阳湖,争取有时间去看看。从报上见到,璇琮、金涛重返向阳湖,更使我们向往。/余暇中,信手抄了一篇《女屠夫》,供参考。倘报上用了,则请多寄一份样报,以便寄送。”

20010420

北京郑士德先生 14 日来信:“寄来的《向阳情结》、《向阳湖文化人采风》均已收到。遵嘱,我已将您寄来的这两本书出版消息稿,转给《中国图书商报》。该报已于 4 月 10 日在第 3 版发表。/您主编的《向阳湖文化报》第一期,可读性强,文章写得很漂亮,不亚于中央一级文化报的水平。特别是第二版的《蛇——向阳湖记事》,写得太好了,令人读了入神。此类文章,在中央的大报副刊上都很少见,实为精品。第四版‘翰墨苑’,多为名人墨迹。我们的硬笔书法家梁天俊老先生给您寄去的硬笔书法,颇有功夫,不知能否刊用?/尊著《采风》和尊编《情结》两书,具有较高的历史价值和文学价值,可以说是‘干校文学’的开山之作。我经常翻阅,令人爱不释手,非常感谢您的赠书。”

订下半年报刊,747.46 元。

20010421

北京徐海南先生 15 日来信:“寄来的书收到,谢谢。/将干校时勇进评剧团人员名单寄上,请收。红旗越剧团的负责人尚未找到,找到后再奉告。”

20010423

北京马寄远先生18日来信:"3月18日惠赠的《向阳情结》、《向阳湖文化采风》(下)和两份《向阳湖文化报》已收阅。谢谢！对你在这几年中,为开发向阳湖资源所付出的一切,再次向你表示诚挚的敬意！由于你孜孜不倦的努力,已收获丰硕的成果,为你祝贺！在这片红土地上培育出像你这样对事业和生活充满激情的难得人才,我更为咸宁人感到自豪,在你的庆功会上应重重地写下这一笔。/当我阅读你1998年寄来的两本书时,我也和许多五七战友一样,百感交集,也曾多次有过动笔的念头,把我在干校的生活记录下来。目的是想留给子孙,让他们了解前辈的刻骨铭心的这段历史。1999年国庆节后,我收到《中国作家协会在干校》一书编委会的约稿信,我的心也颤动了一下。'五七'干校已载入史册,它对我们这一代人,有积极的一面,是我们在那困惑的年代,经受了严峻的考验。每个人的感受是多品味的。在我看来,《人民文学》原编辑部主任、我的老领导胡海珠同志的《追思干校中的金镜》一文时,我禁不住泪水洗面。在我去干校的过程中,也曾有过与海珠同志同样的噩运。1970年秋,我从干校急匆匆地赶回北京,送走了和我相伴20余年的亲人。每当我忆起这段辛酸的往事,都仿佛触痛着我心灵上的伤疤……/我是在你打捞的'历史沉船'上,刻有6000多个名字中的一个无名小卒,不忍心多占你宝贵时间。恕不多赘!"

购《灵魂的归宿——俄罗斯墓园文化》(高莽著,群言出版社2000年版)、《戴厚英啊戴厚英》(吴中杰主编,海南国际新闻中心1997年版)。

20010424

从嘉鱼返程时,顺道去向阳湖奶牛场看文化展近况。场里同志说咸安区有关向阳湖开发的工作表面上还维持现状,实际上在降温,我为他们打气，无论如何，我们研究会的工作将坚持，永不停顿。我坚信总有一天会有人来投资开发的。

20010425

下午收到北京李琦同志治丧委员会办公室讣告，李老因心脏病突发，经抢救无效，不幸于17日16时35分在北京逝世，终年83岁。定于26日9时在八宝山为他送别。晚上复唁电云：“深切怀念李老，感谢他生前的关心和厚爱，请王泓同志节哀。咸宁市向阳湖文化研究会李城外。”

20010426

《文艺报》24日消息：“楼适夷先生于20日在北京病逝，享年97岁。”读报后，马上向楼老夫人黄炜发了唁电：“怀念楼老。”连续两天向北京发唁电，这还是第一次，看来向阳湖老人近年还会不断逝去，向阳湖文化研究工作更显得重要起来。

20010427

北京戴文葆先生23日来信：“我终于收到了《向阳情结》（下）及《向阳湖文化人采风》（下）。编排及装帧设计都很好，虽然我并没有到过向阳湖，可是我的欢欣不比到过那儿的文化人朋友们低。/谢谢您，我得赶紧到邮局去发信给你。”

海南儋州市梁春田先生来信：“最近收获贵委会赠阅的《咸宁文史资料·向阳湖文化专辑》（2001年第1辑）一册，资料难得，极为珍贵。现向李先生求索《向阳情结——文化人在咸宁》、《向阳湖文化人采风》、《咸宁文史资料·文化部咸宁五七干校史料专辑》等3册为我会藏书，欢迎今后互相赠阅交流。”

20010428

全国政协图书馆来信：“你送来的图书《文化名人与咸宁》等两种4册我们已收到，谨向你对我馆的支持与关心表示衷心感谢，我们将认真妥善地保管好你的赠书,使之更好的发挥作用。”

20010429

接团市委通知,我申报的湖北青年五四奖章已通过省里初评。市里公示几日后,5 月 3 日去省里领奖。咸宁 3 人,我属“最后一班岗”,但还算作“青年”,真有点不好意思。

20010430

省文联副主席李传锋 24 日来信:“收到你寄来的两本下册,很高兴,你为向阳湖文化作出了贡献,也丰富了湖北的文艺园地,祝你不断有作品问世。”

北京金敏之先生 24 日来信:“2 月 28 日来信及所寄的《咸宁文史资料》由于包封破损,只留有姓名及残址,于 4 月 20 日才由所在地段邮局送来,兹又接你 4 月 20 日寄来的大作《向阳湖文化人风采》、《向阳情结》共 4 本,谢谢。/于今天收后即手不释卷,使我深沉的回忆着向阳湖生活,所刊生活照及一些友人的照片,实在令人触景生情,真不胜感慨。离开向阳湖已 27 年,当年壮年,今已达 80 岁的垂垂老者。大作将使我返老还童,重生活力。/庄浦明同志月初曾倡议咸宁之行,由于彼此忙于编务,暂未能成行,秋后如有可能,当可重返旧地,面致谢意。”

20010501

电视里重播电视连续剧《围城》,我来不及等待,干脆将以前的录像带翻出,一次性看完。还重读了原著的“汇校本”,又过足了一把瘾。沉入向阳湖里太久,偶尔也应浮上水面透透气。

20010502

街上买了份《湖北青年报》,才知道 4 月 27 日团省委已登报对“湖北青年五四奖章”提名人进行公示,截止时间是 5 月 1 日。咸宁有 3 人,我和市公安局行管科民警王维江以及上月去世的《咸宁日报》记者陈琳,我以为自己这次很幸运,也有一定的偶然性。作为一个文人,我同见义勇为的王维江比,要向他学习;作为一个生者,我同 23 岁的陈琳比,要珍惜生命,留住青春。这次省里公示上百人,政协系统仅我一人,作家中也似乎只我一个,还是具有代表性的。

20010503

下午随团市委组团来省里列席省青联和学联的代表会议,主要参加“湖北青年五四奖章”表彰。系省委组织部、人事厅、团省委和青联四家联合表彰。晚上和王维江同住一室,了解央视《焦点访谈》采访过他。他谦虚地说自己在火车上见义勇为斗歹徒是一时撞上的,不比我写作坚持了多少年。

作者获“湖北青年五四奖章”

购《青春岁月——胡绩伟自叙》(河南人民出版社 1999 年版)、《世纪之恋——我与萧三》(叶华著,中国社会出版社 1999 年版)、《共和国部长档案》(上、下,新疆青少年出版社 1998 年版)、《〈第二次握手〉文字狱》(中国北京出版社 1999 年版)。

20010504

今日“五四青年节”,也是我 40 岁以前过的最有意义的一个青年节,当了省里的劳模。荣誉要倍加珍惜,用句过去使用率较高的话说,要“发扬革命传统,争取更大光荣”。

20010505

上午遇团省委书记李兵,他说自己是省政协文史委委员,对文史很感兴趣,对向阳湖这段历史很关注,盼望有机会去看看。我送了他

向阳湖文化书系4本。李兵小我1岁，难得在年轻顺风的位子上，有研究历史的同好。

购《张家旧事》(张兆和口述，叶稚珊编写，山东画报出版社1999年版)，《命运的档案》(牛汉著，武汉出版社2000年版)，《世纪老人的话(臧克家卷)》(辽宁教育出版社2000年版)，《别离在新世纪之门(萧乾传)》(丁亚平著，河南人民出版社2000年版)，《检讨书——诗人郭小川在政治运动中的另类文字》(郭小惠等编，中国工人出版社2001年版)，《聂绀弩还活着》(人民文学出版社2000年版)，《文化大革命的起源》(1、2,[英]麦克法夸尔著，河北人民出版社1990年、1989年版)。

20010506

《湖北日报》昨日头版发了"湖北青年五四奖章"获奖青年参观武汉光谷基地的照片，我很意外地在其中"亮相"。这无疑是个广告，也算为咸宁青年挣了个面子。二版还登出了获奖人员名单。

20010508

《咸宁日报》今日头版报眼发了我市3人荣获"湖北青年五四奖章"的消息。

收北京周明先生赠书《山河永恋》(陕西人民出版社2001年版)。

20010509

武汉李晓祥政委5日来信："您寄来的《向阳情结》、《向阳湖文化名人采风》上、下集，还有《咸宁文史资料》和报刊等书籍，已经成了我经常学习的教材。/城外同志，你真是个能人，从我们第一次见面至今才5年时间，成果就这么大，可敬，可贺。我谢谢您，这是一件大好事，望您继续努力。/咸宁文化部原'五七'干校，我在时有5000余人，已有许多同志用自己的亲身经历写了文章，都写得真好。望更多的战友，都来写一写，教育后代和我们健在的人。我是'文革'中搞过"三支两军"的工作的人，现在已经离休了。可看一看这些文章，实事求是认真的想一想，“三支两军”工作，是做了一些我们应该做的工作，但是带来的不良后果确实不少。”

20010510

北京故宫杜廼松先生5日来信：“前去一信和所寄报纸，想是收到了。今随信寄去本人为向阳湖文化研究会和会报的题词——‘弘扬向阳文化，开拓知识经济’（钟鼎文大篆），以表心意，请笑纳。”

20010512

武汉俞汝捷先生来电话，称下旬将来咸宁调查咸宁向阳湖文化开发情况，并对我作一番宣传。省社科院以此为课题研究，说明我的工作已经做到一定份上，我自然表示欢迎和配合。美中不足是现在所处位子权力不大，接待来客远不比在市委办工作时方便。

20010513

与北京陈早春先生通话，问候一下退到二线的老同志，感谢他在职时对我写作向阳湖的支持。陈社长还是满口感谢我，说我辛苦了。

20010514

省政协来电话，称蒙美路副主席一行下周一来咸宁调研文史，主要想采访宣传一下我。因为我得了“湖北青年五四奖章”，这也是政协的荣誉。蒙主席又分管文史，这次来还准备去向阳湖看看。

20010515

咸宁电视台在开“百业名流”专栏，提出来为我做一期专题。这种热情却之不恭便答应了下来。

北京鄂力先生10日来信：“寄我的书已收到，非常感谢！刘心武老师回赠您一本书，现寄上。”附刘心武赠书《亲近苍茫》（中国旅游出版社2001年版）。

20010516

金戈上午来谈，我建议他早日创作有关向阳湖题材的小说，否则也许我会先入为主的。再过 20 天是向阳湖文化研究会成立 1 周年，现在要准备届时开个座谈会庆贺庆贺。

20010517

《中国青年报》来了两位记者，我主动向团市委陪同的同志建议带她们去向阳湖看看，并送了书。传播向阳湖文化今后要坚持像这样平时积累，自然会播下种子，有所收获。

20010521

省政协蒙副主席一行下午组织座谈，她在汇报会上几次肯定我的成绩，并表示要在全省文史会上进行交流。明日还要去向阳湖看看。

20010522

上午去咸安区参观“向阳湖文化展”，那里的负责人对我说，向阳湖文化的挖掘，区里越来越不重视，班子也名存实亡，我听了心里倒挺平静，自己一定会坚持不懈地干下去的。

20010524

下午去金戈处谈，建议他早日涉足向阳湖题材创作，可从人物系列写起，如侯金镜之死等等。他采纳意见，表示将尽快实施。也是的，研究会成立快一年了，他这个秘书长总得有作品服人家，才对得起我这个会长的“重用”。

20010525

江夏区政协文史委主任一行来温泉查资料，我正好问起金口和乌龙泉，两地我都去过，但真正了解干校往事，还得重游，并写下文字记录。

20010527

《中国政协》第 5 期刊登了“人民文学出版社出齐向阳湖文化书系两种”的消息，占了半个页码。落款是“咸宁市向阳湖文化研究会”。

这是老“五七”战士朱雨滋先生推荐的，面子很大。

20010528

下午与北京柴先生通话，《采风》上册申报“鲁迅文学奖”有关事宜他都已办妥，并请社里专家写了评论投《读书》，很快就会发表。柴先生还为我联系了一位新朋友，她是十三连的“向阳花”——出版科学研究所的邱淙，表示将在网上宣传向阳湖文化。

20010529

省社科院俞汝捷研究员和文学所副所长张仲良来温泉，专门调查向阳湖文化研究会自成立以来所作工作及工作打算。俞老师就向阳湖文化谈了不少独到之见，主要是研究向阳湖文化有两条路，一是按《决议》的调子，一是按巴金的思路。是否还有第三条路？

20010530

上午与金戈陪客人去向阳湖参观，一路上俞老师讲了不少省文坛内幕和一些评奖内幕，听起来很过瘾。在向阳湖文化展览厅，他题了一首诗：“当年此校困群英，扫地斯文悲慨声。今日我来寻旧迹，向阳花木一时新。”闲谈中，俞老师还讲到自己收到省内外作者赠书不少，但有时间读的不多，包括省内知名作家的小说。可我寄去的向阳湖文化书系两种却吸引他认真读了，因为毕竟写的是真实的历史。

收北京陈原先生寄《陈翰伯出版文集》(中国书籍出版社 1995 年版)。

20010531

收北京柴志湘先生寄《世纪良心——巴金》(人民文学出版社 2000 年版)。

20010601

布置郑光勇写了份向阳湖文化研究会一周年工作总结，准备在 6

日座谈会上讲一下。上午叫金戈来一起修改,他这个秘书长当得潇洒,我笑他为会长分忧不多。又布置王亲贤以文史委的名义写了一份稿子。今后研究会要主要依靠这3人分担一点担子。

20010606

下午在市政协会议室主持向阳湖文化研究会成立一周年座谈会,为了烘托气氛,挂了会标。请来了报社、电视台的记者。政协领导请了熊、刘两位副主席到会,市直有关部门负责人和朋友共20多人参加,大家发言争先恐后,直到6点才散会。我特地安排2桌饭,以表会长的谢忱。《咸宁日报》明日一版将发消息——《向阳湖文化研究成绩斐然》。

20010608

上午北京杜廼松先生打来电话,关切地问起向阳湖研究的进展,并说故宫的人时常念起我。嘱咐我别太累,要注意身体。我借机请杜先生写一篇回忆唐兰先生的文章,以补我未能采写之憾。有些素材报告文学中应是可以用的。

晚上咸宁电视台播出新闻——研究会成立一周年"盛况",荧幕上打出的字幕是"向阳湖文化研究会华诞共筹谋",说明记者还是动了脑筋的。

20010609

武汉大学中文系樊星教授7日来信:"大作收到,十分感谢。我一直对有关'文化人与文革'的资料很感兴趣。您编著的大书是这方面的力作。如果说北方的白洋淀孕育了当代的'朦胧诗',那么南方的向阳湖则催生了老一代文化人的历史反思。我近来因研究生答辩,须看多篇论文。故容过一段稍得空时,再为大著写点文字。"

嘉鱼业余作者鲁快兴从鲁迅文学院打来电话,称我的书和报已在他的同学中传阅,大家都感兴趣,他准备在近期毕业前组织一个座谈会，带几篇稿子回来。

20010611

中南财经政法大学古远清教授7日来信："你从事向阳湖文化开发，从城外到城内早就声名远播。现在读了你惠寄的书刊，更感到你从事的是'文革'博物馆的工作，对我研究当代文学史——尤其是'文革'文学史很具史料价值，特向你表示感谢。"

今日看报得知，《人民日报》9日《大地·读书》在"新书拾零"栏发了短消息："李城外编写的《向阳情结——文化名人与咸宁》（下）和《向阳湖文化名人采风》（下）由人民文学出版社出版。"可惜又错了一个字，"情结"误为"情节"，不知是打字员大意还是编辑粗心。

20010612

下午与政协胡秘书长谈向阳湖文化，他提出要定位、定向，并建议我为向阳湖文化研究会一周年座谈会发个纪要，为领导决策作参考送上去，对会员则可以出题目搞一些问卷调查。我听了很受启发，但又深深感到，向阳湖"炒"到如今，再"升温"的可能性不大，保持"恒温"也就行了。

20010614

"批评"了金戈几句，说他这个秘书长为研究会考虑事情少，逼他在向阳湖文化研究上早下工夫。他似有所悟，上午和我谈了不少好的设想，今天的《楚天声屏报》还发了向阳湖文化研究会举行周年座谈会的消息。

20010615

团中央《辅导员》杂志社编辑施亮来咸宁，"慕名"找我一晤，他是干校十四连著名翻译家施咸荣的儿子，在咸宁呆过几年，距今正好30年。施亮十分好交往，他1992年就加入了中国作协，并说那里他的朋友多。下午团市委的同志陪他去了向阳湖，他表示明年将在《十月》开

专栏,写写干校岁月。

20010616

北京冀勤先生10日来信:"寄上两稿《为两件当代'文物'作注》、《围绕几个重要时间的回忆》,前文还附图两帧。请收。/如不刊用,请务必将手稿退回,如刊用,请及早安排为盼!"

20010617

前几日开始有计划通读创刊至今的《新文学史料》,热天不好写作,逼自己读一些书,随手做些笔记,也为写向阳湖的报告文学做些积累。今天一整天读了5本,满脑子的新文学。

20010619

晚上正请熟了帮助打一份个人简介,北京吴桂凤同志来电话,告知她刚和中国作协创联部孙德全电话联系,方知我入会的事4日已经通过。我向吴主任表示感谢后,又一本正经地要儿子向我表示祝贺,熟了也说,加入中国作协真的不容易。我高兴之余,赋自度曲两首,其一云:"走进新的世纪,人到不惑之年。钟情向阳文化,研究对象六千。书系出齐四本,编著八十万言。常去湖边拾贝,笔耕奋蹄扬鞭。"其二云:"头戴乌纱七品,会长使命在肩。民间小报老总,咸宁文史主编。政府津贴荣获,五四奖章喜添。入了中国作协,还要负重争先。"

20010620

与北京柴志湘先生联系,得知孙用先生的儿子孙顺临在人文社策划室工作。我从《新文学史料》上读到《孙用小传》,里面谈到孙用在干校写过62首旧体诗,我请柴先生牵个线,我日后再去个信,争取早日读到这些诗。

20010621

收北京张光年先生寄赠译述《骈体语译文心雕龙》(上海书店出版

社 2001 年版）。

云石兄昨夜来，听说我加入中国作协，马上建议写个稿子，在《通山报》发一下。因为通山弄文学的人较多，对大家是个激励。我表示同意，圆了作家梦，应先向家乡人民汇报。1997 年加入省作协，还只得算个“预备期”。

20010623

上午去咸宁师专做客，席间中文系单主任听说我加入中国作协，问我可否做个师专的兼职的客座教授，我欣然应允。

师专张芳彦老师赠《现代剧作家风格论稿》（中国戏剧出版社 2001 年版）。

20010627

上午市社科联邀请十几家学会负责人座谈，庆祝“七一”，我第一个发言，称党的伟大在于不仅创造辉煌，而且勇于修正错误。以《关于建国以来党的若干历史问题的决议》为例，否定了“文革”，这为我们研究向阳湖文化创造了好环境。我充分相信，向阳湖文化研究才 5 年时间，就形成一定气候，再过 10 年 20 年一定会有更大起色。向阳湖文化到时自会享誉文坛。

2001 年

秋

20010701

晚上与北京周明先生通了电话，他祝贺我加入了中国作协，称这是大事、喜事。我表示，只有今后多写出作品，才是对关照我的北京文化人最好的感谢。

20010702

刘三多老师上月出了一套“九宫山风光系列”明信片，选了10幅油画作品。作者介绍定位是湖北省人民政府文史研究馆馆员，享受国务院津贴。我作为老朋友，对他又出新产品表示祝贺(据说印了6000套，自费自办发行)。但同时对其中只字不提政协表示异议，恐被人议论，忘了“国籍”。闲聊中，他又提及上半年在通城搞画展引起轰动，但温泉没有什么反响。他还倾诉了在政协诸多不如意之事，如手机配备、车子使用等。我颇有同感地说，自己也有许多不顺。在政协暂且走一步看一步，包括在向阳湖文化研究上，经过几年的实践，发现出成果关键是靠自己，至于领导支持，现在毕竟停留在口头上。我也想得通，一般不再找领导汇报。埋头苦干，等领导来过问吧。刘三多的体会更深，到他家看画的领导不少，而他至今还在为出画册发愁，看来只有靠自己了。我俩同时感叹：政协大会小会都说打两张牌——刘三多的画和我写向阳湖，可是手段呢？再没有人关心如何实施计划。

20010707

与北京张慈中先生通话，得知研究会的会徽已经设计好了，近80岁的老人如此看重“向阳情结”，着实令我感动。收到会徽后，正好在下期《向阳湖文化报》发一消息，并马上去工商局为“向阳湖文化”商标注册。

20010708

北京施亮兄给研究室1日来信：“我此次重游向阳湖故地，承蒙你们热情接待，非常感激！我少年时曾随父亲在向阳湖‘五七’干校呆了3年。可以说，整个初中时代都是在这儿度过的。固然，在那个时代必然也充满了苦难与艰辛，但是这块土地毕竟滋养了我，也哺育了我，我对它也有着深深的情结。牛汉先生说：‘向阳湖哺育过我的诗。’我与他也有着同感，可以说：‘向阳湖哺育了我的文学生命。’今年10月份，我将给《十月》杂志写一篇文学回忆录式的长散文《没有水的湖》，回忆那一段难忘的日子。此文约有3万余字，写完后一定给你们复印一份寄来。/此外，关于你们所谈到的对向阳湖文化人第二代的采访之事，具体如何进行，我们可以再商量。那时的中学生、小学生，如今都已是三、四十岁的中年人，我看了涂光群先生夫人杜贤铭老师的文章《忆向阳湖中学》，心中尤有所感。去年，我们一批向阳湖中学的同学曾在一起聚会，不少同学也已成为了教授、编辑、总经理等。以后，我可以给你们一份不完整的名单。/李城外先生编著的两本书《向阳情结——文化名人与咸宁》及《向阳湖文化人采风》，我都已读了，获益匪浅。城外的向阳湖情结使我感动，你确实是抢救了一笔丰富的文化资源，开掘了一座文化金矿，汲取了文化之精魄，也是一项有益今人，惠及后代之举！希望今后我们多联系！/另，给你们寄来一些文章及书，请指教。”

20010709

收施亮兄赠书《黑色念珠》(北岳文艺出版社 2000 年版)。

20010712

电视台派两名记者来找我,要在近期“百业名流”栏目为我做一期专题。我考虑到自己大小是个县级干部,不宜自我介绍,建议以电视台介绍为主。他们出好题目,我来积极配合,初步定下谈的内容是“李城外和他的向阳湖情结”。

20010713

北京鄂力兄 1 日来信:“寄上一份报纸,第一版《这样的游戏真好玩》一文,说的是咸宁,寄你一阅。/湖北省政协吴娟来京,立峰已见到她,我给你的印托她带你,请兄指教! 不知兄何时来京,盼到时一晤为快!”

上午,市直文艺界座谈江总书记“七一”讲话。安排我第一个发言,我结合咸宁实际,谈了文学界历史和现实题材的创作。指出不足之处是,到目前为止,尚缺乏在全省全国打响的作家、作品。时代呼唤史诗般的作品,我辈重任在肩。

20010714

苏州大学王尧教授 6 月 22 日来信:“惠寄的大著收到,谢谢。/兄所做的工作是非常有价值的,前几年我就曾听方鸣兄介绍您的研究。知识分子与向阳湖是一个有待深入研究的课题。兄在这方面会大有作为。这几本书对我的研究十分有益。如有机会,我想去向阳湖一趟。也欢迎兄到苏州讲学。/本学期我在台湾东吴大学任客座教授,近日才回苏州,迟复为歉。”

20010716

今日回复了北京鄂力、施亮、苏州王尧等人的来信。今后再忙,也要养成及时复信的习惯，不要压在一起等日子回复，一拖再拖。收信及时回复应是文人的一种美德。

20010717

收山西赵瑞森邮寄《中国作家大辞典》（照春、高洪波主编，中国文联出版社1999年版），16开精装。

收北京林穗芳先生赠书《标点符号学习与应用》（人民出版社2000年版）。

20010718

晚饭后散步，去金戈处谈，他建议我写报告文学时，同时写“京都采访纪实”，换一种写法。如果有时间的话，这倒又是一本可以速成的书。

20010723

明日起启程至香港考察，今天到省政协集中。下午在宾馆闲着无事，和武汉的熟人朋友在电话里聊天。一连找了十几人，自然是言必谈向阳湖。

20010724

出师不利，我们各市州政协一行14人，原计划上午10点抵港，因飞机误点，到香港驻地已是晚9时。今天的游览计划算是自动取消。我倒无所谓，此次来港，主要是想会会老“五七”战士张初考先生。

20010725

真是不凑巧，今日香港又遇“八号风球”，旅游景点和机关商店一律关门。上午，仅去金紫荆广场一带走马观花。下午，冒雨去了浅水湾。对我来说，旅游观光的节目已经结束，明日团体游香港海洋公园等，我一人请假。因为约见了友人张初考和张诗剑先生。

20010726

上午张初考先生如约前来看我，笑道：“向阳湖的鱼游到了香江

作者和张初考在香港

边”。我们一同逛了香港三联书店和一家旧书店,买了《文革大年表》(香港明镜出版社 1996 年版)和《文化大革命:史实与研究》(香港中文大学生出版社 1996 年版)、《中国大民谣》,冯雪峰《回忆鲁迅》等书。张先生说我编著的“向阳湖文化书系”幸亏出版及时,近几年受政治气候的影响,此类书在大陆应属控制出版的。下午一同去香港《文学报》社张诗剑先生处谈。诗剑先生邀至酒店小酌,席间讲到《文学报》坚持十余年下来不容易,他总是记得一句外国什么人说的话:“有何胜利可言,挺立就意味着一切。”并表示:“人人争着下海去,我只甘心耕荒原”。对我有所启示。此番会晤,还有一重大收获是,《文学报》为我出《向阳湖文化资料汇编》,我初步计划明年 1 月付梓面世,还有几个月时间用来编著。

20010731

上午,深圳老同学陈惠敏送我离鹏,谈到深圳人的生活状况等,对我事业上的成就表示祝贺,对我家庭美满表示祝愿。她说我找到了自己所爱的人,干的是自己所爱的事,这才是最值得羡慕的。我也以为是,对老同学说:“在咸宁虽然和深圳的生活水平距离大,但精神上是满足的。而且打算长此下去,每年出书办报,把向阳湖研究深入做下去,不断出成果,足矣。”

此前逛深圳书城,购《世纪知交——冰心与巴金》(团结出版社 1999 年版)、《龙凤艺术》(沈从文著,商务印书馆香港分馆 1986 年版)、《新中国照相册》(侯杰主编,三联书店香港有限公司 1999 年版)。

20010801

回到家里,就收到北京张慈中先生上月 23 日寄来亲自设计的向阳湖文化研究会的会徽，大喜过望。张老附信云："标志已附在《奥林匹克百科全书》内寄出。/标志的立意、象征、形式，请你与研究会诸同志严审、严议，有什么意见请告知。/我的设计艺术语言，能否启动诸公想象力？"会徽的后面是太阳背景，左半边白帆高悬，底部鱼儿（又是一支笔）在湖面上游弋，实为佳构。

北京冀勤先生23日来信："首先祝贺你参加了中国作协，我是收到《作家通讯》时知道的。/那份干校连队分布图，我以为对干校很重要，不知你以为然否？/还有年初曾寄有关纪念郭小川的文章，不知你作何处理了？一直没有消息，甚念。关于干校生活，我还打算写'八记'，现在只是想想，何时动笔，得看时间安排。因我目前尚有他事在手。匆匆不恭，暇中请来信。"

20010806

北京吴桂凤同志打来电话，专门告诉我，我以前从她那借去的一套《作家通讯》不必还了。我听了不免感动，借来几年，准备秋季进京还的，不料她善解人意，慷慨相赠。我除了继续为向阳湖文化付出心血外，还能说什么呢？

20010807

开始读从香港购回的《文革大年表》，不光是写作研究参考，光为100多元一本的价钱，也应及早一睹为快。

20010808

又返回通山，为编文史资料定稿，完成工作后去外贸局看望母亲。老人家关切地问我，写向阳湖今后会不会涉及政治上有什么问题？我的几本书她是认真读了的，其中臧克家的诗甚至还能背上几首。她还提到黄葵先生的两句话："向阳风雨千秋泪，留得斑斑血泪痕。"一番话令我震撼，母亲毕竟是母亲，实在称得是伟大。她还说有同事向她索要我的书，我立即向她表示，谁向她要都给。

20010809

深圳的陈慧敏来武汉,老同学朱红平安排在家里小酌,她叫来了同班同桌的吴正富,在汉口工作的郑秋平、刘汉芬等。我正好在武汉办事,欣然参加这次难得的“老同学聚会”。吴正富对我搞向阳湖如此痴迷不以为然,以为应当适可而止,见好就收。陈慧敏理解我,说一个人专注于自己的事业难能可贵。朱红平也说,我近几年坚持不懈,取得不少成绩,令她佩服。看样子还是女同学的话比男同学说得“中听”。

20010810

下午,去徐鲁兄家聊天,他还是一个劲地鼓励我,坚持把向阳湖这个园地经营好,并说我现在的身份和处境,对自己的事业是再有利不过了。

20010811

香港《文学报》社总编辑张诗剑先生7月31日来信:“这次很高兴见到你。寄上书稿采用通知书和版权页。/因为我们是爱国的出版社,书的内容健康就可以,以文学为度。朋友如要出版文学方面(或文化方面)的书,要寄简介来。你的这本书也请补一份内容简介及目录来,以便备案。/书出版后,最少要寄6本办理正式的出版注册手续。”

20010814

香港文艺家协会会长王一桃先生5日来信:“欣闻您近出《向阳湖文化人采风》,很想拜读,不知能否赐赠一册?咸宁曾集中大批文化人,由您树碑立传,其功不可没,特向您致以崇高敬意!/我在香港从事文艺工作,亦写不少作家专访,如您感兴趣,我当奉赠求教。”

20010815

去省文联与潘涛先生谈,得赠书《世纪回眸》《湖北文艺五十年》。

20010816

上午，市电视台冯总编上门找我，谈及想拍一组向阳湖的系列专题片，请我支持。他也感到向阳湖由前几年的“高温”正在“降温”，我说这是正常现象，因市领导变换得太频繁。不过我现在想得通，不再主动做汇报，除非领导找我。我一人干这项事业照样可以大有可为。电视台也是如此，以前我主动找他们，本末倒置，现在终于主次分明了。

20010817

回香港王一桃先生信：“遵嘱寄上向阳湖文化书系4本及小报，敬请指正。/我上月底刚去了一趟港澳，在港拜见了《文学报》张诗剑先生，回来才收到来信，十分可惜，错过了当面向您请教的机会。”

20010818

花了一星期时间，一口气通读了师东兵《文化大革命纪实系列》，好长时间没有这样“发奋读书”了。如此“充电”，对我今后写好向阳湖的报告文学及系列，非常必要。一是受到启发，二是坚定了信心。

20010821

电视台冯总编又来找我，准备和向阳湖文化研究会联合搞一组专题系列片《历史沉思向阳湖》(暂名)，我自然表示支持。上午找来金戈、王亲贤和郑光勇一起商量，金戈说：“电视台终于睡醒了”。我也笑道，过去几年拍电视，都是我找电视台，现在终于他们来找我了。

20010823

下午去通山县委办与谢文武谈，他虽官至县委副书记，对文学还是能说出个道道来。对我研究的向阳湖，评价说：“前几本书只是个记录，打了基础，真正要拿出大作品，恐怕还得花费几年时间打磨。”

20010824

成果兄来催报一个向阳湖研究课题，让师专作为科研项目，在省里争取1—2万元经费。这自然是送上门的好事。近几年我要做的工作颇多,列上去就行。再说,这还是第一次兄弟之间的“文化合作”。

20010826

今天开始通读1975年以来的日记,准备一口气读下来,对这25年来的历程作一回顾。尤其是对1994年以来对向阳湖开发的经过,梳一下“辫子”,随手做一些笔记,形成资料或文章。

20010827

近几日有三个外地电话找我索书。一是中国作协外联部向前,说巴黎一位友人找他打听。二是《中华诗词》杂志社的许世琦;三是河北政协《文史精华》编辑部谢凤英。我答应人家,马上寄出。

20010828

下午电视台冯总编邀我和金戈去电视台讨论电视片的制作。我表示积极配合,不料中间来了刘台长,他的意思是,制片以向阳湖文化研究会为主。我以为不妥,既然是电视片,理应电视台牵头,研究会挂名配合就是了。他不应该一板子打到研究会身上。

20010831

北京向前同志24日来信:“谢谢您热情的电话。/法国刘秉文女士传真信复印了一份给您,加深颜色还是不清楚,但大致能知道一二。华人作家在外生活不易,用华文创作更是不易。几年来,遇到他们求助,我总是尽可能帮助。这次她能有您这样热心人帮助,真是她的福气。/我是1975年调《人民文学》,为筹备复刊人之一。直到1996年调外联部。之前,在《曲艺》杂志(属全国文联曲艺家协会),当年干校在静海团泊洼,那里也是文化名人众多,也是战天斗地斗人,只是没您这样的热心人、有心人,众多的故事只能各人记在心里,更多的也许灰飞烟灭了,想想真有点遗憾。您的劳动真是功德无量。/刚听说9月20日有人去巴黎,可托他将您赠寄的书捎去。”

20010901

好久没和中国现代文学馆周明先生联系了，打了几次电话，今晚才碰上他在家。他68岁的人了，还在上班，而且十分忙。这几日陪外国作家代表团就有几拨，总是晚上才回。我请他写有关向阳湖的评论，暂时还抽不出时间。周先生再次祝贺我加入中国作协，说这是一件大喜事。我对这位介绍人也重申感谢。

20010903

武汉高晓晖兄来电话，《今日名流》停办。他抽到《报告文学》打工，问我的两本书“京都采访纪实”和报告文学进展如何，我才感到压力大起来。要有紧迫感，肩头上的担子重，时间才会抓得紧。

20010904

和武汉陈顺智兄通电话，他还是一如既往地问及向阳湖，以为我干此事业比在任何单位或升迁都好，毕竟是读书人，毕竟是武大的教授。我庆幸自己在政协工作虽时间多，但无奈全凭自学和自修，没有武大的学术氛围。

20010905

咸宁电视台来了三个记者采访一天，准备制作一期专题节目，周五、周六播出，题目是《打捞向阳湖历史沉舟的人》。“今日视点”栏目15分钟，时间较长，原来“百业名流”记者准备制作的，因为节目时间只几分钟，容纳不了丰富的向阳湖，被“今日视点”抢去，我都能理解。拖到现在拍，也有晚一点的好处，内容更丰富了。

20010906

上午，专程去向阳湖补拍外景，向阳湖奶牛场场部的董国鹤陪同我。谈及区里对此事的热度，已降至零点，但钦佩我还一直在宣传向阳湖。他相信，时间越往后推移，向阳湖的人民越会念记我。

20010907

在电视台协助制作这期专辑,提了不少意见。晚上9点一到,终于如期推出。结尾加上“向阳湖文化研究会协助拍摄”,总的效果还可以。但毕竟是赶出来的节目,还有不少遗憾之处。只好等电视台制作另外的有关专题再弥补了。

20010909

香港王一桃先生8月29日来信:“大札及大著均已拜收,十分感谢!您在咸宁,影响既深且远,几乎全国所有文化名人都成了您的知交诤友,凭几份报纸即可看出一二。真羡慕您所生机遇和文艺缘分!受您诚意感动,先回赠您三本近著,请过目并指教。张诗剑常和我在一起活动,曾在文学月会上一起讲演,下次您来港一定联袂接待。”附赠书《香港·文艺之缘》(1999年版)、《作家及其艺术世界》(2000年版)、《纯美的天空》(1999年版),均为香港当代文艺出版社出版。

20010915

寄给北京文化人10余封信,分别是约写向阳湖文化书系的评论和索要新出著作。后一项是一长期性工作,报上看见向阳湖人出版新著信息,便马上去信索要,以便写作之参考。

20010916

到蕲春县参加全省文史工作会议,认识了不少新朋友。今天下午的会议上,省政协副主席蒙美路和文史委邓剑秋主任,对向阳湖文化书系及向阳湖文化作了较高评价。我在会上还发给代表人手一册《咸宁文史资料》。

20010917

中午,会议途中,北京周明先生打通我的手机,告知我采写他的文章《历史在这里沉思》一文,中国散文学会的秘书长王宗仁收到《采风》

下册后立即转发，刊登在近期的《散文通讯》上。

20010919

晚上去《楚天声屏报》与金戈谈，说秋季准备约他一起进京拜访向阳湖文化人，请他提前作准备。

20010921

与金戈、王亲贤、郑光勇商量，《向阳湖文化报》第3期定在26日出，纪念创刊1周年。晚上和胡德培先生通话，约他写的评论向阳湖文化书系的文章，估计要等到国庆节后才能寄来。我只好推迟印刷时间，出版日期不变。

20010922

《打捞向阳湖历史沉舟的人》专题片咸宁电视台一套节目已于7、8、9日连播三天，在市直引起了不少人关注。因为人太熟，有线台昨日和今日也重播了，这在电视台专题片中是破例的。可能二套节目还会在咸安台播出。我想反正也不必谦虚，多播一次自然会多扩大一次影响，现在向阳湖毕竟不如从前“热”了，需要“加温”。

20010923

北京崔道怡先生19日来信：“遵嘱，奉上拙稿复印件，此文原载于2000年1月《时代文学》，题目被他们改成了《向阳湖流放记》。是否有所删节，我也未对照过。敬请留存，以便统计你编的书里，有多少篇发在什么时候、什么地方，并有助于你今后写长篇的《向阳湖演义》。”

20010926

《向阳湖文化报》创刊一周年。

20010927

和成果兄约好，今日一同去省里看望刘绍熙书记。我向老书记汇报了今年研究向阳湖文化的成绩，他很感兴趣，并鼓励我继续努力。

今日还和成果兄为向阳湖文化研究申报省科研项目的事找有关人,都比较顺利。尤其是在省社科院,俞汝捷、张仲良将发表在院《科技导报》上的《文学所调查咸宁市向阳湖文化的提纲》转发给我。看样子,他们上次来咸宁,还是真抓实干的。俞老师赠《雪垠世界》(陈浩增主编,中国青年出版社 2001 年版)和《姚雪垠诗抄》(华中师范大学出版社 1999 年版)等。

收北京何启治先生寄赠书《文学编辑四十年》(人民文学出版社 2001 年版)。

20010928

中国文化管理学会于下月中旬在温泉召开年会。文化局的同志今天来约我在会上作一个发言,宣传向阳湖。

20010929

北京张慈中先生寄来会徽彩色稿,附信云:"会标设计:围绕向阳湖文化的发掘、整理、宣传到研究这个中心主题构思的。选用太阳、湖水、笔和纸 9 个形态组合成一幅旭日初升、迎着春风扬帆起程的画面。把笔化为一尾鱼,把纸作为一面旗帜,寓意当初向阳湖文化的发掘关系。鱼与旗组合成一艘帆船,扬帆起程远航,示意这项文化事业前程远大,光明灿烂,必会在四方传播下去的。会标能否被人领悟感知,还待日后考验了。/附上我友寿松为会标赋的一首诗,赠

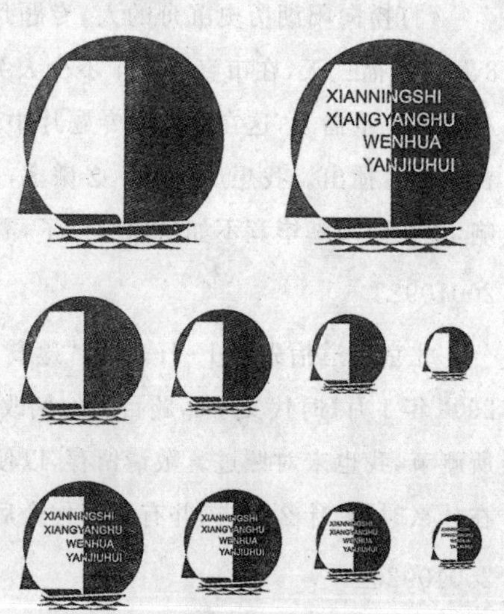

张慈中设计会徽

给留念。/顺问研究会的同志们好!”附吴寿松题诗:“帆影波光映日红,向阳湖水漾春风。斯文一代躬耕处,犹有游鱼记旧踪。”

20010930

市里发了文件,省里组织招考副厅级干部,我符合年龄和任职年限的条件,但报考的职位和专业均不对口,何况应试不是我的强项,报考的原则又是自愿,更因为我研究向阳湖手头的事太多,静不下心来。不是万不得已,还舍不得离开咸宁。自己扛着一面旗帜,事业在咸宁。于是,决定放弃这次仕途上通过竞争上一台阶的机会(市政协仅我一人符合报考条件)。

2001 年

冬

20011002

收北京吴桂凤同志寄来10余本《作家通讯》,连同她1997年在京给我的,基本配成了套。对她这种“忍痛割爱,成人之美”之举,我感激不已。首先是开始拜读赠书,其次是要力争在上面发文章。然后,最重要的一点是今后写好报告文学,回报这些向阳湖文化人的热情和无私援助。

20011003

晚上和北京胡德培先生通话,他写的评向阳湖文化书系的文章已于昨天寄来,约4000字。我计划在第三期《向阳湖文化报》上发。

20011004

今天才收到中国作协寄来的会员证,编号为6757。可巧,同日收到省作协的会议通知,定于10日召开我省中国作协会员大会,推举出席中国作协第六次全国代表大会代表。这是第一次以中国作协会员身份参加活动,一定得参加。想想也是够幸运的,作协96年五大召开时,我还不是省作协会员,仅一个“五年计划”,我已实现了一般写作者需奋斗10年、20年,甚至一辈子的理想!

20011005

北京陈野同志9月29日来信:“感谢您给我寄来的咸宁报纸和书

籍，拜读后获益匪浅，非常感激。您曾几次向我约稿，因在咸宁的那段腥风血雨的时日实在不堪回首。另外，我搞香港电影研究工作，写的都是些论文，恐怕你们那里也用不上，故没去稿件，真是很抱歉！/李琦同志去世后，我们原文化部的同志聚在一起时，大家说要写一篇悼念他的文章，大家谈了许多他对我们关怀、帮助的事例，最后要我来执笔。我才写了一半就生病住院了，待病好后完成了这篇稿件，后交金冲及等同志传阅提意见，金冲及同志增加了李琦同志在咸宁干校患心脏病排水上大堤，以及将刘冰同志批评迟群等人的信件转交毛主席等段落。我们研究后，决定将此稿送《咸宁日报》发表，因为其中很多内容都讲到咸宁干校，请您看看是否可用。/如不能使用，请稿件退回，因为我没有留底稿。谢谢！”

20011006

孝感杨波同学打来电话，他收到我寄出的书后十分兴奋，口口声声为我而感到骄傲。想不到学生时代敬仰作家，我现在竟然也置身其中了。在同学面前，我也不谦虚，承认自己到底实现了学生时代的梦。但下一步还要写出影响更大的作品，以无愧于中国作协会员的称号。

20011008

北京胡德培先生2日来信："在你的几次催促下，今天终于草成了这篇评述关于'向阳湖文化'几本书的文字，送上，请正！/附上回忆干校生活的《云梦之'梦'》一文，亦请批阅。"

20011010

上午，按时赶到省新闻宾馆参加作协的会议，因为年轻，投票后参加监票。45人到会，1票作废，此人选的巴尔扎克、托尔斯泰、鲁迅等。可见中国作协会员队伍中，也难免渣滓。今天的会议差额选举，12位候选人取9人。中餐和几位老作家、老熟人喝了酒，刘富道、刘益善等都介绍我是向阳湖专家。骆文、洪洋、田野、羊翚等人对我寄去的书十分感兴趣,骆老还说起自己在沙洋干校的趣事。他们文化人被分配和真正的劳改犯一起(这一点超过咸宁干校),被劳改犯称为“路线犯”。此外,可能是下届省作协主席的王先霈也和我谈向阳湖,并告知下月初北京张光年先生米寿,将开会庆祝。

中午逛楚雄图书城,购《叶永烈纪实文集》(1－12,新疆人民出版社2000年版)、《冤案与名人》(1－3,群众出版社2001年版)、《远离太阳的地方》(1－3,韩乃寅著,北方文艺出版社1998年版)、《新生备忘录》(李应宗编,长江文艺出版社2000年版)、《我的人生苦旅》(柳溪著,长江文艺出版社2000年版)。

下午去武汉市政协文史委,得赠书《武汉文史资料文库》(1－8,武汉出版社1999年版)

20011011

北京陈羽纶先生6日来信:“前些时给您写过一封信,对您寄来的许多材料表示感谢,但迄今未奉复,念念,兹随函寄上近日出版的《英语世界》一本,请查收。”

20011012

第3期《向阳湖文化报》今日印出(出版日期为9月26日),上午马上去邮局,往市直分发1500份。并布置王亲贤、郑光勇写好分发研究会会员及北京文化人的信封,效率还是够高的。我对金戈和小王、郑表示,这一块阵地今后一定要坚守。它的价值,对咸宁文化事业的贡献,将是值得一书的。

20011013

第三届中国文化管理研讨会今日在温泉开幕,我作为会议代表参加,特地向与会者每人分发了一本《咸宁文史资料》“向阳湖文化专辑”及三期《向阳湖文化报》、一期《咸宁日报》“向阳湖专版”。今日下午,又在会上作了向阳湖文化专题的发言,由于时间所限(每人20分钟,

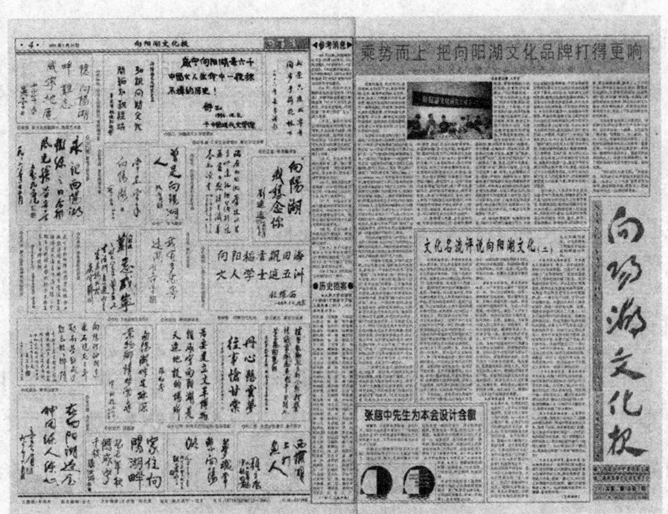

向阳湖文化报

乘势而上 把向阳湖文化品牌打得更响

文化名流评说向阳湖文化（二）

张德中先生为本会设计会徽

《向阳湖文化报》第 3 期

破例让我讲了一小时），没有展开，但收到的效果很好。主持人和专家甚至在会上插话，要把打响向阳湖文化品牌作为这次会议的重要收获和主要收获，并写出纪要向市领导建议，这是我始料未及的。会上，北京研究国际文化的专家乔然先生还专门递给我一字条：“感谢您的书，很有价值，初览之后，根据国内外文化产业的成功经验，对比分析，我认为咸宁的文化历史资源，完全可以打造出一个价值深厚的品牌项目，不但可能成为国内，而且可能变成世界性的品牌，会下我们细谈。”晚上，我去乔先生房间聊了一小时，他的许多思路和我过去想的不谋而合。可惜现在咸宁种种条件所限，不能实施。但我坚信，开发向阳湖，通过文化开发带动经济开发，将来总会实现的。

20011014

会议今日组织去汀泗桥、陆水湖参观。为了省时间，我请假在家，备下周去党校宣讲向阳湖的演讲稿。

20011015

茅盾先生儿媳妇陈小曼1日来信，寄来一本她和韦韬合著的《父亲茅盾的晚年》(上海书店出版社1998年版)。

上午，会议闭幕时，强调了向阳湖文化的宣传和挖掘是这次会议的主要收获。主持人汪建德还建议促成今后开个有关向阳湖文化研讨会，打造好向阳湖文化品牌。

20011018

下午，应邀为市委党校秋季班培训学员讲课，足足讲了两个小时。题目是:《铭记历史，弘扬文化》。今日到会近200人，学员中有不少是我的熟人、朋友。会议由党校副校长邓如松主持。晚餐时，常务副校长程群林和副校长陈远香也特意赶来作陪。我今日带了金戈和郑光勇随行，不免调侃道，金戈是秘书长，会长作报告，理应捧场。郑则既是《向阳湖文化报》的记者，又是《咸宁日报》和《楚天声屏报》的通讯员。

20011019

北京柴志湘先生的夫人赵学兰说好下周一重返向阳湖，约了文学社一位好友做伴。我前些时接了柴先生的电话，已做好接待准备。一来是欢迎每一位和我联系的向阳湖人；二来和柴先生的关系已非同一般，他责编我的书不知费了多少心血。不料晚上我同他家联系时，由于赵大姐的同伴家中有事，他们的行程改期，大约要推至明春了。

20011020

《咸宁日报》“星期六特刊”头版发表郑光勇写的消息稿《铭记历史、弘扬文化——向阳湖文化讲座吸引党校学生》。

今日收到香港张诗剑先生寄来第四期《文学报》，第三版“创作评论”栏目发表了张初考先生写的《四朵金花向阳开——四本反映原中央文化部‘五七’干校的好书》，并配发了封面。

20011021

今日开始向京城和各地友人分发新出的《向阳湖文化报》，一口气又写了 300 多封信，几乎等同于复印件："寄上近期小报，请指正。祝秋安！"唯有一封给香港张诗剑先生的例外："首先感谢上次在香港的热情接待，返程后先后收到你的来信和惠寄的报纸，由于忙于出差、开会和编报纸，一直没有及时和你联系，十分过意不去，特致歉意。"

20011022

今日寄北京及各地文化人第 3 期《向阳湖文化报》，又增加 200 余份，共 520 份，创了历史纪录。录以备忘。

20011023

香港康乐及文化事务署署长（陈宝仪小姐代行）7 日来信："你送给香港公共图书馆的《向阳情结（上、下）》及《向阳湖文化采风（上、下）》各一册，我们已经收到了。谢谢。/这些书籍经分类及编目后，将会收藏在香港中央图书馆，以供市民阅读。"

20011025

计划将上星期在党校的演讲加以整理，打印出来，即可以作为资料保存，又可收入准备编印的《向阳湖文化资料选编》中，一举两得。

20011027

下午，尹市长的秘书朱自强来聊天，他新近上任，又是老乡，原来就比较熟。小朱说，我在"秘书族"中的口碑甚好（我相信这不是当面恭维，这点自信心还是有的）。不像有的人争权夺利，而是自己一人经营出一片天地来，这样才是长久的。我也以自己的体会告诫小朱，当秘书代表领导的形象，要处处谦虚谨慎，但同时，自己要练就立身之本，靠领导关照只是一时，一辈子还得自己过。

20011028

到大冶参加全省政协文史工作会，带了新的《向阳湖文化报》上百份，准备在会上宣传。但有关书籍发放得限制对象，反正今后外出都得这样。报纸凡熟人一张，书则有研究兴趣者才送。

20011029

上午会议开幕式报到，去省政协副主席韩南鹏房间坐。他对向阳湖文化亦有兴趣，说我这项工作很有价值。尤其是现在上面对“文革”的报道又有限制，对这段历史的挖掘增加了难度。但他的观点是，即使不出版，先整理出来放着，将来更有价值，何况我已出版了专著。

20011031

北京许觉民先生25日来信：“寄来文化报收到，谢谢！我的电话已改为6212××××。/您的工作忙，很有成绩。”

20011101

罗勇今日邀我去向阳湖实地“采风”。这位研究会副会长很认真，我约他的事一直还放在心里。便邀了金戈、光勇、亲贤几位编辑部的同仁。金戈还决定搞一期“同题散文”专版，在自己的报上发发。路过咸安，又遇区政协文史委主任刘昌苍，便去师专约了成果兄和师专学报的佘斯勇，上十人坐一辆面包车，来到了奶牛场，参观了“向阳湖文化展”。又去窑嘴和王六嘴等地实地采访。中、晚餐分别在奶牛场和向阳湖镇小酌。了解了不少新信息，此行不虚。

20011102

北京王又全先生10月26日来信：“非常高兴地收到了您在百忙之中从美丽的温泉寄来的由您主编的《向阳湖文化报》(2001年9月26日)，我认真地读了几遍，报中夹缝里的‘历史档案’刊登的下放干校人员名单，尤为珍贵，不知是从何处得来的。昨夜想了许久，非常冒昧地询问一下：是否有可能有一个6000名‘学员’的名单，也可能是个难题吧。如觉得难就算了，如有可能就尽量能够寄两份来。实在太宝贵了。您总是百忙之中想着我们这些曾去过温泉、甘棠、向阳湖的朋友们，你的事业尤为值得敬佩，望在百忙之中注意保重身体，一谢再谢！”

北京傅璇琮先生10月29日来信：“近日来信奉悉，阅报道关于向阳湖文化研究会成立一周年座谈会综述，极好，希望今后进一步开展。/前信谈及我与武汉大学谢灼华共同主编的《中国藏书通史》事，因此书于今年春季出版，共上下两册（约一百十余万字），已分送有关作者、友人，现手头仅自己阅存、校改的一部。我已与出版社联系，让他们寄来。待寄到后我即奉上，请放心。/中华书局下放名单不易搜集，待稍整理，即寄上。”

20011103

北京马林先生10月29日来信：“承你不弃，数年如一日地向我通信息，赠书报，而我却迄今未作复。这是多么的失礼，真是十二分地抱歉！虽然这期间我有一段时间不在国内，加上个人生活发生了重大的变故，但这不是主要的原因。主要的原因是我每当想起在向阳湖畔度过的日子，总是痛苦悲伤多于欢乐。然而你寄来的文字，我又总是情不自禁地会浏览一番。有什么法子呢？那里毕竟留存着我生命的一部分啊！真个是：不思量，自难忘啊！也许我的这种情绪，也正好从一个小小的侧面佐证了你倾注了极大热情所从事的挖掘工作的意义。/城外同志，我们未曾谋面，我对你的工作也谈不上有什么了解，但我却十分敬佩你的执著与敬业，在我看来，这是一种十分宝贵的品德，对成就任何一项事业而言。”

北京林穗芳先生10月29日来信：“10月21日来信已收到，感谢赠寄《向阳湖文化报》第3期。我在去年已从外交部街甲46号迁至北京市和平里民旺六巷。今后联系请改用新地址。”

好长时间没有写文章了，《九头鸟》昨日约稿，说省作代会后，刊物组织一期代表的文章，还要自拟简历之类。我计划写一篇《永远是朋友》，用调侃的笔调写写元平、老柯和我之间的一些交往。

20011104

第一次参加省作代会,带了一些书和报纸,准备分发朋友。开这种会,省作协换班子才是主要的;主席台下的作家,结交朋友则是主要的。

下午去外文书店,购《人生的采访者——萧乾》(傅光明著,山东画报出版社 1999 年版)、《名家侧影》(何振邦主编,山东文艺出版社 2004 年版)。

20011105

会议上午开幕式十分隆重,达到省里会议的最高规格。会后我请省委书记蒋祝平为我策划的向阳湖纪念封第一组第一枚签了名(上有他的题词:“铭记历史、弘扬文化”)。这样,和其他 5 枚签名封配齐,这大约占了一项鄂南“邮坛之最”,我珍藏的一套绝对独一无二。

20011106

上午会议上,我和元平当选省作协第四届理事(咸宁市 2 人)。下午 90 名理事中到会的 65 名,选举产生了主席、副主席。晚上我和元平、老柯三人在湖北饭店聊天至转钟 2 点。点评文坛诗友,交流创作心得,自然免不了相互聊侃。经过这次会议,目睹了美不胜收的湖北文坛百花园,我们又有了新的共识。鄂南文坛缺少史诗般的大作,咸宁读者在呼唤重量级的作家。这是三个朋友应该警醒和共勉的。

20011107

高晓晖兄在作协会搞宣传,散会前我去他那小坐,谈及这次分组讨论会上,我提出王先霈同志的工作报告总结十多年来的优秀刊物时没有提到《今日名流》,应该补上。因为要尊重历史,该刊是湖北文坛的品牌,在全国文学界的影响也不小。高晓晖听了只好苦笑,说方方因《今日名流》被吊销,在作协小组会上的发言也很激烈。我作为《今日名流》的作者,不管他过去的辉煌还是现在的“熄火”,都把它深藏在心中。因为它为传播向阳湖文化出过大力。我的访周巍峙的文章就是它发表不久，被《新华文摘》转载的。此外，还发表了访严文井、朱家溍、绿原等名流的文章。

上午去华师书店，购《邵燕祥文抄》(1—3，作家出版社 1997 年版)、"野百合花丛书"之王造时、储安平、罗隆基、胡风、顾准、王实味(中国青年出版社 1999 年版)。

20011108

北京关玉书先生 10 月 30 日来信："来信及《向阳湖文化报》均已收到，谢谢。/这来自千里之外的邮件，使我尘封三十余年的往事又泛上心头，当年在向阳湖度过的岁月历历在目：既有伤心、压抑、困惑，也有兴奋、沉思、探索，正像《发刊词》中所说：6000 余名文化人在这一特殊年代的'心灵史'。而正是由于您的'向阳湖情结'，由于您几年来的不懈努力，才使得这 6000 人三年多的艰苦跋涉结成的硕果，不致随着岁月的消逝而散失。正是通过您的耕耘，'向阳湖文化'才得以发扬光大。我深感敬佩。"

北京杨寿松先生 1 日来信："承惠寄《向阳湖文化报》，不胜感谢。/现遵嘱将原十三连已去世的五七战士名字标出，供参考。其中有个别同志早调往外地，近况不详；还有些人也已出国多年。/向阳湖文化的研究，年年都有新进展，十分可喜。这些，都是我兄操持有方且十分努力的结果。"

武汉程良骏先生 2 日来信："十分感谢您寄赠《向阳湖文化报》，又引我心潮澎湃，您的心影也将深印'向阳湖人'心。我是向阳湖上的放牛佬，从 1971 年起我就不吃祖国牛肉了。我的诗也是在向阳湖上牛尾巴后开始的。目前，在武汉重阳诗会上，我就想起在向阳湖上度重阳，即席口占八句，今特附呈乞正。有机缘盼来作客。"附《重阳忆向阳》："欢度重阳忆向阳，记从牛尾谱诗章。掀翻大地思民苦，填塞名湖念世荒。十载文涛惊日月,两番剑水濯冠裳。而今改革歌开放,共插茱萸隔岸香。”(其中两番句指作者两次赴英伦宣读论文。)

下午将散文《永远是朋友》一文送到元平那儿,交了卷,并加了一段自我介绍:“李城外,属牛,90年代初从九宫山脚下冲进咸宁市区的一头犟牛。现已年届不惑,身在二线,从事政协文史工作。头戴一顶七品乌纱帽,肩扛一面向阳湖文化研究会大旗,口袋装着市政府津贴和湖北青年五四奖章,而眼中珍爱的‘外套’有二:中国作协会员和湖北作协理事,心中得意的官衔唯一:‘民间小报老总’(《向阳湖文化报》总编辑)——为的是警醒自己坚守田园,笔耕不辍。”

20011109

四川黄葵先生10月31日来信:“信及报纸收悉,谢谢!/刚在省里开会回来,接到信,甚为高兴。《向阳湖文化报》是向阳人的一个园地,它使向阳人得到慰藉,使向阳人怀念难忘的向阳湖。感谢笔会诸多热心人,感谢向阳湖父老乡亲!他日有暇,定回向阳湖寻踪,去寻找失去文化青春的伤心地,去寻觅咸宁的难忘之情,更去感受经过改革发展的咸宁美好生活。/我已退休,但琐事不断,难以推却,只能量力应付。以后,可能会轻松一下了。/两期报纸均已一一细阅,深恐遗落了什么,比看文件、书籍、报纸仔细多了。您5月获五四奖章,可喜可贺,谨此祝贺!/将来有暇,尚可撰点小文供你们参考,或可补白。我不大轻易为人撰文,但对我们《向阳湖文化报》则不一样了。/总想为向阳湖尽点力,但一介书生,似乎难以有所贡献。学会今后用得着,尽管吩咐,自当效力。/何时有暇莅蓉,望到寒舍促膝长谈。欢迎夫人及公子一道来。”

20011110

北京胡海珠同志2日来信:“收到来信和《向阳湖文化报》,谢谢。/我因心脏病于国庆节期间住进了积水潭医院,刚刚出院,看到了来信和报纸,回信晚了,请原谅。/侯金镜同志去世整整30年了,咸宁人民和向阳湖文化研究会还记着这个日子,贵会对原咸宁干校文化人的这种深情,既令我敬佩,又令我感动。在此表示衷心的感谢。因刚刚出院,身体很虚,手还在发抖,为了急于表达我对你们的感激之情,也就顾不得字写的怎么样了。/祝咸宁人民个个身体健康,经济繁荣富强!/祝向阳湖文化枝繁叶茂,兴旺昌盛!"

北京庄浦明先生3日来信:"遵嘱寄上《中华人民共和国编年史》一册,请指正。/今年本拟组织十三连旧部约八九人去咸宁故地重游,上半年因去海南未成行。后拟改在秋天,因人马未谈齐,天气忽而凉下来了,只能寄望于明春了。/你给十三连许多老战士寄出的《向阳湖文化报》,反响颇为强烈。我就接到多次电话。作协有个文采公司,想以咸宁干校为内容拍一部影视作品,其工作人员高福庆,是十三连老战士赵木斋(已逝)养子,他将与你直接联系。另附寄小文一篇,借文化报刊登。我计划写10个人,从王子野、郭小川、王世襄等到一些小人物,都是在干校时与我关系最密切的人,写出以后继续寄您。"

20011111

订2002年上半年报刊,629.84元。

20011112

今日启程赴北京,叫了金戈同行。会长带秘书长进京,走访研究会的顾问们和其他老"五七"战士,是我计划已久的事。

20011113

早晨进京,首都下了第一场冬雪。《中华儿女》陈安钰兄自己开了车子主动来接站,让我心头一阵温暖。在全国政协招待所住下后,马上开始工作。上午,走访张慈中先生,感谢老人为研究会设计了会徽。张老翻出几张老照片相赠,还托我找一下干校时汀泗的老熟人,并热情邀至餐馆小酌。接着我和金戈来到附近陈早春先生家小聚,陈家正在装修，不便长谈，仅表一下谢忱而已。下午去万寿路吴桂凤同志家，她和爱人赵秉欣都十分热情，不仅留下小酌，晚上还开车送我去看望了中国作协创联部的孙德全副主任，然后送我俩回住处。

20011114

上午与周明先生约好来到中国现代文学馆新馆参观。正碰上《保卫延安》作者杜鹏程夫人问彬，找周明咨询捐赠杜鹏程资料之事。周先生上午还要赶到张光年先生家，参加张老88岁生日宴会，便专门找人陪我们两拨客人参观文学馆。我托他带了10套纪念封在张老生日宴上散发，

下午又专门上门拜访了张老。老人有点劳累，解释说医嘱不宜长谈，送了《张光年脱险记》(上海文艺出版社2001年版)给我和金戈。

然后我俩来到小羊宜宾胡同胡德培先生家，长谈多时并小酌。晚上还抽空上楼去李昌荣家聊了一阵，李的先生王景山送了我一本他主编的《鲁迅名作鉴赏辞典》(中国和平出版社1991年版)。

20011115

上午去人民文学出版社，我的责任编辑柴先生专门找了两人中餐陪我小酌，以庆贺两书圆满问世。晚上我又如约到他家看望赵大姐，两人又谈了不少向阳湖的往事。

下午在人民出版社见了庄浦明先生，老人显得年轻精神。在一册人民社“老干部名单”上为我一一介绍，什么人下放向阳湖及其家人的关系，让我视野放宽了许多。

金冲及先生托人送来他主编的《周恩来传》(精装上、下册，中央文献出版社1998年版)。

20011116

全国政协文史委、中国科协组织“人文古迹保护与公众科普教育的关系”考察团参观首都博物馆、雍和宫、故宫、白塔寺等，成员有几位

中科院院士及全国政协委员。文史委综合处处长王合忠邀请我和金戈作为全国政协工作人员参加,机会难得,我便破例拿出一天时间游玩。本来参观者下放过向阳湖的专家有好几位,如金冲及、傅璇琮、胡继高等,但因事请假,只新认识了一位《文史资料选辑》编委会委员俞兴茂,他原是中国革命博物馆的研究员。

下午回到住所,人民出版社戴文葆老先生早已顶着凛冽的寒风,赶到中国政协礼堂外面等候,非要请我俩吃饭。我很不好意思,聊了半天后,主动抢着结了饭账。

20011117

上午与金戈一起去文化部看望周巍峙先生。周老昨晚睡得晚,9时许才起床。和我俩聊了近半小时,始终面带慈祥的笑容。我请他为《话说向阳湖》题写书名。他指出"话说"太轻松,不符合向阳湖的历史背景,应称"向阳湖纪事"才是。我立刻采纳了周老的高见,他马上去书房为我写下书名。我还送了两套纪念封给周老,并请他在印有自己头像的一枚纪念封上签名留念。

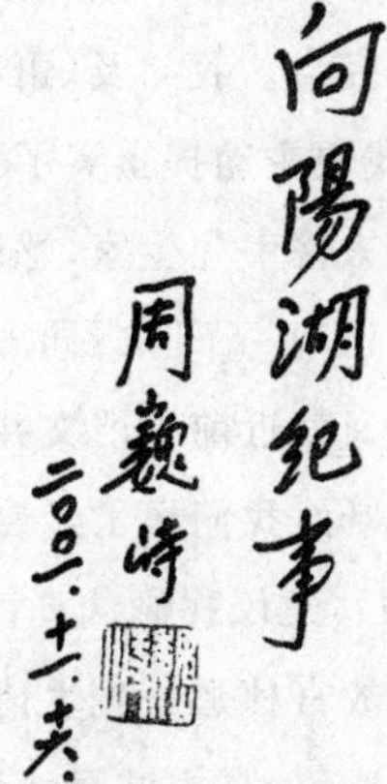

周巍峙题"向阳湖纪事"

顺道去203大院后院钱玉君医生家。钱医生告诉我,他的大儿子前年得癌症去世了,他的小儿子在外头忙。我打通了他的手机,提出请他帮忙寻找苏理先生生前留下的一批老照片,苏志宏在电话里答应,今后再联系。走出门来,碰见前几年遇见过的曹孟浪先生,他90多岁的人,还十分健旺。

下午,去和平里崔道怡先生家造访。崔先生送我一本新作《方苹果》(作家出版社2000年版),鼓励我写好关于向阳湖的报告文学。金戈也请教了写向阳湖题材的小说事宜。

20011118

上午,拜访文洁若先生。发现她的客厅摆放着我前些年为她和萧老所摄合影,文先生还是那么热情,送了我好几本书:《微笑着离去——忆萧乾》(辽海出版社1999年版)、《文学姻缘》(文洁若著,湖南人民出版社1997年版)、《萧乾研究专集》(华艺出版社1992年版)、《感觉的记录》(萧乾著,湖南人民出版社1998年版)、《记萧乾》(符家钦著,时事出版社1996年版)。其中一本《父子角》(1—10,浙江文艺出版社1998年版)是我找了很久的。她要我写一篇书评,并介绍我和金戈参加萧乾研究会。我问及《萧乾文集》一书,因为太贵,240元一套,她说送不起,我便主动提出买了下来。

下午去佟韦先生家,感谢他为《向阳湖文化报》题写报头。佟先生又介绍我访问一下陈野同志,说她了解不少干校情况。

接着又就近前去严文井先生家。严老身体大不如从前,但脑子还清醒。说既然我们送了烟看他,他也送一本《风雨回眸》(武汉出版社1999年版),建议我俩认真读一读。

晚餐故宫杜廼松先生请我去马凯餐厅小酌,他下午就专程赶到这里预订好座位,真心诚意地令我俩感动。

20011119

上午市政协饶主席与熊、刘两位副主席,来全国政协看望张思卿副主席。因我已提前联系好有关事宜,见面十分顺利。我们送上刘三多为张主席画的肖像,重新会面十分融洽。饶主席还打算请刘为李瑞环主席画一张像,以进一步和全国政协加强联系。

晚上去《人民政协报》拜访总编室主任孙炜兄,他对向阳湖文化很感兴趣，立即签发了我送来的我市政协文史委争创一流成绩的稿件。

20011120

金戈昨夜返咸，赶回去上班。我今日开始一人行动，上午看望97岁高龄的臧老，郑曼同志很关照，让我破例进里屋看望躺在床上的臧老。臧老精神甚好，聊了几分钟，还应请送我一本《臧克家旧体诗稿》(武汉出版社2000年版)，并题签。老人还建议我去客厅坐坐，欣赏一下墙上悬挂的冰心和张光年的书法。

李琦同志的夫人王泓也住红霞公寓，我又专门前去看望，对李琦同志表示怀念。王老正在读陈野送来的《楚天声屏报》上发表的她悼念李琦的文章。见面谈了上十分钟，讲了李琦去世的一些事的经过，分别时送了我《回忆与思考》(李琦著，中央文献出版社1999年版)和几本有关周总理的书。

下午，去商务印书馆找杨德炎先生。还算运气好，他没有外出，我建议商务出版向阳湖的老照片，杨总马上答应了，并叫来办具体事的同志见面，算是初步定了下来。杨总还送了《新华词典》及其他几本辞典给李熟了。他又建议我应早点离开政协，换个有实权的单位，那样会更好地发挥自己的才干，为向阳湖文化研究作出更大的贡献。

接着到和平里陈野同志家采访。她谈了两个小时，主要讲她在干校被打成"516分子"的经过，我都录了下来。晚餐时，陈野的女儿说她母亲身上流着"躁动的血"，是一个任何年代都不安分的人。

陈家对面住的是人民出版社的老编审周达宝，我晚上顺便去坐一坐，又新结识了一位老师。周老师说我的书他都借来看了，她曾在社里老干部会上提意见，向阳湖文化书系应送给下放向阳湖的人，可惜没有人落实。我自然答应回去后，一定给她寄一套。

20011121

上午，应人文社柴志湘先生之约来社里和当代文学组刘会军老师见个面,为今后写的报告文学的出版打个基础。刘先生对向阳湖文化兴趣很浓,告诉我今年评鲁迅文学奖,人文社选去参评的散文作品只有两部。一本是浙江作家刘长春的《天台山笔记》,一本便是我的《向阳湖文化人采风》。以人文社这样的名社,参加初选也是十分难得的。

下午,去人民出版社刘丽华处,得赠书《人民出版社50年大事记》等。接着随柴先生一同去东中街人文社书库找旧书,一口气选了几十本。因为大多是九八年"活水"行动返回的书,不再能卖,柴先生便做主送了我多本,让我满载而归。其中有《郭沫若选集》、《茅盾选集》、《名家自述丛书》、《中国当代作家选集丛书》、《中国新文学图志》、《雪峰文集》(2)、《人比月光更美丽》、《敦煌之恋》等。

20011122

上午与刘三多老师专程去天安门瞻仰毛主席遗容,然后去革博看一个画展。意外碰见昌平县城建委的副主任李贵山,热情约我们下午去居庸关长城逛了一圈。而我更感兴趣的是,昨夜电话联系,唐瑜先生就住在昌平一带,下午自然顺道前去拜访。这位已90岁的老先生,是著名的"二流堂主",无疑是值得一写的大家。他和老伴李德秀在家等候多时,采访后送了我两本书——《阿郎小品》(海峡文艺出版社1986年版)和《二流堂纪事》(安徽文艺出版社1997年版)。刘三多提出要为唐老画像,他不同意,说人家看了会议论,他唐瑜算什么?老人身体较好,亲自为我俩倒茶,送出门时还叮嘱,打的有两种价格,一种1.2元,一种1.6元,打1.2元的合算些。

唐瑜和夫人

20011123

中国现代文学馆今日举行巴金 98 岁诞辰纪念活动。因为和周明先生熟，请他提前备了两份请柬，上午如约前往。一饱眼福、耳福和口福，心情的愉快更不用说。还碰上巴金先生胞弟李济生及不少向阳湖文化人，如牛汉、王仰晨、崔道怡诸先生。下午去周明先生办公室，他还主动推荐我加入中国报告文学学会。在文学馆购得《20 世纪中国文学图典》、《书香缘》。

作者和巴金胞弟在中国现代文学馆

20011124

中午返咸宁，收到几本北京寄来的书，如《不倦地追求——王益出版发行印刷文集续编》(印刷工业出版社和中国书籍出版社 1997 年联合出版)。

中国人事出版社殷崇文兄 10 月 28 日来信中说："收到您寄给家父家母的《向阳湖文化报》三帧。如获至宝，反复读来，不忍释卷。无限感慨，无限情思，像翻倒了五味瓶一般涌上心头：八里向阳湖，粼粼向阳湖，这魂牵梦萦的山山水水，风风雨雨，历历在目，清晰却又模糊！/感谢您为咸宁干校这一段历史，为尚且活着的和已故去的 6000 名文化人做了一件功垂青史的好事情！谢谢！谢谢！/家父殷维汉已于 1998 年病故，家母王珩现已八十有二，患有老年痴呆症，已是风烛之年。他们都是原十四连(人民文学出版社)的普通干部，于 1969 年 9 月 26 日(这个日子我记得太清楚了，连二十年国庆都没有让他们在北京过啊！)去咸宁。后来，按上级有关指示，要保护一批老弱知识分子

(其中也包括一些绝无仅有的老国宝、老专家),因此,干校有几十名此类人物转至丹江口休养起来,家母时任司务长。至1973年咸宁干校撤销,返回北京,先后跨了五个年头。/是的,正如舒乙先生题笺的那样:'咸宁向阳湖是六千中国文人生命中的一段抹不掉的历史!'看到此,我的眼睛湿润了。正是这批文化人,在建国后第一个十年间,从各地来到北京,开始用自己的知识和热血为贫穷的祖国涂抹着颜色。要强调的是,他们大多是从较为富有的资产阶级、小资产阶级家庭中走出来的,怀着对党的无限信任和对新生活的无限向往,汇入这时代的洪流的。也正是他们,在去干校之前的岁月里,呕心沥血拼命地工作,为祖国和人民创造出了无法计数的、巨大的文化成果和财富;同时,又经历了三年困难期的艰苦生活,经历了反右运动、'四清'等一系列政治运动,直至文化大革命。这是怎样的历史啊?一方面他们在搞文化,一方面他们又在被人搞;他们搞文化搞得越好,他们就被搞得越狠,搞得越惨。这是国家的悲哀,民族的悲哀!/现在,经历过咸宁干校生活的,我称之为叔叔阿姨的长辈们,大多已离退休了;随着岁月的流逝,他们在不断地故去。但是,他们很多人都像家父生前一样,至今难忘向阳湖的生活。一些人家中至今还保留着手刻版的《向阳湖诗选》,一些人至今还珍藏着那段生活的照片。他们相聚时,总能谈起咸宁、甘棠、温泉、汀泗桥;几个阿姨还郑重地委托我,叫我借出差机会去趟咸宁,拍些照片回来给他们看看……/真是'谁说人生多忘事,四年咸宁常想中'。/我相信,长辈们的咸宁岁月,确实给咸宁人民留下了丰富的文化财产,尽管当年是不情愿的;我也相信,您所开发的'向阳湖文化'事业,一定会红红火火地发展起来,因为,您发现了这一财富,您在利用这一财富造福咸宁人民。/写此信还有一个目的,是想和您谈谈'向阳湖文化'的另一个方面,一个可能尚未被您意识到的另一个方面——/当年,父母集训准备下干校时,中央有过一个政策,即:当年初三毕业的孩子可以留京,分配工作或到京郊农村落户,但小此年龄的孩子一律带往咸宁。我就是留京的为数不多的孩子之一，我对咸宁干校的了解，全是来自参加工作后的每年近一个月的探亲假。四年中，我去咸宁、丹江多次，我的许多童年伙伴也都在咸宁，因此见到、听到、感到、想到的事情太多太多了。/当时，作为孩子的我们，实在是不懂也不可能懂得父母的心情，更不会去理解他们的精神上的苦闷，伤感和身体上的劳累和病痛。父母们是在改造，是在承受着不应承受的敌视和虐待！很多人都像我的父母一样，在过重的体力劳动和缺少营养的环境中得了肾炎或其他疾病，有的人就长眠在向阳湖畔！（我就看到过一个死去的伯伯，躺在湖边，身上盖着一张席子，等着抬到老河口附近去火化。）但在孩子眼中，这里却是一片美丽的湖光山色，是一堆堆拣来的野鸭蛋，是水中的捉鱼捞虾，是夕阳下用方言进行的对骂。他们感到的是新奇、兴奋和欢乐。/当时的随父母去咸宁的孩子，大一点的有十四五岁，小一点的才四五岁，五六岁，都在咸高、乌龙泉一带上小学或中学（向阳小学、向阳中学）。这些孩子，在1973年后，都又随着父母先后回到北京，在尔后的'文艺复兴'、'文化复兴'时，相当一部分人又都'子承父业'地进入了文化单位。现在，他们中的一些人，都已进入中年，已经成了这些单位中的领导或中坚，甚至已颇有成就了。/去年，这些'干校子弟'打算聚会一次，搞一次笔会，要我也写一篇东西，写写向阳湖。我本打算以《向阳湖——模糊而又清晰的记忆》为题写一些感受，并建议大家的回忆文章结集出版，取名为《那一缕岁月——我童年（少年）的向阳湖》。后来，由于杂事太多，一直未能如愿。据说，此事的发起人也因忙于他事而将此计划搁置下来了。但我确信，这些人对咸宁干校，对童年向阳湖的情思是永不枯竭的，出版文集的计划是早晚要落实的。我想，这些当年孩子的生活、学习以及他们成年后的回忆，不也是'向阳湖文化'的一个组成部分吗？/如果您能出面组织并促成此事，那将是十分有意义的，我将尽力支持。/愿《向阳湖文化报》越办越好！"

北京蒋曙晨先生7日来信:“寄来的《向阳湖文化报》收到了,谢谢!办这样的报很有意义,您和同志们辛苦了。/现寄上拙作一纸,请斧正。听庄浦明同志说,贵报需要些有关向阳湖的文章,我在下放初期在汀泗凤凰山打石、烧灰,参加劳动,后调向阳湖四五二高地校部政工组负责宣传工作,有些回忆文章可抽暇另写,寄上请指教。”

北京王仰晨先生15日来信:“十分抱歉,因故迟迟复信。拙作忆雪峰同志复制件昨日取回,今寄上,请收。/雪峰同志家属,能提供者仅为其长子冯夏熊,原在《人民文学》社工作,现是否仍在该处则不详。/这些年来,你做了不少工作,深感钦佩。曾寄赠的书报等都收到了,也很感谢。”

北京宓乃竑的妻子汪映月14日来信告知,其丈夫于8月8日因病去世,终年46岁。宓系《工人日报》记者,曾来稿回忆干校中的老前辈冯雪峰同志。

20011125

上午去温中参加教风督导员会议,我发言时建议,适时向师生宣讲向阳湖文化。闻立玮校长一拍即合,还提议要编有关向阳湖的教材,作为该校一笔永久的财富。

香港张初考先生3日来信:“现寄上拙文《四朵金花向阳开》,刊于最近之《香港文学报》创作评论版。/另者,托我转赠香港沙田公共图书馆的《向阳情结》、《向阳湖文化人采风》下册,我已获馆方通知,两书均已转送香港中央图书馆收藏。馆方还告诉我,已另致函向您申谢。”

襄樊段明贵先生19日来信:“非常感谢你馈赠的两套书。这两套书是我早就想得到的。自从在有关媒体上看到这两套书出版的消息后,我就非常佩服你的胆识和执著。要办成这样的漂亮事,没有聪明的头脑不行,光有好脑袋没有执著的精神也不行,你能策划并办成这样一件有意义的事,真了不起。/现在的文坛,浮躁、投机、媚俗之风甚浓,在这种风气之下,产生的作品很多,但真正有价值的实在太少。你这两套书,思想性、艺术性、史料性都很丰富,不仅有比较高的文学价值,而且有比较高的认识价值,它使人们更加深刻地认识并了解了一大批可敬的文化人。这样沉甸甸的作品,工夫不到家,绝对拿不出。/我原来以为,能够写出这么有分量的作品的人,一定是一个阅历非常丰富的老夫子,没想到你这么年轻。这再一次印证了一句话:后生可畏。文坛上有像你这样的一批年轻人,实在是湖北文坛的一件幸事,中国文坛的一件幸事。/经济工作需要具有创新精神和务实作风的人,文坛亦然。/我的好几位朋友都想得到《向阳湖文化报》的创刊号,你可以多寄给我几份吗?/祝佳作迭出!”

20011126

上午去《九头鸟》与元平谈,他近期组织的一组“鄂军六人行”稿件都已齐全。我初翻了一下,都写得不错,遗憾的是,写涉及向阳湖内容的仅我一人。

20011127

国家电影电视总局的刘建中先生上星期六来咸宁,重返向阳湖参观。省广电厅厅长李文钊和市委、市政府的领导作陪,刘点名找我,因我正在从京返程的火车上,失去见面的机会。下午,我到市广电局陈局长办公室谈,了解详情,他谈及刘先生对向阳湖感情极深,用了一句生动的话:“刘局长恨不得将那里的牛屎也拖一车带回去!”

20011128

上午,市文化局董局长来谈,论及市里对文化不够支持,口头讲讲而已,没有投入。自然涉及到向阳湖文化,我谈到我的意见态度是,重视与否,只好顺其自然。我相信向阳湖的价值,一方面奋力“挖山不止”,另一方面也要“守株待兔”。晚餐电视台刘台长邀市新闻出版局华局长、金戈和我等几个原通山县委办的老同事小酌,席间说起不少政坛的事,我闻所未闻。这才发现自己离开市委办后,对这类事已变得漠不关心了。这也许是“修炼”的结果,对从事文化事业的人来说,应该是好事。

20011129

成果兄打来电话,告知省教育厅已于8日批准咸宁师专“向阳湖文化研究课题”立项,并列入重点项目计划。

20011130

北京王士菁、杨立平夫妇23日来信:“接到您昨晚打来的长途电话,我立即向曾在当年随我们去干校的子女查询。果然,是我们的一个孩子看到此书后,以先睹为快将它取走,却忘了告诉我们。累您牵挂,实在抱歉!/《情结》与《采风》二书的下册以及《向阳湖文化报》均已收到。您多年奔走采访,潜心编写,各方组织,终于留下了有意义的果实,为文化界保存了宝贵的资料,实在是做了一件实事、好事。我仍在这里表示由衷的谢意!/另外,刊载于2001年9月26日出版的《向阳湖文化报》中缝的人民文学出版社下放干校名单中,有几处疑误植,谨提出供参考:贡洗(冼)文、高骏治(千)、王租(组)纪、于瑞林(麟)、赵仲(宗)英,张林(琳)。”

上午去文化局,何国强转来北京汪建德寄来的中国文化管理学会9日致向阳湖文化研究会的信:“中国文化管理学会愿与贵会一道,共同研究开发向阳湖文化。我们认为这是一件功德无量的事情,功在当代,利在千秋。/如能在适当时候召开一个打造向阳湖品牌专题研讨会,学会可派专家一至二人前往策划。/明年学会将积极筹建向阳湖文化专业委员会(报民政部),加大与贵会的合作力度。”同时,中国文化管理学会另致函市委、市政府:“在本次大会的研讨过程中,与会代表对咸宁独有的文化资源——向阳湖文化表示了极大的兴趣。学会的有关专家认为,应在已做了大量工作的基础上,合全国文化人之力,共同打造向阳湖文化品牌，使其逐步发展壮大，最终成为拉动咸宁经济发展的一支重要力量。”

20011201

《咸宁日报》今日发了我写的消息稿——《周巍峙为“向阳湖纪事”题写书名》，还附了手迹。同时我又寄给了《湖北日报》。我对金戈说，身为研究会会长，要时刻想着为向阳湖文化的宣传造势。社会上“热”不“热”无所谓，关键是我们自己要坚守阵地，不能“冷”下来。

20011202

这两天读了两本唐瑜先生写的书，一本《阿朗小品》，一本《二流堂纪事》。惊叹唐老的经历，服叹唐老的文笔，同时，对自己上月毅然决定去看望他感到满意。因为向阳湖文化园地又添一“奇葩”。

20011204

今日去汀泗桥镇工作点，顺道去古田村二组，北京张慈中先生托我打听当年的张道云。还好，顺利找到了，晚上便和张老挂通电话，牵上了一根向阳湖文化人和当地群众断了30年的线。张老在张道云家住了一年呐！

20011207

北京陈今同志11月28日来信：“首先要谢谢你陆续给我寄了好多小报，让我知道你们那里的一些事情。/咸宁，在我们一些人的历史上是不会忘记的，若不是发生了文化大革命，我们一些人是不会有机会到那里去的。昨天，我终于把子野的《槐下居丛稿》找出来了，我翻了一下，许多文章都是写在几十年前的，对当前有什么用很难说，供你参考吧！”附赠书《槐下居丛稿》(三联书店1984年版)。

北京何启治先生11月29日来信：“遵嘱寄上我在美国华人餐馆打工的纪实作品《中国教授闯纽约》(1993年，海天出版社)的片断。‘百忍成金’提到‘阿Q精神新解’，‘尼加拉在召唤’则写‘516病毒’，都是借题发挥。后者可能是我迄今写到五七干校的唯一的正式文字。/因为此书出版年头较长,只好给您寄复印件,祈谅。/另有《何启治散文》,其中《红柳》、《枫》、《表哥》等较好,《五十未必知天命》是'闯纽约'的缩写,闲时可以翻一翻。"附赠书《何启治散文》(华夏出版社2001年版)。

北京余玮君11月30日来信:"在咸工作时,久慕您的大名,并多回拜读过您的作品。我已在京工作一年多,还望多联系。/本人想写写您采写'向阳湖人'的起缘,其间的苦乐,所产生的效应等,也望能提供有关材料及您本人图片……"

20011209

今日读毕萧乾、萧桐父子的通信集《父子角》,文洁若先生送我这本书时,嘱写一篇书评,这是不能推脱的。一气读罢,还准备适时推荐给儿子看看。

20011210

武汉刘耀仑兄7日来信:"敝作寄上,祈正。/您之大著初读,颇开眼目,您开挖了一片好天地,功德无量。"

上午张初考先生从香港打来长途,称我的去信收到。方知他的来信和来稿《向阳湖的鱼游到香江边》早已于7月30日寄出,因贴的精美邮票,可能在途中被人连信带票掳走了。我直叫可惜,联想到今年遗失的信还有谢永旺先生来函等。不禁痛骂窃信者,没料想张先生在电话里还安慰我,今后来信,不必寄挂号,月初我寄出一张《向阳湖文化报》,花了7.5元,太贵了。

20011211

北京施亮兄6日来信:"现将《没有水的湖》一文呈上,其中'上'是写武昌县乌龙泉家属连的。城外兄,这一部分的材料较为缺乏。也许,可作为参考吧!'中'和'下'都是写向阳湖的,用的是散文形式,但写得未能尽如人意。”附上长篇散文，写了几万字，初读一过，觉得不错。向阳湖文化人的第二代我联系得不多，是个遗憾，今后向阳湖文化研究的侧重点，应有意识地向这边倾斜一下。

20011212

下午，金戈来谈研究会工作。他建议我要满足“现状”，不可操之过急。因为向阳湖文化研究第一个五年计划已取得如此大影响，实属不易。今后的路子还长，现在会长40岁，再活40年或更长，好戏还在后头。我说身份不一样，想法就不一样。我倒是时时有紧迫感，总想把成绩做得更多，把影响搞得更大。

20011214

郑振铎先生之子郑尔康从上海打来电话，称我寄去的书他已收到，并表示和向阳湖感情深，今后和我多联系，或写回忆文章。我简要介绍了研究会的现状和我计划写报告文学的事。打算把他作为文化名人的后代“补充”进来。

20011218

下午全国政协文史委王合忠先打来电话，称认真拜读了我送给他的书，方知近几年我所做的工作和所花的工夫。表示今后愿进一步加强联系，这是一条线上交的又一朋友。因为省政协文史委已是人人熟，北京政协联系上就好办了。我还分别向朱作霖先生和党德信先生赠书。并计划向全国政协文史委员和文史专员赠书，广种薄收，总会有回报的。

香港张初考先生1日来信，附上已遗失的重新写出的散文《向阳湖一尾鱼游到了香江边》，2400字。因补写时过境迁，总少了几分当时的激情及文采。信上说：“香港文化传播协会的几位负责人，看了我发表于《香港文学报》介绍咸宁干校的几篇拙文，他们说若咸宁市府邀请他们往访的话，他们可组织香港中资几家传谋——大公报、文汇报、香港商报……的高级记者、主任编辑、作家到咸宁干校采风,回港后在报章上宣传咸宁及咸宁干校。他们正在草拟明年到内地的采风计划。往访人数最多不超过 10 人。”

20011220

成果兄写了一篇《论建立向阳湖文化经济开发区(文化村)的可行性》,想我推荐报刊发表,以引起领导重视。我直言告诉他,现在向阳湖文化不是领导重不重视的问题,而是领导都知道它的价值,而无力重视的问题。要说我呼吁得还少吗?

20011221

北京许翰如先生 15 日来信:“昨日收到大作《向阳湖文化人采风》以及您编的《向阳情结》各上下两册,令我喜出望外。/不及细读,只粗略翻阅目录,深感内容之丰富,无论是您专访或五七战士自撰的,如此广泛全面描述、反映当年向阳湖生活的,可算屈指可数第一家了。感谢您为此付出大量的艰辛的劳动。送上拙作两册,请指教。”附赠书《大海浪花》(北京图书出版社 1998 年版)、《竹篓颂》(大众文艺出版社 2000 年版)。

20011223

甘棠邮局转来陈野同志 13 日来信:“寄来的《向阳情结》和《向阳湖文化人采风》两书都收到了,谢谢您。可惜这两本书都是下集,您已给我寄过,我缺的是上集,不知道现在还能找到吗?/您走后,我的思绪万千,久久不能平静,勾起了许多痛苦的回忆。这几天我想,我的这些事情应该让后代知道,为了不让历史的悲剧重演,所以将自己当时写的小诗和我的点滴回忆写了下来一并给你寄去,如何处理,由您去办。/当时对我的折磨是很多的,如摇煤球,就是两个人把我推过来推过去,实际上是用拳头在后背打,等等,这些情况都有,骂人的话也很难听,就不一一写下来了。稿件看后有何意见,请来信告诉我。”

20011226

北京孙绳武先生 20 日来信:"感谢你为那一段历史的再现,做了那么多的工作。/在新的一年中,谨祝你身体康健,工作愉快。/希望能在北京重会。"

师专晚上搞文艺晚会,成果兄邀我去看一下,因为是大专院校,去感受一下氛围有好处。何况和中文系单长江主任又是谈得来的朋友,一起闲聊时才知道师专中文系已有 1000 多人。这使我联想到向阳湖文化的传播,这是一批重点的对象,今后起码要送一些《向阳湖文化报》去。

20011227

北京周增勋先生 20 日来信:"寄来的书已经收到,谢谢你。在向阳湖的一段历史,实实令人难忘。为编辑出版这两套书,你所付出的劳动,是可想而知的。我初步看了一下,其中百分之九十几的人,都经历过向阳湖的生活,还有没有直接在向阳湖生活过的,也访问了。工作量太大了,好不容易。/现在的向阳湖,不知是什么面貌。常怀念。以后有机会,一定回去看看,以解思念之情。/您下次来京,可以打电话联系,以便面谈。"

20011228

北京殷国秀同志 22 日来信:"感谢您赐赠'采风'及'情结'4 册,和《向阳湖文化报》3 期,收到后就迫不及待地翻阅,对照目录,这篇想马上看,那篇又想立刻读。实际上是哪篇都想先睹为快。没有办法,下决心静下心来,带着苦辣酸甜的回忆慢慢地品尝吧。/感谢您花费多年的辛劳,凝成洋洋洒洒 80 万字的巨著及珍贵的照片及题词,这些历史见证不仅为我们这些五七战士铭记在心,我准备身后留给我的子孙后代,作为文革历史的一份参考教材。/再次感谢,向你鞠躬!"

北京关玉书先生 22 日来信:"您 12 月 7 日寄来之两套书,已于昨日(21日)收到,非常感谢。/看了您上次寄来之《向阳湖文化报》,才知您用五、六年之劳苦采访,写作了《向阳湖文化人采风》、《向阳情结》这两部可以传之后世的著作后,我就想买来保存,可惜已售罄,后虽向友人借阅过,但非己有,不能随时翻阅,更不能保存下来留给儿孙,使其了解先辈们的经历,以史为鉴。现承蒙您寄赠与我,怎能不感动!?”

晚餐工作队请小康办陈主任和扶贫办王主任小酌,两人都是老熟人,一致说向阳湖文化意义深远,王还说历届地委书记、专员的秘书,最有成果的还是李城外。尽管有些人甚至当了厅级干部,但长久来看,青史留名的还是向阳湖文化。

20011229

北京沙曾熙先生25日来信:“寄来尊著《向阳湖文化人采风》(上、下)及《向阳情结》(上、下)均收到。谢谢。/有机会请多联系。下次来京,有便望临寒舍赐教!”

邮局分发信的中心局,有的将向阳湖文化研究会误以为地址在甘棠(向阳湖镇),以致我今年有过几封文化人的来信未收到。有时收到第二封,方知第一封不知何故遗失。去邮局查了一下,又找熟人向投递的叮嘱,但前几日还是有从北京来的挂号信,从甘棠转至温泉。为了减少今后的损失,我趁今日去汀泗工作点之机,专门绕道甘棠邮局查询,并再三拜托,今后如有误投,盼立即转温泉。由于名片上忽略了这一点,也怪邮局的人不负责,徒增了不少麻烦,但亡羊补牢,犹未为晚。

20011230

《咸宁百事通》今日首发,其中“主要报刊一览表”有《向阳湖文化报》。“群众团体、社会团体一览表”有向阳湖文化研究会。这是因为编者人熟,不花钱便做了两个广告。我甚至遗憾,没有专门为向阳湖文化书系和研究会做个专版,下次再版时再争取吧。

20011231

北京唐瑜先生24日来信:“祝你和全家新年快乐,诸事如意。/书和信收到,谢谢你。/简历我已向影协复印一份奉上,题字则请免,我非名人,不可作假,今年到处在打假,王海可能会盯住我。/回忆文章,现在老迈,记忆衰退,待过了年试试,若能写出,即当寄奉请斧削。”

一年又过去了,和致婷说起今年是我收获颇丰的一年,准备列上10件大事,写篇小文章。她却直言道,其实今年是我“歉收”的一年,因为并没有见我写什么东西,所列成绩都是过去打下的基础。还是爱人直话直说。

插图目录